APURAÇÃO DE HAVERES DOS SÓCIOS
— diretrizes jurídicas —

Conselho Editorial

André Luís Callegari
Carlos Alberto Molinaro
César Landa Arroyo
Daniel Francisco Mitidiero
Darci Guimarães Ribeiro
Draiton Gonzaga de Souza
Elaine Harzheim Macedo
Eugênio Facchini Neto
Gabrielle Bezerra Sales Sarlet
Giovani Agostini Saavedra
Ingo Wolfgang Sarlet
José Antonio Montilla Martos
Jose Luiz Bolzan de Morais
José Maria Porras Ramirez
José Maria Rosa Tesheiner
Leandro Paulsen
Lenio Luiz Streck
Miguel Àngel Presno Linera
Paulo Antônio Caliendo Velloso da Silveira
Paulo Mota Pinto

Dados Internacionais de Catalogação na Publicação (CIP)

B295a   Barufaldi, Alexandre.
          Apuração de haveres dos sócios : diretrizes jurídicas / Alexandre Barufaldi. 2ª tir. – Porto Alegre : Livraria do Advogado, 2023.
          231 p. ; 25 cm.

          Inclui bibliografia.
          ISBN 978-65-86017-04-5

          1. Sociedades limitadas. 2. Direito comercial. 3. Dissolução de sociedade. I. Título.

CDU 347.723

Índice para catálogo sistemático:
1. Sociedades limitadas	347.723
2. Direito comercial	347.7

(Bibliotecária responsável: Sabrina Leal Araujo – CRB 8/10213)

Alexandre Barufaldi

APURAÇÃO DE HAVERES DOS SÓCIOS
— diretrizes jurídicas —

2ª tiragem

Porto Alegre, 2023

© Alexandre Barufaldi, 2023

1ª edição, 2021
2ª tiragem 2023

Capa, projeto gráfico e diagramação
Livraria do Advogado Editora

Desenho de fundo da capa
https://br.freepik.com/fotos-vetores-gratis/fundo

Revisão
Rosane Marques Borba

Direitos desta edição reservados por
Comércio de Livros dos Advogados Ltda.
Livraria do Advogado Editora
Rua Riachuelo, 1334 s/105
90010-273 Porto Alegre RS
Fone: (51) 3225-3311
livraria@doadvogado.com.br
www.livrariadoadvogado.com.br

Impresso no Brasil / Printed in Brazil

Aos meus pais, aos meus filhos.

Agradecimentos

Agradecer está relacionado ao reconhecimento do valor dos vínculos. Vínculos que edificam, nutrem e inspiram. Pouco, ou quase nada, se constrói sem o conteúdo que transita em nossos vínculos. Com essa tese não foi diferente: sem o apoio dos meus familiares, professores, colegas, clientes e amigos, não teria sido possível realizá-la. A todos agradeço.

Destaco meu especial agradecimento:

– Ao Prof. Dr. Gerson Luiz Carlos Branco; sem sua orientação, no conteúdo e na forma, do início ao fim, não teria sido possível a concretização deste sonho. Atuação brilhante e inspiradora.

– Ao Prof. Dr. Luis Renato Ferreira da Silva, ao Prof. Dr. Luis Felipe Spinelli e ao Prof. Dr. Cesar Viterbo Matos Santolim, pela atenção e pelo empenho empregados na análise do trabalho preliminar, bem como pelas relevantes contribuições efetuadas na Banca de Qualificação.

– Ao Prof. Dr. Marco Sommer dos Santos e à Profa. Alessandra Bellelli, pela possibilidade de participar do convênio acadêmico com a Università degli Studi di Perugia e por tudo o que isso significou.

– A toda a equipe da Barufaldi Advogados, representada por seus sócios – Wilson Barufaldi, Cristiano Roesler Barufaldi, Luis Fernando Roesler Barufaldi e Natália Inez Ióra –, pelo incansável incentivo e por tudo aquilo que juntos já construímos.

– Aos colegas do Instituto de Estudos Jurídico-Empresarial – IEJE – e aos colegas do Núcleo de Estudos em Direito Falimentar e Recuperação de Empresas, coordenado pelo Prof. Gerson Branco na UFRGS, por todos os diálogos, exposições e apoio.

– Aos professores, colegas e equipe do Programa de Pós-Graduação da Faculdade de Direito da Universidade Federal do Rio Grande do Sul.

– Ao Prof. Dr. Alfredo de Assis Gonçalves Neto, à Profa. Dra. Ana Frazão, ao Prof. Dr. Luis Renato Ferreira da Silva e ao Prof. Dr. Eduardo Scarparo pela análise atenciosa e arguição firme na Banca Final, que, por fim, atribuiu ao trabalho o conceito A, recomendado sua publicação.

– À Livraria do Advogado Editora, orgulho da comunidade jurídica gaúcha, por todo o empenho e dedicação.

E, sobretudo, agradeço à Vida.

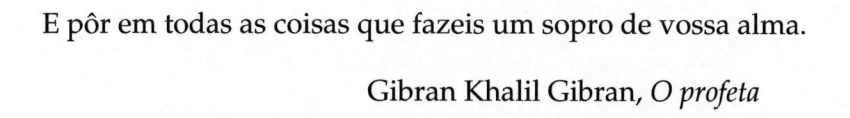

E pôr em todas as coisas que fazeis um sopro de vossa alma.

Gibran Khalil Gibran, *O profeta*

Nota do autor

Este trabalho foi apresentado no programa de doutorado da UFRGS com o título *APURAÇÃO DE HAVERES SOCIAIS: DIRETRIZES JURÍDICAS PARA A ELABORAÇÃO, INTERPRETAÇÃO E APLICAÇÃO DA CLÁUSULA DE PREDETERMINAÇÃO DOS HAVERES NO ÂMBITO DA SOCIEDADE EMPRESÁRIA LIMITADA.*

Para o título do livro se optou por sintetizá-lo, com o que também se presta uma homenagem ao Prof. Ernani Estrella, certamente um dos maiores juristas no âmbito do Direito comercial brasileiro, cujos estudos se revelaram inspiradores.

Prefácio

Uma das distinções mais difíceis de serem realizadas na vida acadêmica é aquela que separa o Direito da percepção sobre como deve ser o Direito. Ou, segundo a clássica obra de Larenz sobre metodologia, "quais são os métodos a que recorre a ciência do Direito?".[1] Separar Direito de Ciência do Direito a partir do método de pesquisa é sem dúvidas um dos grandes óbices metodológicos para que se possa considerar o direito como objeto de uma ciência.

A obra de Wilson Alexandre Des Essarts Barufaldi consegue fazer essa distinção de uma maneira ímpar, em uma área extremamente insólita e árida, que é o Direito Societário.

Fruto de uma tese de doutorado, o autor desenvolve um trabalho com alto rigor científico tendo como objeto a descrição sobre qual é o direito vigente, suas diretrizes, extensão dogmática e efeitos jurídicos da cláusula de apuração de haveres nos contratos sociais de sociedades limitadas.

O desafio da tese foi entender por que em algumas hipóteses a cláusula de apuração de haveres é aplicada pela jurisprudência e em outras simplesmente é ignorada. O tema, portanto, diz respeito à autonomia privada e sua eficácia no âmbito das relações societárias, tema clássico que tem sido revisitado recentemente em razão das dificuldades que o Direito Societário tem enfrentado em razão da atual regulação da sociedade limitada no Código Civil e de seu afastamento relativamente à estrutura institucional da sociedade por ações.[2]

O caminho metodológico adotado para alcançar o resultado foi uma exaustiva e rigorosa pesquisa jurisprudencial e doutrinária no Direito brasileiro, tendo sido analisada praticamente a totalidade das decisões do Supremo Tribunal Federal sobre a matéria, desde a década de 1920 até o fim de sua competência em 1988, bem como todas as decisões do Superior Tribunal de Justiça a respeito do tema, desde a criação do referido Tribunal.

A pesquisa jurisprudencial foi seguida de rigorosa análise, muitas vezes crítica, porém fiel ao conteúdo do panorama jurídico nacional. Essa análise

---

[1] LARENZ, Karl. *Metodologia da ciência do direito*. Lisboa: Fundação Calouse Gulbenkian, 1997, p. 1.
[2] Obra recente que também aborda o tema, porém em outra ótica, é o livro de TELLECHEA, Rodrigo. *Autonomia Privada no Direito Societário*. São Paulo: Quartier Latin, 2016, também fruto de uma tese de doutorado sobre essa problemática.

crítica foi feita com base na doutrina nacional, bem como na doutrina italiana, que também enfrenta problema similar ao regime do Direito brasileiro.

A análise crítica não afastou o autor do Direito. Embora apresentando discordâncias com o posicionamento da jurisprudência e dialogando dialeticamente com a doutrina, o Autor não descurou do rigor para afirmar que apesar de não concordar com determinados posicionamentos, apresentando razões jurídicas para tanto, afirma qual é o direito vigente no ordenamento jurídico pátrio.

O resultado dessa postura metodológica rigorosa foi uma verdadeira tese de sistematização, na qual a obra apresenta o conjunto de diretrizes adotadas no Direito brasileiro sobre as condições de validade e eficácia das cláusulas de apuração de haveres nos contratos sociais das sociedades limitadas.

A obra é inovadora e original!

O leitor poderá perceber que a organização do trabalho em torno de diretrizes permitiu a sistematização de uma matéria extremamente difícil, que é explicar quando e porque as cláusulas de apuração de haveres podem ou não ser aplicadas.[3] E, nessa tarefa árdua de sistematização, o Autor compreendeu de modo muito claro a lição de Tullio Ascarelli de que o Direito Comercial não é lógico, sistemático ou uma disciplina construída a partir de axiomas aos moldes da Pandectística Alemã, mas sim fruto da experiência, uma verdadeira "categoria histórica", com um caráter "fragmentário" derivado de sua contínua necessidade de adaptação às transformações da vida econômica e social.[4]

O livro é inédito no Direito brasileiro, pois ao analisar os problemas da autonomia privada o autor apresenta uma análise técnica sobre como a autonomia privada atua nas relações societárias, abandonando truísmos ou visões românticas sobre a possibilidade de aplicação automática de institutos de Direito Civil, que tentam analisar o problema a partir da perspectiva da validade e da eficácia ou de requisitos lógicos previstos na Parte Geral do Código Civil.

Não obstante os importantes avanços que o Código Civil representou para o Direito Privado, relativamente à modernização do Direito das Obrigações e à adoção da Teoria da Empresa como base para a disciplina unificada do regime obrigacional; a disciplina das sociedades limitadas sofreu uma transformação substancial comparativamente com o regime do Decreto 3.078, de 10 de janeiro de 1919.

O Decreto 3.078/1919 era baseado na premissa de que as sociedades por quotas de responsabilidade limitada eram destinadas a "atividades negociais" de menor complexidade que aquelas desenvolvidas pelas sociedades por ações.

Apesar disso o Código Civil brasileiro não disciplinou de modo claro tanto as hipóteses de retirada do sócio quanto as questões essenciais para fornecer

---

[3] O autor adotou a noção de *diretrizes normativas*, a partir da obra de MARTINS-COSTA, Judith. Modelos de direito privado. São Paulo: Marcial Pons, 2014 e MARTINS-COSTA, Judith: BRANCO, Gerson. *Diretrizes teóricas do novo Código Civil brasileiro*. São Paulo: Saraiva, 2002, seguindo a tradição da Faculdade de Direito da UFRGS.

[4] ASCARELLI, Tullio. *Panorama do Direito Comercial*. Sorocaba: Minelli, 2007, p. 1 – 31.

preceitos e normas para que o Juiz avalie como se fazer a apuração de haveres. Em verdade, o Código Civil foi extremamente deficiente na disciplina do regime eficacial das cláusulas que tratam sobre a matéria, nada dizendo sobre o alcance normativo da disposição dos sócios sobre os seus haveres, em uma confusa solução que passa pela adoção subsidiária das regras da sociedade simples ou da sociedade por ações.

Sem a complexidade das sociedades por ações, as sociedades por quotas de responsabilidade limitada criadas pelo Decreto 3.078/19, traziam o importante benefício da limitação da responsabilidade, na esteira da relativamente recente regulamentação do Direito alemão e Direito português.

A simplicidade projetada pelo Decreto 3.078/1919 permitiu uma flexibilidade ímpar para o tipo societário, o que foi responsável por uma adoção contínua e progressiva do modelo na realidade comercial brasileira no curso do século XX, transformando o tipo jurídico em um dos mais importantes tipos societários, tendo praticamente suplantado sob o ponto de vista social todos os tipos previstos no Código Comercial de 1850.

Mesmo grandes conglomerados empresariais adotaram o regime das sociedades por quotas de responsabilidade limitada, já que o legislador atribuiu aos sócios a faculdade de que, através dos atos de autonomia privada, pudessem disciplinar praticamente todo o conteúdo dos deveres dos sócios, os órgãos societários e seu funcionamento, sistema de atribuição de competências, exclusão etc.

As diretrizes do Código Civil, ao regular a sociedades limitadas foram outras: intervenção, quoruns qualificados e uma disciplina que seguiu um sentido completamente distinto daquele que até então havia sido trilhado, deixando um grande vácuo legal na matéria relativa à apuração dos haveres e muito maior na disciplina dos efeitos das cláusulas contratuais que tratam sobre apuração de haveres.

A análise de uma matéria não regulada legalmente trilhou um caminho árduo de explicar o sentido da repetição por décadas do enunciado do Supremo Tribunal Federal de que a apuração de haveres na dissolução parcial deve ser feita "como se dissolução total se tratasse", entendendo a raiz e o contexto da referida decisão pioneira, para analisar como esse enunciado normativo passou a ser aplicado ao longo dos anos.[5]

Embora a dicção e a repetição tenha sido a mesma, a jurisprudência flutuou ao longo do tempo, apresentando inovações e posicionamento que não mais se coaduna com as situações fáticas vigentes na década de 1970.

Por isso, as diretrizes identificadas como sendo sistematizadoras e condicionadoras da aplicação da cláusula de apuração de haveres possuem conteúdo normativo e interpretativo essencial.

O autor propõe como critério de interpretação que as cláusulas que tratam sobre apuração de haveres somente são aplicáveis se forem específicas. Ou

---

[5] Trata-se do clássico acórdão do STF, RE nº 89.464-1/SP. 2ª Turma. Rel. Min. Cordeiro Guerra. Julgamento: 02 maio 1979. DJ, de 04.05.1979.

seja, não é possível disciplinar os haveres em uma exclusão de sócio se a cláusula foi tratada para a hipótese de morte do sócio: diretriz de especificidade.

Propõe que, ultrapassada essa diretriz, somente são aplicáveis as cláusulas do contrato social que não sejam dissonantes em demasia com a realidade econômico-social subjacente. Assim, uma cláusula que previa o pagamento dos haveres com base no último balanço patrimonial aprovado pelos sócios pode ser considerada ineficaz se existirem ativos intangíveis ou mesmo passivos ocultos extremamente importantes que tornem o balanço patrimonial uma obra de ficção: Diretriz da Realidade.

A obra apresenta como condição para eficácia da cláusula que seja adequada a parâmetros de atualidade, negando a possibilidade de aplicação de cláusula de haveres de valor fixo ou que determinem, por exemplo, a avaliação de imóveis pelo custo de aquisição após décadas de valorização imobiliária: Diretriz da Atualidade.

Uma das diretrizes mais controvertidas é a Diretriz da Igualdade, que, segundo o autor, faz parte das condições interpretativas para permitir a aplicação da cláusula, considerando que são ineficazes as cláusulas de apuração e haveres que estabeleçam critérios de discriminação sem fundamento, na mesma linha da construção histórica da cláusula leonina. Não obstante os debates relativamente à viabilidade de tal diretriz, o autor consegue encontrar fundamentos sólidos na pesquisa jurisprudencial, identificando situações, tanto no Direito brasileiro quanto no italiano, para demonstrar que não é admissível o tratamento discriminatório dos sócios de uma sociedade limitada, como forma de evitar deslocamentos patrimoniais injustificados.

O último teste da cláusula de apuração de haveres é a proporcionalidade: somente é eficaz a cláusula que não viole a relação entre os haveres e a participação no capital do sócio, tratando de hipóteses que ao longo do tempo a jurisprudência brasileira consagrou como sendo verdadeiras balizas para a aplicação da Lei.

Veja-se a síntese nas palavras do autor:

> Em conjunto, as diretrizes visam assegurar a inexistência de qualquer ofensa aos direitos patrimoniais do sócio que se despede, dos sócios remanescentes e da própria sociedade. No entanto, cada uma delas tem sua própria função: (I) a de especificidade visa orientar as questões vinculadas às hipóteses de incidência passíveis de serem reguladas pelos particulares, e a forma de como formalizá-las no contrato social; (II) a de realidade tem como escopo orientar o modo de como o método e/ou critério deve apreender e expressar a realidade econômico-patrimonial da sociedade no momento da extinção parcial dos vínculos sociais; (III) a de atualidade objetiva orientar a recomposição dos efeitos decorrentes do transcurso do tempo sobre o valor do conjunto de ativos e passivos da sociedade; (IV) a de igualdade almeja orientar as discricionariedades referentes às variações de método e/ou critério que os sócios podem convencionar no contrato social; e (V) a de proporcionalidade visa orientar aspectos inerentes à regra de equivalência, cuja finalidade é permitir o fracionamento do valor total dos haveres sociais.

Ainda que o trecho acima sintetize de modo preciso o conteúdo da obra, tais fundamentos não foram construídos como meros argumentos, porém foram fruto de pesquisa profunda, que enfrentou argumentos contrários, perspectiva legal, jurisprudencial e doutrinária.

Ao contrário do que se pode inicialmente pensar, o propósito do autor não é esvaziar ou reduzir a eficácia da cláusula de apuração de haveres. Pelo contrário, a postura metodológica adotada foi tentar compreender como, ao longo da história do Direito Comercial brasileiro, essa cláusula contratual inserida em contratos sociais de sociedades limitadas foi construída dogmaticamente, para entender a *ratio* das decisões e a partir delas, com o viés da doutrina, sistematizar as hipóteses e fornecer um verdadeiro guia para o Jurista.

E é isso que o leitor vai encontrar. Um guia para o profissional que atua na área societária não contenciosa, no qual poderá encontrar o caminho sobre como redigir uma cláusula de apuração de haveres que sobreviva aos testes que podem vir no futuro, pois o panorama jurisprudencial apresentado não só é profundo, como também é amplo, no sentido de que atendidas as diretrizes é possível afastar os equívocos mais comuns e rotineiros das redações de cláusulas que posteriormente acabam tendo sua validade e/ou eficácia afastadas.

Nesse particular, deve-se lembrar que advogado do Direito Societário atua de modo muito efetivo quando conhece as regras e pode construir, desenhar o contrato já tendo em vista os desafios que eventuais conflitos futuros podem trazer.

Serve também aos Juízes e Desembargadores, bem como aos advogados que atuam no contencioso societário, pois a obra é um roteiro minucioso e detalhado sobre como é possível compreender uma cláusula já redigida no seio de um conflito, fornecendo parâmetros dogmáticos claros sobre como interpretar e aplicar a cláusula, ou mesmo fornecendo elementos para afastar sua incidência, e até para que sua validade e eficácia sejam questionadas.

Como fruto de uma tese de doutorado, a obra recebeu conceito A em uma banca extremamente exigente e qualificada, formada por Alfredo Assis Gonçalves Neto, Ana Frazão, Luis Renato Ferreira da Silva e Eduardo Scarparo.

Também é peculiar a extensa pesquisa bibliográfica realizada marcada pela atualização e pelas conexões entre os temas da autonomia privada e do direito societário. O livro tem o devido cuidado no enfrentamento de temas complexos e atuais, revelando uma formação séria e precisa, a ponto de atender as linhas de Judith Martins-Costa, de que o livro é verdadeira obra de doutrina, na melhor acepção que a palavra pode ter, de *antecipar possibilidades de sentido e soluções práticas para atender necessidades sociais, além de ter rigor na análise sobre o sistema e suas soluções.* [6]

Porto Alegre, outubro de 2019.

Gerson Luiz Carlos Branco
Professor de Direito Empresarial da UFRGS e Advogado

---

[6] MARTINS-COSTA, Judith. *Modelos de Direito Privado*. São Paulo: Marcial Pons, 2014, p. 09 a 32.

Sumário

Lista de abreviaturas e siglas..21
Apresentação..23
Introdução...25
1. Diretriz de especificidade..51
    1.1. Da força vinculativa obrigatória da cláusula de apuração de haveres.......................51
    1.2. Da interpretação do STJ quanto ao alcance da cláusula de apuração de haveres..........64
    1.3. A especificidade quanto às hipóteses de incidência..73
        1.3.1. Análise crítica...76
    1.4. Atenção aos requisitos intrínsecos da cláusula *in concreto*....................................79
    1.5. A especificidade quanto às peculiaridades e circunstâncias....................................82
2. Diretriz de realidade..85
    2.1. Percepção e apreensão da realidade..86
    2.2. Realidade e apuração dos haveres sociais..92
        2.2.1. Dimensão existencial...96
        2.2.2. Dimensão valorativa..102
    2.3. Realidade e deslocamento patrimonial..105
    2.4. A busca pela apuração mais ampla possível: origem e significado da expressão "dissolução parcial como total se tratasse"..115
        2.4.1. Análise crítica..124
3. Diretriz de atualidade...129
    3.1. O fator tempo na apuração dos haveres...129
        3.1.1. Tempo, vínculo contratual e empresa..135
        3.1.2. Tempo e deslocamento patrimonial..140
    3.2. A atração exercida pela data-base na apuração dos haveres................................142
    3.3. A atualidade antes e após a constituição do título..144
    3.4. A lógica dos juros moratórios no atual sistema..146
        3.4.1. Análise crítica e proposição...149
4. Diretriz de igualdade..155
    4.1. A igualdade na apuração dos haveres sociais...155
        4.1.1. Análise crítica e proposição: alcance da cláusula................................162
    4.2. Desigualdade e deslocamento patrimonial: análise crítica e proposição...............165
    4.3. Limites à discricionariedade: análise crítica e proposição....................................172
5. Diretriz de proporcionalidade...185
    5.1. A regra de equivalência na apuração dos haveres...185

5.2. Autonomia privada: análise crítica e proposição...191
5.3. Equivalência e direito patrimonial: análise crítica e proposição............................202
Considerações finais..209
Referências...219
   Julgados...225

Lista de abreviaturas e siglas

AC .... Apelação Cível
AgRg .... Agravo Regimental
AI .... Agravo de Instrumento
art., arts. ...... artigo, artigos
Câm. Cív. ...... Câmara Cível
c/c .... combinado com
CC .... Código Civil Brasileiro (Lei n. 10.406 de 10.01.2002)
CC .... Conflito de Competência
Cf. .... conforme, conferir
Coord. .... coordenador de obra coletiva
Des., Desª ..... Desembargador, Desembargadora
DJ .... Diário de Justiça
DJe .... Diário de Justiça Eletrônico
e.g. .... *exempli gratia*
ed. .... edição
EDcl .... Embargos de Declaração
MC .... Medida Cautelar
Min., Minª. ... Ministro, Ministra
n., nº .... número
Org. .... organizador de obra coletiva
p. .... página
p. ex............ por exemplo
publ............ publicação
RE .... Recurso Extraordinário
Rel., Relª ...... Relator, Relatora
REsp .... Recurso Especial
S. .... Seção
ss. .... seguintes
STF .... Supremo Tribunal Federal
STJ .... Superior Tribunal de Justiça

T. ....Turma
TJRS ....Tribunal de Justiça do Rio Grande do Sul
TJSP ....Tribunal de Justiça de São Paulo
Trad. ....tradutor (a)
v.g. ....verbi gratia

Apresentação

Meu primeiro contato com o autor, Wilson Alexandre Barufaldi, foi no dia da instalação da banca examinadora de sua tese de doutorado, que versou sobre o tema que dá origem a este livro. Desconheço as razões pelas quais escolheu-me para apresentá-lo à comunidade acadêmica. Grandes mestres de seu trato – os participantes da mesma banca e outros tantos professores da Faculdade de Direito da Universidade Federal do Rio Grande do Sul, que lhe outorgou o título de doutor –, não hesitariam em assumir esse honrado e prazeroso múnus.

Seguindo a tradição gaúcha de produzir desafiadores trabalhos científicos na área do direito, Barufaldi certamente se inspirou no pioneirismo do grande mestre de todos nós, Hernani Estrella, que, desde 1948, com seu ensaio "Despedida de Sócio e Apuração de Haveres" e, em seguida, com o consagrado e imorredouro "Apuração dos Haveres de Sócio", trouxe a maior e melhor contribuição que um jurista nacional logrou elaborar sobre o assunto, ainda hoje um livro de consulta obrigatória entre todos os comercialistas pátrios.

Com novo enfoque, porém atendo-se à análise da cláusula de predeterminação dos haveres do sócio que se desliga da sociedade em razão das causas previstas em nossa legislação, o autor parte de uma profunda e exaustiva pesquisa de julgados, do Supremo Tribunal Federal e do Superior Tribunal de Justiça, para daí extrair as diretrizes que, como defende, devem e passam a orientar seu pensamento na busca da melhor forma de compreendê-la e aplicá-la na solução de casos concretos.

Não sendo novato nas letras jurídicas, eis que tem de sua autoria outro livro, intitulado "Recuperação Judicial – Estrutura e Aplicação de Seus Princípios", fruto das pesquisas realizadas para a conclusão de seu curso de mestrado na UFRGS, Barufaldi esmera-se nessa nova investida literária, agora para cotejar decisões, ora similares, ora desencontradas, que versam sobre as mais variadas situações que, no âmbito das sociedades limitadas, exsurgem quando ocorre a necessidade de ser apurado o valor do quinhão do sócio diante das causas que levam ao rompimento do vínculo societário.

Sua construção teórica é original, pois não recordo de outro autor que tenha elaborado algum estudo pelo prisma apresentado neste livro, o que muito contribui para alargar os horizontes e melhor compreender e aplicar uma disposição contratual que, elaborada para evitar problemas futuros, frequentemente faz aflorarem outros de igual ou de mais complexa solução.

E isso se verifica porque a atividade econômica, desenvolvida pelo empresário ou pela sociedade empresária, é dinâmica, e os resultados, que dela advêm, oscilam segundo as injunções do mercado. Sendo assim, uma visão do porvir dificilmente corresponde à realidade do tempo em que os sócios decidiram antecipar o valor ou o critério de valoração de suas participações societárias. Qualquer distorção pode resultar, como tantas vezes resulta, em tratamento desigual, tanto em relação ao sócio que sai da sociedade, como ao que nela permanece. Mesmo assim, não pode o intérprete afastar-se totalmente daquilo que os sócios conscientemente deliberaram clausular, sob pena de interferir, indevidamente, na esfera de sua liberdade de contratar.

Essas e outras considerações deram ao autor o pretexto de desenvolver o tema, orientado pelas cinco diretrizes que extraiu da análise dos incontáveis julgados com que se defrontou, quais sejam, da especificidade, da realidade, da atualidade, da igualdade e da proporcionalidade, por ele tomadas vetores do desenvolvimento deste seu muito bem elaborado e instigante trabalho científico – uma excelente contribuição para o estudo e a compreensão da amplitude das questões que se descortinam aos estudantes e estudiosos do direito comercial quando enfrentam o modo e os critérios que precisam ser considerados para a apuração dos haveres de sócio a partir do ajuste preventivo de seu valor ou dos critérios previamente estabelecidos para obtê-lo.

Este livro soma-se àqueles que são referência no assunto e não pode deixar de ser lido por quantos se interessam em desbravar questões tão complexas, cabendo à comunidade jurídica rejubilar-se com sua publicação.

Alfredo de Assis Gonçalves Neto
Prof. Titular de Direito Comercial
da Faculdade de Direito da UFPR

Introdução

Esta tese propõe que a aplicação pelo Superior Tribunal de Justiça – e anteriormente pelo Supremo Tribunal Federal – da cláusula regradora da apuração dos haveres sociais nos casos em que a sociedade empresária limitada se resolver em relação a um sócio está relacionada com o atendimento de exigências contidas em cinco diretrizes jurídicas: *especificidade; realidade; atualidade; igualdade;* e *proporcionalidade*.

Essas diretrizes jurídicas são o que o Direito brasileiro oferece de mais concreto como parâmetro para aferição da eficácia e aplicabilidade da cláusula contratual prevista em contrato social de sociedade limitada para a apuração dos haveres de sócio que obtém o direito de retirada por meio da dissolução parcial de sociedade.

A omissão legal e a circunstância de que há uma construção jurisprudencial ainda não sistematizada pela doutrina orientam a construção da tese, cujo propósito, assim, é sistematizar,[1] a partir da lei, jurisprudência e doutrina, quais são os critérios jurídicos vigentes no Direito brasileiro para a aplicação judicial da cláusula de apuração dos haveres sociais nas hipóteses de resolução da sociedade em relação a um sócio.

A *diretriz de especificidade* está relacionada de modo imediato com a força vinculativa obrigatória contida na cláusula de predeterminação dos haveres sociais, e a partir daí com o âmbito de sua aplicação (esferas extrajudicial e judicial), com a tipicidade das hipóteses de incidência da cláusula, com as práticas adotadas pela sociedade e pelos sócios na constituição do material que será utilizado na apuração dos haveres e, ainda, com a conexão entre as particularidades concretas subjacentes e/ou contidas na cláusula e a sua força vinculativa. Atender às suas exigências tem como finalidade assegurar a incidência da cláusula quando o seu suporte fático ocorrer, o que é condição imprescindível para o exame de sua aplicação – ou não – à luz das demais diretrizes pelo Superior Tribunal de Justiça.

---

[1] Cf. Martins-Costa: "Explicitar, sistematizar, compreender e desenvolver o que está *posto* pelas normas de direito positivo é a tarefa por excelência da dogmática". (MARTINS-COSTA, Judith. *Modelos de direito privado*. São Paulo: Marcial Pons, 2014, p. 17). Cf. Galgano: "La funzione del diritto è, anzitutto, di proibire l'uso della violenza per la soluzione dei conflitti: è, quindi, di risolvere i conflitti con l'applicazione di regole predeterminate, le quali stabiliscono quale fra gli interessi in conflitto sia degno di protezione e debba prevalere e quale non sia degno di protezione e debba soccombere" (GALGANO, Francesco. *Instituzioni di diritto privato*. 8. ed. Vicenza: CEDAM, 2017, p. 1).

A *diretriz de realidade* refere-se ao conteúdo da cláusula de predeterminação dos haveres sociais, o qual deverá permitir a apreensão e expressão da realidade econômico–financeira e/ou patrimonial da sociedade,[2] de modo que o método e/ou critério eleito pelas partes para a apuração dos haveres contemple a totalidade do conjunto de bens sociais e a indicação de seu valor em conformidade com a situação econômica concreta da sociedade e com os fatores contextuais relevantes para a apuração no dia que restar fixado como o da data-base. As exigências assim ocorrem em momentos subsequentes. Primeiro, a diretriz orienta a formação do conjunto constitutivo dos haveres, evidenciando a atuação de sua *dimensão existencial*. Em ato contínuo, a diretriz guia a apuração propriamente dita do valor deste conjunto em conformidade com os fatos econômico-jurídicos presentes no caso concreto, sobressaindo-se então a sua *dimensão valorativa*.

A *diretriz de atualidade* está relacionada ao conteúdo da cláusula, o qual deverá permitir a apuração do valor dos haveres sem qualquer corrosão ou perda em face da desconsideração com os efeitos decorrentes do transcurso do tempo. A diretriz exige que a apuração do valor dos haveres sociais contemple os efeitos do tempo – imprescindível para o exercício da atividade empresarial – sobre os ativos e passivos, de modo que o valor apurado seja indicado como o atual no e para o dia fixado como a data-base. A diretriz atua em duas fases distintas: antes e depois da constituição do título executivo que precisará o valor líquido e certo eventualmente devido pela sociedade. Na primeira, o objetivo é apurar o valor em pecúnia do conjunto de haveres sociais na data-base. Já na segunda, a diretriz passa a exigir a recomposição das perdas inflacionárias ocorridas após a determinação do valor na data-base, por meio de correção monetária, até a data do efetivo pagamento.

A *diretriz de igualdade* refere-se à possibilidade de os sócios pactuarem conteúdos diferentes para a apuração dos haveres sociais. Tais diferenças poderão estar relacionadas à pessoa do sócio, à causa subjacente, à extinção do vínculo societário e/ou aos tipos de quotas sociais presentes na sociedade. Com acerto, o STJ – apoiado em entendimento construído no STF – entende, quando aplica o raciocínio de que a apuração dos haveres deve ocorrer na dissolução parcial da sociedade como ocorreria em caso de dissolução total, que a apuração deve respeitar a igualdade entre todos os sócios. Assim, a diretriz de igualdade também deverá ser observada quando os sócios convencionarem métodos e/ou critérios diversos para a apuração em situações fático-jurídicas distintas. Propõe-se neste trabalho que a diretriz de igualdade não tem caráter

---

[2] Cf. Estrella: "Tantas e tão variadas podem ser as formas pelas quais se procede à apuração amigável de haveres, que é difícil, senão mesmo impossível, tentar apontá-las, todas". (ESTRELLA, Hernani. *Apuração dos haveres de sócio*. Atualizado por Roberto Papini. 5. ed. Rio de Janeiro: Forense, 2010, p. 115). Sobre os diferentes métodos para a apuração na concepção do STJ, ver: BRASIL. Superior Tribunal de Justiça. REsp nº 1.335.619/SP. 3ª Turma. Relatora: Minª. Nancy Andrighi. Julgamento: 03 mar. 2015. DJ 27 mar. 2015, fl. 6. Sobre diversos métodos, ver: ESTRELLA, op. cit., p. 115-125. PAOLUCCI, Guido. *La valutazione d'azienda*. 7. ed. Milano: FrancoAngeli, 2018. DAMODARAN, Aswath. *Avaliação de empresas*. 2. ed. São Paulo: Pearson Prentice Hall, 2007. KOLLER, Tim; GOEDHART, Marc; WESSELS, David. *Valuation*. Hoboken, New Jersey: John Wiley, 2005.

absoluto, podendo haver conteúdos desiguais no âmbito dos haveres sem que se viole tal diretriz.

A *diretriz de proporcionalidade* atua em momento posterior ao término da apuração propriamente dita. Enquanto as diretrizes de realidade, atualidade e igualdade visam a possibilitar um controle sobre o deslocamento patrimonial decorrente da resolução parcial do vínculo societário mediante a análise dos métodos e/ou critérios previstos na cláusula de predeterminação dos haveres, a de proporcionalidade dirige-se à regra de equivalência, cuja finalidade é precisar o valor em pecúnia da fração correspondente ao direito patrimonial do ex-sócio ou de terceiro legitimado sobre o valor do conjunto dos haveres, em face da relação de liquidação.[3] A lei prevê que o fracionamento se dará conforme a proporcionalidade entre o valor da quota liquidanda, pelo montante efetivamente realizado, e o capital social, *ut* artigo 1.031, *caput*, do Código Civil. A tese propõe que os particulares têm autonomia para estabelecer forma diversa de fracionamento, a exemplo do que ocorre com a participação nos lucros e nas perdas, *ut* artigo 1.008 do Código Civil.

Observa-se que as diretrizes mantêm conexões de sentido entre si, com as quais se amplia o conteúdo juridicamente relevante que as compreende. Os aspectos relacionais entre as diretrizes serão expostos ao longo do trabalho com o escopo de objetivar o conteúdo das próprias diretrizes e de enfatizar o seu caráter prático. A título de exemplo, antecipa-se:

a) A diretriz de especificidade se conecta com a diretriz de realidade pela disposição clara e precisa do modo e das circunstâncias que a incidência e aplicação da cláusula reguladora da apuração dos haveres deverá observar para acessar e apreender a realidade inerente ao conjunto e ao valor dos haveres sociais na data-base;

b) A diretriz de realidade, em suas duas perspectivas, conecta-se estreitamente com a diretriz de atualidade, pois ambas relacionam a apuração dos haveres ao elemento tempo, seja quanto à necessidade de observar os aspectos econômicos presentes em determinado contexto histórico, seja quanto ao efeito do transcurso do tempo sobre o valor do ativo e do passivo da sociedade;

c) A diretriz de especificidade relaciona-se com a diretriz de igualdade, pois, com o interesse de tornar o conteúdo da cláusula preciso, os sócios poderão prever situações desiguais relacionadas à apuração dos haveres, como, por exemplo, inerentes às hipóteses de incidência da cláusula. A diretriz de igualdade orienta a fundamentação das eventuais discricionariedades, manifestando assim a especificidade do conteúdo da cláusula para o caso concreto;

---

[3] Cf. Aguiar Júnior: "Resolvida a relação obrigacional, surge a relação de liquidação [...]". (AGUIAR JÚNIOR, Ruy Rosado. *Extinção dos contratos por incumprimento do devedor*. Rio de Janeiro: Aide, 1991, p. 254). Cf. Nanni: "É equivocado atribuir sinonímia às expressões restituição e enriquecimento sem causa, pois assentam em extremos distintos: o enriquecimento sem causa é o evento, a mola propulsora, e a restituição, a consequência da aplicação desse remédio". (NANNI, Giovanni Ettore. *Enriquecimento sem causa*. São Paulo: Saraiva, 2004, p. 168).

d) A diretriz de igualdade e de proporcionalidade conectam-se para estabelecer limites à criação de fatores de discriminação pelos sócios.[4] No entanto, enquanto a igualdade se dirige às variações de métodos e/ou critérios convencionadas pelos sócios, a proporcionalidade tem como alvo o fracionamento do valor total conforme a regra de equivalência, a qual fixa a igualdade quantitativa entre os sócios no fracionamento do valor total dos haveres.

Ao mesmo tempo em que a identificação das diretrizes torna possível observar o caminho mais seguro para a elaboração de cláusulas que dificilmente os tribunais deixariam de aplicar em caso de litígio, também permite a análise crítica dos atuais posicionamentos adotados pelo STJ e a proposição de novas compreensões no âmbito dos haveres sociais.

A tese objetiva não só a elaboração de uma análise da tradição jurisprudencial brasileira a respeito do modo e alcance da aplicação da cláusula para a apuração dos haveres na sociedade limitada, como também sistematizar a matéria como meio de coordenar os entendimentos que a jurisprudência e a doutrina têm atribuído à matéria no sistema jurídico brasileiro, fornecendo assim parâmetros mais claros tanto para que se pense em novas alternativas, juridicamente mais seguras, seja para servir de baliza e orientação doutrinária para casos complexos ou de difícil solução.

Nesse sentido, a sistematização das diretrizes, com a identificação de suas funções e conexões, constitui-se em um modelo dogmático para a elaboração, interpretação e aplicação da cláusula de predeterminação dos haveres.[5] Isso porque as diretrizes, embora não sejam fontes, expressam o seu conteúdo, explicitando o seu significado e modo de aplicação;[6] induzidas das decisões proferidas pelos Tribunais Superiores, revelam o aspecto dinâmico da aplicação das fontes na realidade jurídico-social;[7] e têm a pretensão de orientar o *dever-ser*, de modo que não atender às suas exigências tende a resultar no afastamento da referida cláusula pelo Judiciário.[8] A transformação desse modelo doutrinário em um modelo dotado de força prescritiva está condicionada ao "acolhimento de seu sentido por uma das fontes dotadas do poder de decidir e

---

[4] PONTES DE MIRANDA, Francisco Cavalcanti. *Tratado de direito privado*. 2. ed. Rio de Janeiro: Borsoi, 1965, v. 49, § 5.169, p. 19.

[5] Cf. Martins-Costa: "A elaboração e o desenvolvimento dos modelos dogmáticos é a tarefa primeira da doutrina jurídica". (MARTINS-COSTA, 2014, p. 10). Ainda: "Modelos são estruturas normativas dinâmicas, que integram fatos e valores em normas jurídicas. Correspondem às fontes, mas dela se desprendem por se apresentarem no devir da mutável experiência jurídico-social: há modelos legislativos, jurisprudenciais, costumeiros e negociais, os quatro consubstanciando a categoria dos modelos jurídicos. E há, por igual, *modelos dogmáticos* – também ditos hermenêuticos, ou doutrinários – estruturas teóricas referidas aos modelos jurídicos, cujo valor eles procuram captar e atualizar em sua plenitude". (Ibid., p. 10).

[6] Cf. Branco: "Enquanto as fontes são estruturas normativas, os modelos são o conteúdo de tais estruturas. As fontes caracterizam-se por serem estáticas, enquanto os modelos são dinâmicos. As estruturas estão no plano da validade, pois é necessário uma fonte de poder que as legitime, enquanto o conteúdo de tais estruturas, que são os modelos, diz respeito à sua significação, eficácia e aplicação". (MARTINS-COSTA, Judith; BRANCO, Gerson. *Diretrizes teóricas do novo Código Civil brasileiro*. São Paulo: Saraiva, 2002, p. 31).

[7] MARTINS-COSTA, op. cit., p. 10.

[8] Cf. Branco: "É requisito do modelo jurídico que tenha projeção de dever-ser e que preveja uma sanção pelo descumprimento, pois embora seja determinado pela realidade social, também tem um papel modelador da realidade". (MARTINS-COSTA; BRANCO, op. cit., p. 32).

vincular comportamentos, a saber: a lei, a jurisprudência, os negócios jurídicos ou os usos".[9]

A palavra *diretrizes* é utilizada pelo Superior Tribunal de Justiça em diversos acórdãos para se referir às orientações que devem ser obedecidas no processo de interpretação e aplicação da cláusula de predeterminação,[10] como ocorre nesse trabalho.[11] Na doutrina, Estrella a utilizou com sentido semelhante ao referir que é um problema árduo a questão da avaliação dos bens que ou somente são transferíveis com a empresa, ou só tem existência enquanto a mesma esteja em funcionamento normal, de forma que se impõe "fixar as diretrizes sob como operar".[12]

As diretrizes atuam como postulados normativos – normas metódicas que têm a finalidade de orientar, por meio de critérios, parâmetros e *standards*, a interpretação e aplicação das normas de conduta –[13] para a elaboração e interpretação da cláusula para a apuração de haveres sociais, de modo que atendê-las, ou delas se afastar, terá significativa influência em eventual julgamento que vier a decidir entre a aplicação ou não de tal cláusula em caso de

---

[9] BRANCO, Gerson Luiz Carlos. Elementos para interpretação da liberdade contratual e função social: o problema do equilíbrio econômico e da solidariedade social como princípios da Teoria Geral dos Contratos. In: MARTINS-COSTA, Judith. *Modelos de direito privado*. São Paulo: Marcial Pons, 2014, p. 257-290, p. 259.

[10] Cf. Branco: "[...] o conteúdo do direito é definido no processo de aplicação e interpretação". (Ibid., p. 259).

[11] A palavra *diretriz*, no mesmo sentido que lhe é atribuída neste estudo, foi utilizada pela Min. Nancy Andrighi ao julgar o REsp nº 1.537.922: "[...] não se coaduna com as *diretrizes* fixadas pelo STF e pelo STJ, segundo as quais a apuração deve ser realizada de forma mais ampla possível (conforme assentado em linhas anteriores)". (BRASIL. Superior Tribunal de Justiça. REsp 1.537.922/DF. 3ª Turma. Relatora: Minª. Nancy Andrighi. Julgamento: 28 mar. 2017. DJ 30 mar. 2017.fl. 14). E pelo Min. Menezes Direito ao afastar a cláusula referente ao pagamento dos haveres sociais nos autos de ação de apuração de haveres, quando julgou o REsp nº 612.886: "[...] os votos dos Ministros Antônio de Pádua Ribeiro e Nancy Andrighi acompanharam a *diretriz* lançada pelo Relator, o qual assinalou que a "cláusula contratual que prevê o pagamento parcelado dos haveres do sócio retirante só pode ser aplicada em hipótese não litigiosa" (BRASIL. Superior Tribunal de Justiça. REsp nº 612.886/MT. 3ª Turma. Relator: Min. Carlos Alberto Menezes Direito. Julgamento: 02 jun. 2005. DJ 22 ago. 2005, fl. 12). Pelo Min. Eduardo Ribeiro ao julgar o REsp nº 87.731: "O precedente mencionado firmou o entendimento de que, em princípio, a forma de pagamento do devido ao sócio que deixa a sociedade será a prevista no contrato social. Essa *diretriz* que há de ser observada, não tenho, quanto a isso, dúvida alguma. Cumpre verificar se dela se afastou o acórdão recorrido" (BRASIL. Superior Tribunal de Justiça. REsp nº 87.731/SP. 3ª Turma. Relator: Min. Carlos Alberto Menezes Direito. Julgamento: 26 jun. 1997. DJ 13 out. 1997, fl. 1 do voto). E, também por ele, ao julgar o Agravo Regimental no AG nº 108.930: "O acórdão entendeu que não seria de adotar-se parâmetro de índole simplesmente contábil, devendo-se eleger a *diretriz* que se observa quando se trate de sociedade de pessoas" (BRASIL. Superior Tribunal de Justiça. AgRg no Ag nº 108.930/SP. 3ª Turma. Relator: Min. Eduardo Ribeiro. Julgamento: 25 mar. 1997. DJ 05 maio 1997, fl. 1 v). No REsp nº 111.294, pelo Min. Barros Monteiro: "A despeito de tratar-se de assunto polêmico, como acima assinalado, penso que a *diretriz* traçada pela C. Terceira Turma deste Tribunal é a que mais se ajusta ao sistema adotado pelo legislador pátrio quanto às sociedades por ações". (BRASIL. Superior Tribunal de Justiça. REsp nº 111.294/PR. 4ª Turma. Relator: Min. Cesar Asfor Rocha (p/Acórdão). Julgamento: 19 set. 2000. DJ 28 maio 2001, p. 7).

[12] ESTRELLA, 2010, p. 125.

[13] ÁVILA, Humberto. *Teoria dos princípios:* da definição à aplicação dos princípios jurídicos. São Paulo: Malheiros, 2010, p. 123-124. Cf. Ávila: "Os postulados normativos aplicativos são normas imediatamente metódicas que instituem os critérios de aplicação de outras normas situadas no plano do objeto da aplicação. Assim, qualificam-se como normas sobre a aplicação de outras normas, isto é, como metanormas. Daí se dizer que se qualificam como normas de segundo grau". (Ibid., p. 124). Ver: SILVA, Jorge Cesa Ferreira da Silva. *A antidiscriminação no direito contratual brasileiro:* possibilidades e limites do acolhimento de um princípio. 2018 259 f. Tese (Doutorado em Direito) – Programa de Pós-Graduação em Direito Civil, Faculdade de Direito, Universidade de São Paulo, São Paulo, 2018, p. 179.

litígio judicial.[14] Quanto mais claramente a cláusula de predeterminação dos haveres atender as exigências inerentes às cinco diretrizes, maior a probabilidade de a cláusula vir a ser aplicada em caso de litígio judicial.[15] Atender ao conteúdo das diretrizes é promover harmonia e conformidade entre o conteúdo da cláusula e as normas contidas no sistema jurídico aplicáveis ao instituto da apuração.

Desse modo, estar-se-ão fornecendo instrumentos com claro caráter prático para o aprimoramento das cláusulas reguladoras da apuração de haveres sociais e para a solução de litígios longos e custosos, os quais, como verificado na pesquisa, comumente ocorrem, de um lado, com a sociedade e/ou sócios remanescentes pleiteando a aplicação do conteúdo previsto na cláusula, e, de outro, com o ex-sócio, ex-cônjuge de sócio ou sucessores do sócio falecido requerendo o afastamento da cláusula, e a aplicação de outro método que expressaria com a extensão e o valor do patrimônio social de forma mais completa e real.[16]

Isso não significa que o inverso não poderá ocorrer, naturalmente. A situação ocorreu no REsp nº 48.205-4, em que a sociedade pleiteava o afastamento da cláusula que previa a realização da apuração por meio de um balanço especial e, com isso, a aplicação do artigo 15 do Decreto nº 3.708, que estabelecia o reembolso ao sócio dissidente pelo valor do último balanço aprovado. No caso, a 3ª Turma do STJ reforçou a autonomia das partes para convencionarem as regras de apuração do crédito a ser pago pela sociedade ao ex-sócio ou terceiro legitimado.

O certo é que as diretrizes normativas aqui propostas tendem a ampliar a previsibilidade, e com isso a segurança jurídica, quanto à aplicação futura da cláusula pelo Estado-juiz, fator que, também por certo, contribui para o aperfeiçoamento dos processos decisórios que influenciarão, sobretudo em

---

[14] Cf. Pontes de Miranda, "[...] a incidência das regras jurídicas não falha; o que falha é o atendimento a ela. Se se escreve, por exemplo, que, 'se há infração da regra jurídica, a incidência da regra falha *em realidade*', está-se a falar em acontecimento do plano do atendimento (aí, dito da realidade), com os olhos fitos no plano das incidências, que é o do mundo jurídico, o plano do pensamento". (PONTES DE MIRANDA, Francisco Cavalcanti. *Tratado de direito privado*. 4. ed. São Paulo: Revista dos Tribunais, 1977, v. 1, p. 12).

[15] Cf. Branco: "É preciso, portanto, construir uma nova dogmática das causas de invalidade e de ineficácia, em que a funcionalização da liberdade contratual passa a ser um dos principais fatores". (BRANCO, 2014, p. 284).

[16] A título exemplificativo, ver: REsp nº 105.667: "[...] evitando-se, de outro modo, o locupletamento indevido da sociedade ou sócios remanescentes". (BRASIL. Superior Tribunal de Justiça. REsp nº 105.667/SC. 4ª Turma. Relator: Min. Barros Monteiro. Julgamento: 26 set. 2000. DJ 06 nov. 2000, p. 4). REsp nº 271.930: "[...] razão de evitar-se o enriquecimento indevido do sócio remanescente ..." (BRASIL. Superior Tribunal de Justiça. REsp nº 271.930/SP. 4ª Turma. Relator: Min. Sálvio de Figueiredo Teixeira. Julgamento: 19 abr. 2001. DJ 25 mar. 2002). REsp nº 282.300: "[...] corre-se o risco da sociedade beneficiar-se em detrimento dos herdeiros". (BRASIL. Superior Tribunal de Justiça. REsp nº 282.300/RJ. 3ª Turma. Relator: Min. Antônio de Pádua Ribeiro. Julgamento: 04 set. 2001. DJ 08 out. 2001, fl. 4). Ainda: BRASIL. Superior Tribunal de Justiça. REsp nº 1.444.790/SP. 4ª Turma. Relator: Min. Luis Felipe Salomão. Julgamento: 26 ago. 2014. DJ 25 set. 2014. BRASIL. Superior Tribunal de Justiça. REsp nº 1.537.922/DF. 3ª Turma. Relatora: Minª. Nancy Andrighi. Julgamento: 28 mar. 2017. DJ 30 mar. 2017. BRASIL. Supremo Tribunal Federal. RE nº 73.077/RJ. 1ª Turma. Relator: Min. Soarez Muñoz (p/ Acórdão). Julgamento: 25 out. 1978. DJ 27 out. 1978.

momentos de crise, na continuidade da empresa, interesse nuclear do Direito de Empresa.[17]

Para tanto, ao longo do trabalho, serão realizadas as proposições a seguir sintetizadas:

1. O sistema jurídico brasileiro, com fundamento no artigo 1.031 do Código Civil, e nos artigos 604, II, e 606 do Código de Processo Civil, permite que os sócios estabeleçam o conteúdo – método e/ou critérios – para a apuração de haveres no caso em que ocorrer a extinção parcial dos vínculos sociais no âmbito da sociedade empresária limitada. Por outro lado, refuta-se a ideia de que o sistema jurídico brasileiro não prevê qualquer restrição ao exercício da autonomia privada no que tange especificamente ao conteúdo referente à apuração dos haveres sociais. As diretrizes aqui apresentadas iniciam o delineamento, ao menos em parte, das restrições impostas pelo sistema à autonomia dos sócios na seara da apuração dos haveres sociais.

1.1. A cláusula de apuração de haveres no sistema brasileiro tem plena força vinculativa; no entanto, seu alcance, conforme equivocadamente entende o STJ, se limitaria à hipótese de a apuração dos haveres ocorrer na esfera extrajudicial, deixando de existir a partir do momento em que a apuração passar a ocorrer na esfera judicial. Propõe-se que a cláusula preserva a sua força vinculativa independentemente da esfera de sua aplicação.

1.2. A diretriz de especificidade exige que a cláusula de predeterminação dos haveres sociais precise exatamente a situação fático-jurídica que o seu conteúdo visa a incidir e regular. Assim, a cláusula deverá especificar expressamente qual hipótese fático-jurídica – recesso, falecimento, dissolução parcial em sentido estrito (*affectio societatis*), retirada injustificada, exclusão, divórcio (meação) – o seu conteúdo prevê e regulamenta. De modo que a especificidade se afasta da ideia de que a cláusula de apuração de haveres poderá ser genérica, ou aplicada a qualquer uma das situações que conduzirão à apuração dos haveres, sob o argumento de que se trata de institutos juridicamente próximos – ou porque se assemelhariam – dentro do sistema jurídico brasileiro.

1.3. A especificidade exige ainda que as partes atendam aos requisitos intrínsecos da cláusula ao longo da relação contratual, com o que sua força vinculativa se preservará ao longo dos anos, evidenciando o caráter duradouro dos vínculos societários no âmbito da sociedade limitada e mantendo o alinhamento entre o conteúdo da cláusula e as vicissitudes inerentes à realidade e ao transcurso do tempo entre a data em que a cláusula foi pactuada e a sua efetiva aplicação. Desse modo, no momento em que a apuração ocorrer, todos os documentos e as informações imprescindíveis para a aplicação do conteúdo

---

[17] O prestígio do princípio da preservação da empresa no STJ foi sublinhado pelo Min. Humberto Gomes de Barros ao apreciar o REsp nº 453.423, interposto nos autos de uma ação de dissolução de sociedade: "Há forte tendência do legislador em preservar a empresa, como se vê da nova Lei de Falência. Essa tendência origina-se na já famosa 'finalidade social', tão presente no novo Código Civil. Nenhum destes inovadores diplomas legais aplica-se ao caso concreto, mas eles demonstram com clareza meridiana a tendência de nossa legislação, que consolida a vontade do legislador". (BRASIL. Superior Tribunal de Justiça. REsp nº 453.423/AL. 3ª Turma. Relator: Min. Antônio de Pádua Ribeiro. Julgamento: 01 set. 2005. *DJ* 12 dez. 2005, fl. 4).

contido na cláusula de predeterminação dos haveres, pois a sua apresentação com todos os requisitos legais e administrativos preenchidos comprovará a transparência, a confiança e o alinhamento de propósito entre a sociedade e os sócios quanto à vigência da cláusula por meio dos próprios comportamentos.

1.4. A diretriz de especificidade será ainda melhor observada pelos sócios quando o conteúdo da cláusula – e o fornecimento de outros documentos relevantes – evidenciar o processo lógico-decisório percorrido pelos sócios para a construção da própria cláusula, tornando explícitas as razões que recomendaram a adoção daquele método e/ou critério, e não de outros possíveis para o caso concreto. Tais comportamentos e registros tendem a sustentar a força vinculativa da cláusula em caso de disputa judicial, porquanto aqueles comprovam a relação entre o conteúdo da cláusula e a realidade percebida e apreendida pelos sócios para a sua elaboração.

2. O STJ afasta a força vinculante da cláusula de predeterminação dos haveres sociais – e assim deixa de aplicá-la – quando o seu conteúdo não atender as exigências da diretriz de realidade, de natureza material. Da jurisprudência construída pelo STF e pelo STJ, extrai-se que a diretriz de realidade contempla duas dimensões, as quais se encontram em ordem por imposição lógica, porquanto a formação de uma antecede a expressão da outra. A primeira é a dimensão existencial, a qual se refere à formação do conjunto de ativos e passivos cujo valor deverá ser apurado para o cálculo dos haveres sociais. A segunda é a dimensão valorativa, na qual o conteúdo da cláusula deverá permitir que a realidade econômico-financeira e/ou patrimonial daquele conjunto possa ser expressa em pecúnia.

2.1. A força vinculante da cláusula reguladora da apuração dos haveres sociais, de acordo com a jurisprudência construída pelo STF e pelo STJ, subordina-se de imediato à ideia de que a apuração sempre deverá ocorrer da forma mais ampla e completa possível, de modo que todos os ativos existentes sejam incluídos, e que os seus valores correspondam àqueles efetivamente praticados ou praticáveis em negócios cujo objeto apresenta similitude com aquele cujo valor se busca apurar. Para os Tribunais Superiores, tal entendimento evitaria o deslocamento patrimonial injustificado entre a sociedade e o ex-sócio ou terceiros legitimados.

2.2. O STJ – a exemplo do que historicamente decidia o STF – não considera a existência da cláusula de predeterminação dos haveres, por si só, como causa suficiente e definitiva para justificar nesta seara a extensão e o volume do deslocamento patrimonial que a extinção do vínculo societário provocará. O Tribunal deixa de aplicar a cláusula que não permita a apreensão do que seria a realidade econômico-financeira e/ou patrimonial mais ampla e exata possível; no entanto, a diretriz de realidade sequer teria como exigir dos sócios contratantes a apreensão de uma única possível e subjetiva perspectiva da realidade, a qual sempre conduziria para a mais ampla e exata apuração dos haveres sociais, pois diversos são os métodos e/ou critérios para se apurar o valor dos haveres sociais, e todos conduzirão a um resultado que poderá ser considerado como o mais amplo e exato possível.

2.3. O afastamento da força vinculativa da cláusula de predeterminação dos haveres sociais sob o argumento de que a apuração dos haveres decorrente da dissolução parcial da sociedade deva sempre ser realizada "como se de dissolução total se tratasse", aplicada desde a época em que a competência para decidir era do STF até os dias atuais pelo STJ, também é insuficiente para afastar, por si só, a cláusula, porquanto esse próprio procedimento – parcial como total – será sempre mera simulação no âmbito da apuração dos haveres. A realidade não é passível de ser apreendida pela aplicação deste entendimento "como se de dissolução total se tratasse") por impossibilidade fática, pois enquanto em uma situação ocorrerá a apuração dos haveres sociais com o auxílio de um perito avaliador – ou por meio de perícia –, em outro obter-se-á o valor de liquidação do acervo patrimonial da sociedade mediante a realização efetiva de um – ou mais – negócio jurídico que terá como objeto tal acervo; e por impossibilidade jurídica, porquanto a dissolução parcial da sociedade, como instituto jurídico construído pela jurisprudência, é inconfundível com o instituto da dissolução total. Desde há muito previsto na legislação a matéria é tratada de modo diferente: enquanto na primeira hipótese regula-se uma situação em que a atividade empresarial permanece sendo exercida ao longo da apuração e após será preservada, já na segunda a atividade empresarial é encerrada.

2.4. Entende-se que a força vinculativa obrigatória da cláusula de predeterminação dos haveres sociais *a priori* está sempre preservada, e não deve ser singela e automaticamente afastada quando confrontada com a tese de que o seu conteúdo não conduz à apuração mais ampla e completa possível. Tal força somente poderá ser afastada quando após a análise dos métodos e/ou critérios pactuados ficar evidente que carecem de possibilidade fática (*v.g.* ausência de um fator relevante ou novos fatores na época ignorados) ou jurídica (*v.g.* ausência de algum requisito condicionante para a aplicação do método) para apreender novamente aquela perspectiva da realidade – em sua dimensão existencial e valorativa – eleita pelos sócios contratantes no dia fixado como o da data-base. De outra forma, propõem-se que a força vinculativa da cláusula de predeterminação dos haveres apenas poderá ser afastada quando o conteúdo pactuado se revelar (a) substancialmente divergente de fatos de natureza econômico-financeira e/ou patrimonial relevantes presentes na vida da sociedade no período em que ocorrer a extinção parcial dos vínculos sociais; ou for (b) bastante insuficiente para apreender a realidade econômico-financeira e/ou patrimonial da sociedade na data-base. Sustenta-se que a singela e infundada desconsideração da força vinculativa obrigatória da cláusula de predeterminação dos haveres sociais viola de forma imediata o princípio da autonomia privada e, ao menos de forma mediata, o princípio da preservação da empresa.

3. O STJ tem deixado de aplicar a cláusula reguladora da apuração dos haveres, retirando-lhe a força vinculativa, quando o seu conteúdo não atender às exigências da diretriz de atualidade, de natureza material. Para o Superior Tribunal de Justiça – e assim também era para o STF –, quando tinha competência para decidir sobre o tema – o conteúdo da cláusula deverá possibilitar

a expressão do valor atual dos haveres, o que significa dizer que o valor dos haveres sociais deverá ser passível de ser apurado na data que vier a ser determinada como a data-base sem reduções em face do transcurso do tempo. Tal diretriz faz com que todo o processo de apuração seja direcionado para que se chegue ao valor da integralidade dos haveres naquele determinado dia. Assim, ela exerce função de equalização, porque permite que se fixe no tempo o valor total dos haveres sociais e o valor da fração desses haveres que a sociedade deverá pagar para o ex-sócio ou terceiro legitimado.

3.1. A diretriz de atualidade é aplicada com acerto pelo STJ – como era pelo STF – com o propósito de evitar deslocamentos patrimoniais em face do transcurso do tempo, o que seria injustificável e contrário ao princípio da preservação da empresa, segundo o qual o Direito deve tutelar a conservação das atividades empresariais pelo maior tempo possível.

3.2. A atualidade não apenas impulsiona a apuração dos haveres para a data-base, ou seja, não apenas atrai os efeitos de todos os atos inerentes ao processo de apuração para o dia tido como a data-base, como também prossegue exigindo que o valor dos haveres seja atual após a constituição do título, influenciando a aplicação das normas legais e as decisões judiciais atinentes à correção monetária e aos encargos moratórios até o dia do efetivo pagamento.

4. Não obstante o STJ – e anteriormente também o STF – apenas ter se posicionado quanto à diretriz de igualdade na aplicação da tese de que a apuração dos haveres na dissolução parcial da sociedade deve ocorrer como ocorreria em caso de dissolução total, tendo, nesta situação, determinado com acerto que na apuração deve prevalecer a igualdade entre todos os sócios, neste trabalho sustenta-se que a diretriz de igualdade não tem caráter absoluto,[18] segundo o qual qualquer forma de desigualdade no âmbito dos haveres sociais seria vedada. Contudo, entende-se que o sistema jurídico não permite no âmbito dos haveres sociais discriminações injustificadas.

4.1. Os sócios podem prever na cláusula de predeterminação dos haveres distintos métodos e/ou critérios de apuração dos haveres para as diferentes hipóteses de causa de extinção parcial dos vínculos societários sem necessariamente terem contrariado a diretriz de igualdade, assim como podem prever diferentes métodos e/ou critérios inerentes à apuração dos haveres quando evidenciada a correspondência lógico-jurídica entre o fundamento econômico-financeiro e/ou patrimonial subjacente ao fator de discriminação eleito pelos sócios, o conteúdo previsto na cláusula e o princípio da preservação da empresa em seu sentido amplo, o qual tem eficácia sobre a criação, desenvolvimento e a conservação do exercício da atividade empresarial.[19]

4.2. A igualdade entre todos os sócios, em se tratando de apuração de haveres é, de fato, apenas presumível, porquanto não teria como, nem fática

---

[18] Cf. o STF: a Constituição Federal do Brasil não outorga a nenhum valor ou princípio a qualidade de absoluto. BRASIL. Supremo Tribunal Federal. Tribunal Pleno. MS nº 23.452. Relator: Min. Celso de Mello. *DJ* 12 maio 2000.

[19] Cf. BARUFALDI, Wilson Alexandre. *Recuperação judicial:* estrutura e aplicação de seus princípios. Porto Alegre: Livraria do Advogado, 2017, p. 61-62.

– *v.g.* inúmeras variáveis incontroláveis que influenciam diretamente a apuração do valor total dos haveres – nem juridicamente – *v.g.* a decisão judicial sempre será individualizada e contemplará o caso concreto – assegurar igualdade matemática entre duas ou mais apurações de haveres ao longo da existência da sociedade. Cada apuração de haveres é única, tem suas próprias peculiaridades, de modo que a eventual comparação com outra apuração não serve como mecanismo de controle sobre o deslocamento patrimonial que ocorrerá com o pagamento dos haveres.[20]

Para reduzir as desigualdades decorrentes de fatores incontroláveis pelos sócios e potencialmente relevantes na apuração dos haveres – como, por exemplo, a variação cambial, a taxa Selic ou expectativas futuras –, melhor é assegurar a aplicação da cláusula acordada pelas partes em todas as apurações de haveres que vierem a ocorrer, evitando a interferência de terceiros sobre o conteúdo pactuado.

5. O STJ – na esteira do posicionamento então firmado pelo STF – entende que o valor dos haveres deverá ser calculado de acordo com a diretriz de proporcionalidade, segundo a qual o valor final dos haveres devido pela sociedade ao ex-sócio ou a terceiro legitimado decorrerá do cálculo que aplica o percentual de quotas sociais lastreadas em capital social integralizado sobre o valor total de haveres com o objetivo de precisar a fração dos haveres eventualmente devidos pela sociedade do tipo limitada em pecúnia.

5.1. A diretriz de proporcionalidade, no âmbito dos haveres sociais, também funciona como um postulado, pois (a) estrutura de forma objetiva o último cálculo que deverá ser realizado ao longo de todo o processo de apuração, ou seja, após apurado o valor total dos haveres, independentemente do método e/ou critério utilizado; (b) assegura a igualdade quantitativa dos sócios em relação ao valor total dos haveres; e (c) possibilita precisar o valor que acabará por ser convertido em crédito líquido e certo em favor do ex-sócio ou de terceiro legitimado contra a sociedade.

A pesquisa tem como escopo a identificação, exposição e fundamentação das diretrizes jurídicas que o Poder Judiciário brasileiro adota para julgar a aplicabilidade das cláusulas reguladoras da apuração de haveres estabelecidas em contrato social de sociedade empresária limitada,[21] bem como a sua análise crítica, com a qual se almeja o aprimoramento do tema.

---

[20] Cf. Estrella: "[...] analisar a natureza do direito genérico do sócio sobre o complexo de bens sociais. Esse direito, embora conserve caráter patrimonial, varia na medida e no conteúdo, conforme o momento e circunstância em que seja encarado". (ESTRELLA, 2010, p. 72).

[21] Não obstante a provável aplicação de ao menos parte do conteúdo inerente às diretrizes também à hipótese de resolução do vínculo societário no âmbito da sociedade simples, o trabalho tem como escopo a cláusula posta no contrato social de sociedade empresária, respeitando-se, assim, a distinção legal entre as duas espécies de sociedade previstas no art. 982 do Código Civil (ver, *v.g.*: FONSECA, Priscila M. P. Corrêa da; SZTAJN, Raquel. *Código Civil comentado*. São Paulo: Atlas, 2008, v. 11: Direito de empresa, artigos 887 a 926 e 966 a 1.195, p. 137-144), e reconhecendo que em caso de extinção do vínculo parcial no âmbito da sociedade simples é imprescindível o exame, dentre outros pontos, quanto à ausência de eficácia do princípio da preservação da empresa, à apuração do valor atinente à quota obtida por meio da integralização de serviço – vedada na sociedade empresária (art. 1055, §2º do CC) – e à inexistência de estabelecimento comercial, como, por exemplo, ocorre em se tratando de sociedade de advogados (nesse sentido, ver: BRASIL. Superior Tribunal de Justiça. 4ª Turma. REsp nº 1227240/SP. Relator: Min. Luis Felipe Salomão. Julgamento: 26 maio 2015.

Dessarte, por outro ângulo, não são objeto desta pesquisa, entre outros temas, as causas que antecedem a extinção parcial dos vínculos societários; o instituto – material e processual – da dissolução parcial, tampouco da sociedade limitada, menos ainda da sociedade anônima; a cláusula de pagamento dos haveres sociais; a apuração de haveres enquanto instituto de direito processual; os métodos passíveis de serem adotados para a apuração de haveres. Todos esses temas serão abordados apenas até o limite em que importam para a fundamentação das proposições realizadas ao longo do trabalho.

Os termos técnico-jurídicos relevantes utilizados no trabalho terão os seus sentidos esclarecidos oportunamente em nota, com o intuito de conferir precisão e uniformidade ao raciocínio desenvolvido, porquanto também não integra o objeto do trabalho a investigação de tais conceitos. Os conceitos exercem aqui imprescindível função instrumental.[22]

Assim, salienta-se que a expressão *haveres sociais* é utilizada neste trabalho para fazer referência ao conjunto constituído pela integralidade, em regra, dos ativos e passivos integrantes do acervo patrimonial da sociedade empresária limitada, cujo valor deverá ser apurado quando ocorrer a resolução parcial do vínculo societário em relação a um dos sócios, podendo, para tanto, utilizar-se de diferentes métodos e/ou critérios construídos para a verificação do valor de participações societárias, para as mais diversas finalidades negociais.[23]

DJe 18 jun. 2015). A delimitação das proposições ao âmbito da sociedade do tipo limitada também se dá por ser este o tipo da maior parte das sociedades brasileiras. Este trabalho não versa nem sobre as causas subjacentes à extinção parcial dos vínculos societários, nem sobre o pagamento do crédito constituído em favor do ex-sócio ou de seus sucessores ou ex-cônjuge. Tais institutos possuem natureza diversa da cláusula de apuração de haveres.

[22] Cf. Branco: "Seja formulado por meio da doutrina (modelo hermenêutico), seja por via judicial (modelo prescritivo), a intersubjetividade é essencial para a formação de consensos mínimos que assegurem um núcleo conhecido e minimamente estável de interpretação das normas jurídicas". (BRANCO, 2014, p. 260). Cf. Alexy: "Clareza conceitual, ausência de contradição e coerência são pressupostos de racionalidade de todas as ciências". (ALEXY, Robert. *Teoria dos direitos fundamentais*. Tradução de Virgílio Afonso da Silva. São Paulo: Malheiros, 2008, p. 60). Cf. Larenz: "Quanto menos o sentido literal, conforme ao uso linguístico geral ou, também, conforme a um uso linguístico jurídico especial, for capaz de fixar logo de modo definitivo o significado de uma expressão precisamente *neste* contexto, neste *lugar* da lei, tanto menos se deverá prescindir do seu conhecimento, devendo pois pôr-se em marcha o processo de compreender mediante o interpretar". (LARENZ, Karl. *Metodologia da ciência do direito*. Tradução de José Lamego. 3. ed. Lisboa: Calouste Gulbenkian, 1997, p. 452).

[23] Cf. Estrella, embora com injustificado destaque aos ativos: "[...] entendemos por haveres – o conjunto de valores, composto pela contribuição de capital, pelo quinhão nos fundos e reservas, pela quota-parte nos lucros e, ainda, por quaisquer outros créditos em conta disponível. Todos estes componentes vêm dar, afinal, a resultante que representará a soma total a reembolsar ao sócio". (ESTRELLA, 2010, p. 150). Anota-se que a palavra *indenização* já foi utilizada pelo Superior Tribunal de Justiça para se referir, sem precisão técnica, ao valor corresponde aos haveres do sócio retirante. A título de exemplo: BRASIL. Superior Tribunal de Justiça. REsp nº 958.116/PR. 4ª Turma. Relator: Min. João Otávio de Noronha. Julgamento: 22 maio 2012. *DJ* 06 mar. 2013: "[...] compor a apuração de haveres para se chegar ao valor de indenização do sócio retirante por suas cotas sociais". BRASIL. Superior Tribunal de Justiça. REsp nº 1.369.270/SP. 3ª Turma. Relatora: Minª. Nancy Andrighi. Julgamento: 25 mar. 2014. *DJ* 05 jun. 2014: "[...] a determinação de busca do valor patrimonial real para indenização dos sócios excluídos". BRASIL. Superior Tribunal de Justiça. REsp nº 1.335.619/SP. 3ª Turma. Relatora: Minª. Nancy Andrighi.Julgamento: 03 mar. 2015. *DJ* 27 mar. 2015: "Correta, portanto, a decisão das instâncias ordinárias, que diante do inconformismo manifestado pelos recorridos, desconsideram o critério eleito pelo contrato social para a apuração de haveres, partindo em busca de uma metodologia que assegure a efetiva indenização do sócio pelas suas quotas".

O direito aos haveres tem conteúdo essencialmente patrimonial.[24] E a sua apuração, como salientado por Estrella, visa a "operar a transmutação do direito patrimonial abstrato do sócio (enquanto jungido ao contrato), convertendo-o normalmente em prestação pecuniária exigível".[25]

No que tange ao método, consigna-se que o trabalho aqui apresentado foi construído com a utilização do método indutivo,[26] partindo do micro em direção ao macro, adotando-se premissas metodológicas próprias do Direito Comercial, segundo os postulados metodológicos especialmente propostos por Ascarelli e Galgano.[27] E enquadra-se na linha dos fundamentos dogmáticos da experiência jurídica do Programa de Pós-Graduação da UFRGS.[28] A essência da função do direito comercial como categoria histórica é proporcionar instrumentos jurídicos "para o progresso econômico e técnico e a solução de problemas ocasionados por esse progresso".[29] E, como dito por Herbert Wiedemann: "A situação da vida que o direito societário regula, em primeira linha, é a comunidade de pessoas que se associam para atingir um fim comum.

---

[24] Cf. Spinelli: "No que tange à apuração dos haveres, e considerando que se trata de direito patrimonial disponível [...]". (SPINELLI, Luis Felipe. *Exclusão de sócio por falta grave na Sociedade Limitada*. São Paulo: Quartier Latin, 2015, p. 505). Cf. Estrella: "Toda entidade mercantil, por menor que seja, terá sempre um conjunto de bens imateriais ou incorpóreos que se reduzem substancialmente a direitos de conteúdo patrimonial, encarados pelo prisma do titular comerciante e, por esta consideração, expressivos de valor econômico". (ESTRELLA, 2010, p. 125).

[25] Ibid., p. 112.

[26] Cf. Paula A. Forgioni, no início do prólogo do trabalho por meio do qual, nas palavras de Eros Grau, conquistou uma cátedra de Direito Comercial na Faculdade de Direito do Largo de São Francisco: "1. Os tratadistas do direito comercial, empregando o método indutivo de análise da realidade, concordam que ele nasce da prática dos mercadores. (FORGIONI, Paula Andrea. *A evolução do direito comercial brasileiro*: da mercancia ao mercado. Prefácio de Eros Roberto Grau. 3. ed. São Paulo: Revista dos Tribunais, 2016). Cf. Galgano: "Le sole categorie sono, manifestamente, insufficienti per una compiuta conoscenza storica del diritto commerciale: esse di per sé non spiegano l'assenza di un diritto commerciale pur in presenza di una economia di scambio, né spiegano come il diritto commerciale abbia avuto una origine affatto indipendente dal grado di intensità degli scambi." (GALGANO, Francesco. *Lex mercatoria*. 5. ed. Bologna: Il Mulino, 2010, p. 25). Cf. Marlon Tomazette: "Ao contrário do direito civil, o direito empresarial usa o método indutivo, isto é, conclui-se a regra com base nos fatos. Esse método reforça a ideia da autonomia do direito empresarial, porquanto se ele não fosse um ramo autônomo do direito privado, ele deveria usar o método dedutivo do direito civil". (TOMAZETTE, Marlon. *Curso de direito empresarial*: teoria geral e direito societário. 3. ed. São Paulo: Atlas, 2011, v. 1, p. 31). ESTRELLA, Hernani. *Curso de direito comercial*. Rio de Janeiro: José Konfino, 1973, p. 21.

[27] ASCARELLI, Tullio. *Panorama do direito comercial*. São Paulo: Saraiva, 1947b, p. 3. GALGANO, op. cit., p. 21 *et seq.*

[28] Fundamentos dogmáticos da experiência jurídica: essa linha de pesquisa se volta, em corte transversal pelos setores da experiência jurídica (Civil, Consumidor, Empresarial, Societário, Concorrencial, Internacional, Processual Civil, Constitucional, Administrativo, Tributário, Trabalho e Penal) a buscar uma linha intermédia entre a dogmática e a zetética, investigando a experiência jurídica por meio de análise crítica voltada à proposição de modelos dogmáticos. O atendimento dessa meta supõe investigação profunda tanto do ponto de vista analítico como do problemático, especialmente mediante a análise de casos paradigmáticos, sempre com o objetivo de re-inserir as categorias dogmáticas no sistema constitucional, interpretando-o sistematicamente, assim nos seus aspectos mais gerais como nos seus contornos mais específicos. Disponível em: <ttp://www.ufrgs.br/ppgd/linhaspesquisa>. Acesso: 10 maio 2018. Cf. Tercio Sampaio Ferraz Junior: "[...] zetética analítica aplicada: desse ponto de vista, o teórico ocupa-se com a instrumentalidade dos pressupostos últimos e condicionantes do fenômeno jurídico e seu conhecimento, que nos aspectos formais, quer nos materiais". (FERRAZ JUNIOR, Tercio Sampaio. *Introdução ao estudo do direito*: técnica, decisão, dominação. 6. ed. São Paulo: Atlas, 2012, p. 23).

[29] ASCARELLI, 1947b, p. 25.

Tarefa do direito societário, para as associações (*Vereinigung*) privadas, é a de desenvolver regras de conduta justas e adequadas".[30] No entanto, a sociedade limitada, ao contrário do que comumente ocorre com os institutos de Direito Comercial, não nasce da longa experiência do que se pratica no tráfego comercial, mas sim "diretamente na lei, por vontade espontânea do legislador".[31] No Brasil, contudo, como salientado por Lacerda Teixeira e Tavares Guerreiro, o desenvolvimento da sociedade limitada ocorreu por forte impulso dos usos, costumes e das praxes comerciais.[32]

O substrato material primário da pesquisa é constituído por 200 decisões judiciais – 46 proferidas pelo STF e 154 pelo Superior Tribunal de Justiça –, que, organizadas e classificadas, possibilitaram a análise dos materiais individualmente, em suas conexões e como unidade, de modo a extrair as diretrizes e fundamentá-las imediatamente nesse próprio substrato.[33]

O conjunto abrange as decisões do STF sobre o tema desde 1953 – a primeira tomada no julgamento do Recurso Extraordinário nº 18.381, pela 1ª Tur-

---

[30] WIEDEMANN, Herbert. Excerto do "direito societário I: fundamentos". In: AZEVEDO E NOVAES FRANÇA, Erasmo Valladão (Coord.). *Direito societário contemporâneo I*. Tradução de Erasmo Valladão Azevedo e Novaes França. São Paulo: Quartier Latin, 2009, p. 11-23, p. 12.

[31] Cf. Sylvio Marcondes: "A sociedade limitada não é produto, como ocorre geralmente na matéria econômica e comercial, de uma experiência que se foi sedimentando até regular-se o tipo legal. Ela foi criada diretamente na lei, por vontade espontânea do legislador, no caso, o legislador alemão, o qual quis estabelecer um tipo de sociedade em que houvesse limitação da responsabilidade de todos os sócios, sem precisar do mecanismo complexo da anônima, a fim de permitir o desenvolvimento de empresas que se dedicassem à exploração das conquistas territoriais da Alemanha, na África, após a Guerra Franco-Prussiana. A lei é de 1891, modificada e corrigida em 1898. Nesta lei se inspirou o legislador português, e é desta filiação, da lei alemã e da lei portuguesa, que surge a lei brasileira, o Decreto nº 3.708, de 1919. [...] Foi com finalidade semelhante que o legislador brasileiro adotou a sociedade limitada". (MARCONDES, Sylvio. *Questões de direito mercantil*. São Paulo: Saraiva, 1977, p. 18).

[32] Cf. Lacerda Teixeira e Tavares Guerreiro: "Tipo híbrido, intermediário entre as sociedades anônimas e as sociedades solidárias, o enorme desenvolvimento prático das sociedades limitadas fundou-se, inteiramente, na força construtiva dos usos e costumes mercantis e das praxes comerciais [...]. A pobreza franciscana do Decreto nº 3.708 transformou-se num apreciável cabedal de normas jurídicas (em seu *lato sensu*) criadas pelo esforço conjugado de empresários, advogados, juízes, tribunais, professores de Direito, comentadores, órgãos do Registro do Comércio, etc.". (TEIXEIRA, Egberto Lacerda; GUERREIRO, José Alexandre Tavares. *Das sociedades anônimas no direito brasileiro*. São Paulo: Bushatsky, 1979, v. 1, p. 49). Sobre a visão histórica da sociedade limitada no Brasil, ver: DÓRIA, Dylson. *Curso de direito comercial*. 10. ed. São Paulo: Saraiva, 1995, p. 192. SARLO JORGE, Tarsis Nametala. *Manual das sociedades limitadas*. Rio de Janeiro: Lumen Juris, 2007, p. 193. FAZZIO JÚNIOR, Waldo. *Fundamentos de direito comercial*. São Paulo: Atlas, 1999, p. 66. NEGRÃO, Ricardo. *Manual de direito comercial e de empresa*. 3. ed. São Paulo: Saraiva, 2003, v. 1, p. 343-344. LUCENA, José Waldecy. Das sociedades limitadas. 5. ed. Rio de Janeiro: Renovar, 2003, p. 14-34. TOMAZETTE, 2011, v. 1, p. 333-336. ESTRELLA, 1973, p. 375-383. CAMPINHO, Sérgio. *Sociedade por quotas de responsabilidade limitada*. Rio de Janeiro: Renovar, 2000, p. 1-11. Sobre a introdução da sociedade limitada no sistema italiano, ver: ASCARELLI, Tullio. Le società a responsabilità limitata e la loro introduzione in Italia. *Rivista del Diritto Commerciale*, v. 22, parte prima, p. 419-466, 1924. ZANARONE, Giuseppe. Il capitale sociale nella s.r.l.: il nuovo capitale sociale. *Quaderni di Banca, Borsa, e Titoli di Credito*, Milano, nº 39, 2016, p. 93-96. PACCOIA, Mario. *Società a responsabilità limitata*. Torino: Giappichelli, 2015, premessa, p. XXV *et seq*.

[33] Cf. Branco, cujo raciocínio aplica-se no propósito desse trabalho: "[...] considerar uma circunstância real de que o papel da jurisprudência é substancial na interpretação e no preenchimento das cláusulas gerais, cabendo à doutrina, além da crítica, a sistematização e a uniformização dos critérios implícitos ou internos, que não podem ser observados em um único caso, mas na regulamentação geral da matéria a partir das decisões individuais, utilizando-se sempre do prisma da tradição, sem o qual não é possível ver todas as cores que a luz da jurisprudência proporciona". (BRANCO, 2014, p. 284-285). O conjunto de decisões foi formado tendo como critério a obtenção de todos os principais julgados proferidos sobre o tema pelos Tribunais Superiores do Brasil.

ma e relatado pelo Min. Nelson Hungria – até abril de 1989, quando a 2ª Turma julgou o Recurso Extraordinário nº 115.408-0, relatado pelo Min. Célio Borja. Do STJ, inclui as decisões consideradas relevantes para a pesquisa proferidas desde dezembro de 1989, quando a 3ª Turma julgou o Recurso Especial nº 387, cujo relator foi o Min. Waldemar Zveiter, até setembro de 2017, quando julgado pela 3ª Turma o Recurso Especial nº 1.572.648, de relatoria do Min. Ricardo Villas Bôas Cueva.

A interpretação e o exame de aplicação da cláusula na seara da apuração dos haveres devem ocorrer sempre com atenção às peculiaridades do caso concreto, como explicitado em 1965 pelo Min. Evandro Lins e Silva ao relatar o Recurso Extraordinário nº 59.101 e acolher o raciocínio aduzido na decisão recorrida quanto à dissolução parcial da sociedade: "o bom senso aconselha que seja a questão solvida de acordo com as condições peculiares de cada caso".[34]

Desse modo, recorda-se que, por se tratar de julgamento referente à cláusula contratual e/ou matéria que exige exame das provas, muitos conflitos não passam pelos filtros sumulares impostos pelas Cortes Superiores,[35] como, por exemplo, ocorreu ainda em 1957 com o Recurso Extraordinário nº 36.500, cuja discussão versava sobre o acerto da decisão do Tribunal Estadual de São Paulo, o qual aplicara cláusula que estabelecia a apuração por meio de um balanço geral realizado pelo sócio remanescente, e não por um liquidante estranho à sociedade, como pretendido pelos herdeiros.[36]

A instalação da disputa judicial em torno da aplicação da cláusula reguladora da apuração dos haveres sociais, convencionada com fundamento no artigo 1.031, *caput*, do Código Civil e nos artigos 604, II, e 606 do Código de

---

[34] BRASIL. Supremo Tribunal Federal. RE nº 59.101/MG. 1ª Turma. Relator: Min. Evandro Lins e Silva. Julgamento: 19 out. 1965. DJ 01 dez. 1965, fl. 3, do acórdão. Igual sentido, ver: BRASIL. Supremo Tribunal Federal. RE nº 70.050/SP. 2ª Turma. Relator: Min. Adaucto Cardoso. Julgamento: 30 out. 1970. DJ 16 dez. 1970. Ainda, a título ilustrativo: Min. Waldemar Zveiter: "O direito aplicado corresponde exatamente aos fatos colhidos nos autos, refletindo, nas circunstâncias e particularidades, os motivos com os quais se deu a retirada dos sócios". (BRASIL. Superior Tribunal de Justiça. REsp nº 38.160-6/SP. 3ª Turma. Relator: Min. Waldemar Zveiter. Julgamento: 09 nov. 1993. DJ 13 dez. 1993, fl. 3, BRASIL. Superior Tribunal de Justiça. REsp nº 450.129/MG. 3ª Turma. Relator: Min. Carlos Alberto Menezes Direito. Julgamento: 08 out. 2002. DJ 16 dez. 2002).

[35] Por exemplo, a matéria deixou de ser apreciada por óbice da Súmula 5 do STJ: BRASIL. Superior Tribunal de Justiça. REsp nº 271.930/SP. 4ª Turma. Relator: Min. Sálvio de Figueiredo Teixeira. Julgamento: 19 abr. 2001. DJ 25 mar. 2002. BRASIL. Superior Tribunal de Justiça. REsp nº 242.603/SC. 4ª Turma. Relator: Min. Luis Felipe Salomão. Julgamento: 04 dez. 2008. DJ 18 dez. 2008. BRASIL. Superior Tribunal de Justiça. AgInt no Ag em REsp nº 663.358/RJ. 3ª Turma. Relator: Min. Ricardo Villas Bôas Cueva. Julgamento: 18 out. 2016. DJ 20 out. 2016. BRASIL. Superior Tribunal de Justiça. AgInt no Ag em REsp nº 963.719/PR. 3ª Turma. Relator: Min. Ricardo Villas Bôas Cueva. Julgamento: 01 dez. 2016. A matéria deixou de ser apreciada porque demandava reexame das provas, óbice da Súmula 7/STJ: BRASIL. Superior Tribunal de Justiça. REsp nº 105.667/SC. 4ª Turma. Relator: Min. Barros Monteiro. Julgamento: 26 set. 2000. DJ 06 nov. 2000, p. 4. BRASIL. Superior Tribunal de Justiça. AgInt no Ag em REsp nº 963.719/PR. 3ª Turma. Relator: Min. Ricardo Villas Bôas Cueva. Julgamento: 01 dez. 2016. DJ 15 dez. 2016. BRASIL. Superior Tribunal de Justiça. AgInt no Ag em REsp nº 927.084/MG. 3ª Turma. Relator: Min. Paulo de Tarso Sanseverino. Julgamento: 16 maio 2017. DJ 25 maio 2017. BRASIL. Superior Tribunal de Justiça. REsp nº 1.537.922/DF. 3ª Turma. Relatora: Minª. Nancy Andrighi. Julgamento: 28 mar. 2017. DJ 30 mar. 2017.

[36] BRASIL. Supremo Tribunal Federal. RE nº 36.500/SP. 2ª Turma. Relator: Min. Ribeiro da Costa. Julgamento: 16 ago. 1957. DJ 03 out. 1957.

Processo Civil,[37] é o instante em que o conteúdo inerente às diretrizes apresentadas neste trabalho começará a ser decisivamente examinado.

A decisão judicial determinará a aplicação da cláusula ou irá, de alguma forma, alterá-la ou mesmo substituí-la. E é deste espaço – constituído por decisões dos Tribunais Superiores sobre a disputa judicial – que a pesquisa investiga e extrai, fundamentalmente, as diretrizes jurídicas que norteiam as decisões proferidas pelo Poder Judiciário brasileiro no julgamento de casos concretos.[38]

O ponto de partida é o texto do artigo 981 do Código Civil, segundo o qual as pessoas constituem uma sociedade por meio de um contrato,[39] o qual as

---

[37] Artigo 1.031, *caput*, do CC: "Nos casos em que a sociedade se resolver em relação a um sócio, o valor da sua quota, considerada pelo montante efetivamente realizado, liquidar-se-á, salvo disposição contratual em contrário, com base na situação patrimonial da sociedade, à data da resolução, verificada em balanço especialmente levantado". Artigo 604, II, do CPC: "Para apuração dos haveres, o juiz: II – definirá o critério de apuração dos haveres à vista do disposto no contrato social". Artigo 606 do CPC: "Em caso de omissão do contrato social, o juiz definirá, como critério de apuração de haveres, o valor patrimonial apurado em balanço de determinação, tomando-se por referência a data da resolução e avaliando-se bens e direitos do ativo, tangíveis e intangíveis, a preço de saída, além do passivo também a ser apurado de igual forma".

[38] As dificuldades impostas pelo tema são contínuas e árduas. A título de exemplo: Cf. Bulgarelli: "[...] a avaliação de uma participação societária, no caso de dissolução da sociedade, é uma tarefa difícil". (BULGARELLI, Waldirio. *O novo direito empresarial*. Rio de Janeiro: Renovar, 1999, p. 408). Cf. Ruscello: "Nella pratica, però, il tutto è più complesso ed in concreto risulta più difficile procedere ad una stima oggettiva che non sia suscettibile di diversa impostazione." (RUSCELLO, Francesco. *Istituzioni di diritto privato*. Milano: Giuffrè, 2011, v. 2: Le Obbigazioni. I Contratti. L'impresa, p. 176). Cf. Mendes: "[...] uma das mais frequentes questões forenses é a que diz respeito sobre a determinação dos haveres devidos ao sócio que se retira da sociedade [...]". (MENDES, Rodrigo Octávio Broglia. Apuração de haveres na retirada do sócio e fundo de comércio (Aviamento). In: YARSHELL, Flávio Luiz; PEREIRA, Guilherme Setoguti J. (Coord.). *Processo societário*. São Paulo: Quartier Latin, 2012, p. 647). Cf. Estrella: "Se é certo que, em linha de princípio, hoje não se põe em dúvida a validade de semelhante pacto [cláusula de predeterminação dos haveres], certo é, também, que no aplicá-lo nos casos concretos, sérias dúvidas têm sido levantadas". (ESTRELLA, 2010, p. 90). Cf. Spinelli: "[...] em não havendo acordo, não podemos negar que se trata de tema árido e espinhoso (e que possui muito mais natureza econômico-contábil do que jurídica)". (SPINELLI, 2015, p. 506).

[39] Adota-se nesse trabalho, a exemplo de praticamente toda a doutrina nacional, o conceito de contrato plurilateral formulado por Tullio Ascarelli: "A sociedade nasce, a meu ver, de um contrato, e mais precisamente de uma subespécie, talvez ainda descuidada de contratos, que propus chamar de plurilateral", a qual visa "a disciplina de uma atividade ulterior em relação a um fim que unifica os vários interesses das diversas partes; tem por isso um caráter instrumental". (ASCARELLI, 1947b, p. 103). Os contratos plurilaterais têm características próprias, que afastam a aplicação de normas inerentes aos contratos bilaterais, como, por exemplo, a regra da exceção do contrato não cumprido (artigos 476 e 477, do Código Civil); a teoria do adimplemento substancial (*substantial performance*); e o instituto da onerosidade excessiva, que autoriza o contratante, nos termos do artigo 478 do Código Civil. (ASCARELLI, Tullio. *Problemas das sociedades anônimas e direito comparado*. São Paulo: Saraiva, 1945, p. 285-330). Cf. Galgano: "[...] è plurilaterale quando le parti possono essere più di due, come nel contratto di società o di associazione." (GALGANO, 2017, p. 177). Cf. Rivolta: "Di fronte alla "nozione" di contratto dettata dal vigente art. 1.321 c.c. – "accordo di due o più parti per costituire, regolare o estinguere tra loro un rapporto giuridico patrimoniale" – e all'ingresso a pieno titolo, nelle tipologie contrattuali codificate, dei "contratti plurilaterali con comunione di scopo", non può più mettersi in dubbio che – quando nasce dall'accordo di due o più volontà – la società nasca da un contratto. E ciò in linea con la definizione dell'art. 2.247". (RIVOLTA, Gian Carlo M. *Diritto delle società*: profili generali. In: TRATTATO di Diritto Commerciale. Torino: Giappichelli, 2015, p. 57). Cf. Sylvio Marcondes: "Ao passo que a sociedade é contrato, cuja natureza parece hoje assentada na doutrina de Ascarelli: um contrato plurilateral, dadas as relações dos sócios, reciprocamente, entre si, dos sócios com a sociedade, da sociedade com terceiros e dos sócios com terceiros. É nesta qualificação de contrato plurilateral que o Projeto define a sociedade, no seu art. 1.018: [...]". (MARCONDES, 1977, p. 13-14). Cf. Raquel Sztajn: "[...] que mesmo não definindo o contrato plurilateral, o legislador tomou o fenômeno associativo nessa dimensão". (SZTAJN, Raquel. *Contrato de sociedade e formas societárias*. São Paulo: Saraiva, 1989, p. 41). Quanto à autonomia das obrigações no contrato plurilateral, ver: RIO GRANDE DO SUL. Tribunal de Justiça. Apelação Cível nº 70032728974. 12ª Câmara Cível. Relator: Desembargador Umberto Guaspari Sudbrack. Julgado em: 13 fev. 2012. *DJ* 15 fev. 2012.

obriga a contribuir para o exercício de uma atividade econômica e a partilhar, entre si, os resultados.⁴⁰ O artigo 1.054 do Código Civil prevê a submissão do contrato social da sociedade limitada às exigências do art. 997, para afirmar que a sociedade se constitui mediante contrato escrito, particular ou público.

O legislador ainda se refere ao ato que constitui a sociedade do tipo limitada como um contrato em diversos outros artigos, como, por exemplo, nos artigos 997, 1.001, 1.015, 1.031, 1.031, § 2º, 1.035, 1.038, 1.054, 1.057, 1.058, 1.059, 1.060, parágrafo único, 1.071, 1.072, § 5º, 1.077, 1.080, 1.081, 1.085, 1.114 do Código Civil, e nos artigos 603, 604, 606 e 609 do Código de Processo Civil, dessa forma, os textos legais permitem que o trabalho adote como premissa a existência da cláusula de predeterminação dos haveres sociais como cláusula integrante de um contrato de sociedade, com o que também se evidencia sua força vinculativa obrigatória no sistema jurídico brasileiro.

Com o conceito estatuído no artigo 981 do Código Civil de 2002, o legislador manteve o entendimento tradicional – e ainda adotado por significativa parte da doutrina – quanto à natureza contratual do ato que cria a sociedade do tipo limitada,⁴¹ não tendo, porém, precisado o ato como um contrato plurilateral,⁴²

---

⁴⁰ Artigo 981 do Código Civil: "Celebram contrato de sociedade as pessoas que reciprocamente se obrigam a contribuir, com bens ou serviços, para o exercício de atividade econômica e a partilha, entre si, dos resultados". Cf. Bianca: "Il contratto si distingue rispetto all'operazione economica in quanto esso è il titolo giuridico sul quale l'operazione è fondata. [...] È in base al contratto, quindi, che la parte ha diritto di trattenere la prestazione ricevuta o di pretendere che la prestazione venga eseguita o, ancora, di pretendere che la prestazione venga modificata o integrata." (BIANCA, Massimo C. Il contrato: diritto civile. 2 ed. Milano: Giuffrè, 2015, v. 3, p. 27).

⁴¹ No Brasil, de acordo com Dylson Dória: "Assim é que, em nosso Direito, pelo menos, não há como se fugir ao tradicionalismo da doutrina contratualista para explicar-se a natureza jurídica das sociedades mercantis. [...] Na verdade, quer como contrato plurilateral, quer como bilateral, não se nega a natureza contratual do ato constitutivo da sociedade [...]". (DÓRIA, 1995, p. 154). Conforme Fábio Tokars: "Após a superação de algumas orientações divergentes, que surgiram nas primeiras décadas após a criação das sociedades limitadas, a doutrina nacional e estrangeira firmaram orientação no sentido de a sociedade limitada apresentar natureza contratual". (TOKARS, Fábio. Sociedades limitadas. São Paulo: LTr, 2007, p. 45).

⁴² Por exemplo: Cf. Waldemar Ferreira: "Os contratos plurilaterais constituem substancialmente o instrumento para a organização dos grupos e categorias, adquirindo, por isso, maior relevância prática. Depara-se dele exemplo tradicional, mas não único, no contrato de socidade". (FERREIRA, Waldemar. Tratado de direito comercial. São Paulo: Saraiva, 1961, p. 26). João Eunápio Borges: "muitos não veem porque repudiar a designação de Ascarelli". (BORGES, João Eunápio. Curso de direito comercial terrestre. 5. ed. Rio de Janeiro: Forense, 1971, p. 260). Carvalho de Mendonça: embora não faça referência à nomenclatura plurilateral, afirma tratar-se de um contrato com índole especial. (MENDONÇA, Manuel Inácio Carvalho de. Contratos no direito civil brasileiro. 4. ed. Rio de Janeiro: Forense, 1957, v. 2, p. 190). Pontes de Miranda: "A sociedade é efeito do contrato de sociedade. O contrato de sociedade é para que se faça a sociedade, relação jurídica que dele se irradie. O vínculo dos sócios é recíproco. Todos têm o dever de atividade ou contribuição para que se obtenha o fim comum". (PONTES DE MIRANDA, 1965, v. 49, § 5.169, p. 16). Cf. Orlando Gomes: " [...] plurilateral, simplesmente consensual e oneroso". (GOMES, Orlando. Contratos. Rio de Janeiro: Forense, 1971, p. 403). Cf. Hernani Estrella: "[...] é, necessariamente, pluripessoal" (ESTRELLA, 1973, p. 280). E acrescenta: "Parecia, assim, diante de tão autorizada e vigorosa crítica, que a velha concepção contratualizada estava definitivamente superada. No entanto, tal não sucedeu. [...] todas as singularidades que o ato criativo de sociedade apresenta cabem, perfeitamente, dentro do esquema contratual [...], em uma modalidade especial, que vem a ser espécie do gênero contrato. Consoante essa genial concepção, largamente desenvolvida pelo sábio e saudoso Tullio Ascarelli, a sociedade pode continuar a ter base contratual. Todos os aspectos especiais, que a ela se ligam, encontram explicação e justificação plausível dentro do conceito de contrato plurilateral de organização. Em verdade, descendo a uma análise minuciosa e percuciente de todas as relações societárias, mostrou o preclaro jurisconsulto, com argumentos de juridicidade incontestes, a perfeita inclusão de todas elas na categoria contratual que idealizou". (Ibid., p. 282-283). Cf. Clóvis Bevilaqua: apoiado na legislação suíça e na

como indicado por Tullio Ascarelli,[43] e expressamente previsto no artigo 1.420 do Código Civil italiano.[44] Não obstante a isso, a doutrina brasileira adota essa concepção como se tal dispositivo tivesse sido aqui reproduzido, apesar do desenvolvimento da teoria organizacional, representada no Direito brasileiro,

---

alemã, afirma ser o ato de criação de uma sociedade um contrato. (BEVILAQUA, Clóvis. *Direito das obrigações*. Rio de Janeiro: RIO, 1977, p. 361). Cf. Walter Álvares: "[...] à luz da lei brasileira, não resta a menor dúvida de que existe uma figura jurídica denominada contrato de sociedade", mantendo-se a tradição das Ordenações do Reino. (ÁLVARES, Walter T. *Direito comercial*. 4. ed. São Paulo: Sugestões Literárias, 1976, p. 231). Dentre os autores mais recentes, o reconhecimento de tratar-se o contrato de sociedade de um contrato plurilateral também é amplo. Exemplifica-se: Cf. Sztajn: "As discussões doutrinárias sobre ser a sociedade constituída por contrato entre os sócios, ou por outro ato de vontade, parecem ter encontrado solução nas explicações de Ascarelli [...]". (SZTAJN, Raquel. *Contrato de sociedade e formas societárias*. São Paulo: Saraiva, 1989, p. 34). Cf. Gustavo Tepedino: "[...] o ato constitutivo é plurilateral". (TEPEDINO, Gustavo; BARBOZA, Heloisa Helena; MORAES, Maria Celina Bodin de. *Código civil interpretado conforme a Constituição da República*. Rio de Janeiro: Renovar, 2011, p. 39). Cf. Fran Martins: "[...] natureza do contrato plurilateral, típico das companhias". (MARTINS, Fran. *Curso de direito comercial*. 35. ed. rev., atual. e ampl. por Carlos Henrique Abrão. Rio de Janeiro: Forense, 2012, p. 145). Cf. BERTOLDI, Marcelo M., RIBEIRO, Marcia Carla Pereira. *Curso avançado de direito comercial*. 5. ed. São Paulo: Revista dos Tribunais, 2009, p. 149. Cf. José Borba: "A doutrina do contrato plurilateral desfruta atualmente de uma posição dominante". (BORBA, José Edwaldo Tavares. *Direito societário*. Rio de Janeiro: Freitas Bastos, 1998, p. 29). Cf. Campinho: "Sua natureza é de contrato plurilateral [...]". (CAMPINHO, Sérgio. *O direito de empresa à luz do novo código civil*. Rio de Janeiro: Renovar, 2003, p. 141). Cf. Priscila Corrêa da Fonseca e Raquel Sztajn: "Sociedade é contrato plurilateral de estrutura aberta". (SZTAJN, Rachel; AZEVEDO, Álvaro Villaça (Coord.). *Código civil comentado*. São Paulo: Atlas, 2008, v. 11: Direito de empresa, artigos 887 a 926 e 966 a 1.195, p. 356). Cf. Tarsis Nametala: "[...] mantemo-nos de acordo com as teses desenvolvidas e difundidas por Ascarelli". (SARLO JORGE, 2007, p. 198). Cf. Fazzio Júnior: "Predomina, na doutrina, o entendimento que define o ato constitutivo das sociedades comerciais como contrato plurilateral". (FAZZIO JÚNIOR, 1999, p. 40). Cf. Judith Martins-Costa: "[...] ou plurilaterais (como o contrato de sociedade)". (MARTINS-COSTA, Judith. Contratos: conceito e evolução. In: LOTUFO, Renan; NANNI, Giovanni Ettore (Coord.). *Teoria geral dos contratos*. São Paulo: Atlas, 2011, p. 23-66, p. 40). Cf. Lucena: "Daí a subsunção, pela doutrina italiana, do contrato de sociedade à categoria dos contratos plurilaterais com comunhão de escopo. E essa igualmente a doutrina prevalente entre os comercialistas brasileiros, à qual também aderimos". (LUCENA, 2003, p. 13). Cf. Adamek: "É contrato plurilateral do tipo associativo". (ADAMEK, Marcelo Vieira von. *Abuso de minoria em direito societário*. São Paulo: Malheiros, 2014, p. 38). Cf. Galgano: "[...] è plurilaterale quando le parti possono essere più di due, come nel contratto di società o di associazione". (GALGANO, 2017, p. 177). No entanto, cumpre anotar que essa posição não é unânime. Por exemplo, Alfredo de Assis Gonçalves após resumir a teoria do ato coletivo, do ato complexo e da teoria da instituição, bem como da proposta de Ascarelli, conclui que nenhuma delas seria suficiente para explicar a natureza jurídica do ato constitutivo da sociedade, porque: a) não fazem distinção entre a sociedade com pluralidade de sócio e a unipessoal; b) a sociedade pode ser formada por ato unilateral de vontade. (GONÇALVES NETO, Alfredo de Assis. *Direito de empresa*: comentários aos artigos 966 a 1.195 do Código Civil. 6. ed. São Paulo: Revista dos Tribunais, 2016, p. 149-151). Anota-se que ainda há debates acerca da natureza jurídica do ato que cria a sociedade, porém, como salientado, eles não interferem na análise das diretrizes indicadas neste trabalho. Paccoia, dentre outros, realça a constituição por ato unilateral: "[...] ha previsto la possibilità di costituzione della società unipersonale, consentendo la nascita della persona giuridica non più solo con contratto ma anche con atto unilaterale". (PACCOIA, 2015, p. XXVII). E tampouco impossibilita a análise do fenômeno sobre outros prismas, como esclarece Raquel Sztajn, apoiada em Ferro-Luzzi, trata-se de outra maneira de se analisar a forma associativa, pois o escopo visado pelos sócios exige a organização das pessoas e dos bens para que possa ser realizado, de modo que a análise do ato constitutivo da sociedade como organização não necessariamente exclui a concepção adotada pelo legislador brasileiro: "Não é então destituída de importância a organização das sociedades que, como elemento tipificador, contribui de forma especialmente relevante para o estabelecimento de modelos normativos". (SZTAJN, 1989, p. 40). Sobre as diversas teorias acerca da natureza do ato que constitui a sociedade, ver: CORDEIRO, António Menezes. *Manual de direito das sociedades*: das sociedades em geral. Coimbra: Almedina, 2004, v. 1, p. 393-399.

[43] ASCARELLI, 1947b, p. 103.

[44] Art. 1420, cit: "Nei contratti com più di due parti, in cui le prestazioni di ciascuna sono dirette al conseguimento di uno scopo comune, la nullità che colpisce il vincolo di una sola delle parti non importa nullità del contratto, salvo che la partecipazione di essa debba, secondo le circostanza, considerarsi essenziale (1446, 1459, 1466)".

sobretudo, por Calixto Salomão.[45] Nesse sentido, salienta-se que o próprio Calixto aponta que a teoria organizacional é mais adequada para tratar de grupos de empresa, pontuando que os minoritários podem ser "muito melhor defendidos por via contratual do que quando englobados no interesse social".[46] Cabe, ainda, observar que apesar do método e/ou critério previsto na cláusula de predeterminação dos haveres regular a relação de liquidação, portanto sem alterar as posições jurídicas ativas e passivas da relação societária,[47] a sua aplicação decorre mais do substrato obrigacional do que do organizacional dentro do Direito das sociedades.[48]

O ponto – natureza contratual da sociedade limitada – é aqui apenas abordado como forma de reiterar que a cláusula reguladora da apuração de haveres se submete aos princípios que regem o negócio jurídico constitutivo da relação societária (contrato social), com destaque na perspectiva em que o tema é aqui tratado ao princípio da eficácia vinculante dos atos praticados no seio da autonomia privada, também conhecido como *pacta sunt servanda*.

A adoção do conceito de contrato plurilateral permitiu a construção jurisprudencial e doutrinária do instituto da dissolução parcial da sociedade.[49] Isso porque a concepção de pluralidade de partes interdependentes viabilizou um caminho jurídico – dentro da tradição – que, ainda na década de 60, tornou juridicamente possível a extinção parcial do vínculo societário, com a resolução

---

[45] Cf. Calixto: "O interesse da empresa não pode ser mais identificado, como no contratualismo, ao interesse dos sócios nem tampouco, como na fase institucionalista mais extremada, à autopreservação. Deve isso sim ser relacionado à criação de uma organização capaz de estruturar da forma mais eficiente – e aqui a eficiência é a distributiva e não a alocativa – as relações jurídicas que envolvem a sociedade". (SALOMÃO FILHO, Calixto. *O novo direito societário*. 3. ed. São Paulo: Malheiros, 2006, p. 42). E conclui: "Portanto, adotada a teoria do contrato organização, é no valor organização e não mais na coincidência de interesses de uma pluralidade de partes ou em um interesse específico à autopreservação que se passa a identificar o elemento diferencial do contrato social". (Ibid., p. 43).

[46] Ibid., p. 46.

[47] Cf. Adamek: "As posições jurídicas subjetivas ativas correspondem a permissões conferidas pelo ordenamento para o sujeito realizar certas atividades. Destacam-se o direito subjetivo, o poder, a faculdade e a expectativa jurídica. [...] As posições subjetivas passivas, inversamente, representam uma necessidade que se resolve em um sacrifício e na subordinação de um interesse. Entre elas estão o dever jurídico (exigência de um certo comportamento), a sujeição (necessidade de obedecer a um comando) e o ônus (a faculdade cujo exercício é necessário para a consecução de um interesse próprio)". (ADAMEK, 2014, p. 67-68).

[48] Cf. Cordeiro: "A dogmática básica do Direito das sociedades lida com dois grandes substratos interligados: o obrigacional e o organizacional. [...] A dogmática contratual tende a apoderar-se do primeiro dos substratos". Enquanto o substrato organizacional "apelaria aos grandes quadros desenvolvidos pela parte geral, com relevo para a doutrina geral das pessoas colectivas". (CORDEIRO, 2004, v. 1, p. 178-179).

[49] Marlon Tomazette: "O regime contratual geral, acrescido das peculiaridades do contrato plurilateral, as quais são aptas a superar inúmeros problemas decorrentes das relações societárias, mostra, a nosso ver, uma solução coerente e tecnicamente correta a respeito da natureza jurídica do ato constitutivo das sociedades". (TOMAZETTE, 2011, v. 1, p. 213). Ver: LUCENA, 2003, p. 938-940. Sobre a possibilidade de alterar o número de partes do contrato plurilateral. Waldo Fazzio: "O efeito mais expressivo dessa concepção é que a impossibilidade da execução da obrigação de uma parte atinge só, e unicamente, a adesão dessa parte, não afetando, em regra, o contrato em relação às outras". (FAZZIO JÚNIOR, Waldo. *Fundamentos de direito comercial*. São Paulo: Atlas, 1999, p. 41). Pontes de Miranda: "Os figurantes, nos negócios jurídicos plurilaterais, podem ser muitos e pode crescer o número deles, o que não ocorre nos negócios jurídicos bilaterais". (PONTES DE MIRANDA, Francisco Cavalcanti. *Tratado de direito privado*. Rio de Janeiro: Borsoi, 1972, v. 38, p. 8, § 4.185).

do contrato em relação a um sócio, atendendo-se em harmonia o princípio da livre associação e o da preservação da empresa.⁵⁰

A dissolução parcial da sociedade foi autorizada pelo STF e pelo STJ, mesmo para a sociedade empresária com participação igualmente distribuída entre dois sócios, muitos anos antes da entrada em vigor do Código Civil de 2002.⁵¹ O procedimento de dissolução parcial foi introduzido no ordenamento por meio de construção pretoriana, assim como a apuração dos haveres,⁵² que é um dos efeitos daquela,⁵³ especialmente após a publicação da obra de Hernani Estrella⁵⁴ e pela interpretação do Código de Processo Civil de 1939,⁵⁵ tendo sido regulada de modo expresso pela lei somente com o advento do Código de Processo Civil de 2015.

A dissolução parcial da sociedade, como instituto de Direito material, é, no primeiro momento, efeito da extinção parcial dos vínculos societá-

---

[50] A título exemplificativo, com caráter histórico, a favor da dissolução parcial ao invés da total quando havia previsão contratual, ver: BRASIL. Supremo Tribunal Federal. RE nº 56.115/MG. 2ª Turma. Relator: Min. Hermes Lima. Julgamento: 07 jul. 1964. DJ 05 ago. 1964; BRASIL. Supremo Tribunal Federal. RE nº 59.101/MG. 1ª Turma. Relator: Min. Evandro Lins e Silva. Julgamento: 19 out. 1965. DJ 01 dez. 1965; BRASIL. Supremo Tribunal Federal. RE nº 65.719/ RJ. 1ª Turma. Relator: Min. Victor Nunes. Julgamento: 11 nov. 1968. DJ 05mar. 1969. Nem todos os julgados da época foram neste sentido, como se vê pela decisão tomada no Recurso Extraordinário nº 59.723, de 1966, o qual atacava decisão que, alterando a sentença, havia reconhecido o direito de o sócio retirar-se de sociedade por prazo indeterminado, decretando-se a sua dissolução total, e não apenas parcial. A Corte confirmou que era o caso de dissolução total. (BRASIL. Supremo Tribunal Federal. RE nº 59.723/Guanabara. 1ª Turma. Relator: Min. Oswaldo Trigueiro. Julgamento: 08 jun. 1966. DJ 14 dez. 1966). Vale lembrar que para o STF a regra contida no artigo 335, V, do Código Comercial – *as sociedades reputam-se dissolvidas por vontade de um dos sócios, sendo a sociedade celebrada por tempo indeterminado* – não desfrutava de caráter absoluto, como assentado no julgamento do Recurso Extraordinário nº 67.415. (BRASIL. Supremo Tribunal Federal. RE nº 67.415/ PE. 1ª Turma. Relator: Min. Djaci Falcão. Julgamento: 26 ago. 1969. DJ 22 out.1969). No mesmo sentido: BRASIL. Supremo Tribunal Federal. RE nº 70.050/ SP. 2ª Turma. Relator: Min. Adaucto Cardoso. Julgamento: 30 out. 1970. DJ 16 dez. 1970..

[51] A questão primária no REsp nº 87.731 era a possibilidade de ocorrer a dissolução parcial de sociedade com apenas dois sócios, sobre a prevalência do princípio da preservação da empresa assim anotou o Min. Menezes Direito: "Tenha-se presente que todo o articulado da jurisprudência contemporânea põe-se sempre com o objetivo de proteger a empresa, daí até mesmo as exceções que a interpretação pretoriana vem criando no sentido de possibilitar, como neste caso, o prosseguimento da sociedade, durante um certo período, com apenas um sócio". BRASIL. Superior Tribunal de Justiça. REsp nº 87.731/SP. 3ª Turma. Relator: Min. Carlos Alberto Menezes Direito. Julgamento: 26 jun. 1997. DJ 13 out. 1997. fl. 2, do voto.

[52] Cf. Estrella: "[...] desenvolveu-se e aprimorou-se a prática contratual, sufragada pela doutrina e sancionada pelos tribunais, mercê da qual a convenção predeterminadora dos haveres de sócio falecido ou despedido substitui as formalidades ordinárias da avaliação e partilha, pelo simples balanceamento do ativo e passivo da sociedade [...]. Neste sentido, orientaram-se a doutrina e a jurisprudência pátrias, ambas acordes em reconhecer legitimidade e força vinculativa à estipulação, mesmo quando, pela morte de sócio, concorra à herança de herdeiro menor". (ESTRELLA, 2010, p. 86).

[53] Cf. Spinelli: "A apuração dos haveres, que pode ocorrer judicial ou extrajudicialmente, é uma das consequências da exclusão de sócio (como de qualquer hipótese de dissolução parcial *lato sensu*)". (SPINELLI, 2015, p. 480).

[54] ESTRELLA, Hernani. *Despedida de sócio e apuração dos haveres*. Porto Alegre: José Konfino, 1948.

[55] GONÇALVES NETO, 2016, p. 310. Cf. Marinoni, Arenhart e Mitidiero: "Sob o ponto de vista processual, a dissolução parcial de sociedades, antes do atual Código de Processo Civil, era regida por regras do CPC/1939 (especialmente, seu art. 668), aplicável na vigência do Código de Processo Civil de 1973 por conta do contido no art. 1.218, deste último Diploma Legal revogado. Vê-se, portanto, que antes da edição do Código de Processo Civil de 2015 a questão da liquidação das sociedades era tratada por regras claramente desatualizadas, e elaboradas a partir de premissas fixadas no início do século passado". (MARINONI, Luiz Guilherme; ARENHART, Sérgio Cruz; MITIDIERO, Daniel. *Novo curso de processo civil*: tutela dos direitos mediante procedimentos diferenciados. 3. ed. São Paulo: Revista dos Tribunais, 2017, v. 3, p. 193).

rios,[56] e poderá ter como causa, por exemplo, o exercício do direito de recesso, do direito de retirada, o falecimento do sócio, divórcio, exclusão de sócio ou a dissolução parcial em face da quebra de *affectio societatis*.[57]

Em um segundo momento, a resolução do contrato com relação a um dos sócios tem como um de seus efeitos a necessidade de apurar-se o valor dos haveres sociais eventualmente devidos pela sociedade ao ex-sócio ou a terceiro legitimado. Neste trabalho, adota-se a expressão *resolução em relação a um sócio* por ser essa a utilizada pelo legislador, contudo, reconhece-se que a expressão tecnicamente mais precisa é *resilição parcial*, como indicado por Estrella,[58] pois os efeitos da extinção do contrato com prestação duradoura se projetam apenas para o futuro,[59] de modo que a cláusula de apuração de haveres, aplicável após o término do vínculo social, regulamenta a relação de liquidação.[60]

A dissolução parcial da sociedade – em sentido amplo e comumente utilizado pelos tribunais – constitui-se, assim, na condição suspensiva contida na cláusula de predeterminação dos haveres. Daí ter dito o Pleno do STF, em 1959, que a extinção do vínculo societário é uma condição para que se possa promover a apuração dos haveres do sócio.[61] O mesmo não ocorre com a dissolução da sociedade – usualmente nominada de dissolução total –, cujo efeito não é a apuração de haveres, mas sim, a liquidação da sociedade, com a realização do ativo, pagamento do passivo e partilha do saldo entre os sócios.

Dessarte, pode-se dizer que a dissolução parcial condiciona e antecede a apuração dos haveres, assim como este condiciona e antecede o pagamento dos haveres.[62] Pontuando-se, desse modo, o caráter procedimental que os

---

[56] Cf. Fábio Tokars: "Ainda que a precisão semântica seja de alguma forma prejudicada, optamos pela continuidade na utilização da expressão "dissolução parcial de sociedade" para referir a operação pela qual há o desligamento de um ou mais sócios do quadro social, com posterior liquidação parcial da sociedade. Esta opção está ancorada na longa tradição que existe na utilização desta expressão, sem que haja dificuldades na compreensão de seu conteúdo". (TOKARS, 2007, p. 347).

[57] Cf. Tarsis Nametala: "As causas que poderão ser elencadas seriam: a) morte do sócio (art. 1.028, CC); b) recesso de sócio (art. 1.077, CC); c) exclusão do sócio (art. 1.085, CC); d) denúncia unilateral de sócio (art. 1.029, CC); e) falência do sócio (Lei de Recuperação de Empresas – art. 123 da Lei n. 11.101/2005); f) outras causas previstas no contrato social (art. 1.029, CC)". (SARLO JORGE, 2007, p. 382). Sobre as hipóteses, ver: TOKARS, op. cit., p. 349-381. NEGRÃO, 2003, v. 1, p. 460-461. Sobre as hipóteses de resolução parcial do vínculo societário no direito italiano, ver: VENTORUZZO, Marco. *Recesso e valore della partecipazione nelle società di capitali*. Milano: Giuffrè, 2012, p. 179-240.

[58] Cf. Estrella: "Bem que geralmente notada e, por vezes, claramente afirmada, nem sempre se estabeleceu, com a desejada nitidez, a diferença fundamental entre dissolução efetiva da sociedade e simples resilição parcial do contrato. Dessa imprecisão conceitual resulta o emprego frequente, tanto entre os autores, como nos tribunais, do qualificativo dissolução parcial, para designar a hipótese de simples afastamento de sócio com a sobrevivência da sociedade". (ESTRELLA, 2010, p. 77).

[59] Cf. Aguiar Júnior: "[...] tirante os casos de obrigações com prestação duradoura, que somente se resolvem para o futuro (resilição)". (AGUIAR JÚNIOR, 1991, p. 252).

[60] Ibid., p. 254.

[61] BRASIL. Supremo Tribunal Federal. RE nº 33.316/RJ. Sessão Plena. Relator: Min. Hahnemann Guimarães. Julgamento: 22 maio 1959. *DJ* 13 ago. 1959.

[62] Cf. Marinoni, Arenhart e Mitidiero: "Logicamente, qualquer que seja a razão da dissolução parcial, uma consequência será inafastável: o dever da sociedade em restituir o valor da quota daquele que deixa a sociedade. Em linhas muito gerais, pode-se dizer que esse é o principal objeto da demanda judicial de dissolução parcial de sociedades: a apuração do valor devido ao sócio que perde o vínculo com a sociedade". MARINONI; ARENHART; MITIDIERO, 2017, v. 3, p. 195.

vincula no tempo por razões lógicas, só haverá apuração de haveres com a decretação da dissolução parcial da sociedade – extinção parcial dos vínculos sociais e continuidade da empresa –, e somente poderá ser realizado o pagamento do valor dos haveres na medida em que forem apurados. Os haveres, em regra, são apurados e pagos após a perda do *status socii*.[63] Com a extinção do vínculo e a perda do *status socii*, o ex-sócio – ou terceiro legitimado – passa a integrar a categoria genérica de credor,[64] no caso em potencial,[65] ao menos até que o valor correspondente à sua fração no valor total do conjunto dos haveres seja apurado.

O artigo 1.031, *caput*, do Código Civil prevê que, em caso de resolução da sociedade em relação a um sócio, o valor da sua quota liquidar-se-á com base na situação patrimonial da sociedade, "salvo disposição contratual em contrário"; o artigo 604, II, do Código de Processo Civil dispõe que o juiz definirá o critério de apuração dos haveres "à vista do disposto no contrato social"; e o artigo 606, também do Código de Processo Civil, estabelece que o juiz definirá, como critério de apuração de haveres, o valor patrimonial apurado em balanço de determinação, "em caso de omissão do contrato social".

O Supremo Tribunal Federal, em um de seus primeiros julgados sobre o tema, afirmou que "os sócios têm liberdade para regular no contrato o modo de liquidação e partilha do patrimônio social; podem estipular que a liquidação e a partilha sejam substituídas pela apuração de haveres do sócio falecido, conforme o balanço", de modo que o art. 353 do Código Comercial não excluía o dever de se observar a convenção dos sócios.

Desse modo, verifica-se que a lei expressamente reconhece o direito de os sócios contratarem o método e/ou critério para a apuração dos haveres sociais que considerarem o mais adequado no caso concreto. Tal direito foi há muito reconhecido pelo STF e ainda é pelo STJ, embora haja julgados proferidos pelo Superior Tribunal de Justiça que afastam a aplicação da cláusula de predeterminação dos haveres sob o argumento de que a sua aplicação não ocorre em caso de litígio judicial.[66] De qualquer forma, cabe aqui ressaltar que o espaço de autorregulamentação quanto aos haveres de sócio tem limites, como se observa em diversos julgados proferidos pelos Tribunais Superiores. A título de

---

[63] SPINELLI, 2015, p. 459. Sobre a qualidade jurídica de sócio, esclarece Adamek: "Em sentido estrito, a qualidade de sócio não é um status, mas uma qualidade jurídica; no entanto, num sentido mais amplo, é admissível afirmar que se cuida de um estado, de modo a então legitimar emprego do termo que se popularizou: *status socii*". (ADAMEK, 2014, p. 65).

[64] Cf. Estrella: "A mais generalizada a inscreve na categoria genérica de credor; credor da soma que se venha a verificar a seu favor. Este entendimento se coaduna perfeitamente com a conhecida teoria, que procura explicar o conteúdo patrimonial do direito do sócio, conceituando-o como *direito potencial de crédito*". (ESTRELLA, 2010, p. 81).

[65] Cf. Spinelli: "De qualquer forma, mesmo que o quotista excluído não seja remisso, pode ele não ter haveres a receber uma vez que o valor apurado pode ser negativo (como, por exemplo, no caso dos haveres calculados com base em balanço patrimonial, o patrimônio líquido ser negativo)". (SPINELLI, op. cit., p. 504).

[66] Vide: BRASIL. Superior Tribunal de Justiça. REsp nº 52.094/SP. 3ª Turma. Relator: Min. Nilson Naves. Julgamento: 13 jun. 2000. *DJ* 21 ago. 2000, fl. 2 voto. BRASIL. Superior Tribunal de Justiça. REsp nº 1.335.619/SP. 3ª Turma. Relatora: Minª. Nancy Andrighi.Julgamento: 03 mar. 2015. *DJ* 27 mar. 2015, fl. 7-8.

exemplo, cita-se a decisão do STJ ao julgar o Recurso Especial nº 35.702-0, no qual o Min. Relator, Waldemar Zveiter, acolhe e ratifica a decisão do TJSP:[67]

> O contrato social é a fonte primeira dos direitos e obrigações das partes em uma sociedade de responsabilidade limitada, inclusive no caso do exercício do direito de retirada, com a consequente apuração de haveres, desde que não haja ofensa a princípios de ordem pública e manifesto desequilíbrio de deveres e obrigações.

Na mesma linha, o voto do Min. Menezes Direito ao relatar o Recurso Especial nº 450.129: "Por outro lado, a vontade dos sócios, nas sociedades de pessoas, exterioriza-se nas cláusulas contratuais, aí incluída a forma de pagamento do sócio que se retira da sociedade mediante apuração de haveres, respeitada a lei, evidentemente".[68]

Anota-se que, ainda em 1955, o Supremo Tribunal Federal, ao julgar o Recurso Extraordinário nº 29.713, anunciou que o conteúdo clausulado seria submetido a exame antes de sua aplicação, porquanto há limites à liberdade de regular a apuração dos haveres sociais.[69] Tratava-se de recurso em que a sociedade pleiteava a aplicação da convenção estatuída no contrato social, porém a Corte entendeu que o seu conteúdo era um obstáculo à apuração do valor real e atual dos haveres, razão pela qual a 2ª Turma do STF manteve a decisão recorrida, acolhendo o seu fundamento central: "[...] na apuração se decidisse pelo justo e não pelo fixado no contrato, que não mais corresponderia à realidade da situação".[70]

Na ocasião, o Min. Orosimbo Nonato assentou que há limites impostos às convenções para a apuração dos haveres sociais: "a regra da liberdade de convenção é limitada: suas raias não podem transpor a vedação de princípios superiores".[71] E ao apreciar os Embargos de Declaração, a Corte reiterou: em sede de haveres sociais, "a regra da liberdade de convenção é limitada".[72]

Os limites, aliás, apresentam-se a todos os tipos de contrato, inclusive os atípicos, como sublinhado pelo Min. Sálvio de Figueiredo Teixeira ao relatar o REsp nº 61.890: "[...] não havendo em seu conteúdo disposição ilícita ou que ofenda os bons costumes e a ordem pública, não há que aplicar-se a eles

---

[67] BRASIL. Superior Tribunal de Justiça. REsp nº 35.702-0/SP. 3ª Turma. Relator: Min. Waldemar Zveiter. Julgamento: 27 set. 1993. DJ 13 dez. 1993, fl. 3, do acórdão.

[68] BRASIL. Superior Tribunal de Justiça. REsp nº 450.129/MG. 3ª Turma. Relator: Min. Carlos Alberto Menezes Direito. Julgamento: 08 out. 2002. DJ 16 dez. 2002, fl. 7.

[69] BRASIL. Supremo Tribunal Federal. RE nº 29.713/DF. 2ª Turma. Relator: Min. Orosimbo Nonato. Julgamento: 11out. 1955. DJ 07 jan. 1959.

[70] Ibid., fl. 9-10, do acórdão.

[71] Ibid., fl. 9, do acórdão.

[72] BRASIL. Supremo Tribunal Federal. Embargos/RE nº 29.713/DF. Sessão Plena. Relator: Min. Cândido Motta Filho. Julgamento: 06 jul. 1959. DJ 20 ago. 1959. Anota-se que há limites, inclusive, para que a própria apuração não seja um obstáculo à continuidade da empresa. Nesse sentido, recorda-se que ao apreciar a Reclamação nº 204-7, que alegava descumprimento quanto ao julgado decorrente do RE nº 104.596-5, o Min. Célio Borja, como Relator, sublinhou que a inventariante do Espólio do ex-sócio tem o direito de "ampla fiscalização dos bens, valores e direitos integrantes do ativo e das obrigações do passivo", por outro lado, "não pode o espólio do sócio pré-morto impedir o exercício regular da atividade que foi mantida". (BRASIL. Supremo Tribunal Federal. Rcl nº 204-7/PA. Sessão Plena. Relator: Min. Célio Borja. Julgamento: 01 ago. 1986. DJ 10 out. 1986, fl. 8, do acórdão).

disciplina legislativa específica, sendo regulados pelas regras estabelecidas pelos contratantes".[73]

Os artigos legais postos no Código Civil e no Código de Processo Civil, bem como as decisões acima citadas, comprovam que o sistema jurídico autoriza os sócios a estabelecerem as regras para apuração dos haveres, no entanto a autorização não é ilimitada. O reconhecimento de que limites existem é uma premissa central do trabalho, pois as diretrizes visam a assegurar que o conteúdo das cláusulas não rompa com esses limites, mas sim que preencha as exigências inerentes a tais diretrizes, de modo a preservar a sua força vinculativa obrigatória em caso de disputa judicial. As diretrizes fundam-se, essencialmente, no conjunto de julgados proferidos pelo Supremo Tribunal Federal, de 1953 a 1989, e pelo Superior Tribunal de Justiça, de 1989 a 2018, cuja análise será exposta ao longo do trabalho, e na legislação vigente.

Não obstante a relevância do tema,[74] as cláusulas de predeterminação dos haveres sociais ainda são pouco estudadas no Brasil,[75] tendo a análise mais atenciosa sido realizada por Hernani Estrella.[76] A proposta da tese, portanto, passa pela análise das limitações existentes no sistema brasileiro à autonomia dos particulares para convencionar a cláusula de predeterminação dos haveres sociais, com o objetivo de sistematizá-las e ordená-las, a fim de construir postulados dogmáticos claros que assegurem a eficácia obrigatória das cláusulas contratuais, exceto quando claramente contrárias ao Direito.[77]

As cláusulas que regulam a apuração dos haveres sociais são cláusulas *sui generis* em face de conterem em si o meio pelo qual se obterá o valor total dos haveres sociais em alguma data que vier a ser fixada, e partir daí o valor que caberá ao ex-sócio ou ao terceiro legitimado, de modo que a sua eficácia permanece condicionada à extinção parcial dos vínculos societários, condição

---

[73] BRASIL. Superior Tribunal de Justiça. REsp nº 61.890/SP. 4ª Turma. Relator: Min. Sálvio de Figueiredo Teixeira. Julgamento:18 jun. 1998. *DJ* 22 mar. 1999, fl. 2.

[74] Cf. Paulo Sérgio Restiffe: " É fora de dúvida que o critério a ser adotado para apuração de haveres e definição do valor a ser pago ao sócio em reembolso ou restituição é um dos pontos tormentosos da ação de dissolução parcial de sociedade, já que cada empreendimento tem peculiaridades próprias. Interessa, todavia, ao máximo, estabelecer parâmetros que ajudem, em caso de litígio, não só as partes como, e principalmente, o Poder Judiciário, a definir o critério para apuração dos haveres". (RESTIFFE, Paulo Sérgio. *Dissolução de sociedades*. São Paulo: Saraiva, 2011, p. 308). Cf. Albuquerque: "A dissolução da sociedade produzirá uma gama de efeitos irradiados sobre um número incontável de pessoas. Além dos sócios contraentes, muitos outros são atingidos; desde aqueles que têm relações jurídicas com a sociedade e eventuais consumidores, até os empregados e o Estado". (ALBUQUERQUE, Luciano Campos de. *Dissolução de sociedades*. 2 ed. São Paulo: Malheiros, 2015, p. 17). Vide: VENTORUZZO, 2012, p. 184-185.

[75] Cf. Erasmo Valladão e Marcelo Adamek: "A doutrina pátria ainda não iniciou sequer o debate sobre os limites de validade das cláusulas de predeterminação do valor dos haveres". (FRANÇA, Erasmo Valladão Azevedo e Moraes; ADAMEK, Marcelo Vieira von. *Da ação de dissolução parcial da sociedade*: comentários breves ao CPC/2015. São Paulo: Malheiros, 2016, p. 59, nota 4).

[76] Ver: ESTRELLA, 1948, p. 100-115. ESTRELLA, Hernani. *Apuração dos haveres de sócio*. 2. ed. Rio de Janeiro: Forense, 1992, p. 129-165. ESTRELLA, Hernani. *Apuração dos haveres de sócio*. Atual. por Roberto Papini. 3. ed. Rio de Janeiro: Forense, 2001, p. 89-99. ESTRELLA, 2010, p. 85-102.

[77] Cf. Branco: "Essa preocupação com o controle faz parte das legítimas preocupações em um Estado Democrático de Direito, em que há repulsa ao subjetivismo (ou voluntarismo) como critério de decisão dos conflitos jurídicos e sociais". (BRANCO, 2014, p. 258).

suspensiva lógico-jurídica.[78] Trata-se de cláusula que poderá por muitos anos – até décadas – permanecer no contrato social sem efetiva aplicação.

Todavia, quando invocada como fundamento para solucionar conflito instalado entre ex-sócios, meeira ou sucessores e sociedade e sócios remanescentes tende a fazer com que a sua interpretação e aplicação tornem-se o centro de longos, incertos e intensos litígios. E é nesse momento que as diretrizes apontadas neste trabalho ganham especial relevância, pois aí se verificará, no conteúdo da cláusula, a possibilidade de a sua aplicação concreta atender às diretrizes exigidas pelo sistema jurídico. Quanto mais clara a observância das diretrizes no método e/ou critérios estabelecidos pelas partes, maior a probabilidade de o conteúdo das cláusulas ser aplicado, porquanto a autonomia privada fora exercida em consonância com as exigências do sistema jurídico.

A intensa litigiosidade na apuração dos haveres está,[79] comumente, relacionada (I) à incompletude – ou até inexistência – das convenções estabelecidas pelas partes; (II) à insuficiência das expressões mencionadas no artigo 1.031 do Código Civil, e artigos 604, II, e 606 do Código de Processo Civil;[80] e (III) à dificuldade de identificar na jurisprudência critérios e padrões que possibilitem prever com relativa segurança o entendimento que prevalecerá no caso concreto e, por consequência, o *quantum* que será apurado ao término do processo. Este trabalho poderá contribuir para o aperfeiçoamento desses três fatores, daí também a sua relevância teórica e prática.[81]

Para alcançar os fins propostos, o trabalho foi estruturado em cinco capítulos, um para cada diretriz. A ordem dos capítulos foi estabelecida tendo como critério o processo de verificação do preenchimento das diretrizes pelo intérprete e as funções que cada uma delas visa a realizar.

A diretriz de especificidade – 1º capítulo – refere-se à incidência da norma dispositiva no caso concreto; trata-se de uma diretriz de forma, cujo exame é pressuposto para a análise do conteúdo da cláusula. A realidade e a atualidade – 2º e 3º capítulos – são diretrizes relacionadas aos aspectos materiais da cláusula de predeterminação dos haveres; serão elas que nortearão diretamente a apuração do valor dos haveres no caso concreto. As diretrizes de igualdade e proporcionalidade – 4º e 5º capítulos –, além de estruturarem a apuração dos

---

[78] Cf. Pontes: "O que essencialmente se exige à manifestação de vontade, que gera negócio jurídico, é dirigir-se à produção de determinada eficácia jurídica". (PONTES DE MIRANDA, Francisco Cavalcanti. *Tratado de direito privado*. 3. ed. São Paulo: Revista dos Tribunais, 1984, v. 23, p. 5).

[79] Cf. Fábio Ulhoa Coelho: " [...] *apuração de haveres*, e representa, no campo do direito societário, a questão em que se concentra a maior parte das disputas entre os sócios". (COELHO, Fábio Ulhoa. *A sociedade limitada no novo Código Civil*. São Paulo: Saraiva, 2003, p. 159). Cf. Estrella: "Em se verificando, por qualquer das nomeadas causas, o afastamento de sócio, dá-se também uma mudança mais ou menos sensível no clima de conciliação e harmonia então reinante". (ESTRELLA, 2010, p. 110).

[80] Dentre as expressões, destacam-se: "valor da quota"; "situação patrimonial da sociedade"; "balanço especialmente levantado"; "valor patrimonial"; "balanço de determinação"; "tangíveis e intangíveis" e "preço de saída".

[81] Cf. Alpa: "Nel contempo è il giurista che crea le formule per l'impiego dei capitali, del credito e del risparmio, l'organizzazione societaria, i rapporti del comercio internazionale." (ALPA, Guido. *Manuale di diritto privato*. 10. ed. Vicenza: CEDAM, 2017, p. 16).

haveres, funcionam como postulados – deveres de medida – para a interpretação e aplicação da cláusula de predeterminação dos haveres.

A argumentação jurídica, desenvolvida ao longo do trabalho, tem como núcleo fundamental o sistema jurídico brasileiro, e, por conseguinte, as suas fontes. Em paralelo, buscar-se-ão subsídios no sistema italiano, cuja legislação fortemente influenciou o legislador brasileiro na adoção da teoria da empresa e que foi aprimorada com a reforma do Direito societário italiano de 2003,[82] sobretudo no que tange ao instituto do recesso, à apuração do valor dos haveres e à tutela dos sócios no âmbito da sociedade limitada.[83]

---

[82] Cf. Pargendler: "Conquanto nenhum país escape a influências de sistemas estrangeiros – sendo a inspiração, senão o transplante, mecanismo por excelência de evolução jurídica –, é certo que o direito brasileiro se destaca pela confluência de inspirações externas das mais variadas. Presente também em outros ramos da experiência jurídica, esse traço é particularmente exacerbado no direito comercial". (PARGENDLER, Mariana. Evolução do direito societário: lições do Brasil. In: MARTINS-COSTA, Judith. Modelos de direito privado. São Paulo: Marcial Pons, 2014, p. 260).

[83] Cf. Ruscello: " In relazione allo scioglimento del rapporto sociale limitatamente ad un socio, infatti, la predetta riforma, da un lato, ha operato una revisione totale dell'istituto del recesso, attraverso l'ampliamento delle ipotesi nelle quali è consentito al socio il diritto di *exit*, con la previsione di un'autonoma disciplina per le società a responsabilità limitata (art. 2473), separata, dunque, da quella della società per azioni (artt. 2437 e ss. c.c.), a differenza della normativa codicistica precedente nella quale per il tipo s.r.l. mancava una specifica disposizione in materia e si rinviava semplicemente a quanto disposto per le s.p.a.; [...]". (RUSCELLO, Francesco. *Istituzioni di diritto privato*. Milano: Giuffrè, 2011. v. 2: Le Obbligazioni. I Contratti. L'impresa, p. VII). Cf. Maria Paolucci: a reforma teve como objetivo *"attribuire al socio una tutela forte"*. (PAOLUCCI, Maria Ginevra. *La tutela del socio nella società a responsabilità limitata*. Milano: Giuffrè, 2010, p. 107). Cf. Paccoia: " Ciò conferma il carattere tendenzialmente chiuso della Srl ove il divieto di ricorso diretto al mercato del capitale di rischio si giustifica con la grande rilevanza attribuita in tale tipologia alla persona del socio." (PACCOIA, Mario. *Società a responsabilità limitata*. Torino: Giappichelli, 2015, p. 59).

1. Diretriz de especificidade

A diretriz de especificidade orienta, em uma perspectiva formal, a criação e a conservação da força vinculativa obrigatória inerente à cláusula de predeterminação dos haveres. Esta diretriz tem por conteúdo a necessidade de que a cláusula prevista no contrato social de uma sociedade limitada seja específica quanto à situação fático-jurídica que está sendo por ela regulada. Assim, uma cláusula que prevê a apuração em hipótese de falecimento não pode ser aplicada em caso de exclusão de sócio.

Para a análise da diretriz, cumpre verificar primeiro se a cláusula de predeterminação dos haveres sociais efetivamente possui – ou não – força vinculativa obrigatória (*item 1.1*). Caso positivo, cabe investigar a extensão de seu alcance (*item 1.2*), para então verificar a conexão entre o disposto na cláusula quanto às suas hipóteses de incidência e o método e/ou critério previsto no contrato social (*item 1.3*). O preenchimento dos requisitos intrínsecos à cláusula é imprescindível para a sua aplicação conforme o Direito, bem como a eventual influência de outros documentos firmados pelos sócios no processo de elaboração da cláusula compreendidos como relevantes juridicamente caso concreto (*item 1.4*).

1.1. Da força vinculativa obrigatória da cláusula de apuração de haveres

A primeira análise dos julgados proferidos pelo Superior Tribunal de Justiça coloca o intérprete em dúvida quanto à efetiva incidência do princípio da força obrigatória dos contratos sobre a cláusula regradora da apuração dos haveres na sociedade empresária limitada, porque há uma série de decisões que menosprezam a obrigatoriedade de as partes obedecerem ao conteúdo desta cláusula, tendo, por exemplo, como fundamento a tese de que a cláusula de apuração de haveres não se aplica quando a apuração ocorrer na esfera judicial.[84]

---

[84] A título de exemplo, ver: BRASIL. Superior Tribunal de Justiça. REsp nº 87.731/SP. 3ª Turma. Relator: Min. Carlos Alberto Menezes Direito. Julgamento: 26 jun. 1997. *DJ* 13 out. 1997; e BRASIL. Superior Tribunal de Justiça. REsp nº 1.335.619/SP. 3ª Turma. Relatora: Minª. Nancy Andrighi. Julgamento: 03 mar. 2015. *DJ* 27 mar. 2015.

As raízes da ausência de uma posição firme quanto à força vinculativa obrigatória da cláusula de apuração de haveres pelo STJ possivelmente estão relacionadas ao fato de que o instituto da dissolução parcial da sociedade, do qual a apuração é uma das consequências, foi introduzido no sistema jurídico brasileiro por meio de construção jurisprudencial, com o objetivo de conferir eficácia integrada aos princípios da livre associação e da preservação da empresa.

No julgamento do Recurso Extraordinário nº 50.659, relatado pelo Min. Villas Bôas em 1962, parecem estar os primeiros registros inerentes ao instituto da dissolução parcial de sociedade no Supremo Tribunal Federal. Na ocasião, a Corte negou a dissolução total, pleiteada com base na quebra da *affectio societatis*, enfatizando a necessidade de se preservar a empresa, que "sustenta mais de trinta famílias". E, ao mesmo tempo, afirmou ser "garantida a retirada do elemento dissidente com pleno ressarcimento pecuniário e quitação, realizando-se, para isso, balanço perfeito [...]".[85]

O fato de a dissolução parcial ser uma construção jurisprudencial e que,[86] por isso, não teriam os contratos sociais previsão quanto à apuração dos haveres por força da resolução parcial do vínculo – *estando aí um fator que explicaria a sua reduzida força vinculativa para muitos juízes* – parece estar ventilada no voto da Min. Nancy Andrighi ao julgar o Recurso Especial nº 613.629:[87]

> A dissolução parcial de sociedades comerciais é criação pretoriana, não encontrando sua regulação na lei. Sua base legal, portanto, sempre se deu por interpretação analógica, seja do disposto nos arts. 655 a 674 do CPC de 1939, seja do disposto nos arts. 1.102 a 1.112 do CC/02, que tratam da liquidação total.

O instituto origina-se de disputas judiciais em que a parte demandante, pretendendo a extinção do seu vínculo societário, pleiteava a dissolução total da sociedade, única hipótese de dissolução até então prevista na legislação. Enquanto, do outro lado, a parte demandada alegava a ausência de sentido em encerrar o exercício de uma atividade empresarial próspera e geradora de benefícios para toda a coletividade unicamente porque um dos sócios desejava retirar-se da sociedade.

A necessidade de solucionar o litígio concreto é que permitiu – e permite – a construção jurisprudencial de mecanismos jurídicos alinhados com a realidade, como iterou o Min. Castro Filho ao relatar os Embargos de Divergência

---

[85] BRASIL. Supremo Tribunal Federal. RE nº 50.659/RJ. 2ª Turma. Relator: Min. Villas Boas. Julgamento: 11 nov. 1962. DJ 17 out. 1962, fl. 3-4.

[86] Ver, v.g.: BRASIL. Superior Tribunal de Justiça. REsp nº 1.602.240/MG. 3ª Turma. Relator: Min. Marco Aurélio Bellizze. Julgamento: 06 dez. 2016. DJ 15 dez. 2016, p. 5: "Com efeito, a dissolução parcial das empresas surgiu no Brasil inicialmente pela via jurisprudencial e doutrinária, construída a partir da necessidade de se conciliar a subsistência das empresas com a livre iniciativa privada e ampla liberdade de associação". BRASIL. Superior Tribunal de Justiça. REsp nº 242.603/SC. 4ª Turma. Relator: Min. Luis Felipe Salomão. Julgamento: 04 dez. 2008. DJ 18 dez. 2008. BRASIL. Superior Tribunal de Justiça. REsp nº 867.101/DF. 3ª Turma. Relator: Min. Massami Uyeda. Julgamento: 20 maio 2010. DJ 24 jun. 2010. BRASIL. Superior Tribunal de Justiça. REsp nº 1.139.593/SC. 3ª Turma. Relatora: Minª. Nancy Andrighi. Julgamento: 22 abr. 2014. DJ 02 maio 2014.

[87] BRASIL. Superior Tribunal de Justiça. REsp nº 613.629/RJ. 3ª Turma. Relatora: Minª. Nancy Andrighi. Julgamento: 26 set. 2006. DJ 16 out. 2006.

em Recurso Especial nº 111.294: "[...] a realidade da economia brasileira revela a existência, em sua grande maioria, de sociedades anônimas de médio e pequeno porte, em regra de capital fechado, que concentram na pessoa de seus sócios um de seus elementos preponderantes."[88] De modo que a consequência, diante da ausência de cláusula contratual quanto à hipótese de dissolução parcial, é determinar que se apure o "valor real do ativo e passivo", como consta no voto majoritário tomado pela 2ª Seção.[89]

Os tribunais, de fato subsumindo o contrato de sociedade ao conceito de contrato plurilateral, portanto passível de ser conservado mesmo com a sua extinção em relação unicamente a um sócio, deram origem ao instituto da dissolução parcial. Com isso, tornava-se imprescindível, sobretudo diante da ausência no contrato social de cláusula prevendo a apuração dos haveres – que é uma das consequências da dissolução parcial –, a adoção de uma tese quanto à apuração dos haveres eventualmente devidos pela sociedade ao ex-sócio ou a terceiro legitimado. A tese que foi firmada pelo Supremo Tribunal Federal, e até hoje aplicada pelo Superior Tribunal de Justiça, é a de que a apuração dos haveres, em caso de dissolução parcial da sociedade, deve ser realizada como se fosse uma dissolução total.

Esse ponto é importante, porque a relação entre a relativização da força vinculativa da cláusula e a origem jurisprudencial do instituto da dissolução parcial parece encontrar o seu ponto de contato dentro do sistema jurídico justamente na tese de que a apuração decorrente da dissolução parcial da sociedade deve ser realizada como ocorreria em caso de dissolução total, pois desse modo se estaria assegurando a apuração integral do valor devido ao ex-sócio – ou terceiro a ele vinculado – e a continuidade da empresa.

Em síntese: com a tese se viabilizaria a continuidade da sociedade e, por consequência, a preservação da empresa, e se asseguraria, por outro lado, a apuração mais ampla possível em favor do ex-sócio ou do terceiro legitimado. Esse entendimento teve – e ainda tem – papel muito importante no âmbito dos haveres sociais, como se pode observar, por exemplo, no conjunto de quatro decisões proferidas pelo STJ no julgamento de quatro recursos especiais, realizados entre agosto de 1994 e agosto de 1995, e relatados por quatro diferentes Ministros do STJ.

No julgamento do REsp nº 45.343-7, o Min. Nilson Naves inicia o seu voto afirmando: "Dissolve-se a sociedade, total ou parcialmente. Ou melhor, dissolução haveria de ser somente a total, mas dizem que ocorre a parcial quando se apuram os haveres do sócio retirante."[90] Ao julgar o REsp nº 49.336-6, o Min.

---

[88] BRASIL. Superior Tribunal de Justiça. EREsp nº 111.294/PR. 2ª Seção. Relator: Min. Castro Filho. Julgamento: 28 jun. 2006. DJ 10 set. 2007, fl. 14.

[89] Ibid., fl. 16. No mesmo sentido, possível a dissolução parcial de sociedade anônima, com a apuração dos haveres pelo valor real do ativo e do passivo: BRASIL. Superior Tribunal de Justiça. REsp nº 507.490/RJ. 3ª Turma. Relator: Min. Humberto Gomes de Barros. Julgamento:19 set. 2006. DJ 13 nov. 2006. BRASIL. Superior Tribunal de Justiça. REsp nº 651.722/PR. 3ª Turma. Relator: Min. Carlos Alberto Menezes Direito. Julgamento: 25 set. 2006. DJ 26 mar. 2007.

[90] BRASIL. Superior Tribunal de Justiça. REsp nº 45.343-7/SP. 3ª Turma. Relator: Min. Nilson Naves. Julgamento: 16 ago. 1994. DJ 10 out. 1994, fl. 2.

Waldemar Zveiter explicita "que a dissolução parcial, tanto assegura o recebimento integral dos haveres do retirante, quanto preserva a continuidade da atividade social da empresa".[91] O Min. Costa Leite, ao relatar o REsp nº 60.513-0, assim explicitou a relação entre o instituto da dissolução parcial e a tese da apuração dos haveres como se fosse dissolução total: "Uma coisa é o direito de recesso assegurado ao acionista dissidente [...], bem outra, entretanto, é a dissolução parcial de sociedade por quotas, caso em que, segundo remansosa jurisprudência, a apuração de haveres deve ser procedida como se de dissolução total se tratasse".[92] E o Min. Cláudio Santos, como relator do REsp nº 43.896-9: "[...] a jurisprudência do STJ consagrou o entendimento no sentido de que o critério da apuração de haveres, no caso de sócio-retirante há de ser o mesmo utilizado para a hipótese de dissolução total, a fim de preservar o *quantum* devido ao sócio-retirante, devendo tal montante ser apurado integralmente de modo a evitar-se o locupletamento indevido da sociedade ou dos sócios-remanescentes".[93]

Assim, de um lado os Tribunais construíram a tese de que a apuração dos haveres em caso de dissolução parcial da sociedade se daria como se de dissolução total se tratasse, e, de outro lado, os contratos limitavam-se à hipótese de dissolução total ou a prever o uso do último balanço aprovado para o caso de recesso. Situação fático-jurídica que está relacionada aos diversos julgados que versam sobre a aplicação do artigo 15 do Decreto nº 3.708, de 1919, e da Súmula nº 265 do Supremo Tribunal Federal, aprovada em Sessão Plenária de 13 de dezembro de 1963.[94] Nesse cenário, os Tribunais Superiores passam a conferir muito prestígio à referida tese, sob a qual subjaz a finalidade de não só preservar a empresa como assegurar a inexistência de transferência patrimonial indesejada como efeito do então novo instituto da dissolução parcial.

No entanto, tal entendimento não significa que no atual sistema jurídico, especialmente por força do artigo 1031, *caput*, do CC e dos artigos 604, II, e 606 do CPC, os sócios não tenham autonomia privada para regulamentarem a apuração dos haveres no contrato social por meio de cláusula com plena força vinculativa obrigatória, independentemente de a apuração ocorrer de forma amigável ou judicial.

Dessarte, é oportuno investigar se no sistema jurídico brasileiro os sócios possuem autonomia para regular a apuração dos haveres sociais por meio de cláusulas estabelecidas no contrato social para as hipóteses em que a sociedade limitada se resolver em relação a um sócio, uma vez que os textos "salvo disposição contratual em contrário", contido no *caput* do artigo 1.031 do Código Civil; "à vista do disposto no contrato social", previsto no artigo 604, II, do Có-

---

[91] BRASIL. Superior Tribunal de Justiça. REsp nº 49.336-6/SP. 3ª Turma. Relator: Min. Waldemar Zveiter. Julgamento: 29 ago. 1994. DJ 17 out. 1994, fl. 2.
[92] BRASIL. Superior Tribunal de Justiça. REsp nº 60.513-0/SP. 3ª Turma. Relator: Min. Costa Leite. Julgamento: 06 jun. 1995. DJ 04 set. 1995, fl. 3.
[93] BRASIL. Superior Tribunal de Justiça. REsp nº 43.896-9/SP. 3ª Turma. Relator: Min. Cláudio Santos. Julgamento: 28 ago. 1995. DJ 26 fev. 1996.
[94] Súmula nº 265 do STF: "Na apuração de haveres não prevalece o balanço não aprovado pelo sócio falecido, excluído ou que se retirou".

digo de Processo Civil; e "em caso de omissão do contrato social", estabelecido no artigo 606 do Código de Processo Civil, indicam que é o contrato social a fonte primária para a solução de controvérsia no âmbito dos haveres sociais.

A existência da cláusula funda-se no exercício da autonomia privada, e mais precisamente na liberdade contratual. Luigi Ferri leciona que a autonomia privada é a liberdade que se move no âmbito do Direito, dentro dos limites fixados por este, constituindo-se no resultado do exercício de um poder – não de uma faculdade –, com o qual a autonomia privada se identifica.[95] Nas palavras de Guido Alpa, a autonomia privada não é apenas uma imunidade ao privado; ela contém um valor positivo: o poder de o indivíduo determinar-se quanto a sua realidade física e econômica e, assim, estabelecer o seu impacto sobre a realidade jurídica.[96] Betti assim conceitua o negócio jurídico, do qual o contrato é espécie: "Ele é o ato pelo qual o indivíduo regula, por si, os seus interesses, nas relações com outros (ato de autonomia privada): ato ao qual o direito liga os efeitos mais conformes à função econômica-social e lhe caracteriza o tipo (típica neste sentido)".[97]

Para a análise da diretriz de especificidade não é central o debate quanto à autonomia privada ser reconhecida ou concedida aos sócios na seara dos haveres sociais. O decisivo é verificar se os sócios têm autonomia para disciplinar a relação de liquidação que se estabelece com a extinção parcial do contrato plurilateral de sociedade, a qual compreende a fase de aplicação do método e/ou critério e a fase de liquidação propriamente do direito aos haveres.

Assim, recorda-se que o mais importante princípio no Direito das sociedades é o da autonomia privada, que desfruta de ampla margem de aplicação na ausência de limites explícitos no sistema jurídico.[98] Estrella atribui ao sentido universalista do direito comercial a ampla autonomia dos sócios para disciplinar as normas do contrato de sociedade e a sobreposição dos usos e costumes comerciais às regras de direito civil.[99] Precisamente quanto à cláusula de apuração de haveres, assinala que já o artigo 668 do Código de Processo Civil de 1939 conferia "plena força ao pacto social", para, então, concluir que "em tais condições, já agora não se pode mais pôr em dúvida o fundamento legal do ajuste, porque se predeterminam os haveres de sócio que faleça ou se retire".[100]

Spinelli, com acerto, ressalta que a eficácia da cláusula de apuração dos haveres deve ser observada mesmo quando a sua aplicação possa conduzir "a uma sobreavaliação ou subavaliação da participação social", pois o objeto

---

[95] FERRI, Luigi. *La autonomía privada*. Granada: Comares, 2001, p. 36.
[96] ALPA, Guido. *Manuale di diritto privato*. 4. ed. Padova: CEDAM, 2005, p. 126.
[97] BETTI, Emílio. *Teoria geral do negócio jurídico*. Campinas: Servanda, 2008, p. 88.
[98] Cf. Menezes Cordeiro: "O primeiro e o mais significativo dos princípios das sociedades é o da autonomia privada. [...] Na ausência de limites, a autonomia privada recupera toda a sua margem de aplicação. Por isso, perante o Direito das sociedades, requer-se uma postura de tipo liberal". (CORDEIRO, 2004, v. 1, p. 184-185).
[99] ESTRELLA, 2010, p. 86.
[100] Ibid., p. 88.

da relação de liquidação é um "direito patrimonial disponível".[101] A autonomia dos sócios para convencionar as regras para a apuração dos haveres é firmemente defendida pela doutrina italiana.[102] Contudo, deve-se ter em conta, sobretudo, que a diretriz de realidade e atualidade impõem limites materiais à autonomia dos sócios, de modo que a aplicação de um ou de outro método e/ou critério não poderá nem desconsiderar a realidade econômico-patrimonial da sociedade, nem os efeitos do transcurso do tempo sobre os valores dos ativos e passivos.

O reconhecimento de que a cláusula de apuração de haveres está vinculada a um contrato plurilateral tem como efeito secundário o reconhecimento da força vinculativa obrigatória da cláusula, porque é para a teoria contratualista que o princípio da autonomia privada tem mais prestígio. Esse ponto é salientado por Calixto Salomão quando afirma que os sócios minoritários estarão "muito melhor defendidos por via contratual do que quando englobados no interesse social".[103] Ademais, segundo Sztajn, a ideia de organização, embora defina como se age, "não explica porque se age juridicamente".[104]

Para a teoria organizacionista, o interesse a ser tutelado é "a criação de uma organização capaz de estruturar da forma mais eficiente – e aqui a eficiência é a distributiva e não a alocativa – as relações jurídicas que envolvem a sociedade",[105] de modo que a sua aplicação reduz a eficácia das normas inerentes aos interesses dos sócios e do princípio da preservação da empresa.[106] Essa situação não se coaduna, por exemplo, com o posicionamento dominante da doutrina brasileira acerca da autonomia dos sócios para convencionarem a cláusula de apuração e pagamento dos haveres; tampouco com as decisões proferidas pelo Supremo Tribunal Federal e pelo Superior Tribunal de Justiça, basta observar o prestígio conferido historicamente ao princípio da preservação da empresa nas decisões referentes à dissolução parcial da sociedade, em sentido amplo.

---

[101] SPINELLI, 2015, p. 507.

[102] Cf. Ventoruzzo: "Correttamente la dottrina ha quindi posto l'accento sull'opportunità che il contratto sociale risolva univocamente la questione, stabilendo in via anticipata il valore (meglio: i criteri per determinarlo) dei diritti riconosciuti al socio ai sensi dell'art. 2468 c.c., ai fini della liquidazione della quota in caso di recesso." (VENTORUZZO, 2012, p. 240).

[103] SALOMÃO FILHO, 2006, p. 46.

[104] Cf. Sztajn: "A importância que a organização adquire no plano jurídico, por estabelecer o conjunto de competências – institucionalizadas ou não – definindo um sistema de cargos e funções, possibilitando a imputação da atividade e a produção de efeitos, decorre de sua objetivação, que, colocando-a no centro da realidade jurídica, permite se opere a fratura da ideia de organização, que passa a ser tomada quer como forma de estrutura jurídico-societária da coletividade organizada, quer como o sistema jurídico de funcionamento da sociedade. A organização define como se age, mas não explica porque se age juridicamente". (SZTAJN, 1989, p. 37).

[105] SALOMÃO FILHO, op. cit., 2006, p. 42.

[106] Cf. Calixto: "Identificando-se o interesse social ao interesse à melhor organização possível do feixe de relações envolvidas pela sociedade, esse jamais poderá ser identificado com o interesse à maximização dos lucros ou com o interesse à preservação da empresa". (Ibid., p. 43). Ainda: "Portanto, adotada a teoria do contrato organização, é no valor organização e não mais na coincidência de interesses de uma pluralidade de partes ou em um interesse específico à autopreservação que se passa a identificar o elemento diferencial do contrato social". (Ibid., p. 43).

Independentemente dos debates acerca da natureza jurídica da sociedade, é inquestionável que ela se inclui dentro da categoria dos negócios jurídicos,[107] a qual é expressão da autonomia dos particulares.[108] Tal constatação, entende-se, já seria suficiente para fundamentar juridicamente a plena eficácia da cláusula de apuração de haveres prevista no contrato social.

Cumpre mencionar que a palavra *sociedade* refere-se tanto ao *relacionamento societário*, fundado na cooperação, quanto à *pessoa jurídica*, de forma que o Direito societário tem por objeto as duas perspectivas.[109] A cláusula de apuração de haveres parece estar mais próxima do primeiro objeto. Isso porque, ela formata a relação de liquidação entre o sócio retirante e a sociedade em virtude da extinção do vínculo social, a qual visa a precisar a quantia líquida e certa eventualmente devida pela sociedade em favor do ex-sócio ou de terceiro legitimado a título de haveres sociais. Assim, a relação de liquidação inicia-se, em regra, com o término da relação entre sociedade e sócio, e concentra o principal efeito patrimonial decorrente da extinção do vínculo, independentemente de qual tenha sido a causa geradora do rompimento. Apenas em um segundo momento, com o pagamento, é que o efeito atingirá a estrutura de capital da pessoa jurídica.

É o princípio *pacta sunt servanda*, compreendido na força vinculativa obrigatória dos contratos, que confere estabilidade jurídica à relação entre sociedade, empresa e mercado: "uma vez celebrado, o contrato plenamente válido e eficaz constitui lei imperativa entre as partes (*lex privata*)".[110]

Nesse sentido, o princípio *pacta sunt servanda* é a garantia oferecida pelo sistema jurídico de que a confiança subjacente às relações contratuais encontrará meios de fazer prevalecer as decisões tomadas pelas partes a partir de análises de riscos de perda e chances de ganhos, antecedendo a celebração dos contratos empresariais. Dessa forma, reconhecer a possibilidade de as partes se obrigarem contratualmente importa em afirmar a autonomia privada, dando a qualquer fim econômico lícito um instrumento de realização, o que importa dizer que a liberdade contratual não é apenas liberdade de escolha, mas também liberdade de iniciativa.[111]

Os haveres sociais situam-se entre os direitos patrimoniais de natureza privada, cujas principias normas pertinentes à sociedade limitada encontram-se no Código Civil e no Código de Processo Civil. Ressalta-se que o Superior Tribunal de Justiça, no julgamento do Recurso Especial nº 1.447.082, reiterou que o princípio da autonomia privada ainda é o princípio basilar do Direito

---

[107] Cf. Alpa: "Il negozio giuridico, come la figura astratta, che ricomprende tutte le manifestazioni di volontà che producono effetti giuridici [...]". (ALPA, 2017, p. 384).

[108] Ibid., p. 381.

[109] CRAVEIRO, Mariana Conti. *Contratos entre sócios*: interpretação e direito societário. São Paulo: Quartier Latin, 2013, p. 85.

[110] ALMEIDA COSTA, Mário Júlio de. *Direito das obrigações*. 9. ed. rev. e aum. Coimbra: Almedina, 2003, p. 279.

[111] ALMEIDA COSTA, 2003, p. 38.

Privado no sistema jurídico brasileiro,[112] como se observa no voto do Ministro Paulo Sanseverino:[113]

> Na sua dimensão moderna, o princípio da autonomia privada passou a ter sede constitucional, não apenas quando se protege a livre iniciativa econômica (art. 170 da Constituição Federal), como também quando se confere proteção à liberdade individual (art. 5º da Constituição Federal). Liga-se, assim, a autonomia privada ao próprio desenvolvimento da dignidade humana, embora não atue, naturalmente, de forma absoluta, sofrendo limitações de outros princípios (boa-fé, função social, ordem pública).
>
> O princípio da autonomia privada concretiza-se, fundamentalmente, no direito contratual, através de uma tríplice dimensão: a liberdade contratual, a força obrigatória dos pactos e a relatividade dos contratos.

Tratando-se de cláusula de apuração de haveres sociais, tema pertinente ao Direito Privado com caráter eminentemente patrimonial, estatuída em contrato social, poder-se-ia sustentar que, na ausência de expressa disposição legal – ou mesmo de firme entendimento jurisprudencial – proibindo sua contratação, sua juridicidade está firmada no princípio da autonomia privada, o qual contempla, como exposto pelo Ministro Paulo Sanseverino, no excerto acima transcrito, três dimensões: a liberdade contratual, a força obrigatória e a relatividade quanto aos efeitos. No entanto, a legislação dá um passo adiante e prevê expressamente o direito de os sócios pactuarem o método e/ou critérios para a apuração dos haveres sociais.

O artigo 1.031, *caput*, do Código Civil estabelece que o valor da quota, considerado pelo montante efetivamente realizado, será liquidado com base na situação patrimonial da sociedade, à data da resolução, nos casos em que a sociedade se resolver em relação a um sócio, "salvo disposição contratual em contrário". O artigo 604, II, do CPC dispõe que para a apuração dos haveres o juiz "definirá o critério de apuração dos haveres à vista do disposto no contrato social", ou seja, a fonte primária para a definição do método e/ou critério a ser aplicado na apuração dos haveres é o contrato social, por força expressa e direta da lei. O artigo 606 do CPC assegura que o juiz definirá como critério para a apuração dos haveres o valor patrimonial apurado em balanço de determinação "em caso de omissão do contrato social", ou seja, inexistindo omissão no contrato social não compete ao Estado-juiz fixar o método e/ou critério de apuração.[114]

A força vinculativa obrigatória do conteúdo pactuado no contrato social é reconhecida pelo Supremo Tribunal Federal ao menos desde 1955, quando a

---

[112] BRASIL. Superior Tribunal de Justiça. REsp nº 1.447.082/TO. 3ª Turma. Relator: Min. Paulo de Tarso Sanseverino. Julgado em: 10 maio 2016. *DJe* 13 maio 2016.

[113] Ibid., p. 23.

[114] Cf. Pontes: "A técnica legislativa, desde os costumes das tribos primitivas, ao deixar às pessoas a determinação de certos direitos e deveres, de certas pretensões e obrigações, atende a que a adaptação ainda se tem de fazer por meio de contatos individuais. [...] A maior adaptação caracteriza-se por essa eliminação progressiva do que fica à mercê das manifestações individuais de vontade". (PONTES DE MIRANDA, 1984, v. 23, p. 11).

Corte, ao julgar o Recurso Extraordinário nº 28.544,[115] um dos primeiros julgados sobre a matéria, afirmou que pouco importava ser a finalidade da sociedade "sobre negócios de imóveis", em se tratando de "sociedade mercantil sob a forma de sociedade por quotas, ficou ela sujeita ao estipular o seu contrato social, não podendo os sócios quotistas deixar de atender as estipulações contratuais".[116]

A liberdade de os sócios contratarem a forma de apuração do valor devido ao sócio dissidente no âmbito da sociedade limitada foi ratificada pelo Superior Tribunal de Justiça ao julgar, em 1993, o Recurso Especial nº 48.205-4, ao afirmar que a regra do artigo 15 do Decreto nº 3.708, no ponto quanto ao valor do reembolso corresponder ao capital do sócio dissidente conforme o último balanço aprovado, era passível de ser afastada pelos particulares: "[...] não se trata de disposição de ordem pública, insuscetível de ser afastada pela vontade das partes. Cuida-se de questão de interesse privado, sem maior repercussão no interesse coletivo, não havendo razão para vedar aos particulares regular suas relações como melhor lhes parecer".[117] Cabe observar que no caso era a sociedade quem pleiteava o afastamento da cláusula, na qual fora prevista a apuração por meio de um balanço especial, e requeria a aplicação do artigo 15 do Decreto nº 3.708.

O reconhecimento do contrato social como fonte normativa prevalente nas relações societárias, sobretudo quando assim a lei prevê, foi, por exemplo, realizado em 2005 pelo STJ ao julgar o REsp nº 274.607, ocasião em que o Min. Humberto Gomes de Barros consignou: "A teor do velho e sábio Código Comercial, a morte do sócio dissolve a sociedade limitada, a não ser que o contrato social, expressamente, diga o contrário".[118]

A força vinculativa obrigatória das cláusulas reguladoras da apuração de haveres sociais é a regra, que deveria sempre ser observada, como reiterou o STJ em 2014, quando o Min. Luis Felipe Salomão, ao julgar o AgRg no AI nº 1.416.710, assim fundamentou o seu voto:[119]

> A apuração de haveres – levantamento dos valores referentes à participação do sócio que se retira ou que é excluído da sociedade – se processa da forma prevista no contrato social, uma vez que, nessa seara, prevalece o princípio da força obrigatória dos contratos, cujo fundamento é a autonomia da vontade, desde que observados os limites legais e os princípios gerais do direito.
>
> Assim, somente ante o silêncio da avença societária ou de posterior acordo entre os sócios a esse respeito, é que têm lugar os parâmetros estabelecidos pela lei, [...].

---

[115] BRASIL. Supremo Tribunal Federal. RE nº 28.544/DF. 2ª Turma. Relator: Min. Lafayette de Andrada. Julgamento: 20 set. 1955. *DJ* 23 nov. 1955.

[116] fl. 13-14, do acórdão.

[117] BRASIL. Superior Tribunal de Justiça. REsp nº 48.205-4/RJ. 3ª Turma. Relator: Min. Eduardo Ribeiro. Julgamento: 09 ago. 1994. *DJ* 19 set. 1994, fl. 2 do voto.

[118] BRASIL. Superior Tribunal de Justiça. REsp nº 274.607/SP. 3ª Turma. Relator: Min. Humberto Gomes de Barros. Julgamento: 22 fev. 2005. *DJ* 14 mar. 2005, fl. 4.

[119] BRASIL. Superior Tribunal de Justiça. AgRg no Ag nº 1.416.710/RJ. 4ª Turma. Relator: Min. Luis Felipe Salomão. Julgamento: 03 abr. 2014. *DJ* 25 abr. 2014.

A posição foi reiterada pelo Superior Tribunal de Justiça ao julgar, também em 2014, o REsp nº 1.444.790, relatado pelo Min. Luis Felipe Salomão, em cujo voto consta:[120]

> [...] a norma confere prevalência a disposição contratual específica com relação à liquidação da quota devida, sendo que, apenas na ausência de cláusula expressa, é que a liquidação deverá se dar com base na situação patrimonial da sociedade, à data da dissolução, em balanço especialmente levantado para a ocasião.

O afastamento da força obrigatória inerente à cláusula de apuração dos haveres inserida no contrato social só é possível quando o seu conteúdo confrontar com o Direito, como deixou explícito o Min. Menezes Direito quando relatou e julgou o REsp nº 127.555, o qual, apesar de se referir à cláusula que prevê o pagamento dos haveres, afirmou inexistir razão para se ignorar o contrato social quanto ao tema, evidenciando tratar-se de matéria sujeita ao exercício da autonomia privada, portanto não passível de ser ignorada ou singelamente afastada pelo Poder Judiciário: "[...] a natureza da dissolução que implicaria, necessariamente, pagamento integral, saltando por cima da cláusula contratual que se afirma, sem dúvida, determinar o pagamento em parcelas. Ora, essa razão jurídica não tem respaldo suficiente para afastar o que consta no pacto societário, presente o princípio da força obrigatória dos contratos".[121]

Portanto, a regra legal é uma das possibilidades, dentre tantas, que poderá – ou não – ser adotada pelos sócios no contrato social para regulamentar a apuração dos haveres. A norma legal apenas se torna cogente quando inexistir pacto quanto à apuração dos haveres sociais. Ou seja, a sua aplicação está condicionada à ausência de previsão contratual,[122] ou quando a cláusula contratual contrariar o Direito. Os dispositivos legais reforçam o direito de os sócios regulamentarem a apuração dos haveres, evidenciando com isso a existência de força vinculativa obrigatória no que tange ao conteúdo da cláusula que regulamenta a apuração dos haveres.

A rigor, a força vinculativa obrigatória é inerente à norma que resultar do processo de interpretação, o qual se subordina às normas legais – artigos 112 e 113 do Código Civil – e tem o seu ponto de partida no texto da cláusula de predeterminação dos haveres sociais prevista no contrato social.

---

[120] BRASIL. Superior Tribunal de Justiça. REsp nº 1.444.790/SP. 4ª Turma. Relator: Min. Luis Felipe Salomão. Julgamento: 26 ago. 2014. *DJ* 25 set. 2014, fl. 14.

[121] BRASIL. Superior Tribunal de Justiça. REsp nº 127.555/SP. 3ª Turma. Relator: Min. Carlos Alberto Menezes Direito. Julgamento: 12 maio 1998. *DJ* 15 jun. 1998, fl. 2, do voto.

[122] Sobre o caráter supletivo das disposições legais ver, v.g.: Erasmo Valladão e Marcelo Adamek, comentado o artigo 606 do CPC: "Existindo no contrato social critério convencional de apuração e pagamento de haveres validamente estipulado, deve prevalecer. É o que dispõe a lei civil (CC, art. 1.031, §2º) e também a própria lei processual (CPC, arts. 604, II e §3º, 606 e 609)". (FRANÇA; ADAMEK, 2016, p. 69). Cf. Ulhoa Coelho: "Se não houver, como geralmente não há, previsão no contrato social, a matéria somente ganha contornos mais claros quando aforada a ação de dissolução judicial". (COELHO, 2003, p. 161. TOKARS, 2007, p. 389). Sobre a autonomia privada, referindo ao período de vigência do Decreto n. 3.078 de 1919, e dos artigos 300 a 302 do Código Comercial, José Edwaldo Tavares Borba assinalava: "Respeitados esses textos legais, poderá o contrato social dispor livremente". (BORBA, 1998, p. 79).

Contudo, a força vinculativa da cláusula não tem caráter absoluto,[123] como se observa da decisão tomada pelo STJ em 2014 ao apreciar o REsp nº 1.444.790, cujo relator, Min. Luis Felipe Salomão, votou para manter a decisão proferida pelo TJSP que afastara a aplicação da cláusula referente aos haveres em face da "situação peculiar do ingresso do autor na sociedade".[124] Importante observar que, não obstante o afastamento da força vinculativa no caso concreto, o Min. Salomão frisou assim o entendimento do Tribunal Superior: "[...] a apuração de haveres – levantamento dos valores referentes à participação do sócio que se retira ou que é excluído da sociedade – em regra se processa na forma prevista no contrato social, uma vez que, nessa seara, prevalece o princípio da força obrigatória dos contratos, cujo fundamento é a autonomia da vontade, desde que observados os limites legais e os princípios gerais do direito."[125]

Na mesma direção, por exemplo, acolheu o STJ, no julgamento do REsp nº 1.444.790, relatado pelo Min. Luis Felipe Salomão, a lição de Arnoldo Wald, quanto à inadmissibilidade de a cláusula de predeterminação privar o sócio de apurar ou receber seus haveres: "não é válida estipulação contratual que prive o sócio de receber o quinhão que lhe cabe quando da sua retirada da sociedade. Portanto, a proibição de cláusula leonina também deve ser observada na estipulação referente ao momento da liquidação da sociedade ou da retirada do sócio mediante dissolução parcial que importa liquidação da sua quota".[126]

Os limites à autonomia privada na seara dos haveres sociais foram também explicitados pelo STJ no julgamento do REsp nº 302.366, por meio do qual a recorrente sustentava "que não há imposição à obediência cega ao estatuto societário, de modo que pode a sentença determinar forma diversa, e que, no caso, o justo e equânime é o recebimento dos haveres" em modo diverso do convencionado pelos sócios, sobretudo quando os critérios pactuados, em análise última, promovem o princípio da preservação da empresa, como explicitado foi pelo Min. Aldir Passarinho Junior:[127]

> E, por último, nem se pode afirmar, aqui, que o critério estatutário é inteiramente absurdo, lesivo, a justificar, excepcionalmente, uma interferência do Judiciário para coibir

---

[123] Com a existência de limites para os pactos de predeterminação de haveres, também na doutrina muitos concordam. Por exemplo, Erasmo Valladão e Marcelo Adamek: "[...] no que toca à apuração definitiva dos haveres (CPC, arts. 604, II, 606 e 609), os critérios convencionais de liquidação da quota hão de ser seguidos, desde que sejam válidos. A cláusula de predeterminação do valor dos haveres não pode, por exemplo, promover enriquecimento sem causa, violar a boa-fé objetiva nem agredir princípios informadores do direito societário – como, para ficar em um exemplo, o que proscreve o pacto leonino". (FRANÇA; ADAMEK, 2016, p. 59).

[124] BRASIL. Superior Tribunal de Justiça. REsp nº 1.444.790/SP. 4ª Turma. Relator: Min. Luis Felipe Salomão. Julgamento: 26 ago. 2014. DJ 25 set. 2014, fl. 15.

[125] Ibid., fl. 12.

[126] Ibid., fl. 15. No mesmo sentido: REsp nº 1.413.237: "A apuração de haveres – levantamento dos valores referentes à participação do sócio que se retira ou que é excluído da sociedade – se processa da forma prevista no contrato social, uma vez que, nessa seara, prevalece o princípio da força obrigatória dos contratos, cujo fundamento é a autonomia da vontade, desde que observados os limites legais e os princípios gerais do direito". BRASIL. Superior Tribunal de Justiça. REsp nº 1.413.237/SP. 3ª Turma. Relator: Min. João Otávio de Noronha. Julgamento: 03 maio 2016. DJ 09 maio 2016.

[127] BRASIL. Superior Tribunal de Justiça. REsp nº 302.366/SP. 4ª Turma. Relator: Min. Aldir Passarinho Júnior. Julgamento: 05 jun. 2007. DJ 06 ago. 2007, fl. 12.

abuso manifesto. É que a dissolução parcial, é bastante elementar, causa trauma interno da empresa, a sua descapitalização, de modo que o pagamento parcelado atenua o impacto [...].

A limitação à autonomia privada em face das exigências da diretriz de realidade, por exemplo, pode ser verificada na decisão proferida pelo STJ no julgamento do Recurso Especial nº 130.617, na qual foi assentado que "as dificuldades para destacar e apurar os bens imateriais do fundo de comércio são efetivamente palpáveis, mas a sua sonegação ao sócio afastado adquire a dimensão de penalidade sem lei ou convenção anteriores e enriquecimento sem causa, incompatíveis com a índole do Direito, que tem por valor fundamental a Justiça", tendo o Min. Aldir Passarinho Junior sublinhado que a "apuração efetiva é aquela que apura o patrimônio real da sociedade, inclusive o valor do fundo de comércio", de modo que o então vigente art. 15 do Decreto 3.708 "não é de ser cegamente observado" quando as condições da extinção parcial dos vínculos e "a realidade empresarial da sociedade indiquem que uma outra forma de apuração seria mais recomendável, por dar maior efetividade à representação patrimonial".[128]

A autonomia privada, como principal fonte das determinações do regulamento contratual, encontra seus limites na eficácia de outras normas legais de caráter imperativo.[129]

Todavia, o afastamento, puro e simples, da cláusula reguladora da apuração dos haveres pelo Estado-juiz negará vigência ao artigo 1.031, *caput*, do Código Civil e aos artigos 604, II, e 606, ambos do Código de Processo Civil, além de violar o próprio princípio *pacta sunt servanda*, como sintetizado pelo STF em 1962 ao negar provimento ao Agravo de Instrumento nº 27.343: não viola a lei "a apuração que obedecer às cláusulas ajuizadas e os livros contábeis".[130] Esse raciocínio encontra-se firmado pela tradição jurisprudencial brasileira, como observa-se, por exemplo, na decisão do Superior Tribunal de Justiça proferida no julgamento do AgRg no Agravo em REsp nº 149.330, realizado em 2012, quando o Min. Massami Uyeda assim se referiu à força vinculativa obrigatória da cláusula de predeterminação dos haveres prevista no contrato social:[131]

> [...] é de rigor observar-se que o levantamento dos valores atinentes à participação do sócio que se retira do quadro social deve se processar nos exatos termos do contrato social. A rigor, prestigia-se a sobrepujança da força contratual. [...] Destarte, apenas no silêncio do estatuto ou quiçá de posterior acordo entre os sócios, é que têm lugar os balizamentos estabelecidos pela lei.

Por outro ângulo, pode-se dizer que a singela desconsideração da força vinculativa obrigatória da cláusula de predeterminação dos haveres sociais

---

[128] BRASIL. Superior Tribunal de Justiça. REsp nº 130.617/AM. 4ª Turma. Relator: Min. Aldir Passarinho Júnior. Julgamento: 08 out. 2005. *DJ* 14 nov. 2005, fl. 8-9.

[129] DIEZ-PICAZO, Luis. *Fundamentos del derecho civil patrimonial:* introducción teoría del contrato. 6. ed. Cizur Menor (Navarra): Aranzadi, 2007.p. 155.

[130] BRASIL. Supremo Tribunal Federal. Ag nº 27.343/Guanabara. Sessão Plena. Relator: Min. Gonçalves de Oliveira. Julgamento: 09 ago. 1962, fl. 3 do acórdão.

[131] BRASIL. Superior Tribunal de Justiça. AgRg no Ag em REsp nº 149.330/SP. 3ª Turma. Relator: Min. Massami Uyeda. Julgamento: 20 nov. 2012. *DJ* 04 dez. 2012, fl. 4.

viola de forma imediata o princípio da autonomia privada e, ao menos de forma mediata, o princípio da preservação da empresa, porquanto o exercício da empresa exige segurança e previsibilidade jurídica, o que inexistirá se a cláusula de predeterminação dos haveres sociais for afastada unicamente porque a apuração dos haveres ocorreu na esfera judicial.

O não reconhecimento da força vinculativa obrigatória da cláusula de apuração de haveres viola o princípio da autonomia privada, subjacente às convenções estabelecidas pelos sócios com o escopo de regrar a relação de liquidação subsequente à resolução parcial do vínculo societário. Ao exercerem sua autonomia, os sócios a fazem a partir de uma compreensão do modo mais adequado de organizar a sociedade para a consecução de seu objetivo social,[132] em regra, por prazo indeterminado. Por outro lado, o exercício profissional de uma atividade econômica organizada para a produção ou a circulação de bens ou de serviços, atividade adotada pelo legislador para conceituar o empresário, *ut* artigo 966 do Código Civil, exige que compromissos, programações, fluxos, estratégias, projeções e tantas outras medidas relacionadas ao cronograma das atividades sejam diariamente realizadas.[133]

A interferência judicial para afastar a aplicação da cláusula de apuração dos haveres retira da sociedade e de seus sócios qualquer previsibilidade quanto ao montante que a sociedade terá de pagar aos sócios como um dos efeitos da extinção do vínculo social, podendo o litígio perdurar por muitos anos. Em sentido contrário, o respeito à cláusula, quando atendidas as cinco diretrizes apresentadas nessa tese, possibilita que antes mesmo da extinção do vínculo todas as partes interessadas possam antever qual seria o impacto que o pagamento dos haveres provocaria na estrutura de capital da sociedade e na organização produtiva caso qualquer sócio optasse por deixar a sociedade.

O afastamento infundado da cláusula de apuração dos haveres, desse modo, viola de forma mediata o princípio da preservação da empresa, não por causa da substituição do método e/ou critério eleito pelos sócios, aí se tem a negativa imediata do princípio da autonomia privada; mas sim, por impor à sociedade e aos seus sócios uma condição para o exercício da empresa que reduz a sua capacidade de tomar medidas e decisões visando a sua continuidade.

Cabe recordar que ao afastar, com acerto, a possibilidade de se negar eficácia à cláusula de apuração dos haveres sob o fundamento da *equidade*, Hernani Estrella o fez ressaltando o seu "conteúdo algum tanto variável; nela têm entrado elementos os mais diversos, intelectuais ou sentimentais, filosóficos ou essencialmente pragmáticos".[134] E ao recomendar que se evite a revisão do

---

[132] Cf. Spinelli: "Tal liberdade é digna de elogios pois, assim, os sócios podem escolher a forma de apuração dos haveres mais adequada com a atividade desenvolvida pela sociedade e com a sua estrutura patrimonial. Isso sem contar que pode ser mecanismo para simplificar a avaliação da sociedade e, a partir daí, para evitar possíveis discussões". (SPINELLI, 2015, p. 507).

[133] Cf. Estrella: "Efetivamente, o comércio exige a estabilidade das situações criadas, porque em todos os atos há operações antecedentes e posteriores, que se encadeiam neles, com repercussão que ultrapassa a esfera das partes diretamente individualizadas". (ESTRELLA, 2010, p. 106).

[134] ESTRELLA, 2010, p. 104.

contrato social, sublinhou que "se a estipulação não contém vício algum e é suficientemente clara quanto às obrigações dos estipulantes, toda intervenção judicial acabará por deformá-la, com o perigo de comprometimento da estabilidade e segurança das relações judiciais".[135]

Ex positis, demonstrado está que a cláusula de apuração de haveres no sistema jurídico brasileiro, por força de expressa disposição legal e firme construção jurisprudencial, tem plena força vinculativa obrigatória, somente passível de ser afastada quando comprovado que a sua aplicação seria contrária ao Direito. A regra legal é supletiva, e assim somente quando inexistir previsão contratual regulando a apuração dos haveres é que terá o Estado-juiz competência para regular a matéria, nos termos do artigo 1.031, *caput*, do Código Civil e dos artigos 604 e 606, II, do Código de Processo Civil. Caso tenham os sócios pactuado o conteúdo para a predeterminação dos haveres no contrato, é este que *a priori* deverá sempre ser aplicado no caso concreto.

1.2. Da interpretação do STJ quanto ao alcance da cláusula de apuração de haveres

A verificação de que existe força vinculativa obrigatória no que tange ao conteúdo da cláusula de predeterminação torna possível a análise quanto ao seu alcance. De plano, poder-se-ia arguir que, em se tratando de cláusula contratual, sua eficácia deverá *a priori* ser respeitada em quaisquer circunstâncias, tanto pelas partes quanto pelo Estado-juiz.[136]

Contudo, são recorrentes os julgados proferidos pelo Superior Tribunal de Justiça que afirmam inexistir qualquer força vinculativa inerente à cláusula de predeterminação quando a apuração dos haveres – e, mais precisamente, o litígio quanto à aplicação da cláusula – torna-se judicial.

A questão acerca do alcance da eficácia das cláusulas de predeterminação – se a sua força obrigatória se faz presente apenas quando a apuração ocorrer de forma amigável ou também quando se der na esfera –[137] não é de tão simples enfrentamento quanto pode em um primeiro momento parecer, e tem impacto decisivo quando a divergência quanto à sua aplicação se torna litigiosa.

Recorda-se, *v.g.*, que ao julgar o Recurso Especial nº 1.335.619, o STJ acolheu os ensinamentos de José Waldecy Lucena, segundo o qual a cláusula de predeterminação só teria aplicação nos casos em que a apuração ocorrer na esfera extrajudicial: "a apuração de haveres, na forma do último balanço aprovado, somente terá lugar se as partes envolvidas o aceitarem, isto é, em solução extrajudicial. Judicialmente, mediante ação do interessado, inconcorde com o

---

[135] ESTRELLA, 2010, p. 104.

[136] Cf. Pontes de Miranda: "O que essencialmente se exige à manifestação de vontade, que gera negócio jurídico, é dirigir-se à produção de determinada eficácia jurídica". (PONTES DE MIRANDA, 1984, v. 23, p. 5).

[137] A palavra *âmbito* é utilizada por Judith Martins-Costa quando se refere ao "âmbito de atuação do contrato como categoria jurídica que é." (MARTINS-COSTA, 2011, p. 23-66, p. 44).

último balanço, a apuração será sempre efetuada na forma indicada pela Corte Excelsa".[138]

A tese de que a cláusula referente ao pagamento dos haveres – forma e modo – apenas vincularia as partes enquanto a sua aplicação se desse no âmbito extrajudicial também foi utilizada no voto de desempate no julgamento do Recurso Especial nº 52.094, por meio do qual a sociedade e os sócios remanescentes pretendiam a aplicação da cláusula que estabelecia o pagamento em 24 parcelas e mediante a entrega de bens imóveis. O TJSP havia decidido que a aplicação da cláusula se restringia ao âmbito extrajudicial.[139]

Para o relator, Min. Nilson Naves, a decisão recorrida estava correta. Já o Min. Menezes Direito entendeu que correto seria reconhecer a força vinculativa de tais cláusulas, independente do âmbito em que estivessem sendo interpretadas e aplicadas. O Min. Eduardo Ribeiro entendia que apenas o modo de pagamento dos haveres – em imóveis – deveria ser obrigatório, porquanto já teria "há muito superado o momento oportuno para a satisfação parcelada prevista no contrato".[140] O Min. Ari Pargendler entendeu que, ao não aplicar a cláusula, sob o argumento de que "tal faculdade só seria admitida no caso de apuração de haveres feita de modo amigável",[141] o TJSP interpretou o contrato, o que não compete ao STJ.

A questão aqui enfrentada pode-se dizer que está bem retratada em um específico acórdão proferido pelo STJ, no qual o entendimento constante em cada voto evidencia perspectivas diversas quanto à aplicação ou não da cláusula prevista no contrato social acerca do pagamento dos haveres sociais. Apesar de a cláusula em tela não versar precisamente sobre a apuração do valor dos haveres, mas sim sobre o seu pagamento, isso não impede a análise da juridicidade do argumento, não raro também utilizado para afastar a cláusula prevista no contrato social: há litígio judicial, e a cláusula aplica-se apenas quando a apuração ou o pagamento ocorrer de forma amigável.

Trata-se do Recurso Especial nº 87.731, julgado, por 3 a 2, pela 3ª Turma do STJ em 1997. Além do Relator, Min. Waldemar Zveiter, integraram a Turma os Ministros Carlos Alberto Menezes Direito, Nilson Naves, Eduardo Ribeiro e Costa Leite. A decisão recorrida, proferida pelo TJSP, afastara a cláusula e determinara que o pagamento fosse realizado à vista, enquanto o recorrente pleiteava a aplicação do contrato, cuja cláusula previa pagamento em parcelas.

Para o Min. Waldemar Zveiter a cláusula referente ao pagamento dos haveres havia sido afastada com acerto pelo TJSP, porque "essa disposição só é aplicável em casos de retirada amigável".[142] O Min. Menezes Direito assentou

---

[138] BRASIL. Superior Tribunal de Justiça. REsp nº 1.335.619/SP. 3ª Turma. Relatora: Minª. Nancy Andrighi. Julgamento: 03 mar. 2015. DJ 27 mar. 2015, fl. 7-8.

[139] BRASIL. Superior Tribunal de Justiça. REsp nº 52.094/SP. 3ª Turma. Relator: Min. Nilson Naves. Julgamento: 13 jun. 2000. DJ 21 ago. 2000, fl. 2 voto.

[140] Ibid., fl. 2 voto.

[141] Ibid., fl. 3 voto.

[142] BRASIL. Superior Tribunal de Justiça. REsp nº 87.731/SP. 3ª Turma. Relator: Min. Carlos Alberto Menezes Direito. Julgamento: 26 jun. 1997. DJ 13 out. 1997, fl. 13.

que não era o caso de aplicar a Súmula n° 5 do STJ, pois "não é contestada por nenhuma das partes, de que o contrato social, efetivamente, estabelece o modo de liquidação dos haveres", restabelecendo a força vinculativa da cláusula por entender que, do contrário, ela seria inexequível: "Ora, afirmar-se, como a meu juízo se está pretendendo, que esta disposição estatutária ou contratual incide apenas em caso de retirada amigável, porque o tempo, na dissolução judicial, seria contrário e tornaria, portanto, inviável a execução desta cláusula, é um interpretação abusiva que não guarda paralelo com a própria disciplina contratual".[143] O Min. Nilson Naves reiterou "a força obrigatória dos contratos", acompanhando o Min. Menezes Direito.[144] Já o Min. Eduardo Ribeiro entendeu que, efetivamente, se tratava de interpretação contratual, segundo a qual a cláusula aplicava-se apenas em hipótese de retirada amigável, acompanhando, assim, o Min. Zveiter. *In verbis*:[145]

> Creio que aí se trata efetivamente de interpretação de contrato. Não se negou que o nele estabelecido houvesse de ser obedecido. Entendeu-se, porém, que o pactuado não abrangia mais que a retirada amigável, excluída, pois, a hipótese em que houvesse litígio posto em juízo.

Por fim, o Min. Costa Leite, ao proferir o voto de desempate no julgamento do Recurso Especial n° 87.731, o fundamentou de forma diversa dos demais, e decidiu pela aplicação da cláusula contratual, em consonância, assim, com o entendimento defendido neste trabalho, segundo o qual é inadmissível adotar como razão de decidir quanto à aplicação da cláusula de predeterminação dos haveres sociais a distinção entre "retirada amigável e a resultante da contenda judicial", *in verbis*:[146]

> Ao traçar distinção entre a retirada amigável e a resultante da contenda judicial, para o efeito de pagamento dos haveres, o acórdão não o fez à luz do contrato. Em verdade, construiu-se uma tese que nem deriva de interpretação contratual e nem se sustenta em bases legais.

No entanto, é o acórdão proferido no julgamento do Recurso Especial n° 1.335.619,[147] julgado por maioria pela Terceira Turma do STJ em 3 de março de 2015, que revela a amplitude da relação entre a diretriz de especificidade e a autonomia privada subjacente à cláusula de apuração de haveres de forma nítida e ampla, e a dificuldade atual de o STJ reafirmar a força obrigatória das cláusulas de predeterminação dos haveres sociais em qualquer esfera em que o litígio venha a ocorrer.

O caso versava sobre a obrigatoriedade de a apuração dos haveres ocorrer nos termos previstos no contrato social. Enquanto a sociedade pleiteava a aplicação da cláusula contratual, o ex-sócio requeria o afastamento da cláusula, e

---

[143] BRASIL. Superior Tribunal de Justiça. REsp n° 87.731/SP. 3ª Turma. Relator: Min. Carlos Alberto Menezes Direito. Julgamento: 26 jun. 1997. *DJ* 13 out. 1997, fl. 1-2, do voto.

[144] Ibid., fl. 1, do voto.

[145] Ibid., fl. 2, do voto.

[146] BRASIL. Superior Tribunal de Justiça. REsp n° 87.731/SP. 3ª Turma. Relator: Min. Carlos Alberto Menezes Direito. Julgamento: 26 jun. 1997. *DJ* 13 out. 1997, fl. 2, do voto.

[147] BRASIL. Superior Tribunal de Justiça. REsp n° 1.335.619/SP. 3ª Turma. Relatora: Minª. Nancy Andrighi. Julgamento: 03 mar. 2015. *DJ* 27 mar. 2015.

a adoção do método de fluxo de caixa descontado em substituição, porquanto aí, "além de avaliar a situação econômica da empresa, apura a capacidade que ela tem de gerar lucros, refletindo por conseguinte seu real valor".[148]

Para a Min. Nancy Andrighi, relatora e condutora do voto majoritário, "mesmo que o contrato social eleja critério para a apuração de haveres, este somente prevalecerá caso haja a concordância das partes com o resultado alcançado".[149] Assim, inexistiria a força obrigatória quanto à apuração dos haveres, preservando-se, na esfera judicial, apenas a eficácia da cláusula referente ao modo de pagamento dos haveres: "Havendo dissenso, faculta-se a adoção da via judicial, a fim de que seja determinada a melhor metodologia de liquidação, hipótese em que a cláusula contratual somente será aplicada em relação ao modo de pagamento".[150]

Já o Ministro Ricardo Villas Bôas Cueva inicia seu raciocínio observando que na petição inicial "propõe-se a substituição do critério disposto em contrato por outras técnicas utilizadas hodiernamente na avaliação de negócios e sociedades, sob o fundamento de que os resultados por elas apresentados seriam muito mais próximos da realidade."[151] E que a instância ordinária afastara a cláusula contratual sob o "singelo fundamento de que o sócio não é obrigado a se submeter à cláusula contratual",[152] com o que se percebe "clara violação dos preceitos legais que regem o princípio do *pacta sunt servanda*, que, como cediço, assumem superlativa relevância quando se trata de relações inseridas no âmbito do direito empresarial".[153] E finaliza observando que, "no caso dos autos, segundo as instâncias de cognição plena, estipulou-se, em contrato, que a apuração de haveres do sócio retirante deve obedecer o balanço especial, ajustado a valores de mercado, levantado à época da exclusão do sócio, por força das cláusulas contratuais nº 10, § 3º, e nº 12 do contrato social", para então reconhecer como "imperiosa a utilização de tais parâmetros no cálculo da apuração de haveres em atenção ao princípio da autonomia da vontade".[154]

O Min. João Otávio Noronha e o Min. Paulo de Tarso Sanseverino acompanharam a Ministra Relatora, limitando-se ambos a reiterar que o método do fluxo de caixa descontado seria adequado para a apuração dos haveres.

O exame desse acórdão não revela, em qualquer momento, que a decisão tenha sido tomada diante de alguma peculiaridade juridicamente relevante no caso concreto, pois em nenhum dos votos qualquer aspecto fático é destacado. Pelo contrário, os votos são excepcionalmente técnicos, e de sua leitura sobressai a nítida impressão de que a decisão foi proferida no exercício da competência do STJ para uniformizar a interpretação do alcance da eficácia da cláusula

---

[148] BRASIL. Superior Tribunal de Justiça. REsp nº 1.335.619/SP. 3ª Turma. Relatora: Minª. Nancy Andrighi. Julgamento: 03 mar. 2015. *DJ* 27 mar. 2015. fl. 8.
[149] Ibid,, fl. 7.
[150] Ibid., fl. 7.
[151] Ibid., fl. 15.
[152] Ibid., fl. 15.
[153] Ibid., fl. 16.
[154] Ibid., fl. 17.

de apuração de haveres convencionada pelos sócios com base no artigo 1.031, *caput*, do Código Civil e nos artigos 604, II, e 606, ambos do Código de Processo Civil. Tanto assim é que no voto da Min. Nancy Andrighi consta: "O STJ, ao assumir o papel uniformizador da legislação infraconstitucional [...]. Nesse contexto – em respeito à premissa adrede fixada, de preservação da sociedade e do montante devido ao sócio dissidente – mesmo que o contrato social eleja critério para a apuração dos haveres, este somente prevalecerá caso haja a concordância das partes com o resultado alcançado".[155]

De qualquer forma, itera-se que não se pode considerar esse julgado como representativo da posição do Superior Tribunal de Justiça quanto à força vinculativa obrigatória da cláusula, tampouco parece ser adequado lhe conferir, isoladamente, a qualidade de precedente.[156] Cumpre lembrar que há muito a doutrina ressalta, referindo-se ao artigo 15 do Decreto nº 3.708 de 1919, que o legislador havia definido o direito de saída da sociedade limitada, mas "não o seu exercício", que compete aos sócios fazer.[157]

Contudo, importante constatar que o entendimento jurisprudencial quanto à eficácia da cláusula de predeterminação dos haveres sociais não é uniforme, a ponto de o Superior Tribunal de Justiça ratificar, em 2015, o entendimento adotado para julgar, em 1998, o REsp nº 127.555, relatado pelo Min. Menezes Direito,[158] segundo o qual a cláusula de predeterminação dos haveres prevista no contrato social em consequência da resolução parcial do vínculo societário somente será aplicada se houver consenso entre as partes quanto ao resultado alcançado, porquanto não teria eficácia quando a apuração ocorresse em juízo.

Passo seguinte é verificar se as disposições legais estabelecem, direta ou indiretamente, alguma limitação ao exercício da autonomia privada na formulação da cláusula de predeterminação dos haveres sociais no que tange à preservação de sua força vinculativa obrigatória quando a apuração ocorrer em juízo.

Dessarte, necessário investigar se o entendimento do STJ de que a força obrigatória inerente à cláusula de predeterminação dos haveres sociais deixa de existir quando a sua aplicação se tornar objeto de disputa judicial coaduna-se com o atual sistema jurídico.

Entende-se que não. O fundamento jurídico para afastar a cláusula pertinente aos haveres sociais não pode ter como fator de decisão a esfera em

---

[155] BRASIL. Superior Tribunal de Justiça. REsp nº 1.335.619/SP. 3ª Turma. Relatora: Minª. Nancy Andrighi. Julgamento: 03 mar. 2015. *DJ* 27 mar. 2015. fl. 7.

[156] Cf. Mitidiero: "Os precedentes não são equivalentes às decisões judiciais. Eles são razões generalizáveis que podem ser identificadas a partir das decisões judiciais. O precedente é formado a partir da decisão judicial e colabora de forma contextual para a determinação do direito e para a sua previsibilidade". (MITIDIERO, Daniel. *Precedentes:* da persuasão à vinculação. São Paulo: Revista dos Tribunais, 2016, p. 96.) Ainda: "Vale dizer: a autoridade do precedente é a própria autoridade do direito interpretado e a autoridade de quem o interpreta". (Ibid., p. 98).

[157] TEIXEIRA; GUERREIRO, 1979, v. 1, p. 59-60.

[158] BRASIL. Superior Tribunal de Justiça. REsp nº 127.555/SP. 3ª Turma. Relator: Min. Carlos Alberto Menezes Direito. Julgamento: 12 maio 1998. *DJ* 15 jun. 1998.

que ocorre o litígio entre os contratantes quanto à sua aplicação: se na esfera extrajudicial ou se judicial. A força obrigatória inerente a qualquer cláusula contratual preserva-se até que haja uma decisão judicial afastando-a, com fundamentos que evidenciam as razões pertinentes à própria cláusula, contrárias ao Direito.

Ao estabelecer a regra legal de apuração de haveres, o artigo 1.031, *caput*, do Código Civil em nenhuma de suas expressões sequer sinaliza que a sua aplicação será, em juízo, obrigatória; pelo contrário, ressalta que a sua aplicação ocorrerá "salvo disposição contratual em contrário". O conteúdo dos artigos 604, II, e 606, ambos do Código de Processo Civil, estão em harmonia, quanto ao ponto, com o assegurado pelo artigo 1.031, *caput*, do Código Civil. Nenhum dos três artigos de lei reduz ou retira a força vinculativa obrigatória da cláusula de apuração de haveres diante da circunstância de a apuração vir a ocorrer na esfera judicial. Observa-se, sim, que a norma legal vincula o Estado-juiz à aplicação da cláusula, e apenas na hipótese de inexistência de cláusula contratual é que aplicará o estatuído em tais dispositivos legais.

Impor qualquer restrição expressa ou direta que *a priori* limite ou reduza a eficácia da cláusula de predeterminação pactuada pelos sócios no exercício da autonomia privada, sobretudo no que tange à distinção entre a apuração ocorrer de forma amigável ou litigiosa, afronta de modo direto e frontal o disposto no artigo 1.031, *caput*, do Código Civil e nos artigos 604, II, e 606 do Código de Processo Civil.

Caso a cláusula de predeterminação dos haveres fosse compreendida como aplicável apenas na hipótese de haver consenso entre os sócios e a sociedade após a extinção parcial dos vínculos societários é certo que se estaria decretando a sua inutilidade. A cláusula, sobretudo pelo seu nítido caráter econômico-patrimonial e pela alta litigiosidade que comumente gera nos processos judiciais, é firmada justamente para reduzir a possibilidade de longos conflitos, o que ocorre com a sua aplicação, seja por força de consenso entre qualquer sócio e a sociedade, seja por imposição judicial.

O entendimento acima foi acolhido pelo STJ ao examinar o REsp nº 83.031, relatado pelo Min. Ari Pargendler, quando a 3ª Turma negou provimento ao recurso porque entendeu correta a decisão do TJRS, que determinara a obrigatoriedade de se respeitar o convencionado no contrato, e não a posição contrária, tomada pelo TJSP no acórdão apontado como divergente, o qual fazia a distinção entre a retirada amigável e a judicial para aplicar ou afastar a cláusula.[159]

A eliminação da força vinculativa obrigatória da cláusula de predeterminação dos haveres sociais em face de eventual litígio judicial quanto à sua aplicação não pode ser utilizada como meio para o Estado-juiz decidir exclusivamente com base em seu senso de justiça no caso concreto. De fato, não faz sentido pactuar uma cláusula contratual de natureza econômico-patrimonial que para ser aplicada pelas partes exigiria um novo consenso quanto ao seu

---

[159] BRASIL. Superior Tribunal de Justiça. REsp nº 83.031/RS. 3ª Turma. Relator: Min. Ari Pargendler. Julgamento: 19 nov. 1999. *DJ* 13 dez. 1999.

conteúdo, agora não mais entre sócios com interesse comum, mas sim em um ambiente comumente tenso, em que os interesses são manifestamente opostos.

O entendimento, por si só, afasta a eficácia obrigatória da cláusula prevista no contrato social, pois adota como fator de discriminação insustentável a esfera de discussão dos haveres para julgar a aplicação de cláusula contratual. Em outras palavras, diz o STJ: se for amigável, vale o contratado; caso não ocorra essa nova combinação, e a questão for submetida ao Judiciário, o conteúdo contratado será considerado inaplicável. O raciocínio não se sustenta, até porque uma apuração amigável de haveres sequer precisaria de cláusula reguladora.

A não aplicação das cláusulas referentes à apuração de haveres com fundamento na discriminação de seu âmbito ou esfera de aplicabilidade – amigável ou litigiosa – é inadmissível: tal discriminação carece de legalidade. Ainda, contraria normas de Direito Privado reconhecidas pelo Supremo Tribunal Federal como estruturantes do Direito das Sociedades. Ao julgar, ainda em 1964, o Recurso Extraordinário nº 56.115, relatado pelo Min. Hermes Lima, a Corte Excelsa declarou que o contrato social é lei entre as partes. Do voto, extrai-se:[160]

> [...] se existe um contrato denunciador de uma sociedade e esse contrato está arquivado na Junta Comercial, se este instrumento é que regula a vida societária e se está em vigor, porque não foi rescindido, é evidente que a retirada do sócio se há de fazer pela forma ali consignada e não pela via judicial. Entretanto, foi violado o contrato social, pois o contrato é lei entre as partes.

E, precisamente quanto aos haveres, a 2ª Turma do STF afirmou que a apuração deve ser realizada "pela forma fixada no contrato social".[161]

A cláusula tem como razão de existir a finalidade de ser aplicada quando incidir sobre a situação fática nela prevista, em qualquer esfera, e com destaque, quando ocorrer divergência quanto à interpretação da vontade comum, unificada e expressa na declaração. É aí que está a manifestação da autonomia privada, que não tolera o seu simples e injustificado afastamento apenas porque a cláusula terá de ser interpretada pelo Poder Judiciário, e, eventualmente, imposta a uma das partes, a sua força vinculativa permanece.[162]

Ademais, vale lembrar que a cláusula está prevista para evitar nova negociação e a ocorrência de conflito na sociedade em torno da apuração dos haveres sociais, como, citando a doutrina do Min. Cunha Peixoto, sintetizou o Min. Soares Muñoz em seu voto no acórdão que não conheceu o Recurso Extraordinário nº 90.237-6: "[...] quem deixou de ser sócio, ocasião em que seu interesse está em contradição com os dos demais, uma vez que quer o maior

---

[160] BRASIL. Supremo Tribunal Federal. RE nº 56.115/MG. 2ª Turma. Relator: Min. Hermes Lima. Julgamento: 07 jul. 1964. *DJ* 05 ago. 1964, fl. 3 do acórdão.

[161] Ibid., fl. 3 do acórdão.

[162] Compartilha desse entendimento Alfredo de Assis Gonçalves Neto: "Caso não haja concordância entre a sociedade (o conjunto dos demais sócios) e o sócio que dela se desliga ou seus sucessores, a apuração de haveres deve ser promovida judicialmente; isso ocorrendo, o cálculo tomará por base a cláusula que estabelece os critérios de avaliação do patrimônio líquido da sociedade para essas hipóteses". (GONÇALVES NETO, 2016, p. 314).

valor para sua cota, enquanto os que continuam na sociedade devem, evidentemente, interessar-se pelo desprestígio desta cota".[163]

A posição aqui sustentada – preservação da força obrigatória da cláusula de apuração de haveres independentemente de a apuração se dar de forma amigável ou judicial – encontra apoio nos julgados do próprio STJ, como, por exemplo, se depreende da decisão tomada, por unanimidade, pela Quarta Turma ao julgar o REsp nº 1.239.754, relatado pelo Min. Luis Felipe Salomão:[164]

> A apuração de haveres – levantamento dos valores referentes à participação do sócio que se retira ou que é excluído da sociedade – se processa da forma prevista no contrato social, uma vez que, nessa seara, prevalece o princípio da força obrigatória dos contratos, cujo fundamento é a autonomia da vontade, desde que observados os limites legais e os princípios gerais do direito.
>
> Assim, somente ante o silêncio da avença societária ou de posterior acordo entre os sócios a esse respeito, é que têm lugar os parâmetros estabelecidos pela lei, que podem, ainda, ser afastados pela sentença (art. 668 do Código de Processo Civil de 1939, em vigor por força do art. 1.218, VII, do CPC vigente).

Ao prever de modo expresso a prevalência do conteúdo previsto no contrato social quanto aos haveres em relação à regra legal, o legislador prestigiou o princípio da força vinculativa dos contratos – princípio *pacta sunt servanda* –, inerente à cláusula. Com isso, reconheceu, *v.g.*, o valor da estabilidade jurídica, sobretudo no Direito Societário. Vale lembrar que os mercadores desde há muitos séculos, segundo lição de Hernani Estrella, se preocupam em regrar as situações em que a cordialidade entre os sócios poderia deixar de existir, com o intuito de obterem segurança, previsibilidade e certeza para a realização de seus negócios.[165] A necessidade de se ter um ambiente para a realização de atividades negociais em que as decisões judiciais pautam-se pela racionalidade do sistema jurídico vigente não é de agora. Nesse sentido, anota-se que é o fenômeno econômico que estrutura a coordenação unitária do Direito Comercial.[166]

A busca pela segurança jurídica quanto à aplicação da cláusula de predeterminação dos haveres está relaciona à dimensão funcional da estabilidade das cláusulas previstas no contrato social, e é claramente objetiva pelos dois Projetos de Lei em tramitação no Congresso Nacional. O Projeto de Lei nº 1.572

---

[163] BRASIL. Supremo Tribunal Federal. RE nº 90.237-6/PR. 1ª Turma. Relator: Min. Soarez Muñoz. Julgamento: 21 mar. 1979. *DJ* 23 mar. 1979, fl. 2-3 do acórdão.

[164] BRASIL. Superior Tribunal de Justiça. REsp nº 1.239.754/RS. 4ª Turma. Relator: Min. Luis Felipe Salomão. Julgamento: 15 maio 2012. *DJ* 22 maio 2012, fl. 4-5.

[165] Cf. Estrella: "Muitíssimos séculos antes que a moderna civilística viesse vislumbrar no negócio jurídico, além da declaração de vontade dirigida à realização do escopo determinado, um regulamento empenhado a conduta futura dos intervenientes, já estava isso na consciência e intuição dos mercadores. [...] Desde então, e sempre com maior frequência, os pactos societários aglutinam cláusulas, destinadas a prevenir eventuais divergências, quando viesse a faltar cordialidade entre os associados ou, quando pelo evento da morte de um deles, dúvida surgisse relativamente aos respectivos herdeiros. Com essa declarada finalidade, não só alcançavam a desejada segurança das relações contratuais, como, ainda, subtraíam-se às incertezas a que, de outra sorte, estavam expostos, em virtude de interpretações divergentes dos textos romanos ou da rigidez do direito canônico". (ESTRELLA, 2010, p. 85).

[166] MARCONDES, 1977, p. 29.

de 2011, em tramitação na Câmara dos Deputados, que institui um novo Código Comercial, visa a criar prevalência absoluta ao princípio da autonomia privada na apuração dos haveres:[167] "Art. 211. O contrato social estabelecerá o critério de avaliação das quotas para fins de apuração de haveres e definição do valor do reembolso. Parágrafo único. Prevalecerá o critério consciente e livremente contratado pelos sócios, ainda que de sua aplicação resulte ou possa resultar enriquecimento de qualquer das partes, em detrimento da outra".

E o Projeto de Lei do Senado nº 487 de 2013, que se encontra, desde 3 de janeiro de 2019, pronto para deliberação do plenário, propõe a prevalência da autonomia privada em relação ao princípio que veda o enriquecimento sem causa quando se tratar de apuração de haveres:[168] "Art. 278. O critério de determinação do valor das quotas para fins de apuração de haveres e definição de seu pagamento, quando estabelecido no contrato social, deve ser observado, mesmo que se apresente inferior ao resultante de qualquer outro método de avaliação".

Ambos os textos, contudo, desconsideram as exigências inerentes às diretrizes de realidade, atualidade e igualdade,[169] razão pela qual dificilmente seriam acolhidos em sua literalidade pelo judiciário. Ademais, o tráfego negocial demanda regras claras, firmes e previsíveis.[170] Nesta esteira, diz Giuseppe Benedetti: "Il mercato si regola disciplinando la forza che vi agisce, e cioè l'autonomia privata. Essa con gli scambi crea il mercato, ma l'evolversi dell'economia di mercato richiede regole."[171]

A estabilidade da relação contratual e a previsibilidade de como será realizada a apuração dos haveres são fatores que contribuem para a qualificação da performance empresarial, pois permitem que as partes façam projeções, assumam compromissos e aperfeiçoem estratégias tendo no horizonte a confiança de que as obrigações serão adimplidas nos termos convencionados, e que com isso inexistirão falhas em seu processo produtivo.

Constatada a plena força vinculada da cláusula de apuração de haveres, pode-se verificar que o Enunciado nº 386 da IV Jornada de Direito Civil do Conselho de Justiça Federal, segundo o qual "na apuração dos haveres do sócio devedor, por consequência da liquidação de suas quotas na sociedade para pagamento ao seu credor (art. 1.026, parágrafo único), não devem ser consideradas eventuais disposições contratuais restritivas à determinação de seu valor", está equivocado.[172] O alcance da cláusula de predeterminação dos haveres não está limitado à sociedade e aos sócios, inexiste essa limitação subjetiva.

---

[167] BRASIL. Congresso. *Projeto de Lei nº 1.572 de 2011*. Institui o Código Comercial. Disponível em: <http://www.camara.gov.br/proposicoesWeb/prop_mostrarintegra?codteor=888462>. Acesso em: 12 set. 2017.

[168] BRASIL. Senado. *Projeto de Lei 487, de 2013*. Disponível em: <https://legis.senado.leg.br/sdleg-getter/documento?dm=4713964&ts=1546525281985&disposition=inline. Acesso em: 12 set. 2017>.

[169] As diretrizes serão estudadas nos capítulos segundo, terceiro e quarto, respectivamente.

[170] Cf. ASCARELLI, 1947b, p. 9-10.

[171] BENEDETTI, Giuseppe. *Il diritto comune dei contratti e degli atti unilaterali: tra vivi a contenuto patrimoniale*. 2. ed. Napoli: Jovene, 1997, p. 154.

[172] Cf. Gonçalves Neto: "Esse entendimento é discutível e a ele não se deve aderir". (GONÇALVES NETO, 2016, p. 313).

As disposições contratuais restritivas também devem ser julgadas de acordo com as cinco diretrizes apresentadas nessa tese, que respeitadas tornam plena a força vinculativa da cláusula, inclusive perante os credores do sócio. Ademais, itera-se que a determinação do valor da quota é uma questão que diz respeito exclusivamente às relações entre os sócios, podendo, como diz Ferri Júnior, gerar o enriquecimento de alguns em detrimento de outros.[173]

Ex positis, necessário reconhecer que as cláusulas reguladoras da apuração dos haveres destinam-se a ser aplicadas tanto na esfera extrajudicial, de forma amigável, quanto em caso de litígio judicial, porquanto nem o sistema jurídico brasileiro, nem, mais precisamente, o Direito Contratual admitem a adoção deste fator de discriminação como razão para aplicar ou afastar as cláusulas referentes à apuração dos haveres em decorrência da extinção parcial dos vínculos sociais no âmbito da sociedade empresária limitada. E, assim, afirma-se que o ônus argumentativo é daquele que pretende o afastamento da cláusula.

1.3. A especificidade quanto às hipóteses de incidência

Com a comprovação da existência de força vinculativa obrigatória quanto à cláusula de apuração de haveres e a sua preservação independente da esfera em que a apuração ocorrer – extrajudicial ou judicial –, parte-se para o exame da diretriz de especificidade nos termos em que é aplicada pelo STJ – e foi pelo STF – nas decisões que versam sobre a possibilidade de se aplicar a cláusula para situação fático-jurídica não correspondente à hipótese de incidência prevista na cláusula.[174]

A análise rigorosa quanto à hipótese de incidência prevista na cláusula e da situação fática é realizada desde os primeiros julgados do Supremo Tribunal Federal quanto ao tema. Em 1955, ao julgar o Recurso Extraordinário nº 28.544,[175] o Min. Hahnemann Guimarães sublinhou a identidade entre a hipótese de incidência e o fato – falecimento – como requisito impositivo para a

---

[173] Cf. Ferri Júnior: "[...] determinazione del valore della quota di recesso è un problema diverso, attinente esclusivamente ai rapporti tra soci: ma (il più delle volte) finisce per condurre all'arricchimento di alcuni tra essi (i non recedenti) a danno degli altri (i recedenti)." (FERRI JÚNIOR, Giuseppe. *Investimento e conferimento*. Milano: Giuffrè, 2001, p. 169).

[174] Por exemplo, a distinção entre os institutos da exclusão, recesso e dissolução parcial, no âmbito do STJ foi assim sintetizada pelo o Min. Massami Uyeda ao relatar o REsp nº 867.101: A exclusão caracteriza-se pelo afastamento compulsório do sócio (minoritário), deliberado pelos demais, em razão do descumprimento de suas obrigações sociais, discórdia ou desavenças (artigos 1.004, 1.030 e 1.085 do CC). O direito de recesso consubstancia-se na saída do sócio que dissentir de qualquer alteração do contrato social; é uma faculdade conferida ao sócio (artigos 15 do Decreto n. 3.708/19 e 1.029 e 1.077 do CC). A dissolução parcial, por sua vez, é uma construção pretoriana, embasada na necessidade de preservação da empresa. Tem sua origem na ação de dissolução total da sociedade (artigos 335 e 336 do Código Comercial, 1.399 do CC/16 e 1.034 do CC), ajuizada por sócio, seja ante a falta da *affectio societatis*, seja, simplesmente, para se desvincular da sociedade, pois "ninguém poderá ser compelido a associar-se ou a permanecer associado" (art. 5º, XX, da CF/88); seria uma denúncia vazia". (BRASIL. Superior Tribunal de Justiça. REsp nº 867.101/DF. 3ª Turma. Relator: Min. Massami Uyeda. Julgamento: 20 maio 2010. *DJ* 24 jun. 2010).

[175] BRASIL. Supremo Tribunal Federal. RE nº 28.544/DF. 2ª Turma. Relator: Min. Lafayette de Andrada. Julgamento: 20 set. 1955. *DJ* 23 nov. 1955.

aplicação da cláusula contratual, independente de se tratar de sociedade empresária ou simples:[176]

> [...] não me parece que possa deixar de ser observada a disposição constante da cláusula 12ª do contrato. Esta disposição regula o modo por que se apurarão os haveres do sócio falecido.
>
> Não há, pois, motivo para que, embora se considere civil a sociedade, se dispense a observância desta cláusula do contrato social.

O julgado permite induzir que a força vinculativa da cláusula encontra seu centro na identidade entre a hipótese de incidência especificada na cláusula e o fato ocorrido, sendo irrelevante a distinção entre sociedade empresária e simples.

O entendimento acima foi reiterado pela 2ª Turma do STF no julgamento do Recurso Extraordinário nº 90.913-3, realizado em 1981 e relatado pelo Min. Leitão de Abreu, quando a Corte acolheu a distinção entre a hipótese de resolução parcial do vínculo em face de retirada espontânea do sócio e aquela que se procede por força do falecimento do ex-sócio, promovida pelos sucessores, para decidir ser inaplicável o conteúdo referente à saída voluntária quando o fato ocorrido é o falecimento.[177]

Em 1987 – fase final da competência do STF para julgar a matéria –, a Corte voltou a enfrentar a questão referente à imprescindível identificação, precisa e direta, entre a hipótese de incidência prevista na cláusula de apuração de haveres e a situação fática no julgamento do Recurso Extraordinário nº 109.096-1, quando o Min. Djaci Falcão fundamentou a não aplicação da cláusula na distinção entre a hipótese de dissolução, tratada pela Corte no Recurso Extraordinário nº 89.464, e a hipótese de falecimento de um dos sócios. No caso, o STF reconheceu o direito dos herdeiros à "ampla verificação física e contábil dos valores sociais ativos, para a sua exata avaliação e ulterior pagamento aos sucessores do sócio falecido".[178]

A irrelevância da distinção entre retirada voluntária e exclusão judicial para fins de aplicação ou não da cláusula reguladora da apuração dos haveres foi sustentada pela sociedade recorrente no REsp nº 108.930. Ocorre que o caso versava sobre a distinção entre o direito de recesso na sociedade anônima e o instituto da dissolução parcial por causa da exclusão do sócio. Daí o acerto do STJ ao afirmar tratar-se de situação jurídica completamente distinta.

Por meio do Recurso Especial nº 38.160-6, o STJ manteve a decisão proferida pelo TJSP, que afastara a cláusula 15ª do contrato social referente à apuração dos haveres, sob o fundamento de que hipótese de incidência nela prevista – retirada imotivada – é diversa da ocorrida – retirada decorrente de conflitos societários –, e determinara, então, a apuração como ocorreria em caso de

---

[176] Fl. 14, do acórdão.
[177] BRASIL. Supremo Tribunal Federal. RE nº 90.913-3/MG. 2ª Turma. Relator: Min. Leitão de Abreu. Julgamento: 28 abr. 1981. *DJ* 29 maio 1981.
[178] BRASIL. Supremo Tribunal Federal. RE nº 109.096-1/CE. 2ª Turma. Relator: Min. Djaci Falcão. Julgamento: 05 maio 1987. *DJ* 29 maio 1987.

dissolução total.¹⁷⁹ Evidencia-se, dessa forma, a relevância da diretriz de especificidade quanto à hipótese de incidência da cláusula, porquanto a distinção entre retirada imotivada e motivada seria suficiente para a não aplicação da cláusula reguladora da apuração de haveres. *In verbis*:¹⁸⁰

> A par disso, como bem deve ser equacionada a questão, uma coisa é o exercício de faculdade conferida ao sócio pelo contrato para a sua saída espontânea em atenção aos seus critérios pessoais de conveniência e oportunidade, outra e bem diferente é o exercício de direito embasado em fatos reveladores da anomalia reinante e contrária aos fins para os quais os sócios antes conjugaram suas intenções e seus esforços.

A pretensão dos recorrentes do REsp nº 77.122 era a de aplicar para a apuração de haveres decorrente de retirada motivada a cláusula assim redigida: "O sócio que desejar retirar-se [...]. O pagamento do capital e lucros do sócio retirante será feito após o balanço anual, em duas parcelas: [...]".¹⁸¹ A sentença e o acórdão recorrido, proferido pelo TJPR, haviam afastado a aplicação da cláusula sob o fundamento de que a extinção parcial não decorria da retirada imotivada do sócio, mas sim por força de divergência quanto à alteração do contrato social, "hipótese não regulada no contrato social".

O Min. Ruy Rosado de Aguiar norteou-se pela aplicação da diretriz de especificidade, quanto à exigência de precisão acerca da sua hipótese de incidência, para negar provimento ao recurso, assim expondo o fundamento: "Inexistindo regra estatutária específica para o caso de retirada motivada, adequada a decisão que preserva o patrimônio do retirante, através da apuração ampla dos haveres sociais [...]".¹⁸²

Extrai-se dos julgados acima analisados que a diretriz de especificidade recomenda que o texto da cláusula seja preciso e direto quanto à descrição da hipótese de incidência regulada no contrato. Em sentido contrário, orienta para a não elaboração de cláusula reguladora da apuração de haveres sociais sem que se especifique em que situação fático-jurídica o método e/ou critério pactuado deve ser aplicado.

Assim, comprova-se a existência de tal diretriz e a sua aplicação pelo STJ – a exemplo do que realizava o STF – como fundamento para afastar a cláusula de predeterminação quando ela não prevê especificamente a hipótese de incidência ocorrida no plano fático. Não se trata de ausência de autonomia dos sócios para convencionar as regras para a apuração dos haveres,¹⁸³ mas sim da necessidade de fazê-lo com clareza.¹⁸⁴

---

¹⁷⁹ BRASIL. Superior Tribunal de Justiça. REsp nº 38.160-6/SP. 3ª Turma. Relator: Min. Waldemar Zveiter. Julgamento: 09 nov. 1993. *DJ* 13 dez. 1993.

¹⁸⁰ Ibid,, fl. 2.

¹⁸¹ BRASIL. Superior Tribunal de Justiça. REsp nº 77.122/PR. 4ª Turma. Relator: Min. Ruy Rosado de Aguiar. Julgamento: 13 fev. 1996. *DJ* 08 abr. 1996.

¹⁸² Ibid.

¹⁸³ Cf. Gonçalves Neto: "O ajuste de determinação do valor da quota em caso de liquidação, valendo para todos os sócios, não pode variar consoante a causa da liquidação da quota, salvo se cláusula do contrato social estabelecer algum critério distintivo". (GONÇALVES NETO, 2016, p. 313).

¹⁸⁴ Cf. Estrella: "Frequentemente, convenções e ajustes são concertados sem o devido exame e, também, redigidos sem a deseja clareza, afora completa ausência de precisão técnica. Daí vem que, em sobrevindo divergência, fica a porta aberta para litígios demorados e complicados". (ESTRELLA, 2010, p. 115).

A diretriz de especificidade afasta a aplicação da cláusula de predeterminação por semelhança entre a hipótese prevista pelas partes e a ocorrida, pois quando os sócios vinculam uma hipótese de incidência a um determinado método e/ou critério é porque, exercendo a autonomia privada, não quiseram sua aplicação a outras hipóteses.

1.3.1. Análise crítica

O acertado rigor com que o STJ vincula a aplicação do conteúdo, referente à apuração dos haveres às hipóteses previstas na cláusula de predeterminação dos haveres no âmbito da sociedade empresária limitada, conduz à necessidade de se verificar se a cláusula de predeterminação dos haveres, que é omissa quanto às hipóteses de resolução parcial do vínculo ou que se limita a fazer referência genérica à expressão *dissolução parcial* da sociedade ou, ainda, que estabelece a abrangência para toda e qualquer situação que tornar necessária a apuração dos haveres teria sua força vinculativa obrigatória reconhecida pelo STJ.

A influência da diretriz de especificidade quanto à precisão e clareza da hipótese de incidência constante na cláusula sobre as decisões dos Tribunais Superiores, acima demonstrada, acrescida da nítida natureza econômica dos haveres sociais, que fortemente influenciou a formação da tese de que a apuração na dissolução parcial deve-se dar como se daria em caso de dissolução total – iniciada no STF e mantida no STJ –, permitem induzir que, atualmente, para o STJ, a cláusula de apuração de haveres não pode ser uma cláusula genérica, a qual contemplaria qualquer hipótese de resolução parcial do vínculo societário, tampouco deve ser omissa quanto às suas hipóteses de incidência.

Cumpre examinar se existe alguma justificativa que impõe aos sócios a necessidade de especificar as hipóteses de incidência da cláusula de apuração de haveres ao invés de apenas prever que a sua aplicação contempla, por exemplo, todos os casos de resolução parcial do vínculo societário. Sabendo, desde já, que é altamente recomendável que se evite cláusula genérica,[185] que, segundo Paccoia, seria nula por falta de objeto;[186] e cláusulas padrões. A apuração dos haveres terá de apreender e expressar a realidade econômico-patrimonial da sociedade de forma atualizada na data-base, situação complexa que exige uma série de atos,[187] daí também a necessidade do conteúdo da cláusula ser específico, direto e claro.

---

[185] Cf. Gonçalves Neto: "É de todo conveniente, por isso, que sejam evitadas as cláusulas genéricas e que, atendidas as particularidades do caso concreto, sejam fixados no contrato social os critérios para apuração do valor da quota [...]". (GONÇALVES NETO, 2016, p. 312).

[186] Cf. Mario Paccoia: "Al riguardo si discute circa l'ammissibilità di una clausola di recesso di carattere generico che si limiti a fare rifarimento ad "una giusta causa"; parte della dottrina ritiene una clausola di questo tenore nulla per indeterminatezza dell'oggetto". (PACCOIA, 2015, p. 178).

[187] "Por mais explícita que seja a convenção a tal respeito, por mais claro que seja o acordo a que hajam chegado os interessados, mesmo assim, a mais singela apuração de haveres reclamará necessariamente a prática de vários atos". (ESTRELLA, 2010, p. 112).

Inexiste na legislação qualquer exigência quanto à necessidade de descrição minuciosa das hipóteses reguladas pela cláusula de apuração de haveres; pelo contrário, o próprio artigo 1.031, *caput*, do Código Civil prevê que a apuração dos haveres se dará com base na situação patrimonial da sociedade "nos casos em que a sociedade se resolver em relação a um sócio". Da mesma forma, nenhuma limitação ao exercício da autonomia privada quanto à especificação das hipóteses de incidência – de forma individualizada ou de forma geral para todas ou algumas hipóteses – na cláusula de apuração dos haveres consta nos artigos 604, II, e 606, ambos do Código de Processo Civil. Mais, tais dispositivos informam que o juiz somente aplicará a regra legal na ausência de cláusula quanto à apuração no contrato social, ressaltando, assim, a conexão normativa entre a questão em tela e a eficácia do princípio *pacta sunt servanda*, corolário da autonomia privada.

Ademais, o efeito jurídico direto da dissolução parcial da sociedade, enquanto instituto de direito material, tende a ser a apuração dos haveres, independente da causa específica que subjaz à resolução do vínculo contratual em relação a um sócio. Em outras palavras: todas as hipóteses de resolução do vínculo societário, em regra, conduzem à apuração dos haveres, por isso aqui se defende que a cláusula reguladora da apuração, quando previsto que será aplicada em qualquer hipótese, independente da causa que levou à extinção parcial dos vínculos sociais, deve ter a sua força vinculativa obrigatória respeitada pelo Estado-juiz.

O argumento acima pode ser depreendido, inclusive, das próprias decisões do STJ, como, por exemplo, da proferida no julgamento do REsp nº 38.160, cujo acórdão assinala que na dissolução de sociedade limitada – "no caso de sócio retirante ou pré-morto, ou ainda por motivo de quebra da *affectio societatis*" –[188] a apuração dos haveres há de se fazer como se de dissolução total se tratasse, ou seja, a resolução parcial da sociedade conduz à apuração dos haveres, em regra, independentemente da causa que subjaz à extinção parcial do vínculo societário.[189]

Não se olvida aqui a cautela dos tribunais brasileiros em assegurar que o pagamento dos haveres que vierem a ser apurados não promova transferências patrimoniais injustificadas entre o ex-sócio – ou terceiro legitimado – e a sociedade.[190] A jurisprudência dos Tribunais Superiores não considera a cláusula, por si só, como justificadora da extensão e do volume do deslocamento patrimonial, porquanto, como se verá no capítulo seguinte, a sua aplicação deve observar as exigências inerentes à diretriz de realidade.

Esse raciocínio se infere das decisões proferidas pelo STF e pelo STJ, como, por exemplo, a decisão proferida pelo Tribunal Superior em 1993 quando julgou o REsp nº 35.285-1 e decidiu que a apuração dos haveres do sócio dissiden-

---

[188] BRASIL. Superior Tribunal de Justiça. REsp nº 38.160-6/SP. 3ª Turma. Relator: Min. Waldemar Zveiter. Julgamento: 09 nov. 1993. *DJ* 13 dez. 1993, ementa.

[189] Ibid., ementa e fl. 3.

[190] A título de exemplo, REsp nº 725.765: "[...] necessidade da devida apuração pelo Juízo do inventário para evitar prejuízo ao monte a ser inventariado em detrimento da viúva e da filha menor impúbere".

te – em face da transformação da sociedade de limitada em anônima, portanto, em caso do exercício de direito de recesso na sociedade limitada – deve ocorrer com a ampla verificação dos ativos físicos e contábeis da sociedade, "como se de dissolução total se tratasse".[191] E do grande número de decisões que se limitam a determinar a apuração dos haveres da forma mais ampla possível, como uma tentativa de assegurar, em última análise, no caso concreto, o cumprimento da diretriz de realidade.

Ocorre que a especificação – ou não – das hipóteses de incidência na cláusula de apuração de haveres não tem a função de controle sobre o valor dos haveres – tal função na seara dos haveres sociais terão as diretrizes de realidade e atualidade –, tem sim a função de controle formal acerca da incidência da cláusula, pactuada com base na autonomia privada, sobre a situação fática geradora da necessidade de se apurar os haveres sociais. Caso ocorra a incidência, o eventual afastamento judicial da cláusula somente poderá deixar de ocorrer quando demonstrada a sua contrariedade ao Direito.

Dessarte, quando os sócios especificam uma ou mais hipóteses de incidência reguladas pela cláusula de predeterminação dos haveres, significa que todas as demais hipóteses foram e permanecem excluídas. E quando previsto que a cláusula – método e/ou critério – se aplicará para quaisquer hipóteses de resolução parcial do vínculo societário também os sócios exerceram de forma expressa, clara e precisa a autonomia privada.

Portanto, o caráter geral da cláusula não poderá justificar, por si só, o afastamento da sua força vinculativa obrigatória, porquanto observada a especificidade quanto às suas hipóteses de incidência, mesmo que de modo abrangente.

Cumpre, ainda, indagar se o sistema jurídico brasileiro autoriza os sócios a estabelecerem métodos e/ou critérios específicos e diferentes para cada uma das possíveis causas de resolução parcial do vínculo societário no âmbito da sociedade empresária limitada – *v.g.*: dissolução parcial por quebra de *affectio societatis*, exclusão por justa causa, recesso, falecimento, divórcio –, ou, por outro ângulo, se a regra pertinente aos haveres pode prever alguma discriminação quanto aos métodos e/ou critérios de apuração tendo como fator de discriminação a causa subjacente à dissolução parcial da sociedade.

O tema exige cautela e está especialmente relacionado à diretriz de igualdade, porquanto o pacto de diferentes métodos e/ou critérios para a apuração de haveres em hipóteses distintas – cujo fator de discriminação poderá estar, por exemplo, nas possíveis causas de extinção parcial do vínculo social; na pessoa de um sócio; na quantidade de quotas, ou, ainda, no tempo de duração do vínculo societário –, apesar de conferir contornos específicos para a aplicação da cláusula, sobressai-se pela previsão de desigualdades na seara dos haveres sociais. Por isso, no capítulo 4, o qual é dedicado à análise da *diretriz de igualdade*, investigar-se-á a possibilidade de os sócios estabelecerem conteúdos

---

[191] BRASIL. Superior Tribunal de Justiça. REsp nº 35.285-1/RS. 4ª Turma. Relator: Min. Antônio Torreão Braz. Julgamento: 14 dez. 1993. *DJ* 28 fev. 1994.

desiguais para as diferentes situações fático-jurídicas no âmbito da apuração dos haveres sociais.

Ex positis, reitera-se que, para o STJ, a cláusula de predeterminação dos haveres sociais que não especificar com clareza e expressamente em quais hipóteses o conteúdo pactuado deverá ser aplicado carece de força vinculativa obrigatória fora das hipóteses por ela expressamente previstas. Para o Tribunal Superior, acertadamente, não há como aplicar o conteúdo da cláusula de apuração de haveres para outras hipóteses de resolução parcial da sociedade que não aquelas especificamente consubstanciadas na cláusula. Daí a diretriz de especificidade, não obstante os pontos acima questionados, determinar que a cláusula sempre especifique com precisão as hipóteses de sua incidência, bem como o âmbito de sua aplicação.

1.4. Atenção aos requisitos intrínsecos da cláusula *in concreto*

Os requisitos intrínsecos à cláusula são aqueles considerados imprescindíveis para a correta aplicação da cláusula, e, em regra, encontram-se no próprio conteúdo da cláusula a ser aplicada.[192] Assim, por exemplo, se a cláusula estabelecer que o valor do ativo intangível da sociedade será apurado pela multiplicação do valor do patrimônio líquido indicado no balanço do último exercício, desde que aprovado pelo Conselho de Administração, por x; e a Sociedade optou por dissolver o seu Conselho de Administração alguns anos antes da resolução parcial do vínculo – ou mesmo não ter o balanço com a aprovação do Conselho –, nas duas situações inexistiria o preenchimento do requisito intrínseco exigido pela cláusula, considerado imprescindível para a preservação da sua força vinculativa obrigatória.

A análise das decisões judiciais não permite relacionar, naturalmente, todos os requisitos relevantes que as partes podem prever para a apuração dos haveres; no entanto, permitem induzir que o preenchimento dos requisitos intrínsecos à cláusula de predeterminação dos haveres significa que todas as condições e todos os procedimentos necessários para a aplicação da cláusula foram atendidos pela sociedade e pelos sócios ao longo do vínculo contratual até a data de sua resolução.

Atender aos requisitos significa conferir transparência, consistência e credibilidade às informações e aos dados que serão utilizados na apuração dos haveres. Por essa razão, a identificação específica dos requisitos se dá a partir do conteúdo da própria cláusula, o qual indicará as exigências imprescindíveis para se aplicar o método e/ou critério pactuado pelos sócios no caso concreto.

---

[192] Cf. Ruscello: " La valutazione della partecipazione del socio uscente costituisce senza dubbio un'operazione complessa data la discrezionalità di alcuni elementi che ne preordinano l'effettuazione e non può prescindere dalla valutazione dell'azienda nel suo complesso il cui scopo è quello di determinare il "valore del capitale economico" della società le cui azioni o quote sono oggetto di stima." (RUSCELLO, 2011, v. 2: Le Obbigazioni. I Contratti. L'impresa, p. 175).

Para os Tribunais Superiores – STF primeiro, e STJ atualmente – o preenchimento dos requisitos intrínsecos à cláusula de predeterminação dos haveres pela sociedade e seus sócios é condição para a preservação da força vinculativa obrigatória, sem a qual a cláusula não será aplicada pelo Estado-juiz. Desse modo, observa-se que, na seara dos haveres sociais, a diretriz de especificidade atua desde a elaboração da cláusula até a sua eventual e efetiva aplicação, sempre com o propósito de estabelecer e preservar a força vinculativa obrigatória da cláusula.

Ainda em 1955, a 1ª Turma do STF julgou o Recurso Extraordinário nº 29.331,[193] no qual o confronto se dava em torno da aplicação da cláusula que determinava a apuração dos haveres com base no último balanço. Ocorre que a cláusula exigia que o balanço tivesse sido aprovado pelo sócio falecido, o que não ocorrera. A sentença havia afastado a cláusula e determinado que os haveres fossem apurados "pelo seu justo e real valor". O Tribunal estadual havia determinado que se aplicasse a cláusula contratual, apurando-se os haveres com base no último balanço realizado ou que se devia realizar.

O Supremo restabeleceu a sentença, e, para afastar a aplicação da cláusula afirmou que os procedimentos e exigências convencionados no contrato social, quanto à apuração dos haveres, são "integrantes de sua validade", de modo que a "formal desobediência às determinações expressas e rigorosas" faz com que a apuração deva ser realizada em sede de "liquidação de sentença, calculando-se os bens da firma pelo seu justo e real valor, e os lucros e perdas até a sua data".[194]

Posição semelhante foi adotada pelo Pleno do STF no julgamento, em 1961, do Recurso Extraordinário nº 29.331, quando o Tribunal deixou de aplicar a cláusula contratual porque o último balanço nela previsto como documento-base para a apuração dos haveres não havia sido aprovado pelo sócio que veio a falecer. O Min. Victor Nunes, na qualidade de relator, assim sintetizou a questão: "Se o último balanço não chegou a ser reconhecido pelo *de cujus* (qualquer que fosse o motivo), não poderia aplicar-se a cláusula contratual nesta parte".[195]

No julgamento do Recurso Extraordinário nº 52.569, em 1963, a Segunda Turma do STF reiterou que, inexistindo a concordância do sócio retirante com o balanço, a aplicação da cláusula que o prevê se torna juridicamente impossível. No mesmo sentido foi o entendimento proferido no julgamento do Recurso Extraordinário nº 52.819, aí já com o entendimento contido na Súmula nº 265 do STF: "Na apuração de haveres não prevalece o balanço não aprovado pelo sócio falecido, excluído ou que se retirou".[196]

---

[193] BRASIL. Supremo Tribunal Federal. RE nº 29.331/PR. 1ª Turma. Relator: Min. Ribeiro da Costa. Julgamento: 22 set. 1955.

[194] fl. 7-8, do acórdão.

[195] BRASIL. Supremo Tribunal Federal. Embargos/RE nº 29.331/PR. Sessão Plena. Relator: Min. Victor Nunes. Julgamento: 19 jun. 1961. DJ 27 jul. 1961, fl. 3-3v.

[196] BRASIL. Supremo Tribunal Federal. RE nº 52.819/Guanabara. 3ª Turma. Relator: Min. Min. Gonçalves de Oliveira. Julgamento: 21 out. 1966. DJ 29 mar. 1967.

A Súmula nº 265 do STF, ao afirmar que "não prevalece o balanço não aprovado pelo sócio falecido, excluído ou que se retirou" não apenas evidenciou a relevância jurídica dos requisitos intrínsecos para a preservação da força vinculativa obrigatória inerente à cláusula de predeterminação dos haveres, como também permitiu interpretá-la no sentido de que a aprovação do balanço pelo sócio falecido, excluído ou que se retirou preencheria – supondo-se que tal requisito houvesse sido pactuado – preencheria a exigência da diretriz de especificidade quanto ao preenchimento de requisitos intrínsecos à cláusula, preservando-se, assim, a sua força obrigatória até o momento de sua aplicação.

O raciocínio acima foi utilizado pelo STF em 1976 quando, ao julgar o Recurso Extraordinário nº 82.273, o relator, Min. Carlos Thompson Flores, reconheceu o preenchimento de requisito intrínseco à cláusula no caso concreto – que era a aprovação do balanço pelo ex-sócio ou seus herdeiros –, tendo a Corte ratificado a decisão recorrida que determinara a apuração dos haveres com base no balanço aprovado pelo sócio falecido.[197]

Os julgados acima evidenciam o rigor e a cautela com que o STF, desde os seus primeiros julgados, se posicionou quanto à imposição da cláusula de predeterminação dos haveres sociais, e deles extrai-se que a não comprovação do preenchimento das exigências intrínsecas à cláusula – em especial aquelas de natureza econômico-financeira – afasta a sua incidência, impedindo a sua aplicação no caso concreto.

Para o STJ, na mesma linha do STF, há a necessidade de estarem preenchidos os requisitos intrínsecos ao conteúdo da cláusula juridicamente relevantes para a apuração dos haveres conforme contratado pelos sócios, como se verifica no acórdão proferido em 2001 no julgamento do REsp nº 282.300, relatado pelo Min. Antônio de Pádua Ribeiro, quando o Tribunal rechaçou o balanço realizado antes do falecimento do sócio, e com finalidade diversa, como base para a apuração dos haveres. Afirmou na ocasião o Min. Pádua Ribeiro: "[...] não tinham por objetivo a apuração de haveres e nem poderiam servir de referência para a dissolução da sociedade".[198]

O Min. Luis Felipe Salomão, condutor do voto majoritário, no julgamento pela Quarta Turma do STJ do AgRg no Agravo em REsp nº 499.408 em 2015, destacou como relevante argumento no caso o fato de a decisão recorrida na origem versar sobre "laudo pericial homologado pelo juízo em fase de liquidação – esta realizada em ação de dissolução parcial de sociedade e apuração de haveres –, alegando estarem presentes diversos equívocos contábeis que elevaram sobremaneira o valor a ser pago ao sócio retirante".[199] O julgado permite observar que para o Tribunal Superior é muito importante que não

---

[197] BRASIL. Supremo Tribunal Federal. nº RE 82.273/RJ. 2ª Turma. Relator: Min. Carlos Thompson Flores. Julgamento: 16 mar. 1976. DJ 16 jun. 1976, fl. 11-12, do acórdão.
[198] BRASIL. Superior Tribunal de Justiça. nº REsp 282.300/RJ. 3ª Turma. Relator: Min. Antônio de Pádua Ribeiro. Julgamento: 04 set. 2001. DJ 08 out. 2001, fl. 3.
[199] BRASIL. Superior Tribunal de Justiça. AgRg no Ag em REsp nº 499.408/RJ. 4ª Turma. Relatora: Minª. Maria Isabel Gallotti. Julgamento: 05 fev. 2015. DJ 13 mar. 2015.

apenas os requisitos intrínsecos especificamente vinculados ao método e/ou critério para a apuração de haveres estejam preenchidos, como também que os dados e informações apresentados pela sociedade possuam consistência e credibilidade.

Dessarte, registra-se que a diretriz de especificidade orienta não apenas a especificação das hipóteses de incidência na cláusula, cuja definição delimita às situações em que a sua força vinculativa obrigatória se faz presente, como também a preservação dessa força por meio do preenchimento dos requisitos intrínsecos ao conteúdo convencionado pelos sócios.

Ex positis, pode-se dizer que para os Tribunais Superiores, com acerto, o preenchimento dos requisitos intrínsecos à cláusula de predeterminação dos haveres constitui-se em ponto muito sensível para a sua aplicação, porquanto a existência de dúvidas tende a afastar a aplicação da cláusula, uma vez que retiraria da apuração a credibilidade, consistência e transparência, qualidades imprescindíveis para que a relação de liquidação possa atender a diretriz de realidade, como se verificará no capítulo seguinte.

1.5. A especificidade quanto às peculiaridades e circunstâncias

O alcance da diretriz de especificidade vai além da identificação precisa e objetiva das hipóteses de incidência, do âmbito de aplicação da cláusula e da verificação dos requisitos intrínsecos à cláusula para também exercer influência na aplicação – ou não – da cláusula de predeterminação dos haveres sociais em face das peculiaridades e circunstâncias juridicamente relevantes quanto à escolha realizada pelos sócios acerca do método e/ou critério para se apurar o valor dos haveres no caso concreto.

No entanto, a partir desse ponto, o conjunto de decisões judiciais pesquisado não fornece subsídios para que se possa objetivar quais exatamente peculiaridades e circunstâncias que o Superior Tribunal de Justiça considerará relevantes na tomada de decisão quanto à aplicação da cláusula, provavelmente pela ainda deficiente construção de cláusulas reguladoras de apuração dos haveres e em face dos filtros sumulares, muitas vezes utilizados pelos Tribunais Superiores para não admitir recursos envolvendo o exame da cláusula contratual.

Tal aspecto não impede que se questione o provável efeito sobre a aplicação judicial da cláusula de predeterminação dos haveres quando no próprio contrato social – ou mesmo em outro documento relevante – as partes registraram os procedimentos, razões e compreensões que, adotados pelos sócios, acabaram conformando o conteúdo específico de uma cláusula de predeterminação dos haveres sociais.

Pondera-se, a título de exemplo, se uma cláusula de predeterminação dos haveres elaborada dentro de um programa de aprimoramento da governança corporativa, com a orientação de assessoria especializada e a análise efetiva pelos sócios da realidade econômico-social tem maior probabilidade de conservar a sua força vinculativa em caso de disputa judicial do que uma cláusula elaborada sem qualquer uma daquelas características, em face de a primeira precisar com maior clareza as peculiaridades e circunstâncias tidas como relevantes pelos contratantes, tornando o seu conteúdo específico para o caso concreto.

A diretriz de especificidade, no sentido em que é aplicada pelo STJ, recomenda que as cláusulas de apuração de haveres sejam submetidas a periódicas revisões, a fim de que o seu conteúdo mantenha adequada correspondência com a realidade econômico-social apreendida pelos sócios e pela sociedade, mantendo-se todos os elementos necessários para a apuração dos haveres organizadamente disponíveis.

Desse modo, a cláusula que em si manifestar a cultura e a inteligência da sociedade na apreensão e compreensão da sua realidade, e, dentro dela, a escolha da melhor alternativa, dentre tantas possíveis, para a sociedade, para a empresa e para os sócios exige um ônus argumentativo mais contundente do que aquele que pretende afastá-la. Assim entende-se não porque a força vinculativa da cláusula de predeterminação dos haveres poderia se imaginar passível de modulação – com o que não se concorda, como demonstrado nos itens 1.1 e 1.2 acima –, mas sim porque com a contextualização do regramento dentro da realidade particular apreendida pelos sócios estar-se-á atendendo aos comandos da diretriz de especificidade. Com isso, o afastamento da cláusula também demandará a apresentação de argumentos contrários às razões subjacentes ao método e/ou critério eleito pelos sócios ao exercerem de forma bastante clara a autonomia privada.

Anota-se, ainda, que as cláusulas reguladoras de apuração dos haveres passarão a ser cada vez mais reconhecidas como um fator estrutural para a continuidade da própria empresa, porquanto seu caráter econômico-social traz consigo a necessidade de os sócios realizarem equações que visam a reduzir os riscos de perdas no que tange ao capital integralizado e ampliar a margem de ganhos quando da apuração do valor de seus haveres sociais, uma vez que o pagamento dos haveres poderá causar significativo impacto à sociedade e à preservação da atividade empresarial por ela exercida.

Acrescenta-se, ainda, que a atenção que vem sendo dada aos princípios corporativos – *v.g.*, da transparência e da responsabilidade social – e à disseminação das melhores práticas de administração tendem a fazer com que a elaboração de tais cláusulas também passará por aprimoramentos quanto à sua redação, ao seu conteúdo e aplicação. Tudo isso se coaduna com as orientações relacionadas à diretriz de especificidade.

Recorda-se, por outro ângulo, o fato de que a introdução do instituto da dissolução parcial da sociedade no sistema jurídico brasileiro tenha se dado pela via jurisprudencial, quando os contratos sociais não previam cláusulas de predeterminação dos haveres para as diversas hipóteses de resolução parcial do vínculo societário. O reconhecimento firme dos tribunais quanto ao direito de os sócios pactuarem as regras quanto à apuração dos haveres – expresso no artigo 1.031, *caput*, do Código Civil e nos artigos 604, II, e 606 do Código de Processo Civil –, tende a contribuir para o aprimoramento das cláusulas reguladoras da apuração dos haveres sociais e, por conseguinte, das decisões judiciais que versam sobre a sua aplicação.

Dessa forma, entende-se que a força vinculativa obrigatória da cláusula tende a ser melhor preservada ao longo do transcurso do tempo quando a cláusula atender às exigências da diretriz de especificidade, a qual promove a conexão entre o conteúdo da cláusula e a situação fático-jurídica concreta, e recomenda, ao lado da diretriz de realidade, a conservação do alinhamento entre o conteúdo da cláusula e a realidade econômico-social percebida e apreendida pelos sócios quando da sua elaboração, cuja análise deverá contemplar as peculiaridades e circunstâncias consideradas pelos sócios quando no exercício da autonomia privada pactuaram a cláusula de predeterminação dos haveres sociais.

2. Diretriz de realidade

A diretriz de realidade está relacionada à aptidão do método e/ou critério a ser aplicado na apuração dos haveres para espelhar em pecúnia a realidade econômico-patrimonial da sociedade, constituindo-se então em um limite à autonomia privada. A aplicação desse conteúdo visa a promover a relação de liquidação entre as partes decorrente da resolução parcial do contrato de sociedade,[200] de modo que se possa obter o integral direito restituitório por meio do retorno das partes ao estado anterior,[201] ou, em se tratando de resolução de contrato com obrigação duradoura, por meio de ajustes projetados para o futuro (*ex nunc*).[202]

Assim, a cláusula de apuração de haveres visa a regular o efeito patrimonial *ex nunc* decorrente da resolução parcial do contrato plurilateral.[203] De modo que a escolha do método e/ou critério a ser aplicado não poderá desconsiderar a realidade econômico-patrimonial que a sua aplicação almeja expressar em pecúnia, para que então seja possível precisar o valor real que cabe ao ex-sócio ou a terceiro legitimado a título de haveres em decorrência da extinção do vínculo. O Superior Tribunal de Justiça – a exemplo do Supremo Tribunal Federal quando julgava a matéria – é rigoroso, como adiante se demonstrará, na análise do conteúdo da cláusula de predeterminação dos haveres quanto a sua capacidade de apreender e manifestar aquela realidade, com o escopo de evitar que o próprio método e/ou critério adotado para a liquidação da quota provoque deslocamentos patrimoniais injustificados.

---

[200] Cf. Aguiar Júnior: "Os direitos e deveres que integram a relação de liquidação têm sua causa imediata na resolução, mas esta é apenas uma fase do desdobramento da relação contratual". (AGUIAR JÚNIOR, 1991, p. 254).

[201] Cf. Aguiar Júnior: "A resolução produz a liberação de ambas as partes, desonerando-as da obrigação de prestar, e lhes permite a recuperação, pela restituição, de tudo quanto foi prestado, no cumprimento do contrato". (Ibid., p. 253-254. Ver: BRASIL. Superior Tribunal de Justiça. *REsp nº 1.286.144-MG*. 3ª Turma. Relator: Min. Paulo de Tarso Sanseverino. Julgado em: 7 mar. 2013. BRASIL. Superior Tribunal de Justiça. *REsp nº 1.611.415-PR*. 3ª Turma. Relator: Min. Marco Aurélio Bellizze. Julgado em: 21 fev. 2017.

[202] AGUIAR JÚNIOR, op. cit., p. 252.

[203] Cf. Aguiar Júnior: "O contrato plurilateral pode ser resolvido, total ou parcialmente, conforme haja ou não condições de sobrevivência do contrato". (Ibid., p. 87).

2.1. Percepção e apreensão da realidade

A diretriz de realidade exige que o conteúdo da cláusula de predeterminação dos haveres sociais permita a apreensão – uma dentre tantas possíveis – da realidade econômico-financeira e/ou patrimonial da sociedade e, em seguida, a expressão de seu valor em pecúnia, com o que se terá o numerário correspondente ao valor do conjunto dos haveres sociais.

A diretriz de realidade, por si só, *a priori* não impede a adoção pelas partes de um ou outro método e/ou critério para apurar os haveres, como, por exemplo, o uso do balanço do último exercício aprovado com todos os valores corrigidos até a data-base, porém exigirá que a apuração contemple toda a realidade, mesmo aquela não contemplada no referido balanço.

Desse modo, a diretriz orienta, por exemplo, a inclusão do ativo intangível e de qualquer outro não contabilizado no conjunto de haveres, com o que há a necessidade de os sócios estabelecerem algum método e/ou critério para apurar tais valores, sob pena de o Estado-juiz afastar por inteiro a cláusula pela impossibilidade de seu conteúdo apreender a realidade econômica da sociedade em toda a sua extensão.

Sublinha-se que, já na introdução do livro *Avaliação de Empresas*, Aswath Damodaran afirma que é a realidade o suporte para fundamentar o valor de qualquer ativo: "o valor percebido deve ser sustentado pela realidade",[204] o que se integra à lição de Francesco Carnelutti: "À matéria-prima, sobre a qual trabalha o pensamento, damos o nome de realidade. [...] e, assim, qualificamos a realidade como realidade ou mundo exterior".[205] Mais adiante o jurista complementa:[206]

> A razão está na identidade de reações que cada um de nós sofre em determinadas condições de ambiente. Se tenho uma leve sensação de ruído, que em seguida desaparece, ficarei na dúvida sobre se não se terá tratado de uma ilusão. Se, porém, a sensação se repete, a dúvida diminuirá. E se outros homens têm a mesma sensação, então estaremos todos de acordo em que o ruído é uma realidade. Este acordo é a conclusão de um raciocínio: se todos ouvimos do mesmo modo o ruído, isto quer dizer que ele não está em qualquer de nós, mas fora de nós. Pode, é certo, tratar-se ainda de um exagero, porque existem ilusões coletivas; mas a experiência ensina que estas são muito raras: a própria miragem, no deserto, é um fenômeno ótico, e não uma alucinação.

E, por fim, Carnelutti enfatiza a relação entre percepção e apreensão da realidade:[207]

> O exercício dos sentidos chama-se percepção: palavra expressiva da função mediadora dos sentidos através dos quais se colhe (*capitur*) a realidade. A percepção prepara a sensação, que se assemelha, *grosso modo*, à impressão de uma película fotográfica. Por tal motivo se lhe chama também impressão.
>
> [...]

---

[204] DAMODARAN, 2007, p. 1.
[205] CARNELUTTI, Francesco. *Teoria geral do direito*. 2 ed. São Paulo: LEJUS, 1999, p. 13.
[206] Ibid., p. 14.
[207] Ibid., p. 16.

Olhar, ao contrário de ver, não quer dizer senão projetar, através dos olhos, sobre a realidade, o feixe luminoso do pensamento. E assim sucede que se desenha no meio da sombra um círculo de luz e emerge dela um pedaço da realidade, enquanto o resto permanece envolto na treva. A este resultado da percepção, pode dar-se a designação de aspecto da realidade.

A percepção da realidade econômico-patrimonial da sociedade obtida pelo sócio é que lhe possibilita a construção de uma compreensão quanto aos haveres sociais e à forma de melhor apurá-los com justiça no caso concreto. Tal compreensão, quando resulta em acordo entre as partes, manifesta-se na cláusula contratual, essencialmente, como a intenção comum consubstanciada na declaração, cuja interpretação subordina-se ao disposto nos artigos 112 e 113 do Código Civil.

A apreensão daquela realidade, no entanto, se dará por meio da aplicação do conteúdo da cláusula de predeterminação dos haveres, quando prevista no contrato social. Caso contrário, aplicar-se-á o disposto no artigo 1.031, *caput*, do Código Civil e nos artigos 604, II, e 606 do Código de Processo Civil.

A diversidade de métodos e/ou critérios passíveis de serem utilizados – e assim passíveis de escolha pelos sócios – para apurar os haveres sociais e a sua relação com a diretriz de realidade como fundamento para aplicar uma ou outra metodologia pode-se verificar, por exemplo, na decisão proferida pelo STJ no julgamento do Recurso Especial nº 968.317, a qual considerou que inexistira ofensa ao artigo 1.031, *caput*, do Código Civil – que prevê a apuração com "base na situação patrimonial da sociedade" – a decisão que acolhe laudo pericial que aplica "sistemática de cálculo consistente na 'projeção da rentabilidade futura trazida ao valor presente', de modo a aferir os efeitos provocados pela perda da parcela intangível do patrimônio ('contas de clientes'), que seguira juntamente com os sócios retirantes".

A dificuldade de se apreender a efetiva realidade pertinente aos haveres sociais foi assim explicitada no acórdão pelo Min. Aldir Passarinho Junior:[208]

> De fato, a questão é um tanto peculiar, pois diz respeito a características da sociedade. Fica difícil, realmente, em um tipo de atividade como essa, não se agregar valor à clientela. [...]
>
> Realmente, é muito difícil também se entender que, rigorosamente, "x" por cento da clientela ou do faturamento de uma empresa vá ser fiel no período subsequente aos sócios retirantes, pelas próprias peculiaridades do comércio, já que uma empresa, quando se desfaz, enfraquece.

A decisão acima citada permite constatar dois importantes pontos:

a) Para o STJ é admissível o afastamento da própria regra legal para a apuração dos haveres, que poderá vir a ser substituída quando demonstrado que outro método apreende a situação patrimonial da sociedade com mais nitidez;

---

[208] BRASIL. Superior Tribunal de Justiça. REsp nº 968.317/RS. 4ª Turma. Relator: Min. João Otávio de Noronha. Julgamento: 14 abr. 2009. *DJ* 11 maio 2009, fl. 9.

b) O método que apura o valor dos haveres por meio do cálculo do fluxo de caixa descontado é possível de ser convencionado pelos sócios, tanto é que o STJ o aplicou sem que houvesse qualquer convenção e contrariando o disposto no artigo 1.031, *caput*, do Código Civil.

Com isso, indaga-se se efetivamente a imposição pelo Estado-juiz de método que basicamente se apoia em projeções de resultados futuros é possível no atual sistema jurídico brasileiro diante da diretriz de realidade e do disposto no artigo 1.031, *caput*, do Código Civil, e de forma mais confusa no artigo 606 do Código de Processo Civil.

O fato de tal método ser comumente utilizado para verificar o valor de participações societárias não é um argumento capaz de autorizar a sua imposição à sociedade e aos sócios remanescentes, porquanto o valor do conjunto de haveres não se confunde com o preço ou com a avaliação de participações societárias realizadas para as mais diversas finalidades.

A diretriz de realidade, de natureza material, está relacionada diretamente ao método e/ou critério a ser aplicado na apuração do valor dos haveres. Ocorre que a escolha do modo pelo qual a realidade econômico-patrimonial da sociedade será apreendida compete no atual sistema aos sócios, que podem, dentre outras possibilidades, optar pelo modo de apuração escolhido pelo legislador, cuja previsão se encontra no artigo 1.031, *caput*, do Código Civil e no artigo 606 do Código de Processo Civil, ou então optar por eles próprios convencionarem o modo de apuração no contrato social, com base expressa nesses mesmos artigos.

A previsão contida no artigo 607 do Código de Processo Civil, segundo a qual o juiz poderá rever o critério de apuração de haveres, a pedido da parte, a qualquer momento antes do início da perícia, deve ser interpretada com cautela, pois não significa que o juiz poderá escolher livremente o critério que julgar conveniente para o caso concreto. Os limites expressos no artigo 1.031, *caput*, do Código Civil e no artigo 606 do Código de Processo Civil permanecem.

Por isso, entende-se que a imposição judicial a qualquer uma das partes de método e/ou de critério para apurar os haveres diverso do previsto na lei e sem respaldo em cláusula prevista no contrato social, contraria o estabelecido na lei e nega vigência ao princípio da autonomia privada, pois este fundamenta tanto a escolha dos sócios por pactuarem a cláusula de predeterminação no contrato social quanto a eventual escolha por se manterem omissos, simplesmente subordinando-se à regra legal. Em síntese: no sistema jurídico brasileiro, é dos sócios o direito de escolherem o modo de apreender a realidade inerente aos haveres sociais, convertendo-a em um valor pecuniário. Caso não escolham ou a escolha venha a ser afastada, compete ao Estado-juiz aplicar o método estabelecido na lei.

Assim, cabe verificar como a diretriz de realidade vincula o conteúdo da cláusula a uma situação fática condicionada a evento futuro e incerto, considerando que a sociedade pode existir por décadas sem jamais ocorrer a resolução parcial dos vínculos societários.

De plano registra-se que a aplicação da cláusula de predeterminação dos haveres poderá ocorrer diversas vezes subsequentes ou simplesmente não ocorrer ao longo de décadas. Assim, a diretriz de realidade, ao mesmo tempo em que orienta a elaboração da cláusula de predeterminação dos haveres, também orienta a sua aplicação. E é nesta última situação que o intérprete fará a análise da apreensão da realidade econômico-patrimonial – extensão e valor – que a aplicação do conteúdo declarado na cláusula sobre a situação fático-jurídica no caso concreto proporcionaria.

Entende-se que a formação do conjunto de ativos e passivos representativo dos haveres sociais está relacionada a uma compreensão do que na sociedade tem valor econômico-patrimonial. E é essa compreensão comum, manifestada na declaração consubstanciada na cláusula de predeterminação dos haveres, que deve ser mantida incólume ao efeito gerado pelas vicissitudes ao longo do tempo, devendo a intenção comum estar expressa na metodologia eleita para se constituir o conjunto de haveres e, em seguida, atribuir-lhe o seu valor em pecúnia. A abertura e a adaptabilidade do método e/ou critério pactuado pelos sócios são qualidades que permitem a sua aplicação em situações fáticas ocorridas em diferentes datas e até períodos.

O relevante na escolha do método e/ou critérios para se apurar os haveres é assegurar que a sua aplicação apreende e expressa a realidade econômico-patrimonial da sociedade respeitados os limites jurídicos que caracterizam a relação de liquidação decorrente da extinção do vínculo societário.[209] Deve-se ter claro que a apuração dos haveres permitirá a restituição do valor integralizado pelo ex-sócio, efeito patrimonial mais significativo da resolução parcial do contrato plurilateral, que é sinalagmático.

A posição da doutrina italiana, segundo Mario Paccoia, é quase unânime no sentido de os sócios terem autonomia para acordarem a metodologia que será utilizada para determinar o "valore di mercato", *ut* artigo 2473, *comma* 3º, do Código Civil italiano,[210] apesar de a lei italiana não prever, ao contrário da brasileira, expressamente a cláusula prevista no contrato social como fonte primária para a apuração dos haveres. No entanto, Maria Paolucci extrai do texto disposto no artigo 2.473 do Código Civil italiano a norma que fixa como primeira fonte das causas de recesso no âmbito da sociedade limitada o contrato social, e a lei como segunda.[211]

---

[209] Cf. Valladão e Adamek: "De maneira geral, as cláusulas contratuais de predeterminação dos haveres do sócio retirante têm sido sistematicamente recusadas em outros sistemas jurídicos quando o valor, por meio delas apurado, apresenta clara desproporção com o valor corrente e real das participações societárias (cf. Marcus Lutter e Peter Hommelhoff, GmbH-Gesetz, 14ª ed., Köln, Otto Schmidt, 1995, §34, nota 35, pp. 394-395; Adolf Baumbach e Alfred Hueck, GmbH-Gesetz, 16ª ed., München, C. H. Beck, 1996, § 34, nota 19, pp. 400-401; e Werner Oldenburg, Münchener Vertragshandbuch, Band 1, Gesellschaftsrecht (obra coletiva), 6ª ed., München, C. H. Beck, 2005, II.3, p. 118)." (FRANÇA; ADAMEK, 2016, p. 59, nota 4).

[210] Cf. Paccoia: "[...] relativa alla possibilità di specificare nell'atto constitutivo la metodologia da adottare per determinare il *valore di mercato* richiesto dalla legge. La posizione pressoché unanime è nel senso di ritenere del tutto legittima tale facoltà." (PACCOIA, 2015, p. 182).

[211] Cf. Maria Paolucci: "Un impatto notevolmente maggiore, sotto il profilo della tutela concreta del socio, è offerto, invece, dalla facoltà di prevedere, per via satutaria, ulteriori ipotesi di recesso. Considerata la formulazione dell'art. 2473, addirittura, si deve affermare che, nella s.r.l., la prima fonte delle cause di recesso

Giuseppe Zanarone sustenta que o sistema italiano autoriza os particulares a estabelecerem métodos e/ou critérios para a apuração dos haveres diferentes do previsto na lei; no entanto, indica que a adoção de critérios menos favoráveis não é recomendada, sobretudo nas hipóteses de extinção do vínculo societário previstas na lei, enquanto que nenhum obstáculo impede a adoção de métodos mais favoráveis.[212] Em sentido semelhante, Brunello Acquas sustenta, considerando que a "autonomia statutaria costituisce uno dei pilastri della riforma del diritto societario e della società a responsabilità limitata in particolare",[213] que as escolhas são possíveis, porém apenas para explicitar ou integrar a regra legal.[214]

Na busca pela apreensão e expressão da realidade patrimonial da sociedade na data da resolução do vínculo, uma série de questões poderão se apresentar no caso concreto. Examina-se abaixo a inclusão no conjunto de haveres do passivo oculto e do poder de controle; bem como, a possibilidade de os sócios convencionarem um valor fixo a título de haveres sociais, e a hipótese de ser leonina a cláusula que exclui o sócio da participação nos haveres sociais.

Quanto ao passivo oculto da sociedade, compreendido como as obrigações ainda não reveladas ou, se reveladas, não em caráter definitivo,[215] deve ser considerado na apuração dos haveres,[216] conforme a natureza do método e/ou critérios eleito pelos sócios para calcular o valor dos haveres, desde que as obrigações encontrem consistente fundamento fático-jurídico, naturalmente.

No que tange ao poder de controle, Spinelli explica que não deve ser incluído no conjunto de haveres a apuração dos haveres, pois "o poder de controle é um poder de fato, e não um direito subjetivo, nem um objeto de direito".[217] Na perspectiva da diretriz de realidade, o poder de controle não integra o conjunto de haveres por não integrar o patrimônio da sociedade, seja por ela não exercer esse poder, seja pela natureza política – e não patrimonial

---

è lo statuto, al quale si affianca, secondariamente, la legge." (PAOLUCCI, Maria Ginevra. *La tutela del socio nella società a responsabilità limitata*. Milano: Giuffrè, 2010, p. 115).

[212] ZANARONE, Giuseppe. *Il Codice Civile:* commentario. Milano: Giuffrè, 2010a, v. 1: Della società a responsabilità limitata. Artt. 2462-2474, p. 831-833.

[213] ACQUAS, Brunello; LECIS, Corrado. *Il recesso del socio nella S.P.A. e nella S.R.L.*. Milano: Giuffrè, 2010, p. 215.

[214] Cf. Acquas: "Nondimeno verrebbe da soggiungere che la stessa lettera della norma sembra aprire la porta alla possibilità che l'atto costitutivo introduca dei criteri integrativi di quelli legali, funzionali alla determinazione del valore della partecipazione da rimborsare, restando comunque sempre salva l'inderogabilità del criterio legale sancita con la espressione *tenendo conto* del valor del patrimonio netto della società." (Ibid., p. 216).

[215] Cf. Gonçalves Neto: "Em contrapartida, há valores passivos que não figuram na escrituração da sociedade e, por isso, integram o que se convencionou chamar de passivo oculto, que precisam ser levantados para a determinação do real valor da quota". (GONÇALVES NETO, 2016, p. 312).

[216] Cf. Spinelli: "Incluídos os bens corpóreos e incorpóreos (como concessões públicas, marcas, patentes, etc., inclusive o fundo de comércio), além das reservas sociais e do passivo oculto – não se computando, obviamente, os resultados posteriores à eliminação do sócio da sociedade. [...] essa é a interpretação predominante dada ao art. 1.031 do Código Civil, inclusive para os casos de exclusão de sócio". (SPINELLI, 2015, p. 513-514).

[217] SPINELLI, 2015, p. 520.

– que o define,[218] de modo que seria um equívoco pretender que a apuração apreendesse o seu valor.

Em relação à cláusula que fixa "antecipadamente o pagamento dos haveres de sócio mediante quantia certa e inalterável, sem levar em conta o estado de prosperidade futura da empresa", Estrella indica que ela poderia configurar abuso do direito e, pois, sofrer restrição.[219] Não parece ser o caso, até porque comprovar o abuso de direito diante do expresso exercício da autonomia privada, manifestado na existência da cláusula apuração dos haveres, é tarefa árdua; além de a possibilidade ser fonte de insegurança jurídica. Nesse caso, a cláusula possivelmente seria afastada pelo Judiciário por contrariar as diretrizes materiais apresentadas nesse trabalho: *realidade* e *atualidade*.[220]

A cláusula leonina está relacionada à nulidade da cláusula que exclui o sócio da participação nos lucros e nas perdas, conforme estabelece o artigo 1.008 do Código Civil.[221] Hernani Estrella, ao analisar a possibilidade de a eficácia da cláusula de predeterminação dos haveres ser afastada sob o argumento de que se trata de uma sociedade leonina,[222] cita, como exemplo, a existência de uma sociedade próspera, com apreciáveis reservas indiretas ou ocultas, em que a convenção não os contemplasse, excluindo o sócio de qualquer participação, para afirmar que a convenção contraria "o escopo em função do qual se associaram um e outro e era, de resto, da essência mesma do contrato societário. Assim, mercê deste raciocínio, concluir-se-ia pela invalidade de convenção desse quilate".[223] Nesse caso, o afastamento da cláusula ainda ocorreria por ser ela contrária ao limite à autonomia privada posto pelo legislador no artigo 1.008 do Código Civil e por divergir da diretriz de realidade, justamente por não manter correspondência com a "vida real" que a ideia de sociedade leonina, segundo Estrella, não possibilita.[224]

Ressalta-se que seria inadmissível uma cláusula que estabelecesse a obrigação do sócio de pagar à sociedade o valor correspondente aos haveres sociais quando esse for negativo.[225] O seu afastamento se daria, sobretudo, por força do princípio da individualidade dos patrimônios.[226]

---

[218] Cf. Calixto: "O legislador brasileiro não se contentou em permitir a separação entre propriedade e controle, esmerou-se em incentivá-la". (SALOMÃO FILHO, 2006, p. 122).

[219] ESTRELLA, 2010, p. 95 e p. 100.

[220] A diretriz de atualidade será estudada no capítulo terceiro.

[221] No capítulo quinto, dedicado ao estudo da diretriz de proporcionalidade, será abordada a relação entre a autonomia dos sócios para fixarem a suas participações nos lucros e nas perdas, *ut* artigo 1.007 do Código Civil.

[222] O próprio Estrella coloca em dúvida a aplicabilidade do conceito de sociedade leonina na seara dos haveres, pois "a noção de sociedade leonina, posto que tradicional e consagrada, raramente encontrará exata correspondência na vida real". (ESTRELLA, op. cit., p. 93).

[223] Ibid., p. 93.

[224] ESTRELLA, 2010, p. 93.

[225] Cf. Spinelli: "Mais: não se pode prever no contrato social que, caso os haveres apurados correspondam a valor negativo, tenha o sócio de pagar à sociedade o montante equivalente ao que competiria a ele nos prejuízos". (SPINELLI, 2015, p. 504).

[226] Cf. Alpa: "Il privilegio consiste essenzialmente nell'assegnare all'ente riconosciuto, cioè alla persona giuridica, un *patrimonio separato* da quello dei singoli membri, e *capacità* separata rispetto a quella dei singoli membri, sicché i terzi e i creditori per la soddisfazione delle loro pretese si possono rivolgere solo alla perso-

Dessa forma, compreende-se que percepção e apreensão da realidade na seara dos haveres sociais são dois momentos significativos, porque, além de se dirigirem à intenção comum consubstanciada na cláusula, os dois atos são realizados a partir do contato com a realidade econômica e patrimonial da sociedade. A primeira dirige-se à elaboração da cláusula, já a segunda se promoverá com a aplicação do método e/ou critério convencionado para a apuração dos haveres sociais.

2.2. Realidade e apuração dos haveres sociais

A diretriz de realidade está presente nos julgamentos acerca da aplicação da cláusula reguladora dos haveres desde o surgimento do tema no STF, quando a Corte entendeu que o último balanço aprovado pelo sócio falecido se constituía em uma expressão completa da realidade – totalidade do acervo existente –, estimada pelo próprio sócio falecido – realidade como valor real dos haveres.

A diretriz de realidade é aplicada pelo Supremo Tribunal Federal desde as suas primeiras decisões acerca dos haveres sociais. Por exemplo, à força vinculativa da cláusula reguladora da apuração dos haveres, o STF concedeu primazia quando, em 1955, a 2ª Turma julgou, sob a relatoria do Min. Lafayette de Andrada, o Recurso Extraordinário nº 28.544,[227] no qual a sociedade exigia, em face do falecimento do sócio, a apuração dos haveres "conforme as cláusulas do contrato e, assim, segundo o último balanço, ao qual está vinculada a herdeira do quotista morto, tanto mais que aquele balanço foi levantado e assinado pelo *de cujus*, na qualidade de gerente da sociedade".[228] Alegava-se que se tratava de uma *holding* imobiliária – sociedade "destinada à exploração de imóveis" –, e não de uma sociedade efetivamente empresária.[229]

A sentença havia decidido pela aplicação da cláusula, pois o último balanço havia sido aprovado expressamente pelo sócio falecido, não sendo determinante a apuração do valor dos haveres "em importância inferior à realidade".[230]

---

na giuridica e non ai suoi membri o ai suoi organi". (ALPA, 2017, p. 205). Cf. Marcondes: "Finalmente, a sociedade, ao organizar-se, ela se forma de separações patrimoniais, realizadas pelos sócios, para as reunirem num patrimônio separado, que é o patrimônio social, mas de que são titulares os sócios, até que a sociedade se inscreva no registro próprio e por esta inscrição adquira personalidade jurídica. Então, este patrimônio separado, destacado dos patrimônios dos sócios, transfunde-se num patrimônio autônomo, porque tem um novo titular, um novo sujeito de direito, que é a pessoa jurídica. E a personificação da sociedade tem o efeito de separar, cortar as relações entre os sócios e os bens que constituem a quota de cada um, para constituição da massa social, até que com o desaparecimento da pessoa jurídica volte a situação inicial, retornando ao patrimônio de cada sócio aquilo que remanescer do patrimônio social". (MARCONDES, 1977, p. 14-15). Cf. Vivante: "Le società commerciali sono persone giuridiche, cioè organismi autonomi forniti di diritti patrimoniali. La personalità giuridica delle società commerciali è una conquista del diritto medievale italiano". (VIVANTE, Cesare. *Trattato di diritto commerciale*. 5. ed. Milano: Francesco Vallardi, 1935, v. 2, p. 5).

[227] BRASIL. Supremo Tribunal Federal. RE nº 28.544/DF. 2ª Turma. Relator: Min. Lafayette de Andrada. Julgamento: 20 set. 1955. *DJ* 23 nov. 1955.

[228] Ibid., fl. 1-2 do acórdão.

[229] Ibid., fl. 2, do acórdão.

[230] Ibid., fl. 7, do acórdão.

A decisão recorrida havia mantido a sentença. Ao rechaçar o argumento de que o conteúdo da cláusula impossibilitava apurar os "valores reais do patrimônio social", a Turma reafirmou a ideia de que a realidade está expressa no balanço, havendo aí a presunção de que o "balanço represente uma realidade, seja completa, e na espécie foi estimado pelo próprio *de cujus*".[231]

Ao julgar o Recurso Extraordinário nº 29.713,[232] relatado pelo Min. Orosimbo Nonato em 1955, a 2ª Turma do STF afastou a convenção contratual por entender que o seu conteúdo não mantinha correspondência com a realidade. Em outras palavras, a Corte decidiu pelo afastamento da cláusula cujo conteúdo ignore a realidade: "[...] na apuração se decidisse pelo justo e não pelo fixado no contrato, que não mais corresponderia à realidade da situação".[233]

Ainda, no julgamento dos EDcl opostos contra o acórdão proferido no julgamento do Recurso Extraordinário nº 28.544,[234] ocorrido em 1956, a 2ª Turma reiterou a inexistência de qualquer razão para afastar a cláusula, pois atendida a diretriz de realidade por meio do significado atribuído ao balanço e à sua aprovação pelo sócio que veio a falecer:[235]

> A consequência desse entendimento se fez sentir na apuração dos haveres do quotista falecido, que a sentença e o acórdão deram solução legal, mandando fazer de acordo com as cláusulas do contrato, segundo o último balanço.
>
> Daí a improcedência do que pretende a segunda recorrente, que a apuração de haveres se faça na base dos valores reais do patrimônio social (fls. 433).
>
> Mas presume-se que tal balanço representa uma realidade, seja completo, e na espécie foi estimado pelo próprio *de cujus*.

Para o Superior Tribunal de Justiça – na esteira do que fora para o STF – a diretriz de realidade, quando não respeitada, torna-se, inclusive, fundamento para o interesse do sócio insatisfeito agir por meio de medidas judiciais, como sinalizado foi pelo Min. Menezes de Direito ao relatar o REsp nº 50.885, e assim fundamentar a interesse de agir do autor:[236]

> Se o recorrente considera que o apurado não corresponde ao valor real que deveria receber [...], tem interesse de agir, requerendo a apuração judicial diante da discordância com os números que foram encontrados, eis que pode vir a ser prejudicado pela elaboração de balanço em desconformidade com a realidade da empresa.

Assenta-se que está na diretriz de realidade o argumento central para o STJ ter determinado, ao julgar o REsp nº 110.303, a inclusão das participações que a sociedade possuía em outras sociedades, cujos patrimônios sociais, então, também deveriam ser apurados. Atenta-se à razão aduzida pelo Min. Eduardo

---

[231] Ibid., fl. 14, do acórdão.
[232] BRASIL. Supremo Tribunal Federal. RE nº 29.713/DF. 2ª Turma. Relator: Min. Orosimbo Nonato. Julgamento: 11out. 1955. *DJ* 07 jan. 1959.
[233] Ibid., fl. 9-10, do acórdão.
[234] BRASIL. Supremo Tribunal Federal. RE nº 28.544/DF. Sessão Plena. Relator: Min. Lafayette de Andrada. Julgamento: 24 jul. 1956.
[235] Ibid., fl. 4, do acórdão.
[236] BRASIL. Superior Tribunal de Justiça. Resp nº 50.885/SP. 3ª Turma. Relator: Min. Carlos Alberto Menezes Direito. Julgamento: 03 set. 1996. *DJ* 30 set. 1996, fl. 3.

Ribeiro: "[...] não pode ficar sem resposta a pretensão de que sejam incluídos todos os bens imóveis, ainda que não constantes de registros contábeis, bem como de que se tenha em conta o valor real e não apenas o correspondente a tais lançamentos".[237]

A forte influência da diretriz de realidade na seara dos haveres sociais pode-se constatar ainda no julgamento do Recurso Especial nº 515.681, quando o Min. Ruy Rosado de Aguiar, ao verificar se o juiz poderia ou não apreciar novamente a decisão que fixara os critérios e o período para a apuração dos haveres sociais, entendeu que sim, pois deve-se aí atentar para as exigências contidas na diretriz de realidade. *In verbis*:[238]

> [...] nessa questão de dissolução parcial de sociedade comercial, a orientação que deve prevalecer é a de garantir aos sócios a justa repartição do que toca a cada um, de acordo com as suas quotas. Quanto mais aproximada da realidade for a solução encontrada pelo juiz, melhor ela será. Daí por que não endosso o esforço de impedir o conhecimento da realidade da empresa e do valor econômico de suas quotas.

E a relação entre a diretriz de especificidade, no que tange ao preenchimento dos requisitos intrínsecos à cláusula, e a diretriz de realidade, mais especificamente quanto à tentativa de se evitar deslocamento patrimonial injustificado, pode ser observada na decisão proferida pelo STJ ao julgar o REsp nº 1.369.270, relatado pela Min. Nancy Andrighi, que em seu voto assentou que a recorrente havia apresentado "para a perícia balanço patrimonial fraudado, retirando a fé do objeto periciado e inviabilizando a apuração do balanço de determinação relativo à data da exclusão", e aplicou a tese de que a apuração fosse realizada como se daria em caso de dissolução total, com isso orientando a apuração do valor dos haveres para o valor mais próximo do que seria efetivamente obtido em caso de liquidação da sociedade, de modo que não ocorreriam deslocamentos patrimoniais injustificados.[239] Expôs a Min. Nancy Andrighi:[240]

> [...] a apuração de haveres por meio de balanço de determinação, utilizada pelos tribunais nacionais, tem o escopo de apurar, à data presente, o valor patrimonial real da empresa parcialmente dissolvida. Trata-se de balanço especial destinado a apontar o valor financeiro que se alcançaria por meio da dissolução total da empresa, de forma a determinar o valor mais próximo do real a que o sócio excluído teria direito.

---

[237] BRASIL. Superior Tribunal de Justiça. REsp nº 110.303/MG. 3ª Turma. Relator: Min. Eduardo Ribeiro. Julgamento: 15 abr. 1997. *DJ* 19 maio 1997, fl. 3.

[238] BRASIL. Superior Tribunal de Justiça. REsp nº 515.681/PR. 4ª Turma. Relator: Min. Ruy Rosado de Aguiar. Julgamento: 10 jun. 2003. *DJ* 22 set. 2003, fl. 8.

[239] BRASIL. Superior Tribunal de Justiça. REsp nº 1.369.270/SP. 3ª Turma. Relatora: Minª. Nancy Andrighi. Julgamento: 25 mar. 2014. *DJ* 05 jun. 2014, fl. 6-7. O entendimento foi reiterado no julgamento do BRASIL. Superior Tribunal de Justiça. REsp nº 1.360.221/SP. 3ª Turma. Relatora: Minª. Nancy Andrighi. Julgamento: 25 mar. 2014. *DJ* 03 jun. 2014, referente às mesmas partes. E em outras oportunidades, *v.g.*: No mesmo sentido quanto ao balanço de determinação e o princípio que veda o enriquecimento sem justa causa: BRASIL. Superior Tribunal de Justiça. EREsp nº 1.286.708/PR. 2ª Seção. Relatora: Minª. Maria Isabel Gallotti. Julgamento: 11 maio 2016. *DJ* 03 jun. 2016; BRASIL. Superior Tribunal de Justiça. REsp nº 1.304.068/PR. 3ª Turma. Relatora: Minª. Nancy Andrighi. Julgamento: 27 maio 2014. *DJ* 05 jun. 2014.

[240] BRASIL, REsp nº 1.369.270/SP. 3ª Turma. Relatora: Minª. Nancy Andrighi. Julgamento: 25 mar. 2014. *DJ* 05 jun. 2014, fl. 6.

A direta relação entre a diretriz de realidade e o método e/ou critério convencionado pelos sócios para a apuração dos haveres foi registrada pela 3ª Turma do STJ, que, apesar de ter negado provimento ao AgRg no AI nº 473.967, assentou no voto do Min. Carlos Alberto Menezes Direito que o acórdão recorrido, ao fixar no caso o método de apuração dos haveres por meio do "patrimônio líquido contábil ajustado mediante a consideração de seu ativo intangível (clientela, aviamento, etc.) avaliado com base na rentabilidade média da empresa", e não pelo "método de fluxo de caixa, seja por implicar inviável projeção dos fluxos para pelo menos 10 anos, seja por essa metodologia depender do forte envolvimento dos administradores na elaboração dos fluxos de caixa projetados para os períodos futuros", estava "amplamente fundamentado".[241]

A razão última contida na decisão recorrida, proferida pelo TJSP, repousava, exatamente, na necessidade de a apuração dos haveres atender às exigências pertinentes à diretriz de realidade, como transcreveu o Min. Menezes Direito:[242]

> [...] circunstância a recomendar a utilização de método outro que não o do patrimônio líquido contábil ajustado, que conduziria à conclusão – manifestamente divorciada da realidade – de que nada valiam os bens intangíveis das empresas do grupo.

A ideia de fazer com que o valor dos haveres reflita a realidade econômica e patrimonial da sociedade ainda se vê no argumento secundário defendido pelo TJSP e ressaltado pelo STJ: "Aliás, mostra-se bem mais seguro o método utilizado, que toma por base o lucro médio obtido nos exercícios anteriores, do que o método do fluxo de caixa, em razão de aquele fundar-se em dados concretos anteriores e, pois, já conhecidos, e este último em projeção futura, que nem sempre se concretiza como previsto".[243]

Os julgados acima evidenciam não apenas a existência da diretriz de realidade no sistema jurídico brasileiro, mais precisamente no âmbito dos haveres sociais, como a sua aplicação pelos Tribunais Superiores se caracteriza pela tradição, pois aplicada pelo STF desde as primeiras decisões sobre o tema, e firmeza, pois segue sendo comumente aplicada pelo STJ.

A diretriz de realidade também se extrai do significado dos textos e das expressões contidos nos artigos 1.031, *caput*, do Código Civil e 604, II, 606, ambos do Código de Processo Civil. Ao estabelecer a regra legal, o legislador fez uso de expressões como "valor da quota"; "situação patrimonial da sociedade"; "balanço especialmente levantado"; "valor patrimonial"; "balanço de determinação"; "tangíveis e intangíveis"; e "preço de saída", nas quais se verifica que a norma legal visa a promover a apuração dos haveres sempre em conformidade com a realidade patrimonial da sociedade.

---

[241] BRASIL. Superior Tribunal de Justiça. REsp nº 473.967/SP. 3ª Turma. Relator: Min. Carlos Alberto Menezes Direito. Julgamento: 06 mar. 2003. *DJ* 07 abr. 2003, fl. 8.
[242] Ibid., fl. 8.
[243] Ibid., fl. 8.

A conexão normativa entre a diretriz de realidade e o conteúdo do art. 1.031, *caput*, do Código Civil encontra-se explicitada na jurisprudência do STJ, como se vê no voto da Min. Nancy Andrighi ao julgar o REsp nº 1.369.270:[244]

> Assim, a elaboração do balanço de determinação deve atender a dois princípios, nos termos das Normas Brasileiras de Contabilidade do CFC (NBC-T-4): i) valor de mercado; e ii) valor presente. Consectário lógico, tanto do princípio contábil do valor presente, quanto da finalidade de se apurar o valor patrimonial real da empresa e das quotas do sócio excluído, essa apuração tem por base natural a data do evento (exclusão ou retirada), de forma que as alterações patrimoniais posteriores são irrelevantes para o levantamento.

Ainda no mesmo voto, a Min. Andrighi sublinha que a existência da diretriz de realidade no sistema jurídico e a sua aplicação pelos tribunais antecedem a introdução do artigo 1.031, *caput*, do Código Civil no ordenamento jurídico, bem como anota que a sua aplicação tem como objetivo evitar que a resolução parcial do vínculo promova deslocamentos patrimoniais injustificados entre a sociedade e o ex-sócio ou terceiro legitimado, o que acabará por repercutir no patrimônio dos sócios remanescentes. *In verbis*:[245]

> Esse raciocínio lógico-dedutivo foi materializado no art. 1.031 do CC/02, de modo que, apesar de consistir novidade textual, já vinha sendo admitido pela jurisprudência e doutrina como decorrência da vedação ao enriquecimento sem causa.

Ex positis, entende-se que subjaz à cláusula de predeterminação dos haveres uma compreensão comum dos sócios quanto à realidade econômica e/ou patrimonial da sociedade, a qual, convertida na cláusula, se manifesta no método e/ou critério escolhido pelos sócios, dentre tantos possíveis, para apurar o valor dos haveres. Assim, a diretriz de realidade indica que o conteúdo da cláusula deverá permitir a apreensão da mesma perspectiva da realidade, em qualquer data que a apuração dos haveres se fizer necessária, que fora apreendida pelos sócios para a elaboração da cláusula.

2.2.1. Dimensão existencial

A diretriz de realidade contempla duas dimensões: a realidade quanto à existência dos haveres e a realidade quanto ao valor dos haveres. As duas dimensões inerentes à diretriz de realidade estão relacionadas entre si pelo fator lógico-temporal. A primeira ocorre na formação do conjunto dos haveres sociais, o qual deverá contemplar a integralidade dos ativos e passivos existentes na situação fática concreta. A segunda, somente passível de ser atendida após a formação do patrimônio social, refere-se à expressão do real valor do conjunto de haveres em pecúnia.

Cabe, antes de prosseguir, anotar que a expressão *conjunto de haveres* indica com mais precisão o objeto da apuração do que a expressão *patrimônio social*;

---

[244] BRASIL. Superior Tribunal de Justiça. REsp nº 1.369.270/SP. 3ª Turma. Relatora: Minª. Nancy Andrighi. Julgamento: 25 mar. 2014. *DJ* 05 jun. 2014, fl. 6.
[245] Ibid., fl. 6-7.

a clareza entre os conceitos permite perceber a possibilidade de se encontrar números diferentes para os haveres sociais e para o patrimônio social. A constatação se observa na diversidade de métodos e/ou critérios passíveis de serem utilizados na apuração do valor dos haveres – ou mesmo na avaliação de participações societárias –, enquanto o patrimônio da sociedade está vinculado ao cálculo dos ativos e passivos relacionados no balanço patrimonial. Dessarte, por exemplo, a avaliação do patrimônio social poderá ser um dos critérios adotados para se avaliar o conjunto de haveres da sociedade; outro, por exemplo, poderia ser o método de fluxo de caixa descontado.

A dimensão quantitativa da diretriz de realidade exige que o conjunto de bens constitutivo do patrimônio social sobre o qual se dará a apuração dos haveres sociais contemple a integralidade do ativo e do passivo existente no âmbito de titularidade da sociedade. Esse conjunto é formado por bens individualizados e/ou por subconjuntos organizados a partir de critérios lógicos que consideram a natureza do bem e as peculiaridades do caso. Exemplo do primeiro caso se vê quanto aos imóveis, e do segundo quanto ao conjunto de bens intangíveis. A definição do modo como o patrimônio social será composto, descrito e avaliado está relacionada com o método e/ou critérios eleitos pelas partes para a apuração de seu valor pecuniário.

A diretriz de realidade, em seu aspecto existencial, está estampada no julgamento do Recurso Extraordinário n° 29.713,[246] quando a Corte decidiu, em 1955, que estava correta a decisão que determinara a inclusão no conjunto de haveres sociais do lucro não distribuído, porquanto as "reservas" ou "fundos" deviam ser considerados como bens integrantes do patrimônio social.[247] E, ao rejeitar os Embargos de Declaração, a Corte reafirmou o direito de os sócios apreenderem, mesmo com equívocos, a realidade que optaram por regrar: "No tocante à avaliação do imóvel, mesmo que algum equívoco houvesse, ficou ressalvado o princípio legal, isto porque a regra da liberdade de convenção é limitada".[248]

Acresce-se que o primeiro acordão localizado no STF pela pesquisa com relação à inclusão de ativos intangíveis – mesmo contrariando a cláusula pactuada – no acervo social foi proferido em 28 de junho de 1962, ao apreciar o Recurso Extraordinário n° 48.580.[249] O acórdão que havia julgado a apelação entendera, por maioria, que não se justificaria beneficiar o sócio remanescente, que continua a explorar um negócio próspero, com a totalidade do fundo de comércio: "deixando de contemplar os herdeiros do sócio falecido e que se retiram, por imposição daquele, com apoio no contrato social, deixando de contemplá-los com uma quota parte do fundo de comércio, representativo de

---

[246] BRASIL. Supremo Tribunal Federal. RE n° 29.713/DF. 2ª Turma. Relator: Min. Orosimbo Nonato. Julgamento: 11 out. 1955. DJ 07 jan. 1959.

[247] Ibid., fl. 10, do acórdão.

[248] BRASIL. Supremo Tribunal Federal. Embargos/RE n° 29.713/DF. Sessão Plena. Relator: Min. Cândido Motta Filho. Julgamento: 06 jul. 1959. DJ 20 ago. 1959, fl. 7, do acórdão.

[249] BRASIL. Supremo Tribunal Federal. RE n° 48.580/Guanabara. 1ª Turma. Relator: Min. Luiz Gallotti. Julgamento: 28 jun. 1962.

valor considerável, do qual são privados; doutra sorte, um dos sócios levaria a mais considerável vantagem".[250]

A matéria foi objeto de embargos infringentes, tendo o Des. Serpa Lopes lavrado o voto vencedor no sentido de excluir o fundo de comércio "em virtude de cláusula contratual expressa".[251] O entendimento vencido sustentava que o "balanço tem que representar a situação real efetiva no dia em que é feito", o que exige a inclusão do fundo de comércio no processo de apuração dos haveres sociais, pois, do contrário, "seria uma doação ao sobrevivente", de "enorme cifra" no caso concreto.[252]

O Min. Luiz Gallotti reconheceu a existência de divergência jurisprudencial quanto a não utilização do último balanço em caso de falecimento – "Em se tratando de sociedade de apenas dois sócios [...], a apuração de haveres não pode fazer-se de acordo com o último balanço" –,[253] e, desse modo indireto, o STF estabeleceu que a inclusão do fundo de comércio no conjunto constitutivo dos haveres é medida que se impõe, mesmo quando há cláusula excluindo-o, por força de manifesta e calculável transferência patrimonial injustificável em favor da sociedade e dos sócios remanescentes, porquanto o elemento econômico integra a natureza do contrato de sociedade.

Em 1976, no Recurso Extraordinário nº 82.273, relatado pelo Min. Carlos Thompson Flores, o STF determinou que se aplicasse a cláusula que previa a adoção do balanço aprovado pelo sócio para fins de apuração dos haveres.[254] No caso, o balanço fora aprovado dois meses antes do falecimento, e o acervo patrimonial nele contido não contemplava os equipamentos de "flutuação, navegação e seus acessórios", que teriam sido recebidos como "doação gravosa".[255] Da análise do acórdão depreende-se que a apreensão da realidade patrimonial da sociedade no que tange à formação do conjunto constitutivo do acervo patrimonial é a razão última para acolher a extensão do patrimônio social estabelecida pelo balanço, e está manifestada na aprovação pelo sócio falecido do balanço que os desconsiderava. No caso, inclusive testemunhas foram ouvidas acerca da divergência quanto à inclusão dos bens reivindicados pelos sucessores.

A diretriz de realidade, em sua dimensão quantitativa, portanto vinculada à formação do conjunto dos haveres, se vê ainda no acórdão proferido no julgamento do Recurso Especial nº 23.052-8, quando a 3ª Turma do STJ determinou que fosse incluído no conjunto constitutivo do patrimônio social o contrato de concessão comercial firmado pela sociedade, na qualidade de concessionária de veículos, e montadora que os produz, não poderia ser incluído no conjunto de ativos da sociedade porque sobre ele não havia direito patrimonial, e que o

---

[250] BRASIL. Supremo Tribunal Federal. RE nº 48.580/Guanabara. 1ª Turma. Relator: Min. Luiz Gallotti. Julgamento: 28 jun. 1962, fl. 2, do acórdão.

[251] Ibid., fl. 4, do acórdão.

[252] Ibid., fl. 6, do acórdão.

[253] BRASIL. Supremo Tribunal Federal. RE nº 48.580/Guanabara. 1ª Turma. Relator: Min. Luiz Gallotti. Julgamento: 28 jun. 1962.

[254] BRASIL. Supremo Tribunal Federal. RE nº 82.273/RJ. 2ª Turma. Relator: Min. Carlos Thompson Flores. Julgamento: 16 mar. 1976. *DJ* 16 jun. 1976, fl. 11-12, do acórdão.

[255] Ibid., fl. 17, do acórdão.

próprio contrato a montadora concedente poderia a qualquer momento decidir por finalizar. No voto do Min. Dias Trindade, consta:[256]

> [...] a inclusão nos haveres da cota parte do valor da concessão, dita "bandeira" no linguajar empresarial, para a comercialização de veículos de determinada marca em área territorial definida, posto que perfeitamente mensurável.
>
> [...] não serve a sustentar que a concessão não tem valor que deva compor os haveres, para a devida indenização do sócio que é afastado.

E o Min. Waldemar Zveiter, ao proferir o voto-vogal, assim expôs o seu raciocínio quanto à extensão do ativo intangível cuja inclusão no patrimônio social era objeto da controvérsia:[257]

> [...] não se haverá de considerar exclusivamente o detentor da marca como senhor desse valor imponderável, que integra o fundo de comércio, não propriamente pela marca, mas pelos serviços que também presta o concessionário. Não é o simples fato da existência da marca que seleciona determinada clientela que integra um fundo de comércio, senão a própria realização de serviços, tais como o de mecânica, de reparos, de manutenção dos veículos, como também o bom trato, a aparência da loja, o trato dos vendedores no atendimento aos clientes, a oferta de determinadas vantagens, requisitos e confortos. Todos esses são bens imponderáveis que devem integrar o fundo de comércio e não exclusivamente a marca ou a chamada "bandeira".

Embora no voto do Min. Dias Trindade conste que o ativo – contrato de concessão – deva ser incluído por ser mensurável e para a "devida indenização do sócio que é afastado",[258] pode-se induzir de tais observações que o fator de discriminação adotado para a formação do conjunto patrimonial da sociedade é o reconhecimento da existência do bem de natureza patrimonial no âmbito da sociedade e da empresa – existência e valor econômico –, e não a possibilidade de mensurá-lo, até porque a apuração ocorrerá apenas como desdobramento daquele reconhecimento.

Não obstante a apuração dos haveres encontrar-se desvinculada da ideia de reparação de dano causado por ato ilícito, a menção pelo STJ à palavra *indenização* remete à ideia de que a apuração e o pagamento dos haveres deverão ocorrer de forma que inexista qualquer perda patrimonial para as partes com o término parcial dos vínculos sociais.[259]

---

[256] BRASIL. Superior Tribunal de Justiça. REsp nº 23.052-8/SP. 3ª Turma. Relator: Min. Dias Trindade. Julgamento: 04 ago. 1992. *DJ* 14 set. 1992, fl. 2, do acórdão.

[257] Ibid., fl. 6, do acórdão.

[258] Ibid., fl. 2, do acórdão.

[259] O uso da expressão indenização para se referir aos haveres consta em alguns acórdãos, v.g.: BRASIL. Superior Tribunal de Justiça. REsp nº 958.116/PR. 4ª Turma. Relator: Min. João Otávio de Noronha. Julgamento: 22 maio 2012. *DJ* 06 mar. 2013: "compor a apuração de haveres para se chegar ao valor de indenização do sócio retirante por suas cotas sociais". BRASIL. Superior Tribunal de Justiça. REsp nº 1.369.270/SP. 3ª Turma. Relatora: Minª. Nancy Andrighi. Julgamento: 25 mar. 2014. *DJ* 05 jun. 2014: "[...] a determinação de busca do valor patrimonial real para indenização dos sócios excluídos". BRASIL. Superior Tribunal de Justiça. REsp nº 1.335.619/SP. 3ª Turma. Relatora: Minª. Nancy Andrighi. Julgamento: 03 mar. 2015. *DJ* 27 mar. 2015, fl. 8: "Correta, portanto, a decisão das instâncias ordinárias, que diante do inconformismo manifestado pelos recorridos, desconsideram o critério eleito pelo contrato social para a apuração de haveres, partindo em busca de uma metodologia que assegure a efetiva indenização do sócio pelas suas quotas". Igualmente: BRASIL. Superior Tribunal de Justiça. REsp nº 43.395/SP. 3ª Turma. Relator: Min. Ari Pargendler. Julgamento: 25 maio 1999. *DJ* 28 jun. 1999.

A ideia da apuração de haveres da forma mais ampla possível integra as raízes históricas do tema, como evidenciado pelo Min. Sálvio de Figueiredo Teixeira ao relatar o REsp nº 40.820-2, por meio do qual se reformou a decisão proferida pelo TJSP que admitira a dissolução parcial e a consequente apuração dos haveres limitada ao valor do capital social. Apesar de a Quarta Turma entender que era o caso de dissolução total, e não parcial, o Min. Relator fez constar na ementa o traço histórico entre a ideia de uma apuração ampla e a Súmula nº 265 do STF: "[...] a apuração de haveres, nos casos de dissolução, não se dê de acordo com a simples participação no capital social, resumindo-se à aferição das cotas sociais, mas da forma mais ampla possível, na linha do Enunciado nº 265 da jurisprudência sumulada do Supremo Tribunal Federal, construído na vigência do sistema constitucional anterior".[260]

Observa-se que a diretriz de realidade, em sua dimensão existencial, foi adotada como fundamento da decisão tomada no REsp nº 43.395, quando a 3ª Turma do STJ determinou a inclusão do fundo de comércio no conjunto patrimonial. A sentença, transcrita no acórdão, identificara a existência do fundo no caso concreto, por isso sustentou que "deixar de reconhecer a existência do fundo de comércio e, por conseguinte, o correspondente valor patrimonial, é fechar os olhos para a realidade".[261] O acórdão proferido pelo TJSP enfatiza o caráter patrimonial atribuído ao fundo de comércio, daí a sua imprescindível inclusão: "[...] consoante entendimento jurisprudencial dos mais pacíficos, essa parcela integra os referidos haveres de forma absolutamente inequívoca".[262]

Os recorrentes no Recurso Especial nº 52.094 pretendiam a exclusão do fundo de comércio dos haveres sociais "haja vista tratar-se, a dissolvenda, de *holding* não operativa, por natureza e disposição contratual".[263] O STJ reafirmou o acerto da decisão proferida pelo TJSP quanto à inclusão do fundo independente da disposição das partes, transcrevendo-a quando se refere à inclusão como "indiscutível", e seu principal argumento: "O estabelecimento comercial (ou fundo de comércio) compõe-se de elementos corpóreos e incorpóreos, que o empresário comercial une e põe à disposição do exercício de sua atividade comercial".[264]

E o Recurso Especial nº 564.711 havia sido interposto contra a decisão do TJRS que alterara a sentença para determinar a inclusão do fundo de comércio, da marca e das multas tributárias inerentes a fatos geradores anteriores à extinção do vínculo no patrimônio social, e a exclusão dos juros compensatórios. O Min. Cesar Asfor Rocha limitou-se a afirmar que firme é o entendimento

---

[260] BRASIL. Superior Tribunal de Justiça. REsp nº 40.820-2/SP. 4ª Turma. Relator: Min. Sálvio de Figueiredo Teixeira. Julgamento: 24 out. 1995. *DJ* 27 nov. 1995, ementa.
[261] BRASIL. Superior Tribunal de Justiça. REsp nº 43.395/SP. 3ª Turma. Relator: Min. Ari Pargendler. Julgamento: 25 maio 1999. *DJ* 28 jun. 1999, fl. 4 do acórdão.
[262] Ibid., fl. 5 do acórdão.
[263] BRASIL. Superior Tribunal de Justiça. REsp nº 52.094/SP. 3ª Turma. Relator: Min. Nilson Naves. Julgamento: 13 jun. 2000. *DJ* 21 ago. 2000, fl. 2v. material 39.
[264] Ibid., fl. 2v.

do STJ "no sentido da integração do fundo de comércio ao quinhão do sócio retirante".[265]

A dimensão existencial da realidade se infere ainda da certeza explicitada pelo Min. Massami Uyeda ao julgar o Recurso Especial nº 1.113.625:[266]

> É certo que, no que respeita à apuração dos haveres do sócio, faz-se necessário salientar que deve ser considerado o valor da universalidade do patrimônio, incluindo-se todos os bens corpóreos e incorpóreos, a fim de que o quinhão do sócio retirante represente, efetivamente, a participação que tinha na sociedade.

Com o que se questiona se seria possível os sócios excluírem da apuração o valor referente aos ativos intangíveis, ou mesmo estabelecerem para ele um valor simbólico. Possível seria, desde que a vontade comum encontre correspondência com a realidade patrimonial em seus dois aspectos: existencial e valorativo. Do contrário, é provável que a cláusula seja em juízo afastada.

Nessa linha, verifica-se que, ao apreciar o REsp nº 907.014, relatado pelo Min. Antonio Carlos Ferreira, a Quarta Turma, por unanimidade, deu provimento ao recurso para determinar que, no cálculo do valor dos haveres devido ao sócio excluído, fosse incluído o fundo de comércio, não obstante a sociedade apresentar patrimônio líquido negativo. Embora o acórdão não faça referência à cláusula, sinaliza a intensidade com que atua a diretriz de realidade em sua dimensão existencial na seara dos haveres sociais. Assim argumentou o Ministro:[267]

> Com efeito, o Superior Tribunal de Justiça tem jurisprudência consolidada segundo a qual o fundo de comércio (hoje denominado pelo Código Civil de estabelecimento empresarial – art. 1.042) deve ser levado em conta na aferição dos valores eventualmente devidos a sócio excluído da sociedade.

No mesmo sentido decidiu o STJ o REsp nº 958.116, cuja questão se centrava na inclusão ou não do fundo de comércio no conjunto patrimonial de uma sociedade não empresária para fins de apuração de haveres; a Quarta Turma, por maioria, determinou a exclusão do valor referente aos bens incorpóreos, enquanto o TJPR havia determinado a sua inclusão, não obstante se tratar de sociedade simples. A decisão foi tomada com análise específica do caso concreto, como explicitado no acórdão.[268]

Para o Min. João Otávio de Noronha, "cada caso deve ser mensurado particularmente, no sentido de se aferir se, realmente, existe o *goodwill* ou se os valores incorpóreos acompanham as pessoas dos sócios".[269] O Min. Luis Felipe Salomão assentou: "Com efeito, a análise acerca da existência ou não de fundo

---

[265] BRASIL. Superior Tribunal de Justiça. EREsp nº 564.711/RS. 2ª Seção. Relator: Min. Ari Pargendler. Julgamento: 27 jun. 2007. *DJ* 27 ago. 2007.
[266] BRASIL. Superior Tribunal de Justiça. REsp nº 1.113.625/MG. 3ª Turma. Relator:Min. Massami Uyeda. Julgamento: 19 ago. 2010. *DJ* 03 set. 2010, fl. 8.
[267] BRASIL. Superior Tribunal de Justiça. REsp nº 907.014/MG. 4ª Turma. Relator: Min. Antônio Carlos Ferreira. Julgamento:11 out. 2011. *DJ* 19 out. 2011, fl. 4.
[268] BRASIL. Superior Tribunal de Justiça. REsp nº 958.116/PR. 4ª Turma. Relator: Min. João Otávio de Noronha. Julgamento: 22 maio 2012. *DJ* 06 mar. 2013, fl. 11.
[269] Ibid., fl. 11.

de comércio, em se tratando de sociedade não empresária, deve ser casuística, haja vista que a sua atuação no mercado pode assumir inúmeras formas".[270] Na mesma linha, o Min. Raul Araújo: "Contudo, no caso em exame, [...]".[271] E o Min. Antonio Carlos Ferreira: "[...] entendo que, no caso em questão [...]".[272]

A inclusão do fundo de comércio na apuração de haveres é medida que se impõe segundo consta no acórdão que julgou o AgRg no Agravo em REsp nº 78.175, relatado pelo Min. Raul Araújo: "Convém ressaltar, apenas para afastar qualquer tipo de dúvida, que a inclusão do fundo de comércio na apuração de haveres de sociedade empresária é, segundo jurisprudência lastreada na legislação vigente (Código Civil de 2002) medida que se impõe".[273]

Por outro ângulo, verifica-se que a decisão recorrida por meio do REsp nº 1.056.975, proferida pelo TJRJ, havia decidido que "o fundo de comércio, como complexo de bens organizados, para a exploração da empresa, não pode ser desconsiderado quando da apuração de haveres", tendo a Min. Isabel Gallotti ressaltado que tal entendimento "encontra-se em harmonia com a jurisprudência" do Superior Tribunal de Justiça.[274]

Como se depreende das decisões acima analisadas, o conjunto de haveres nem sempre abrangerá o estabelecimento comercial – ou fundo de comércio –, porquanto basta observar que a jurisprudência é firme no sentido de afirmar que há situações em que inexiste estabelecimento comercial a ser considerado, como, *v.g.*, no caso de dissolução parcial de sociedade de advogados. Há casos em que o STJ julgou e decidiu por maioria quanto à inclusão – ou não – do valor do estabelecimento comercial no conjunto de haveres. Contudo, em se tratando de sociedade empresária, é tradicional a jurisprudência – desde a época em que competia ao STF julgar a matéria – afirmar que os ativos intangíveis devem ser incluídos no conjunto dos haveres sociais.

2.2.2. Dimensão valorativa

A outra dimensão da diretriz de realidade surge como ato contínuo à análise acerca da extensão do conjunto patrimonial e está relacionada à atribuição de um valor aos haveres sociais correspondentes a uma ideia de valor que poderia vir a ser acordado em caso de um negócio efetivo envolvendo as quotas sociais que lhe dão direito ao valor de seus haveres.

---

[270] BRASIL. Superior Tribunal de Justiça. REsp nº 958.116/PR. 4ª Turma. Relator: Min. João Otávio de Noronha. Julgamento: 22 maio 2012. *DJ* 06 mar. 2013, fl. 17.
[271] Ibid., fl. 28.
[272] Ibid., fl. 36.
[273] BRASIL. Superior Tribunal de Justiça. AgRg no Ag em REsp nº 78.175/MG. 4ª Turma. Relator: Min. Raul Araújo Filho. Julgamento: 01 set. 2015. *DJ* 24 set. 2015, fl. 5.
[274] BRASIL. Superior Tribunal de Justiça. AgRg no Ag nº 1.056.975/RJ. 4ª Turma. Relatora: Minª. Maria Isabel Gallotti. Julgamento: 15 dez. 2016. *DJ* 02 fev. 2017. No mesmo sentido: BRASIL. Superior Tribunal de Justiça. AgInt no REsp nº 1.651.901/MT. 3ª Turma. Relator: Min. Marco Aurélio Bellizze. Julgamento: 25 abr. 2017. *DJ* 08 maio 2017.

Nesse sentido, cita-se o julgamento do Recurso Extraordinário nº 29.331,[275] realizado em 1955 pela 1ª Turma do STF, quando a Corte entendeu que o balanço, para ser adotado como referência para a apuração dos haveres, deverá exprimir "o real valor dos bens componentes de seu acervo", e conter a aprovação dos sócios, inclusive a do sócio falecido, para que possa ser "oponível aos herdeiros do sócio pré-morto".[276]

Ao exigir que o balanço seja real, de forma que reflita a integralidade do patrimônio, sem qualquer espécie de sonegação, o STF acabou por enfatizar a importância da análise pela cláusula da diretriz de realidade em suas duas perspectivas, porquanto estabeleceu que o critério convencionado pelos sócios deverá proporcionar uma apuração que contemple tudo o que realmente existir na data-base, pelo seu real valor.

A existência e aplicação da dimensão valorativa da realidade na seara dos haveres pode ser induzida do primeiro julgamento realizado pelo STJ sobre apuração de haveres. Ao apreciar o Recurso Especial nº 387, em dezembro de 1989, o Superior Tribunal de Justiça profere o primeiro acórdão quanto à apuração de haveres decorrente de dissolução parcial de sociedade empresária por quebra de *affectio societatis*.[277] O STF havia convertido o recurso extraordinário neste recurso especial após o reconhecimento pela Corte Suprema da relevância jurídica da questão referente à continuidade da sociedade constituída por dois sócios após a morte ou retirada de um deles.

A sentença havia decretado a dissolução parcial, e não a total, como havia sido requerido, e determinado que se apurasse o "valor patrimonial atualizado".[278] O TJMG entendeu que deveria ser decretada a dissolução total diante da inexistência de previsão legal quanto à sociedade unipessoal.

A 3ª Turma do STJ restabeleceu a sentença, sob o argumento de que entre a ausência de previsão legal específica para a hipótese dos autos e a relevância econômico-social da empresa dever-se-ia conceder primazia a esta última, assegurando-se o "recebimento cabal" de seus haveres sem que se imponha a extinção da empresa.[279]

O voto do Min. Relator Waldemar Zveiter acolhe e transcreve como fundamento o entendimento contido em acórdãos proferidos pelo TJMG e citados na sentença, no qual se vê a relevância concedida à diretriz de realidade em sua dimensão valorativa, sob pena de restar violado o princípio que veda o enriquecimento sem justa causa diante do confisco indireto da propriedade. *In verbis*:[280]

---

[275] BRASIL. Supremo Tribunal Federal. RE nº 29.331/PR. 1ª Turma. Relator: Min. Ribeiro da Costa. Julgamento: 22 set. 1955.

[276] Ibid., fl. 8, do acórdão.

[277] BRASIL. Superior Tribunal de Justiça. REsp nº 387/MG. 3ª Turma. Relator: Min. Waldemar Zveiter. Julgamento: 12 dez. 1989. *DJ* 19 fev. 1990.

[278] Ibid., fl. 1v, do acórdão.

[279] Ibid., fl. 7, do acórdão.

[280] Ibid., fl. 4, do acórdão.

> [...] a apuração dos haveres se fará com base em valores reais, e não apenas em valores contábeis ou históricos, sob pena de enriquecimento ilícito dos réus, ao indireto confisco da propriedade dos autores, pois a tanto equivaleria sua exclusão da sociedade sem o efetivo e integral recebimento do valor do patrimônio que nela tem.

Observa-se a aplicação pelo STJ da diretriz de realidade dirigida ao valor pecuniário dos haveres na decisão do Recurso Especial nº 35.702-0, por meio do qual se atacava decisão proferida pelo TJSP, a qual afastara a cláusula reguladora da apuração dos haveres e determinara que "deve haver a apuração real e efetiva dos haveres dos sócios dissidentes, pelo valor de mercado", confirmando a sentença que determinara a apuração como se de dissolução total se tratasse.[281] O STJ confirmou o acerto da decisão recorrida e acolheu o Min. Relator Waldemar Zveiter as razões aduzidas pelo TJSP, assim transcritas em seu voto:

> De se registrar, contudo, que o balanço especial referido na cláusula 11ª (décima primeira) não pode ser utilizado na hipótese vertente, porque não traduz, em números reais, a participação dos Autores na sociedade, desequilibrando o direito das partes.
>
> Em casos tais, consoante iterativa jurisprudência, inobstante parcial a dissolução, deve haver a apuração real e efetiva dos haveres dos sócios dissidentes, com o conhecimento pleno do valor de mercado da universalidade dos bens que compunham o patrimônio da sociedade, na época do fato [...].

A diretriz de realidade – em sua dimensão valorativa – ainda se constata, por exemplo, na solução dada pelo STJ à situação fático-jurídica contida no REsp nº 60.513-0, por meio do qual os recorrentes pleiteavam a apuração do valor das ações pertencentes à sociedade parcialmente dissolvida em uma sociedade anônima com base no critério fixado pelo § 1º do artigo 45 da Lei nº 6.404, de 1976, tendo o Min. Costa Leite afirmado que, em se tratando de dissolução parcial de sociedade limitada, "impõe-se determinar o valor real das ações de sociedade anônima que integram o patrimônio da sociedade por quotas parcialmente dissolvida, mediante balanço especial".[282] A imposição foi ainda realçada pelo Min. Cláudio Santos: "[...] trata-se de uma dissolução parcial de uma sociedade limitada. Os valores dos bens do ativo da sociedade limitada necessariamente têm que ser apurados para efeito de dissolução parcial".[283]

Em linha semelhante, manteve-se o Min. Sálvio de Figueiredo Teixeira ao julgar o REsp nº 197.303 e afirmar tratar-se a apuração do "valor real das ações de sociedade anônima da titularidade da sociedade por cotas dissolvida parcialmente" uma necessidade para que fosse possível a obtenção da "parte do patrimônio a ser atribuída aos sócios retirantes".[284]

---

[281] BRASIL. Superior Tribunal de Justiça. REsp nº 35.702-0/SP. 3ª Turma. Relator: Min. Waldemar Zveiter. Julgamento: 27 set. 1993. DJ 13 dez. 1993, fl. 1v-2, do acórdão.

[282] BRASIL. Superior Tribunal de Justiça. REsp nº 60.513-0/SP. 3ª Turma. Relator: Min. Costa Leite. Julgamento: 06 jun. 1995. DJ 04 set. 1995, fl. 3.

[283] Ibid., fl. 4.

[284] BRASIL. Superior Tribunal de Justiça. REsp nº 197.303/SP. 4ª Turma. Relator: Min. Sálvio de Figueiredo Teixeira. Julgamento: 07 fev. 2002. DJ 15 abr. 2002, fl. 5.

Como isso, também se abre o caminho para o restabelecimento de uma eficácia maior do princípio *pacta sunt servanda* nos litígios em que a discussão versa sobre a aplicação de cláusula para apuração de haveres em decorrência da dissolução parcial de sociedade empresária limitada.

Ex positis, pode-se dizer que a diretriz de realidade, neste aspecto quantitativo, remete à ideia de um conjunto completo, ou seja, tudo que deveria compor os haveres está contemplado; inexiste excesso ou falta. E no aspecto qualitativo a diretriz de realidade remete à ideia de um valor pecuniário que reflete, como uma possibilidade aceitável da apreensão da realidade, o valor do ativo ou passivo na realidade apreendida para fins de apuração do *quantum* na data-base.

2.3. Realidade e deslocamento patrimonial

O entendimento de que a constituição do conjunto de haveres se deve dar da forma mais ampla possível é a forma que o STF utilizou e o STJ utiliza para evitar deslocamentos patrimoniais injustificados em decorrência da resolução parcial do vínculo societário. A observação extrai-se, por exemplo, do julgamento do REsp nº 271.930,[285] por meio do qual os recorrentes pretendiam excluir do conjunto de haveres o fundo de comércio e o fundo de reserva, porquanto haviam sido incluídos pelo TJSP sem que tal pretensão estivesse contida no pedido inicial. O Min. Relator Sálvio de Figueiredo Teixeira assentou que tal inclusão não se caracterizaria como julgamento *extra petita*, pois o acerto da decisão está em "evitar-se o enriquecimento indevido do sócio remanescente é que se devem incluir também na apuração dos haveres os dividendos porventura não pagos ao sócio retirante".[286] Quanto ao argumento de que havia previsão expressa no contrato social, que não contemplava o fundo de comércio, o Ministro alegou o óbice imposto pela Súmula nº 5 da Corte.

O deslocamento patrimonial na seara dos haveres sociais se dá por meio de um processo constituído de três fases, que se inicia com a resolução parcial do vínculo, desenvolve-se com a apuração dos haveres sociais e se encerra com o pagamento do crédito constituído em favor do ex-sócio ou de terceiro legitimado. Nas duas primeiras fases destacam-se os fatores que poderão impactar de forma bastante significativa o valor final dos haveres – *v.g.*, as hipóteses de incidência e os critérios de apuração –, enquanto na última sobressaem os efeitos decorrentes do pagamento dos haveres sobre a continuidade do exercício da atividade empresarial, porquanto a sociedade não mais terá os recursos utilizados para pagar o valor dos haveres ao ex-sócio ou terceiro legitimado. Ao valor dos haveres se chegará no término da segunda fase.

---

[285] BRASIL. Superior Tribunal de Justiça. REsp nº 271.930/SP. 4ª Turma. Relator: Min. Sálvio de Figueiredo Teixeira. Julgamento: 19 abr. 2001. *DJ* 25 mar. 2002.
[286] Ibid., p. 6.

Dentro dessa concepção, observa-se o expressivo impacto que o método e/ou critério convencionado pelos sócios poderão exercer sobre o valor final dos haveres, cujo pagamento sempre provocará efetivas mudanças na estrutura de capital da sociedade, e, por conseguinte, possivelmente na empresa. Esse raciocínio também explicaria o grande prestígio conferido à tese de que a apuração na dissolução parcial deve ocorrer como se daria na dissolução total da sociedade, uma vez que a sua aplicação, como aduzido em diversos acórdãos, busca a ideia de valor efetivo que a real liquidação do patrimônio social proporcionaria, com o que não ocorreria nenhum deslocamento patrimonial indesejado, pois o valor a ser pago encontraria a sua justificativa final na realidade.

Para o STJ – como foi para o STF – a diretriz de realidade é aplicada na seara dos haveres sociais com o propósito de evitar deslocamentos patrimoniais indesejados entre o ex-sócio, ou terceiro legitimado, e a sociedade, o que de modo mediato também refletiria no patrimônio dos sócios remanescentes. O STJ, provavelmente pelas razões aduzidas no item 1.1 retro, não reconhece a existência dessa cláusula – com seu método e/ou critério de apuração –, por si só, como causa justificadora do deslocamento patrimonial que se sucederá com o pagamento do valor apurado pelo conjunto de haveres sociais.

Em 1955, ao julgar os EDcls no Recurso Extraordinário nº 29.331, o STF já havia tornado explícita a relação entre o conteúdo de predeterminação dos haveres e o princípio que veda o enriquecimento sem justa causa, quando a sociedade pretendia aplicar cláusula contratual que previa o uso do último balanço, embora devesse ter sido aprovado pelo sócio, o que não ocorrera. No voto do Min. Victor Nunes escrito assim está o argumento central: "Devem ser apurados os seus haveres pelo justo valor dos bens sociais. Não pode a sociedade locupletar-se à custa dos herdeiros do falecido." [287]

A decisão revela que a diretriz de realidade, em sua dimensão valorativa – econômico-financeira –, requer que o conteúdo da cláusula conduza à obtenção de um valor que manifeste alguma razoável correspondência – "tudo devia ficar nos limites do razoável"[288] – com o compreendido como provável valor real do patrimônio social considerando a continuidade da empresa, e não a sua extinção.

O princípio que veda o enriquecimento sem justa causa ocupa papel legitimador da circulação de riquezas, evidenciando a tutela do patrimônio e o caráter econômico do Direito societário. A produção e a circulação de riquezas constituem-se em objetivos do subsistema; no entanto, a atribuição patrimonial exige uma justa causa que a fundamente juridicamente, pois do contrário se estariam admitindo transferências patrimoniais significativas sem que houvesse qualquer manifestação de vontade para que isso ocorresse. De uma forma simples, estar-se-iam atribuindo à apuração de haveres efeitos que se

---

[287] BRASIL. Supremo Tribunal Federal. RE nº 29.713/DF. 2ª Turma. Relator: Min. Orosimbo Nonato. Julgamento: 11out. 1955. *DJ* 07 jan. 1959, fl. 3-4, do acórdão.
[288] Ibid., fl. 9, do acórdão.

aproximam dos da doação ou da renúncia, institutos inconfundíveis com o da apuração dos haveres sociais.

A relação entre o eventual deslocamento patrimonial injustificado e a diretriz de realidade assim está identificada no parecer da Procuradoria-Geral da República apresentado no Recurso Extraordinário nº 89.256-7, que expressamente foi acolhido no voto do relator, Min. Carlos Thompson Flores:[289]

> Ora, ao ver das instâncias ordinárias, não era possível subtrair do inventário o valor real do imóvel sobre que o de cujus detinha participação igualitária, em homenagem à simples avaliação contábil, onde não fora considerada a valorização atual do bem em litígio, sob pena de contemplar-se o sócio remanescente com injustificado enriquecimento ilícito.

Isso ocorre porque há uma distância entre aquilo que se encontra registrado e avaliado, e os efeitos decorrentes do tempo e das vicissitudes que nele ocorrem, nem sempre acompanhadas pelos lançamentos. Por exemplo, o valor atribuído a um imóvel lançado no ativo imobilizado da sociedade não manterá, necessariamente, correspondência com o valor atribuído pelo mercado naquela data; esse valor estará submetido a variáveis distintas, como, por exemplo, uma retração ou aquecimento do mercado naquela cidade, ou algum fator específico relacionado ao bem.

Essa observação encontra-se subjacente à decisão do Supremo Tribunal Federal no julgamento do Recurso Extraordinário nº 89.256-7, em que se debateu entre a adoção do valor contábil de um imóvel para se apurar os haveres e a sua avaliação física, que seria o único modo para se apurar o valor atualizado e real do bem.[290] A decisão de 1º Grau havia afirmado que a apuração de haveres, em regra, se faria por meio de perícia contábil; no entanto, "divergindo os valores contábeis dos reais", dever-se-ia realizar uma avaliação de bens, inclusive imóveis, pois os valores da apuração de haveres são "passíveis de correção monetária, dívida de valor que são". O Parecer da então Curadoria da Justiça havia sido no mesmo sentido:[291]

> A nosso ver, já que a escrita não corrigiu o valor dos imóveis pertencentes a firma, devem estes serem avaliados e considerados pelo valor da praça e ao tempo do falecimento do sócio.
> Se assim não for, ocorrerá o enriquecimento ilícito do sócio remanescente e o prejuízo evidente do espólio do sócio morto.
> Em tal caso, a apuração deve ser feita com todo rigor, para que não haja prejuízo das partes.
> O valor deve ser o real e não o estimado pela perícia contábil.

Ao manter a decisão, o Supremo reconhece a diretriz de realidade quanto aos haveres sociais e, com isso, estabelece a primazia do princípio que veda o enriquecimento sem justa causa quando o conteúdo convencionado para apurar os haveres não mais permitir uma apuração que tenha certa correspondên-

---

[289] BRASIL. Supremo Tribunal Federal. RE nº 89.256-7/RJ. 1ª Turma. Relator: Min. Carlos Thompson Flores. Julgamento: 28 maio 1980. *DJ* 30 maio 1980, fl. 4 do acórdão.
[290] Ibid.
[291] Ibid., fl. 2 do acórdão.

cia com a realidade, que aí abrangerá a diretriz de atualidade. O raciocínio central do Min. Thompson Flores assim está em seu voto sintetizado:[292]

> E, como não poderia prevalecer o balanço da sociedade, porque descumprida norma que determina a atualização do ativo, o qual, por depreciado, descoincidia com os valores à época do falecimento do sócio, houve por bem buscar seu valor real e pela forma prevista em disposição especial.

A presença de conteúdos integrantes da realidade exclusiva da sociedade e a consideração desses elementos peculiares na elaboração da cláusula referente à apuração dos haveres revela em si uma complexa equação econômica. Isso não significa que o valor dos haveres sempre deverá ser o mais alto possível. Significa, sim, que o valor dos haveres deve ser apurado de forma que a realidade apreendida e avaliada corresponda a um parâmetro do que provavelmente se teria na realização de um negócio efetivo, daí as expressões "valor de mercado" e "preço de saída". Em outras palavras, trata-se de análise referente à nitidez do reflexo da realidade proporcionada pela aplicação do método e/ou critério convencionado pelos sócios, e não pura e simplesmente de uma tentativa de se obter o maior valor possível, até eventualmente irreal, embora se possa argumentar como real.

A questão central no Recurso Extraordinário nº 90.913-3 estava na aplicação ou não da cláusula contratual assim escrita: "não se levantará inventário geral do ativo e passivo e nem balanço no caso de ocorrer óbito de quaisquer dos sócios quando não continuem na sociedade os sucessores do pré-morto".[293] A sentença havia determinado que a apuração ocorresse por meio de balanço do ativo e passivo e inventário geral dos bens da sociedade.[294] E o TJMG havia sublinhado a ausência de atendimento à diretriz de realidade pela referida cláusula, porquanto seu conteúdo não permitia o acesso a uma apreensão da realidade que viesse a fundamentar e a ser expressa na apuração dos haveres sociais. A decisão recorrida assim está transcrita no acórdão:[295]

> Para que tal apuração não pudesse ser feita, tornava-se necessário que o contrato adotasse uma forma para alcançar o real valor dos haveres, o que não ficou estabelecido, daí, correto o entendimento esposado na sentença, com respeito à determinação do balanço geral, para alcançar o real valor dos haveres e não se poderia alcançar tal valor real senão através de balanço geral à época do óbito.

Não obstante o STF ter aplicado ao tema a Súmula nº 454 da Corte,[296] o Min. Leitão de Abreu, relator do Recurso Extraordinário nº 90.913-3,[297] o fez com base na argumentação contida na decisão recorrida, transcrevendo-a tam-

---

[292] BRASIL. Supremo Tribunal Federal. RE nº 89.256-7/RJ. 1ª Turma. Relator: Min. Carlos Thompson Flores. Julgamento: 28 maio 1980. DJ 30 maio 1980, fl. 6 do acórdão.

[293] BRASIL. Supremo Tribunal Federal. RE nº 90.913-3/MG. 2ª Turma. Relator: Min. Leitão de Abreu. Julgamento: 28 abr. 1981. DJ 29 maio 1981, fl. 4.

[294] Ibid., fl. 4.

[295] Ibid., fl. 4, do acórdão.

[296] Súmula n. 454 do STF: Simples interpretação de cláusulas contratuais não dá lugar a recurso extraordinário.

[297] BRASIL. Supremo Tribunal Federal. RE nº 90.913-3/MG. 2ª Turma. Relator: Min. Leitão de Abreu. Julgamento: 28 abr. 1981. DJ 29 maio 1981.

bém em seu voto, e, com isso, evidenciando o impacto da diretriz de realidade na decisão judicial que versa sobre a aplicação de cláusula para apurar haveres, por força da eficácia do princípio que veda o enriquecimento sem justa causa. *In verbis*:[298]

> O único modo para apurar-se adequadamente os haveres é a realização de um balanço geral à vista dos interesses dos herdeiros que são mais complexos do que o próprio interesse do sócio, daí não se poder admitir o alcance do real valor pelo resultado do último balanço do exercício financeiro, cujo balanço tem se interesse ligado à sociedade, enquanto que o balanço geral, em decorrência da morte, alcança um valor real não contabilizado, evitando assim que ocorra um enriquecimento injusto ou sem causa dos demais sócios em relação aos herdeiros do sócio pré-morto.

Ainda, ao ratificar o acerto da decisão do TJSP que admitira a substituição do método para a apuração dos haveres convencionado no contrato social pelo método de fluxo de caixa descontado, a Min. Nancy Andrighi explicita que o fundamento norteador da decisão é a diretriz de realidade:

> [...] a utilização da metodologia do fluxo de caixa descontado vai ao encontro da jurisprudência do STJ, no sentido de que a apuração de haveres na dissolução parcial de sociedade limitada seja realizada mediante cálculo que aponte o valor patrimonial real da empresa.

A intensidade com que a diretriz de realidade opera na seara da apuração de haveres sociais também pode ser observada pela decisão do STJ ao julgar o REsp nº 1.572.648, cujo objeto central versava sobre o critério a ser aplicado no cálculo do valor a ser pago a título de reembolso ao acionista dissidente. Na ocasião, a Terceira Turma ratificou a decisão proferida pelo TJRJ, a qual enfatizara "que o valor calculado com base no patrimônio líquido contábil não refletia o valor real das ações e era irrisório se comparado com o valor de troca calculado com base no valor justo de mercado, quase quatro vezes maior"; daí a inexistência – por ser o valor "mais próximo do real" – de violação ao disposto no artigo 45, § 1º, da Lei nº 6.404 de 1976.[299]

A influência da diretriz de realidade sobre as decisões judiciais acerca da aplicação das cláusulas reguladoras da apuração dos haveres sociais ocorreu ao Min. Eduardo Ribeiro ao relatar o REsp nº 48.205-4:[300]

> Vale notar, ainda, que a tendência doutrinária e jurisprudencial é no sentido de assegurar ao sócio, que se retira da sociedade, receber o valor de sua cota com base em apuração de haveres que encontre valores reais e não apenas contábeis.

Percebe-se nos julgados acima que os Tribunais Superiores não consideram a existência da cláusula de apuração de haveres como causa suficiente para assegurar a aplicação do método e/ou critério convencionado pelos sócios, pois exige que o método espelhe a realidade econômico-patrimonial da

---

[298] BRASIL. Supremo Tribunal Federal. RE nº 90.913-3/MG. 2ª Turma. Relator: Min. Leitão de Abreu. Julgamento: 28 abr. 1981. *DJ* 29 maio 1981, fl. 16-17.

[299] BRASIL. Superior Tribunal de Justiça. REsp nº 1.572.648/RJ. 3ª Turma. Relator: Min. Ricardo Villas Bôas Cueva. Julgamento: 12 set. 2017. *DJ* 20 set. 2017, fl. 15.

[300] BRASIL. Superior Tribunal de Justiça. REsp nº 48.205-4/RJ. 3ª Turma. Relator: Min. Eduardo Ribeiro. Julgamento: 09 ago. 1994. *DJ* 19 set. 1994, fl. 2 do voto.

sociedade na data da extinção do vínculo, sob pena de a cláusula ser afastada. O tema merece análise.

A palavra *causa* tem vários significados jurídicos,[301] dentre eles, o sentido objetivo refere-se à função econômico-social que o contrato exerce, sendo certo que os particulares têm autonomia para convencionar função econômica distinta daquelas tipificadas no ordenamento jurídico para os contratos nominados.[302] Luis Renato Ferreira da Silva ainda sublinha que ao se adotar uma concepção de causa que englobe não apenas o fim, mas também a origem, onde está a "justificativa da existência de um ato jurídico", a palavra *causa* pode ser utilizada "como sinônimo de fonte, de origem".[303]

Para se trabalhar com os haveres sociais, parece adequado fazer uso da palavra *causa* nos dois sentidos acima indicados, sem necessidade de exclusão. Isso porque, o Superior Tribunal de Justiça, quando aplica as diretrizes de realidade, atualidade e igualdade, utiliza o princípio que veda o enriquecimento sem causa como norma para afastar a cláusula de apuração dos haveres nas situações em que seu conteúdo colide com a função econômica-social do contrato de sociedade, que é a geração de lucro em sentido amplo (dividendos e haveres).[304] E porque o Superior Tribunal de Justiça não considera a existência da cláusula como causa suficiente para assegurar a sua aplicação, tanto é que a sua aplicação é afastada quando o método não espelha a realidade patrimonial da sociedade no momento da extinção do vínculo.

Esse referencial de correspondência é que orienta a liquidação da quota, e indica que o sentido de causa, na seara dos haveres, também abrange o significado de origem, transcendendo, assim, a mera existência da cláusula como justificadora do deslocamento patrimonial entre a sociedade e o sócio retirante. Esse posicionamento do STJ, cumpre registrar, relativiza o Enunciado nº 188 da III Jornada de Direito Civil do Conselho de Justiça Federal, que diz: "A existência de negócio jurídico válido e eficaz é, em regra, uma justa causa para o enriquecimento". E faz lembrar que a causa societária pode ser encontrada não apenas no contrato de sociedade, mas em todos os documentos firmados pelos sócios em virtude do vínculo societário entre eles.[305]

A doutrina já examinou alguns caminhos para se sustentar a pretensão de afastamento da cláusula de apuração de haveres. Abaixo examinar-se-ão os caminhos observados por Hernani Estrella, quando o debate sobre o tema era incipiente, e os sugeridos por Luis Felipe Spinelli, recentemente. Em seguida, as propostas serão analisadas na perspectiva do modelo dogmático proporcionado pelas diretrizes.

---

[301] Sobre a multiplicidade de sentidos, ver: SILVA, Luis Renato Ferreira da. *Reciprocidade e contrato*: a teoria da causa e sua aplicação nos contratos e nas relações "paracontratuais". Porto Alegre: Livraria do Advogado, 2013, p. 18-22.

[302] Ibid., p. 20.

[303] Ibid., p. 20-21.

[304] Cf. Estrella: "É a perspectiva de lucros o fim último, pelo qual os indivíduos celebram contrato de sociedade comercial. [...] Esta, quando empreendida sob a forma societária, deve, normalmente, prosseguir através de operações continuadas no decorrer do tempo mais ou menos longo". (ESTRELLA, 2010, p. 128).

[305] CRAVEIRO, 2013, p. 177.

Estrella analisa a possibilidade de se "mitigar a rigidez da convenção prefixadora dos haveres de sócio" por meio da aplicação do instituto da lesão, da teoria da imprevisão, do abuso de direito, da equidade, da revisão do contrato e do princípio que veda o enriquecimento sem causa.[306] E conclui que nenhum desses institutos ou princípio aplicam-se para fundamentar o afastamento da cláusula de apuração de haveres.[307]

No que tange à lesão, Estrella destaca a inexistência de desproporção das prestações e a ausência de aproveitamento, inexperiência ou leviandade de uma das partes com outra, até porque se trata de um contrato que se pretende de cooperação por muitos anos, em regra. Cabe sublinhar: é inaplicável o instituto da lesão nos contratos plurilaterais, nos quais as obrigações dos sócios não se encontram diretamente vinculadas umas às outras. Quanto à teoria da imprevisão, é taxativo em afastá-la diante da previsão das partes quanto aos lucros a serem obtidos, e os riscos inerentes ao exercício da atividade empresarial.[308]

Em relação ao abuso de direito, ressalta a característica da cláusula de apuração de haver ser convencionada em um momento no qual nenhum dos sócios *a priori* tem condições de prever a situação fático-jurídica na qual a cláusula será efetivamente aplicada para regular a relação de liquidação decorrente da extinção do vínculo societário, razão pela qual inadequado seria falar em abuso de direito.[309]

Sobre a equidade, afasta-a assinalando a variabilidade de seu conteúdo,[310] e lembra que a sua função é a de "servir ao direito, sem vulnerar a lei ou postergar a convenção válida".[311] Na mesma linha, sustenta que a revisão judicial de cláusula clara e isenta de vício deforma as relações judiciais".[312]

Acerca do enriquecimento sem causa, Estrella defende que a sua aplicação não deve ocorrer, tendo em vista "que a eventual mais valia da quota social jamais esteve efetivamente incorporada ao patrimônio do suposto empobrecido; foi para este, quando muito, mera expectativa. Por outro lado, quer para a sociedade, quer para os sócios remanescentes, não representa, a rigor, um enriquecimento, de vez que sempre esteve no patrimônio da entidade e não chegou a entrar no de seus membros", não havendo o imprescindível nexo de causalidade.[313] E acrescenta que ainda faltaria o mais relevante dos requisitos, a ausência de justa causa, "porque o caráter aleatório do contrato, de si só, justificaria o alegado enriquecimento".[314]

---

[306] ESTRELLA, p. 94-106.
[307] Ibid., p. 105.
[308] Ibid., p. 104.
[309] Ibid., p. 102-103.
[310] Cf. Nanni: "Indubitavelmente a justiça, como a equidade, é um critério para sustentar a proibição do enriquecimento sem causa. Porém, ele é afastado da justificação que a ciência requer. Sendo um instituto jurídico, a mera conclamação da justiça não é o bastante, exigindo-se uma sustentação extraída do ordenamento". (NANNI, 2004, p. 122).
[311] ESTRELLA, op. cit., p. 104.
[312] Ibid., p. 104.
[313] Ibid., p. 103.
[314] ESTRELLA, 2010, p. 103.

Luis Felipe Spinelli, de forma mais sintetizada, aduz que o método e/ou critério eleito pelos sócios para regrar a apuração dos haveres deve "guardar relação com o desempenho econômico da sociedade, não se podendo utilizar um valor fixo ou arbitrário, sob pena de existir verdadeiro enriquecimento sem causa da pessoa jurídica ou do excluído. A proibição ao enriquecimento sem causa (CC, art. 876) e à sociedade leonina (CC, art. 1.008), bem como o princípio da boa-fé (CC, arts. 187 e 422), devem ser invocados (tanto pela sociedade quanto pelo sócio excluído) na verificação da validade da previsão contratual".[315]

Cabe, então, examinar os caminhos acima delineados. De início, exclui-se, pelas razões já indicadas por Estrella, a aplicação do instituto da lesão, da teoria da imprevisão, do abuso de direito, da equidade e da revisão do contrato. Quanto à boa-fé, não parece ser o mais adequado invocá-la para afastar a cláusula que visa apenas a regrar uma relação de liquidação, tendo sido convencionada, como dito por Estrella, em condições de presumível igualdade entre os sócios, uma vez que na sua elaboração é de todos desconhecido a situação em que será aplicada. Acerca do pacto leonino (artigo 1.008 do Código Civil), certamente um limite à autonomia privada, a hipótese de incidência da regra restringe-se à exclusão de algum sócio da participação nos lucros ou nas perdas, não tendo o alcance para afastar qualquer outra regra que acarrete apenas uma redução no valor final dos haveres que cabe ao ex-sócio ou terceiro legitimado.[316]

Os argumentos de Estrella para afastar o princípio que veda o enriquecimento sem causa,[317] com exceção do caráter aleatório da cláusula, referem-se ao instituto do enriquecimento sem causa,[318] e não diretamente ao princípio, segundo o qual se deve evitar, sobretudo, o enriquecimento *a dano alheio*.[319] Quanto à aleatoriedade da cláusula, essa faz parte da sua natureza, contudo não justifica que a relação de liquidação ocorra sem consideração com a realidade econômico-patrimonial da sociedade.

O estudo do princípio que veda o enriquecimento sem causa é complexo.[320] No âmbito dos haveres sociais, dos requisitos configuradores do enrique-

---

[315] SPINELLI, 2015, p. 509-510.

[316] A cláusula leonina será estudada no capítulo cinco, dedicado à diretriz de proporcionalidade.

[317] Cf. Nanni: "A definição teórica da natureza jurídica do enriquecimento sem causa não é tarefa simples. Muito pelo contrário, pois a análise da legislação, da doutrina e da jurisprudência demonstra perene indeterminação sobre a matéria, marcada pela grande quantidade de teses, com pontos de vista opostos". (NANNI, 2004, p. 166).

[318] Cf. Nanni: "O enriquecimento sem causa possui um aspecto mais elástico do que mera fonte obrigacional, sendo um princípio informador de todo o direito obrigacional". (Ibid., p. 168). Cf. Michelon Jr.: "Há dois sentidos propriamente jurídicos em que se pode falar de enriquecimento sem causa. Em primeiro lugar, a expressão pode referir um princípio que serve tanto como fundamento quanto como critério interpretativo para diversas regras que tratam de aspectos específicos de institutos do direito privado e mesmo, em diversos casos, para regras de direito público. Em segundo lugar, pode-se estar falando especificamente de um instituto de direito privado e, mais especificamente, de um instituto que regula a constituição de certas relações obrigacionais (i.e., uma fonte de obrigações)". (MICHELON JÚNIOR, Cláudio. *Direito restituitório*: enriquecimento sem causa, pagamento indevido, gestão de negócios. São Paulo: Revista dos Tribunais, 2007, p. 176).

[319] NANNI, 2004, p. 122.

[320] Se utilizará as palavras *injustificado* e *indevido* como sinônimos de *sem causa* para se referir ao princípio que veda o enriquecimento sem causa. Cf. Nanni: "Nesse sentido, é equivocado o uso da expressão enriquecimento ilícito como sinônimo de enriquecimento sem causa, especialmente por aquela induzir a conclusões distintas: à improbidade administrativa ou à responsabilidade civil. A despeito de tal restrição,

cimento sem causa, destaque tem de se dar ao *sem causa*.³²¹ Os demais, como explicado por Estrella, não são tecnicamente aplicáveis no controle das regras de liquidação.³²²

O Superior Tribunal de Justiça, como acima demonstrado, não considera a cláusula por si só como elemento suficiente para justificar o deslocamento patrimonial decorrente da extinção do vínculo societário,³²³ tanto é que as decisões proferidas pelo STJ permitem induzir a existência e o funcionamento das diretrizes da realidade, da atualidade e da igualdade como mecanismos de controle acerca do deslocamento patrimonial na fase de apuração dos haveres em sentido estrito por meio do controle do método e/ou critério a ser aplicado no caso concreto. Antecipa-se que a diretriz de proporcionalidade, vinculada à fase de liquidação da quota propriamente dita, mantém relação com direito de propriedade, nada tendo a ver com o método e/ou critério utilizado para apurar o valor do conjunto de haveres.

De acordo com Giovanni Nanni, o enriquecimento sem causa "é a vantagem ocorrida em benefício de uma pessoa sem a devida contraprestação. Portanto, é uma atribuição injusta, injustificada, indevida, indébita, ilegítima, obtida à custa alheia".³²⁴ Em se tratando de apuração de haveres decorrente da resolução do contrato plurilateral,³²⁵ no qual "as prestações não são dadas uma pela outra, mas reunidas e dirigidas a um fim comum, estabelecendo-se o vínculo sinalagmático entre a prestação de cada um frente à de todos os outros, 'funcionando estas, no seu conjunto, como contraparte daquelas'".³²⁶

Dessa forma, a contrapartida da sociedade frente a partida realizada pelos sócios mediante a integralização efetiva do capital social é o pagamento dos

---

não há inconvenientes no do termo locupletamento como sinônimo de enriquecimento. E também não se visualiza impedimento em usar no mesmo sentido da expressão sem causa os vocábulos: injusto, injustificado, indevido, à custa alheia, indébito e ilegítimo". (Ibid., p. 104). Cf. Michelon Jr.: "Por vezes, a expressão [enriquecimento sem causa] é utilizada como fundamento para justificar certas limitações à autonomia privada". (MICHELON JÚNIOR, op. cit., p. 37).

³²¹ Cf. Michelon: "Pode-se discutir o que constitui a *causa*, mas não se pode discutir que a ausência de causa é uma parte do suporte fático do enriquecimento sem causa (juntamente com o enriquecimento, o suporte na pessoa ou patrimônio de outrem e o nexo causal entre esse enriquecimento e esse *suporte* em outrem)". (Ibid., p. 38). De acordo com Giovanni Nanni, os elementos constitutivos do enriquecimento injustificado são: "a) atribuição patrimonial válida; b) enriquecimento de uma das partes; c) empobrecimento da outra; d) correlação entre o enriquecimento e o empobrecimento; e) ausência de causa jurídica". (NANNI, 2004, p. 102).

³²² ESTRELLA, 2010, p. 103.

³²³ Trata-se de uma exceção. Cf. Michelon Jr.: "No Brasil, de modo geral, os atos jurídicos são causais, isto é, a ausência de causa tem impacto direto na sua capacidade de levar a cabo atribuições patrimoniais. [...] A opinião dominante na doutrina é a de que a existência de negócio jurídico eficaz é uma razão suficiente para justificar a atribuição patrimonial por meio de uma prestação. [...] Todavia, em que pesem essas opiniões contrárias, a regra geral é a de que a eficácia de um negócio jurídico cujo conteúdo justifique a atribuição patrimonial, o acréscimo de valor ou o uso, gozo e fruição do bem de outrem é condição suficiente para a existência de causa para essa atribuição ou para esse acréscimo. Assim, o instituto do enriquecimento sem causa não pode servir para justificar a intervenção no negócio jurídico válido e eficaz, como parecer crer parte da doutrina. Isso não é possível, porque a existência de negócio jurídico válido e eficaz é, por si só, causa de atribuição patrimonial". (MICHELON JÚNIOR, op. cit., p. 218-219).

³²⁴ NANNI, 2004, p. 106.

³²⁵ Cf. Aguiar Júnior: "Os contratos plurilaterais são considerados sinalagmáticos [...]". (AGUIAR JÚNIOR, 1991, p. 86). Cf. Aguiar Júnior: "O contrato plurilateral pode ser resolvido, total ou parcialmente, conforme haja ou não condições de sobrevivência do contrato". (Ibid., p. 87).

³²⁶ AGUIAR JÚNIOR, op. cit., p. 86.

haveres sociais. E a correspondência entre partida e contrapartida, uma vez que a aplicação da cláusula reguladora da relação de liquidação é condicionada à extinção do vínculo societário, é assegurada pelas diretrizes de realidade, atualidade e igualdade.[327]

A justa causa pode ter apoio na lei, no contrato ou em fato originado da outra parte,[328] não sendo possível relacionar todas as situações que podem tipificá-la.[329] Assim, a cláusula de predeterminação dos haveres deve ser considerada *a priori* detentora de plena força vinculativa obrigatória, porém, a sua aplicação – e com ela o início da relação de liquidação – somente ocorrerá em caso de litígio se o método e/ou critério eleito pelos sócios atender as diretrizes de realidade, atualidade e igualdade, com o que inexistirá qualquer ofensa ao princípio que veda o enriquecimento sem causa.

Desse modo, não é qualquer variação de valor quanto aos haveres, mesmo que financeiramente muito expressiva, que poderá ser utilizada para afastar a cláusula de apuração de haveres. O ponto central não é o valor dos haveres em si, mas sim se o método e/ou critério convencionado revela-se adequado para apreender e expressar em pecúnia a realidade econômico-patrimonial da sociedade de forma atualizada na data-base. E é adequado o método que o faz sem distorcê-la ou contrariá-la de modo substancial. Quando isso ocorrer, deve prevalecer, neste ponto específico de tensão, o princípio da autonomia privada diante do princípio que veda o enriquecimento sem causa,[330] cabendo ao intérprete sempre recordar que o centro do Direito das sociedades é ocupado pelo princípio da autonomia privada.[331]

Esse raciocínio é importante por que coloca luz na possibilidade – ou não – de os sócios optarem por deixar de fora do conjunto de haveres determinados ativos ou passivos.[332] Pela ótica da diretriz de realidade, é sim possível, deste que evidenciado que a convenção não distorce ou contrarie frontalmente a realidade econômico-patrimonial da sociedade. Assim, pode-se imaginar uma cláusula no contrato social de uma sociedade que exerce a atividade primária (produção de grãos) de forma empresarial que exclua os ativos intangíveis do conjunto de

---

[327] As diretrizes de atualidade e igualdade serão estudadas nos capítulos terceiro e quarto, respectivamente.

[328] NANNI, op. cit., p. 262.

[329] Cf. Nanni: "Por isso, parcela expressiva da doutrina sustenta a impossibilidade de uma enunciação unitária e genérica das situações que tipificam a justa causa, impedindo a configuração do enriquecimento sem causa". (Ibid., p. 261).

[330] Quanto ao uso indevido do princípio que veda o enriquecimento sem causa, já alertava Hernani Estrella: "[...] hoje, os nossos juízes, a cada passo, estão a aponta-lo, como razão decisória. Não é de estranhar, pois, que a respeito da convenção [cláusula de predeterminação dos haveres], de quando em quando, se lhe restrinja o alcance ou, até mesmo, se lhe negue eficácia, sob essa justificativa". (ESTRELLA, 2010, p. 97).

[331] Cf. Menezes Cordeiro: "O intérprete-aplicador deve ter presente que se movimenta numa área de liberdade e igualdade. Não se exige qualquer norma legitimadora, salvo se nos colocarmos, já, no campo das restrições à autonomia privada. Na falta de proibições, tudo é permitido: seja às partes, seja aos sócios, seja às sociedades". (CORDEIRO, 2004, p. 184-185).

[332] Cf. Gonçalves Neto: "É possível, no entanto, que os sócios ajustem não computar alguns bens (geralmente os incorpóreos), ou algumas dessas obrigações na determinação do valor da quota do sócio retirante, excluído ou falecido, para que haja uma solução menos complexa e aleatória na liquidação". (GONÇALVES NETO, 2016, p. 313).

haveres, justamente porque os sócios entendem que a inclusão não retrataria, no caso concreto, a realidade econômico-patrimonial da sociedade.

A negativa das exigências inerentes à diretriz de realidade é o primeiro e mais sólido caminho para verificar, em caso de litígio judicial, se a aplicação do método e/ou critério convencionado ofende o princípio que veda o enriquecimento sem causa. Essa análise deve ser realizada quando preenchidas as orientações vinculadas à diretriz de especificidade. Por esse ângulo se vê o acerto do entendimento de Spinelli quanto à necessidade da apuração corresponder ao desempenho econômico da sociedade, não se admitindo, em regra, cláusula que estabeleça um valor fixo, e menos ainda arbitrário.[333]

O fundamento último do enriquecimento sem causa, segundo Cláudio Michelon, está no "princípio da conservação estática dos patrimônios, corolário da justiça corretiva aristotélica. Segundo esse princípio, as atribuições patrimoniais só podem ser alteradas por um conjunto de causas materiais justificativas. Se a alteração ocorre sem que ocorra a causa, o princípio ordena, na maior medida possível, a restituição ao estado de coisas anterior".[334] Esse parece ser o fundamento das diretrizes de realidade, atualidade e igualdade na seara dos haveres sociais, contudo, cabe observar que no moderno Direito das sociedades, segundo Menezes Cordeiro, operam vetores de igualdade e de justiça distributiva,[335] que não raro sofrem distorções pela forte influência das teorias institucionalistas, segundo Estrella.[336]

Ante o exposto, pode-se dizer que, para o STJ, o princípio que veda o enriquecimento sem justa causa na apuração dos haveres visa a proteger o patrimônio comum, assegurando que não ocorrerão transferências patrimoniais indesejadas, geradora de vantagem econômico-financeira à custa de outra pessoa ou grupo de pessoas, não limitado o seu exame à existência da cláusula como causa justificadora suficiente do deslocamento patrimonial a que a resolução parcial do vínculo dá início.

2.4. A busca pela apuração mais ampla possível: origem e significado da expressão "dissolução parcial como total se tratasse"

A tentativa de buscar (I) a inclusão de todos os ativos e passivos no cálculo do valor dos haveres sociais, e (II) a expressão pecuniária mais próxima possível da realidade patrimonial da sociedade fez com que o Supremo Tribunal Federal adotasse o entendimento de que a apuração sempre deve ser realizada

---

[333] SPINELLI, 2015, p. 509-510.

[334] MICHELON JÚNIOR, 2007, p. 184. Cf. Sanseverino: "O fundamento do princípio da reparação integral, acolhido pelo art. 944 do Código Civil, é a noção de justiça corretiva desenvolvida por Aristóteles em sua Ética a Nicômaco. Ele a considerava como o critério de justiça mais adequado às relações privadas, posteriormente aperfeiçoada por Tomás de Aquino, com a denominação de justiça comutativa".

[335] Cf. Cordeiro: "No moderno Direito das sociedades, operam vectores de igualdade e de justiça distributiva". (CORDEIRO, 2004, p. 187).

[336] ESTRELLA, 2010, p. 126.

da forma mais ampla possível, fazendo-a na dissolução parcial como se fosse dissolução total.

Esse entendimento foi firmado, ao menos com maior clareza,[337] pelo Supremo Tribunal Federal – posteriormente repetido em incontáveis petições e de decisões judiciais como lugar-comum –[338] em dezembro de 1978, ao julgar o Recurso Extraordinário nº 89.464, relatado pelo Min. Cordeiro Guerra, que, decidido por maioria, teve o Min. Décio Miranda como condutor do voto majoritário.

A sentença havia decretado a dissolução total da sociedade. Em sede de apelo, dirigido ao TJSP, pleiteava-se a dissolução parcial com a apuração dos haveres. Por maioria, vencido o relator, a Câmara entendeu que a dissolução parcial ao invés da dissolução total era a correta, diante, de um lado, das "posições totalmente opostas, irreconciliáveis e intransigentes" em que se encontravam os sócios,[339] e, de outro, uma empresa "cumprindo seus objetivos, produzindo riquezas e contribuindo para o desenvolvimento da economia interna".[340] Em sede de embargos infringentes, o Grupo decidiu, também por maioria, manter a decisão da Câmara.

No STF, o Min. Cordeiro Guerra, como relator, considerou correta a determinação da dissolução parcial pelo TJSP, com fulcro nos princípios da obediência à deliberação da maioria do capital social – não maioria de sócios – e no da preservação da empresa.

O Min. Décio Miranda, inicialmente, pontuou a sua divergência quanto à concessão de dissolução parcial quando nem na inicial nem em reconvenção ele foi realizado pelas partes, o que indicaria, no caso concreto, e justamente por se tratar de uma sociedade de capital – a qual "não exige necessariamente a presença física do autor nos negócios" –, que para o sócio dissidente poderia

---

[337] Talvez os dois acórdãos que tenham exercido maior impacto para o desenvolvimento do instituto da dissolução parcial e da apuração dos haveres tenham sido o proferido, em 1965, no julgamento do RE nº 59.101, relatado pelo Min. Evandro Lins e Silva – "O recorrente não quer continuar na sociedade, não devendo interessar-lhe se a mesma continuará ou não, com os sócios remanescentes. Uma vez que os seus haveres sejam apurados, está garantida a recuperação daquilo a que tem direito". – e este, aqui examinado, BRASIL. Supremo Tribunal Federal. RE nº 89.464-1/SP. 2ª Turma. Relator: Min. Cordeiro Guerra. Julgamento: 02 maio 1979. DJ 04 maio 1979.

[338] A título de exemplo, extrai-se do acórdão que julgou o REsp nº 315.915: "[...] a apuração de haveres, no caso de sócio retirante ou pré-morto, ou ainda por motivo da quebra da affectio societatis, há de fazer-se como de dissolução total se tratasse, porque, segundo a jurisprudência do STJ, essa linha de entendimento tem por escopo preservar o quantum devido ao sócio retirante, que deve ser medido com justiça, evitando-se, de outro modo, o locupletamento indevido da sociedade ou dos sócios remanescentes em detrimento dos retirantes". BRASIL. Superior Tribunal de Justiça. 3ª Turma. REsp nº 315.915. Relator: Min. Carlos Alberto Menezes Direito. DJ 4 fev. 2002. No mesmo sentido: BRASIL. Superior Tribunal de Justiça. 3ª Turma. REsp nº 453.476. Relator: Min. Antônio de Pádua Ribeiro. DJ 12 dez. 2005.

[339] BRASIL. Supremo Tribunal Federal. RE nº 89.464-1/SP. 2ª Turma. Relator: Min. Cordeiro Guerra. Julgamento: 02 maio 1979. DJ 04 maio 1979, fl. 4 do acórdão.

[340] Ibid., fl. 5 do acórdão. Quanto ao ponto, assim consta na decisão recorrida, transcrita no acórdão do STF: "Seria odioso reduzir à inatividade uma sociedade como essa, só porque um dos sócios, embora em razão de desentendimentos sérios e ponderáveis, não mais deseja continuar no grupo. A solução mais justa e adequada, por isso, no entender da maioria, é a dissolução parcial [...]". (BRASIL. Supremo Tribunal Federal. RE nº 89.464-1/SP. 2ª Turma. Relator: Min. Cordeiro Guerra. Julgamento: 02 maio 1979. DJ 04 maio 1979, fl. 5 do acórdão)

ser mais interessante permanecer na sociedade em caso de sua continuidade, ao invés de apenas retirar-se, sobretudo em face da ausência de clareza quanto aos efeitos da dissolução parcial quanto aos seus haveres, porquanto estes seriam apurados, nesta hipótese, "segundo o último balanço, o qual expressa "valores contábeis sem a reavaliação".[341] Como se vê, a questão central está na apuração do patrimônio social, tendo o Min. Décio Miranda sublinhado:[342]

> Normalmente, a procedência parcial do pedido é favorável ao autor, mas, aqui, é caso em que a procedência parcial do pedido (a dissolução parcial) pode ser, e o autor sustenta que é, pior para ele do que a improcedência total. Ela não quer apenas sair da sociedade, deixando que toda sua prosperidade fique com os outros sócios.

Em sessão seguinte, o Min. Décio Miranda aduz que "pela razão maior do interesse social na sobrevivência do empreendimento, se deva preservar a sociedade", e completa: "Nesse caso, é necessário decretar uma dissolução parcial que mais se aproxime, nos seus efeitos, da dissolução total".[343]

A preocupação do Min. Décio Miranda era de afastar no caso a aplicação do art. 15 do Decreto nº 3.708, de 1919, "segundo o qual 'assiste aos sócios que divergirem da alteração do contrato social a faculdade de se retirarem da sociedade, obtendo o reembolso da quantia correspondente ao seu capital, na proporção do último balanço".[344] Sublinhou que a norma legal versava sobre a faculdade concedida ao sócio para exercer o seu direito de recesso, enquanto no caso o recorrente pleiteava apenas a dissolução total da sociedade, tendo sido deferida a sua dissolução parcial. Tratava-se, portanto, de hipóteses fático-jurídicas distintas, que exigiam, por isso mesmo, formas de apuração dos haveres sociais também distintas. Essa distinção – entre os institutos da dissolução parcial e do recesso –, no que tange à forma de se apurar os haveres na omissão do contrato social, tornou-se, em se tratando de sociedade limitada, superada em 2002 com o advento do art. 1.077 do Código Civil, combinado com o art. 1.031, *caput*, do mesmo diploma legal.[345]

Na ocasião, o Min. Décio Miranda estabeleceu que a realidade deveria se sobrepor aos registros contábil-financeiros da sociedade parcialmente dissolvida. O próprio instituto da dissolução parcial acabara de ser reconhecido como uma possibilidade menor dentro do pedido de dissolução total da sociedade, inconfundível com o direito de recesso, que se constituía em uma faculdade não exercida pelo sócio naquele caso. Dessarte, os efeitos da dissolução deveriam se aproximar muito mais daqueles efeitos decorrentes da dissolução total

---

[341] BRASIL. Supremo Tribunal Federal. RE nº 89.464-1/SP. 2ª Turma. Relator: Min. Cordeiro Guerra. Julgamento: 02 maio 1979. *DJ* 04 maio 1979, fl. 3 do voto.

[342] Ibid., fl. 3 do voto.

[343] Ibid., fl. 5 do voto.

[344] Ibid., fl. 7 do voto.

[345] Dispõe o art. 1.077 do CC: "Quando houver modificação do contrato, fusão da sociedade, incorporação de outra, ou dela por outra, terá o sócio que dissentiu o direito de retirar-se da sociedade, nos trinta dias subseqüentes à reunião, aplicando-se, no silêncio do contrato social antes vigente, o disposto no art. 1.031". E o art. 1.031 do CC: "Nos casos em que a sociedade se resolver em relação a um sócio, o valor da sua quota, considerada pelo montante efetivamente realizado, liquidar-se-á, salvo disposição contratual em contrário, com base na situação patrimonial da sociedade, à data da resolução, verificada em balanço especialmente levantado".

do que a forma prevista no art. 15 do decreto que regulamentava a forma de se apurar o valor do reembolso para o sócio dissidente nas sociedades limitadas.

A amplitude com que passou a ser caracterizada a apuração de haveres tem relação histórica com a amplitude com que a dissolução total de uma sociedade emite seus efeitos jurídicos sobre todo e qualquer ativo e passivo – raciocínio que não soluciona o cálculo referente ao estabelecimento comercial – fundo de comércio – que se preserva no caso de resolução parcial do vínculo, pois preserva-se a empresa. A cautela se impunha para evitar deslocamentos patrimoniais injustificados, com o que se beneficiaria a sociedade e os três sócios remanescentes naquele caso.

Nessa ideia parece estar a origem do entendimento que pôs a diretriz de realidade, em seus dois aspectos, no centro da apuração de haveres na sociedade limitada. Importante atentar-se ao raciocínio assim exposto pelo Min. Décio Miranda:

> Daí porque, se se admite a dissolução parcial como modalidade da dissolução total, aquela deve adotar a forma de liquidação dos interesses do sócio dissidente que mais se aproxima da que resultaria da última.
>
> Na liquidação resultante de dissolução total, alienam-se os bens para realização do ativo, forma de apuração que, segundo se presume, mais revela o verdadeiro valor das coisas.
>
> Na dissolução parcial, que por natureza impede a realização do ativo e do monte partível pela alienação de bens, não há de prevalecer o último balanço aprovado, a não ser que o aceitem as partes.
>
> Há de prevalecer a apuração, em toda a sua amplitude, dos haveres do sócio dissidente, com a exata verificação, física e contábil dos bens e direitos da sociedade, sem a restrição do art. 15 do Decreto n. 3.708. Este somente se aplica ao dissidente que, sem poder opor-se à alteração do contrato social resolvida pelos outros sócios em maioria de capital, manifeste propósito de deixar a sociedade.

A decisão do Supremo Tribunal Federal reconhece e afirma a diretriz de realidade, em sua perspectiva existencial, de modo que nenhum patrimônio pode ser sonegado ao sócio dissidente, quando afirma que os haveres devem ser apurados "em toda a sua amplitude", o que pressupõe "a exata verificação, física e contábil dos bens e direitos da sociedade". Trata-se da ideia de que todo o patrimônio deve ser incluído no conjunto de haveres. Posteriormente, as decisões destacam a busca pela apuração mais ampla possível, como se essa fosse maior na dissolução total, o que nem sempre ocorre, uma vez que o valor atribuído a muitas participações societárias considera a preservação da empresa.

A melhor interpretação parece ser a de que a formação do conjunto de haveres, cujo valor deverá ser apurado, tem de corresponder ao patrimônio reconhecidamente existente pelos sócios, nos termos do contrato social, o que não significa que tal conteúdo será necessariamente aplicado pelo Poder Judiciário. Caso a matéria não tenha sido objeto de pacto, o conjunto deverá contemplar todos os bens que seriam transferidos para terceiros e todos os ativos que deixariam de existir em consequência do encerramento da empresa, como comumente ocorre com grande parte dos ativos intangíveis, bem como com todas as obrigações da sociedade. A diretriz de realidade, em sua perspectiva valorativa, que determina a obtenção do real valor do patrimônio – com mais precisão, a obtenção de um valor que encontre ressonância com parâmetros refletores de uma realidade similar ao caso, do que um número indiscutível ou que certamente e realizaria em algum negócio que tivesse como objeto a participação societária do sócio retirante – , é reconhecida e afirmada pelo STF quando dito que deve a apuração decorrente da dissolução parcial aproximar-se daquela que ocorre na dissolução total, porquanto nesta, como a Corte sublinhou, a realização do ativo ocorre de forma efetiva; por isso se assegura a obtenção de um valor real, resultado não de uma avaliação hipotética, mas sim de transferência realmente realizada. Como isso não ocorre na dissolução parcial, deve-se esforçar-se para que a apuração também obtenha o valor dos haveres sociais que "mais revela o verdadeiro valor das coisas".

A relação entre a ideia sintetizada na expressão *apuração na parcial como se fosse total* e o princípio que veda o enriquecimento ilícito pode ser observada na decisão que julgou o REsp nº 453.476, mais precisamente no voto do Min. Relator Antônio de Pádua Ribeiro:

> O entendimento desta Corte e do Supremo Tribunal Federal é o de que na dissolução de sociedade comercial, a apuração de haveres no caso de sócio retirante, deve ser feita como se de dissolução total se tratasse, evitando locupletamento indevido dos sócios remanescentes.

A conexão acima referida – entre a diretriz de realidade e o princípio que veda o enriquecimento sem justa causa – encontra firme sustentação também no voto do Min. Moreira Alves, lavrado nos seguintes termos:

> Em se tratando, porém, de dissolução parcial, em que ele se retira sem se utilizar dessa faculdade de retirada voluntária, entendo que aqui deverá aplicar-se a regra da dissolução total com referência a ele, isto é, que – como salientou o eminente Ministro Décio Miranda – seja feita, quanto a ele, a avaliação dos bens sociais, para o efeito da retirada da sua cota com base nos valores reais, e não apenas nos valores contábeis.

A compreensão do tema exposta nos votos dos Ministros Décio Miranda e Moreira Alves iluminariam as decisões judiciais proferidas nos anos seguintes. Observa-se, por exemplo, que o entendimento de ambos os ministros está transcrito no acórdão proferido pelo STJ quando julgado foi, em setembro de 1993, o Recurso Especial nº 35.702-0. Pelo transcurso de 15 anos, vê-se o prestígio desse especial acórdão para o instituto da apuração dos haveres no Direito brasileiro.

Na mesma senda, constata-se o prestígio do entendimento de que a apuração dos haveres por força de dissolução parcial da sociedade deve ser realizada como se fosse por força de dissolução total, quando a tese é no STJ tratada como método ou critério. Por exemplo, ao apreciar o REsp nº 44.132, o Min. Eduardo Ribeiro explica que a "chamada dissolução parcial significa que se haverá de apurar o devido aos sócios que se retiram, como se de dissolução se tratasse. Constitui critério para estabelecer o valor a ser pago".[346]

---

[346] BRASIL. Superior Tribunal de Justiça. REsp nº 44.132/SP. 3ª Turma. Relator: Min. Eduardo Ribeiro. Julgamento: 11 dez. 1995. *DJ* 01 abr. 1996, fl. 3.

Importante aqui também observar que a construção do que, posteriormente, começaram os tribunais a nominarem de parâmetro para a apuração de haveres – *fazê-la na dissolução parcial como se fosse dissolução total* –[347] não nasce do exame de uma cláusula reguladora da apuração dos haveres, mas sim da necessidade, com a introdução jurisprudencial do instituto da dissolução parcial, de se encontrar uma solução para a necessidade de se apurar o valor dos haveres do ex-sócio ou de terceiro legitimado.

Esse aspecto é especialmente relevante para que se perceba o grande espaço que há entre o critério fixado no artigo 15 do Decreto nº 3.708 de 1919 – apuração conforme o último balanço aprovado – e o que, na prática, ocorre com o patrimônio em caso de dissolução total da sociedade. Inexistia, no caso julgado, um método e/ou critério pactuado no contrato social acerca da apuração de haveres. Portanto, não se tratou no caso da força vinculativa das cláusulas reguladoras da apuração de haveres. O entendimento que se tornou lugar-comum para examinar a aplicabilidade desse tipo de cláusula foi inicialmente posto em um julgamento que não versava sobre cláusula contratual. A questão era mais de direito processual do que material.

Tal entendimento ganhará novo destaque no STF em 1985, quando ocorre o julgamento do Recurso Extraordinário nº 104.596-5, que versava sobre a possibilidade de continuidade da empresa exercida por sociedade com apenas dois sócios, em caso de falecimento de um deles, quando havia previsão con-

---

[347] Neste sentido, *verbi gratia*: parcial como total: Agravo Regimental no BRASIL. Superior Tribunal de Justiça. AgRg no Ag nº 22.352-2/SP. 3ª Turma. Relator: Min. Waldemar Zveiter. Julgamento: 13 out. 1992. *DJ* 16 nov. 1992. STJ: "O direito pretoriano da Corte também firmou entendimento no sentido de que, no caso de sócio retirante ou pré-morto, a apuração dos haveres se faz como se de liquidação total se tratasse, posto que deve ser o quantum devido medido com justiça". (fl. 2). Recurso Especial nº 35.702-0: "[...] a dissolução parcial da sociedade, se processasse, com a consequente apuração dos haveres, como se de dissolução total se cuidasse, a qual se afina com a orientação afirmada pela melhor doutrina e jurisprudência dos Tribunais, inclusive, deste Egrégio Superior Tribunal de Justiça". BRASIL. Superior Tribunal de Justiça. REsp nº 35.702-0/SP. 3ª Turma. Relator: Min. Waldemar Zveiter. Julgamento: 27 set. 1993. *DJ* 13 dez. 1993, fl. 5, do acórdão. REsp nº 40.426-6: "Firmou-se a jurisprudência do STJ no sentido de que a limitação dos haveres do sócio falecido deve ter em linha de conta o justo e real valor da participação societária, como se de dissolução total se tratasse". BRASIL. Superior Tribunal de Justiça. REsp nº 40.426-6/SP. 3ª Turma. Relator: Min. Costa Leite. Julgamento: 03 maio 1994. *DJ* 22 maio 1995. Ainda no mesmo sentido: BRASIL. Superior Tribunal de Justiça. REsp nº 38.160-6/SP. 3ª Turma. Relator: Min. Waldemar Zveiter. Julgamento: 09 nov. 1993. *DJ* 13 dez. 1993. BRASIL. Superior Tribunal de Justiça. REsp nº 35.285-1/RS. 4ª. Turma. Relator: Min. Antônio Torreão Braz. Julgamento: 14 dez. 1993. *DJ* 28 fev. 1994. BRASIL. Superior Tribunal de Justiça. REsp nº 33.458-9/SP. 3ª Turma. Relator: Min. Eduardo Ribeiro. Julgamento: 13 jun. 1994. *DJ* 22 ago. 1994.: 28 ago. 1995. *DJ* 26 fev. 1996. BRASIL. Superior Tribunal de Justiça. REsp nº 44.132/SP. 3ª Turma. Relator: Min. Eduardo Ribeiro. Julgamento: 11 dez. 1995. *DJ* 01 abr. 1996. BRASIL. Superior Tribunal de Justiça. REsp nº 77.122/PR. 4ª Turma. Relator: Min. Ruy Rosado de Aguiar. Julgamento: 13 fev. 1996. *DJ* 08 abr. 1996. BRASIL. Superior Tribunal de Justiça. REsp nº 89.519/ES. 3ª Turma. Relator: Min. Nilson Naves Julgamento: 03 jun. 1997. *DJ* 04 ago. 1997. BRASIL. Superior Tribunal de Justiça. REsp nº 83.031/RS. 3ª Turma. Relator: Min. Ari Pargendler. Julgamento: 19 nov. 1999. *DJ* 13 dez. 1999. BRASIL. Superior Tribunal de Justiça. REsp nº 105.667/SC. 4ª Turma. Relator: Min. Barros Monteiro. Julgamento: 26 set. 2000. *DJ* 06 nov. 2000. material 42. BRASIL. Superior Tribunal de Justiça. REsp nº 315.915/SP. 3ª Turma. Relator: Min. Carlos Alberto Menezes Direito. Julgamento: 08 out. 2001. *DJ* 04 fev. 2002. BRASIL. Superior Tribunal de Justiça. REsp nº 453.476/GO. 3ª Turma. Relator: Min. Antôno de Pádua Ribeiro. Julgamento: 01 set. 2005. *DJ* 12 dez. 2005. BRASIL. Superior Tribunal de Justiça. REsp nº 1.369.270/SP. 3ª Turma. Relatora: Minª. Nancy Andrighi. Julgamento: 25 mar. 2014. *DJ* 05 jun. 2014. BRASIL. Superior Tribunal de Justiça. REsp nº 1.335.619/SP. 3ª Turma. Relatora: Minª. Nancy Andrighi. Julgamento: 03 mar. 2015. *DJ* 27 mar. 2015. BRASIL. Superior Tribunal de Justiça. REsp nº 1.537.922/DF. 3ª Turma. Relatora: Minª. Nancy Andrighi. Julgamento: 28 mar. 2017. *DJ* 30 mar. 2017.

tratual determinando a apuração dos haveres. O recorrente invocara dissídio jurisprudencial para afirmar que, em se tratando de apenas dois sócios, a morte de um conduziria à inexorável dissolução da sociedade.[348]

O relator, Min. Cordeiro Guerra, reiterando o entendimento da Corte no julgamento do Recurso Extraordinário nº 89.464-1,[349] entendeu que se admitia a dissolução parcial, devendo-se, no entanto, promover "a ampla restituição dos bens do sócio falecido",[350] sendo que, para tanto, a "apuração dos haveres do espólio na sociedade limitada se faça de maneira que se aproxime do resultado que ele poderia obter com a dissolução total, isto é, de forma ampla, com plena verificação, física e contábil, dos valores do ativo e atualizados ditos haveres em seu valor monetário, até a data do pagamento".[351]

O Min. Aldir Passarinho sustentara a impossibilidade de liquidação da sociedade sem dissolvê-la, assim como a sua permanência com uma só pessoa. O Min. Décio Miranda votou com o Min. Relator, mantendo a sociedade e determinando a apuração dos haveres por meio de avaliação física e contábil dos bens sociais, "a permitir a tradução da cota social em quantia realmente expressiva da metade do valor dos bens componentes do acervo comercial. Uma vez fixado, por avaliação adequada ou processos periciais, esse valor atual e real da cota societária, será possível, com o depósito a favor do espólio da quantia correspondente, dar por liquidada a participação do referido espólio nos bens sociais".[352]

O entendimento – apurar os haveres na dissolução parcial como se fosse total com o escopo de se explicitar a aplicação do princípio que veda o enriquecimento sem justa causa – aparece em decisão proferida em novembro de 1993 pelo STJ, quando o Min. Waldemar Zveiter enfatiza, citando o Agravo Regimental nº 22.352-2,[353] que o "entendimento no sentido de que o critério da apuração de haveres, no caso de sócio retirante ou pré-morto, há de ser como de dissolução total se tratasse" está consagrado no STJ, tendo "por escopo preservar o *quantum* devido ao sócio retirante, que deve ser medido com justiça, evitando-se, de outro modo, o locupletamento indevido da sociedade ou sócios remanescentes em detrimento dos retirantes".[354]

O escopo na apuração, como se vê, é precisar o valor devido ao ex-sócio em face da titularidade das quotas representativas dos haveres sociais, e não liquidar ativos ou precificá-los. Para tanto, uma correspondência aceitável entre a existência do patrimônio social, o seu real valor e a realidade percebida

---

[348] BRASIL. Supremo Tribunal Federal. RE nº 104.596-5/PA. 2ª Turma. Relator: Min. Cordeiro Guerra. Julgamento: 23 abr. 1985. *DJ* 21 jun. 1985.

[349] BRASIL. Supremo Tribunal Federal. RE nº 89.464-1/SP. 2ª Turma. Relator: Min. Cordeiro Guerra. Julgamento: 02 maio 1979. *DJ* 04 maio 1979.

[350] Ibid., fl. 8, do acórdão.

[351] Ibid., fl. 8, do acórdão.

[352] Ibid., fl. 11, do acórdão.

[353] BRASIL. Superior Tribunal de Justiça. AgRg no Ag nº 22.352-2/SP. 3ª Turma. Relator: Min. Waldemar Zveiter. Julgamento: 13 out. 1992. *DJ* 16 nov. 1992.

[354] BRASIL. Superior Tribunal de Justiça. REsp nº 38.160-6/SP. 3ª Turma. Relator: Min. Waldemar Zveiter. Julgamento: 09 nov. 1993. *DJ* 13 dez. 1993, fl. 3-4.

na situação fática torna-se fator determinante quando do julgamento acerca da aplicação da cláusula reguladora da apuração dos haveres.

A tese de que a apuração dos haveres em decorrência da extinção parcial dos vínculos sociais, com a continuidade da empresa, deve ocorrer como se a apuração fosse decorrente da dissolução total da sociedade encontra-se como fundamento de diversos julgados realizados sobre apuração de haveres ao longo, pelo menos, de 30 anos.[355]

O entendimento de que a apuração decorrente de dissolução parcial deve ser feita como se decorrente de dissolução total fosse não deve ser interpretado em sua literalidade. Trata-se de uma referência que remete, de um lado, a concepções de amplitude, totalidade e integralidade, e, de outro, a concepções de um valor real, exato e preciso. Para se pensar de forma diversa, teria de se desconsiderar o impacto que a continuidade – ou o encerramento – do exercício da atividade empresarial provoca sobre o conjunto de haveres e, depois, sobre o valor desses haveres em cada situação.

O raciocínio aqui aduzido encontra firme apoio no acórdão proferido pelo STJ ao julgar o REsp nº 33.458-9, ocasião em que o Min. Eduardo Ribeiro menciona que o entendimento segundo o qual a apuração na dissolução parcial deve se dar como se de dissolução total se cuidasse "presta-se a orientar a jurisprudência, notadamente no concernente à necessidade de proceder-se a um levantamento do valor real do acervo, para que o sócio receba aquilo que efetivamente corresponda a sua quota".[356]

A apuração decorrente da extinção parcial dos vínculos societários é inconfundível com a liquidação que ocorre com a dissolução total da sociedade. Nesta compete aos administradores providenciar imediatamente a investidura do liquidante e restringir a gestão própria aos negócios inadiáveis, estando vedada a realização de novas operações, conforme prevê o art. 1.036 do Código Civil. Ainda a título exemplificativo dessa distinção quanto à apuração dos haveres sociais, observa-se:

(I) Após a dissolução total, os ativos corpóreos serão transferidos pelo melhor preço efetivamente obtido no mercado. Após a parcial, os ativos corpóreos serão avaliados, e o valor que lhes vier a ser atribuído imagina-se o mais próximo possível da avaliação daquele que se obteria com a efetiva venda para terceiros, que não ocorrerá. Em outras palavras, naquela se obterá o preço efetivo dos ativos, se efetuará o pagamento do passivo e, então, se partilhará o saldo entre os sócios, enquanto após a dissolução parcial, se apurará o conjunto constitutivo do patrimônio social e, então, um valor que, por diversas

---

[355] De modo ilustrativo: em 1993 com o BRASIL. Superior Tribunal de Justiça. REsp nº 38.160-6/SP. 3ª Turma. Relator: Min. Waldemar Zveiter. Julgamento: 09 nov. 1993. *DJ* 13 dez. 1993, e em 2017 com o BRASIL. Superior Tribunal de Justiça. REsp nº 1.537.922/DF. 3ª Turma. Relatora: Minª. Nancy Andrighi. Julgamento: 28 mar. 2017. *DJ* 30 mar. 2017.

[356] BRASIL. Superior Tribunal de Justiça. REsp nº 33.458-9/SP. 3ª Turma. Relator: Min. Eduardo Ribeiro. Julgamento: 13 jun. 1994. *DJ* 22 ago. 1994, fl. 2.

razões, se fundamenta como sendo uma apreensão razoável ou aceitável de seu real valor.[357]

(II) Após a dissolução total, os ativos intangíveis tendem a desaparecer com o término da atividade empresarial (processo de vaporização dos ativos intangíveis), ou, ainda, o valor de tais ativos tende a ser significativamente reduzido. Após a parcial, tende-se a preservar os ativos intangíveis, uma vez que a sua existência e valor estão muito relacionados à continuidade da empresa, e assim a continuidade de geração de patrimônio e lucros, não obstante a alteração provocada em sua estrutura de capital pelo pagamento dos haveres que vierem a ser apurados.

A análise aqui realizada quanto às razões subjacentes à tese *apuração na parcial como se fosse na total* encontra ressonância no voto do Min. Barros Monteiro, que entendeu correta a decisão proferida pelo TJSC ao julgar o REsp nº 105.667: "tendo em consideração a realidade econômica e financeira da empresa, ou seja, há de fazer-se como se de uma dissolução total se tratasse".[358] O entendimento, ressaltou o Ministro, além de estar em consonância com "a jurisprudência de ambas as Turmas que compõem a Segunda Seção", tem "por escopo preservar o *quantum* devido ao sócio em recesso, que deve ser medido com justiça, evitando-se, de outro modo, o locupletamento indevido da sociedade ou sócios remanescentes".[359]

Desse modo, infere-se dos julgados acima a ideia fixa de que a apuração dos haveres deve sempre ocorrer como ocorreria se de dissolução total se tratasse é um dos fatores que reduz a eficácia vinculativa da cláusula reguladora da apuração dos haveres. Esse entendimento adquire ainda mais consistência com as observações realizadas pelo Min. Massami Uyeda, ao relatar o REsp nº 867.101, quanto ao antecedente histórico do instituto da dissolução parcial da sociedade empresária:

> A dissolução parcial, por sua vez, é uma construção pretoriana, embasada na necessidade de preservação da empresa. Tem sua origem na ação de dissolução total da sociedade (artigos 335 e 336 do Código Comercial, 1.399 do CC/16 e 1.034 do CC), ajuizada por sócio, seja ante a falta da *affectio societatis*, seja, simplesmente, para se desvincular da sociedade, pois "ninguém poderá ser compelido a associar-se ou a permanecer associado" (art. 5º, XX, da CF/88); seria uma denúncia vazia. Em razão disso, os Tribunais, ante a necessidade de conservar o funcionamento da empresa, privilegiando a geração de empregos, a circulação de riqueza etc., passaram a julgar o pedido parcialmente procedente para decretar a dissolução parcial da sociedade para, tão-somente, autorizar a saída do autor da ação da sociedade.

O entendimento majoritário na doutrina brasileira, segundo Spinelli, é do que "a apuração dos haveres deve se dar do modo mais abrangente possível,

---

[357] Distinção semelhante – entre liquidante e perito nomeado pelo juiz, em face de se tratar de dissolução total ou parcial – também foi formulada pelo Min. Fernando Gonçalves ao julgar o BRASIL. Superior Tribunal de Justiça. REsp nº 406.775/SP. 4ª Turma. Relator: Min. Fernando Gonçalves. Julgamento: 21 jun. 2005. DJ 01 jul. 2005.
[358] BRASIL. Superior Tribunal de Justiça. REsp nº 105.667/SC. 4ª Turma. Relator: Min. Barros Monteiro. Julgamento: 26 set. 2000. DJ 06 nov. 2000, p. 4.
[359] Ibid., p. 4.

devendo o patrimônio social ser avaliado pelo seu valor de mercado",[360] com o que se vê a influência do entendimento de que a apuração dos haveres decorrente da extinção parcial do vínculo deve ser realizada como seria em caso de dissolução total da sociedade.

É importante, ainda, recordar que para Hernani Estrella a constatação de que a natureza jurídica da resolução parcial da sociedade é de "mera cessação do vínculo societário, limitadamente ao sócio que se retira", e não equiparável à dissolução e liquidação da sociedade,[361] [362] seria suficiente para excluir o ex-sócio de qualquer participação no valor dos ativos intangíveis, "pela óbvia consideração de se conservarem integrados na sociedade, enquanto esta não se extinguir"; entendimento com que, realça o próprio autor, muitos divergem, sob o argumento de que, assim, se estaria provocando o "enriquecimento dos sócios remanescentes".[363]

O raciocínio é coerente, porém adota como premissa uma comparação direta entre o instituto da resolução parcial da sociedade e o da dissolução da sociedade, sem considerar que o entendimento de que a apuração dos haveres deve ocorrer na dissolução parcial como ocorreria na dissolução total funda-se, sobretudo, na tentativa de fazer com que a apuração seja a mais ampla possível, de modo a espelhar com a maior nitidez possível, a realidade patrimonial da sociedade. A comparação tem o escopo de fazer com que a apuração dos haveres atenda às diretrizes de realidade, atualidade e igualdade; não pretende igualar os efeitos decorrentes de institutos próximos, porém inconfundíveis.[364] Tanto é assim, que a sugestão de Estrella – excluir os ativos intangíveis do conjunto de haveres – *a priori* contraria a diretriz de realidade.

Ex positis, sustenta-se que há a necessidade de reexaminar o conteúdo subjacente a essa síntese comumente repetida nos julgados, para que a sua ressignificação permita também o estabelecimento mais firme da força vinculativa das cláusulas reguladoras da apuração de haveres em caso de extinção parcial dos vínculos de sociedade empresária limitada. A proposição segue abaixo.

2.4.1. Análise crítica

A tese de que a apuração dos haveres deve ser realizada na dissolução parcial como ocorreria na dissolução total – bastante prestigiada pelos Tribunais Superiores – está vinculada à ideia de que na dissolução total, com a li-

---

[360] SPINELLI, 2015, p. 514.

[361] ESTRELLA, 2010, p. 126.

[362] Cf. Estrella: "Porque são acordes todos em que, entre a liquidação da quota e a liquidação da sociedade, propriamente dita, há radical diferença. Apenas quanto ao conteúdo patrimonial do direito do sócio, é que existe certa analogia de situações. É este direito, até então abstrato e meramente potencial (enquanto a sociedade subsiste) que, por ocasião da retirada, se vai definir e concretizar". (Ibid., p. 149).

[363] Ibid., p. 127.

[364] Cf. Paolucci: " Los scopo della determinazione del capitale di liquidazione è il disinvestimento completo del capitale aziendale, mediante la vendita delle attività e dei diritti patrimoniali nonchè la realizzazione dei crediti ai fini dell'estinzione dei debiti residui". (PAOLUCCI, 2018, p. 18-19).

quidação do patrimônio e o encerramento da empresa, sempre se terá o valor efetivo do patrimônio, portanto não haverá uma atribuição de valor acima ou abaixo daquele pelo qual efetivamente o patrimônio foi negociado.

Ocorre que as expressões "como se fosse", "como seria", "como ocorreria", comumente utilizadas para se referir àquela tese, revelam que a inexistência de qualquer negócio efetivo tendo como objeto o patrimônio da sociedade, a qual continuará exercendo a atividade empresarial, torna impossível afirmar que o valor do conjunto de haveres é ou será exatamente o mesmo valor que seria efetivamente obtido com a transferência da totalidade do patrimônio social em decorrência da dissolução total da sociedade.

A preocupação dos tribunais em assegurar a apuração integral dos haveres como consequência do instituto da dissolução parcial está com nitidez exposta no voto do Min. Waldemar Zveiter, relator do Recurso Especial nº 87.731, cuja questão primária era sobre a possibilidade da dissolução parcial de uma sociedade constituída por apenas dois sócios: "Sendo certo que os haveres daquele serão apurados mediante balanço de determinação ou levantamento geral, com inventário físico e contábil, o que assegura ao sócio retirante o recebimento do devido".[365] Mais adiante: "A 'dissolução parcial da sociedade' [...] assegurando-se o recebimento cabal, pelo retirante, dos haveres que lhe são devidos, compatibiliza-se, em verdade, com o interesse social".[366]

Ocorre que o fato de a empresa continuar sendo exercida pela sociedade após a sua dissolução parcial é fator extraordinário que impacta diretamente na formação do conjunto de haveres e na apuração de seu valor (diretriz de realidade). Tal aspecto torna incompatível a síntese da tese – apuração após a dissolução parcial como se fosse após a dissolução total – com a realidade, que é significativamente moldada pelas peculiaridades e circunstâncias presentes nos efeitos decorrentes das duas espécies de dissolução.

Essa distinção foi apontada pelo Min. Ari Pargendler, em voto que restou vencido, ao apreciar o REsp nº 315.915. O caso tratava da nomeação de um liquidante para realizar a apuração dos haveres, enquanto os demais ministros da 3ª Turma entendiam que a nomeação de um liquidante para supervisionar e fiscalizar a apuração dos haveres, a ser realizada como se fosse efeito da dissolução total, estava adequada no caso concreto. Contudo, para o Min. Ari Pargendler, com acerto, a nomeação esbarraria de forma incontornável na distinção dos efeitos decorrentes das duas espécies de dissolução: total e parcial. Assim argumentou o Ministro:[367]

> A nomeação de liquidante para uma sociedade que continua a desenvolver normalmente os seus negócios, cuja atuação não tem como finalidade a realização do respectivo ativo e que carece de funções de representação não se encaixa no figurino legal [...].

---

[365] BRASIL. Superior Tribunal de Justiça. REsp nº 87.731/SP. 3ª Turma. Relator: Min. Carlos Alberto Menezes Direito. Julgamento: 26 jun. 1997. DJ 13 out. 1997, fl. 8.
[366] Ibid., fl. 11.
[367] BRASIL. Superior Tribunal de Justiça. REsp nº 315.915/SP. 3ª Turma. Relator: Min. Carlos Alberto Menezes Direito. Julgamento: 08 out. 2001. DJ 04 fev. 2002, fl. 8.

Isso é reiterado em 2008 pelo STJ ao apreciar o REsp nº 242.603, relatado pelo Min. Luis Felipe Salomão: "Enquanto na dissolução total o objetivo é a extinção da sociedade, com a liquidação de seu patrimônio; na dissolução parcial a atividade empresarial é preservada, operando-se apenas a alteração em seu quadro social e a redução do patrimônio coletivo, com a apuração dos haveres do sócio retirante".[368]

Muitos dos pontos defendidos neste trabalho quanto à tese *parcial como se fosse total* encontram apoio no entendimento da Min. Nancy Andrighi, ao julgar o Recurso Especial nº 1.335.619, de que tal equiparação é mera ficção:[369]

> Na dissolução parcial, a equiparação à dissolução total – para efeitos da apuração de haveres – constitui mera ficção legal, não se podendo olvidar que a sociedade irá, na prática, continuar em atividade, portanto beneficiando-se de seus bens intangíveis, cujo valor, naquele momento (de apuração de haveres), deve estar espelhado também nas cotas do sócio dissidente, que até então contribuiu para a formação desse patrimônio intangível.

Assim, verifica-se que um ponto desafiador de análise é a relação entre as diretrizes de especificidade, realidade e igualdade no que tange à possibilidade de os sócios pactuarem conteúdos diferentes para diferentes hipóteses de incidência, de modo que a aplicação de um ou de outro método e/ou critério conduzirá a apreensões de diferentes perspectivas da realidade econômico-social no caso concreto, com o que se apurarão valores também diferentes para cada uma das situações especificadas no contrato social quanto à apuração dos haveres.

A partir da observação acima, cabe identificar meios para identificar quando a diretriz de realidade passaria a ser violada em face da desconsideração da situação patrimonial da sociedade em virtude da aplicação do método e/ou critério previsto no contrato social.

Aqui o foco não está na possibilidade de os sócios estabelecerem especificações discriminatórias na cláusula de predeterminação dos haveres sociais, mas sim na própria diretriz de realidade. Desse modo, admitindo-se que a cláusula não violasse a diretriz de igualdade – o tema será investigado no capítulo 4 – e obedecesse a diretriz de especificidade – conforme exposto no capítulo 1 –, como se poderia chegar à conclusão de que o método e/ou conteúdo eleito pelos sócios não tem condições de espelhar a realidade econômica da sociedade sem violar a diretriz de realidade, razão pela qual não deve ser aplicada.

Assim, interroga-se como se conclui que o valor apurado pelo conjunto de haveres existentes é irreal. Inicia-se a resposta se questionando se existe um critério fixo para definir com precisão o limite entre valor real e valor irreal dos haveres sociais.

A objetivação e a precisão de uma realidade sempre serão a objetivação e a precisão de uma perspectiva ou de um ângulo da realidade. Avança-se. São

---

[368] BRASIL. Superior Tribunal de Justiça. REsp nº 242.603/SC. 4ª Turma. Relator: Min. Luis Felipe Salomão. Julgamento: 04 dez. 2008. *DJ* 18 dez. 2008, fl. 7.
[369] BRASIL. Superior Tribunal de Justiça. REsp nº 1.335.619/SP. 3ª Turma. Relatora: Minª. Nancy Andrighi. Julgamento: 03 mar. 2015. *DJ* 27 mar. 2015, fl. 10.

diversos os métodos e/ou critérios passíveis de serem aplicados na apuração do valor dos haveres sociais, cada qual considerando distintos elementos e fatores na sua formulação; como então exigir que todos levassem a um só valor para o conjunto de haveres? Não há como. Com isso se conclui que inexiste um único valor real para o conjunto de haveres. Assim, pode-se dizer que é possível apurar um conjunto de diferentes valores para os haveres socais. Logo, como esse conjunto poderia ser separado em dois: um conjunto constituído pelos valores reais e o outro pelos valores irreais?

A ideia de um fator que proporcione precisão matemática já foi acima afastada. Resta examinar se é possível elencar, a partir da jurisprudência dos Tribunais Superiores e da lei, fatores inerentes à diretriz de realidade considerados relevantes na fundamentação das decisões judiciais.

Da análise das decisões judiciais pesquisadas, algumas explicitadas ao longo do trabalho, extraem-se dois fatores: a contemplação pela cláusula da totalidade dos haveres e dos efeitos relacionados ao transcurso do tempo.

O fator de duração contido na diretriz de realidade, como se constatou, assegura que nenhum sócio, em qualquer hipótese, tenha qualquer direito patrimonial seu reduzido em face, exclusivamente, do longo tempo em que manteve o seu capital investido na sociedade, e, logo, na empresa, cujo espaço ocupado no Direito societário é central, foco constante de atenta e concreta tutela.

Tais fatores permitem formular dois questionamentos que instruem o intérprete a encontrar a linha entre o real e o irreal no âmbito dos haveres sociais dentro do sistema jurídico brasileiro; são eles:

a) O contrato social, e eventualmente outros documentos vinculados às relações societárias, evidenciam uma compreensão e consideração pelos sócios que contemple a integralidade dos ativos e passivos reveladores da real situação patrimonial da sociedade no momento da resolução parcial do contrato, e a modo de apurar o seu valor em pecúnia?

b) O método e/ou critério para apurar o valor dos haveres tem condições de apreender e expressar a realidade econômico-patrimonial da sociedade na data da resolução do vínculo social sem distorções, omissões ou alterações economicamente substanciais?

Quanto mais próximas do sim as respostas estiverem, mais certo é que a cláusula atende às exigências da diretriz de realidade, não podendo ter a sua força vinculativa obrigatória afastada sob o argumento de que a aplicação da cláusula conduziria a um valor irreal dos haveres sociais.

Nos casos difíceis, a decisão passará pela ponderação entre o princípio da autonomia privada e o princípio que veda o enriquecimento sem causa, e será realizada considerando todos os elementos econômico-jurídicos relevantes para a solução do caso concreto.

Ante o exposto, itera-se que, com o passar dos anos, as exigências quanto à diretriz de realidade foram se tornando cada vez mais rigorosas, a ponto de muitos julgados passarem a apenas repetir o argumento de que a apuração dos haveres em decorrência da dissolução parcial da sociedade deverá ser sempre realizada como se de dissolução total se tratasse,[370] e de alguns doutrinadores entenderem que o valor mínimo a ser pago ao ex-sócio pela sociedade para que não se possa falar em enriquecimento injustificado estaria em um ou outro conceito, critério ou método de apuração,[371] quando a aplicabilidade da cláusula, sob esse enfoque, é verificada essencialmente pelo preenchimento da diretriz de realidade, e não por uma regra fixa preestabelecida, que inexiste no sistema jurídico brasileiro.

---

[370] Por exemplo, Recurso Especial nº 35.702-0: "[...] a dissolução parcial da sociedade, se processasse, com a consequente apuração dos haveres, como se de dissolução total se cuidasse, a qual se afina com a orientação afirmada pela melhor doutrina e jurisprudência dos Tribunais, inclusive, deste Egrégio Superior Tribunal de Justiça". BRASIL. Superior Tribunal de Justiça. REsp nº 35.702-0/SP. 3ª Turma. Relator: Min. Waldemar Zveiter. Julgamento: 27 set. 1993. *DJ* 13 dez. 1993, fl. 5, do acórdão. REsp nº 40.426-6: "Firmou-se a jurisprudência do STJ no sentido de que a limitação dos haveres do sócio falecido deve ter em linha de conta o justo e real valor da participação societária, como se de dissolução total se tratasse". (BRASIL. Superior Tribunal de Justiça. REsp nº 40.426-6/SP. 3ª Turma. Relator: Min. Costa Leite. Julgamento: 03 maio 1994. *DJ* 22 maio 1995).

[371] Nota: Cf. Sérgio Campinho: "Com efeito, o reembolso deve fazer-se com base no patrimônio líquido da sociedade, verificado em valores exatos e reais, com a inclusão dos elementos incorpóreos ou imateriais do fundo de empresa, além das reservas sociais, sobre ele fazendo projetar o percentual de participação do sócio no capital. Qualquer previsão contratual, para ser legítima, deverá partir dessa base. A previsão é para conceder-se mais e não menos. Do contrário, revelar-se-ia abusiva a cláusula, na medida em que viria impor o enriquecimento sem causa da sociedade e dos sócios remanescentes, em prejuízo daquele que da sociedade se afastou, foi excluído, ou dos sucessores do falecido". (CAMPINHO, 2003, p. 221). Fábio Tokars, embora reconheça a força vinculativa da cláusula reguladora da apuração dos haveres sociais, entende que o seu conteúdo não poderá nunca gerar um valor inferior ao patrimônio líquido da sociedade, porém não informa o método de apuração deste patrimônio: "Não se poderia, entretanto, cogitar que o contrato social impusesse forma de obtenção do valor que conduzisse a um quantum inferior ao patrimônio líquido da sociedade, sob pena de violação do direito essencial à condição de sócio". (TOKARS, 2007, p. 389). A doutrina nacional pouco, como já dito, se aprofundou no estudo da aplicação da cláusula de predeterminação dos haveres sociais. A título ilustrativo: Paulo Sérgio Restiffe apenas aduz que o "princípio que norteia a fase de apuração de haveres e, portanto, primado da ação de dissolução parcial de sociedade empresária, que é o do justo valor (*fair value*)". (RESTIFFE, Paulo Sérgio. *Dissolução de sociedades*. São Paulo: Saraiva, 2011, p. 288-289).

3. Diretriz de atualidade

A diretriz de atualidade refere-se aos mecanismos necessários para eliminar os efeitos econômico-financeiros decorrentes do transcurso do tempo sobre o valor do conjunto de haveres sociais. A liquidação da quota não poderá deixar de contemplar o valor dos bens no tempo, de modo que a apuração deverá fazer com que todos os ativos e passivos tenham os seus valores, individualmente ou em sua totalidade, atualizados no dia que for fixado como o da data-base. O valor atualizado do conjunto de haveres na data-base permite a equalização e o ponto de corte necessários para a conversão do direito patrimonial aos haveres em um valor líquido e certo em pecúnia, sem que ocorra ofensa ao princípio que veda o enriquecimento sem justa causa. A diretriz, assim, assegura que a relação de liquidação não gerará ofensa ao princípio que veda o enriquecimento sem causa em decorrência do tempo de duração do vínculo societário, considerando que a apuração dos haveres se constitui na contrapartida final da sociedade à prestação adimplida pelo sócio mediante a integralização efetiva do seu capital social.[372]

3.1. O fator tempo na apuração dos haveres

A diretriz de atualidade, de natureza material como a diretriz de realidade, determina que o conteúdo da cláusula de predeterminação dos haveres deve permitir que o valor do conjunto de haveres – *ativo e passivo, tangível e intangível, individualmente e/ou como estabelecimento comercial, físico e contábil, contabilizados ou não* – seja indicado precisamente no dia exato que for fixado como o da data-base para a apuração dos haveres sociais. A diretriz atua sobre a representação econômica conversível na moeda com curso forçado (Real) em uma determinada data, tornando atual aquilo que se encontrava – ou poderia se encontrar – atual em outra. Assim, a atualização pode consistir em trazer a valor presente – valor no dia da data-base – tanto valor com data anterior, quanto valor com data posterior ao da data-base, porquanto é ela quem direciona a apuração dos haveres para a data-base.

Os ativos e passivos tangíveis da sociedade são oriundos de negócios jurídicos ou de atividade realizados em diferentes momentos da vida da empresa,

---

[372] AGUIAR 1991, p. 254.

podendo sua produção ou aquisição ter sido realizada ao longo de anos ou décadas, e o valor que lhes foi atribuído naquela ocasião pode ainda ser o valor que consta no balanço patrimonial – *por exemplo, os imóveis são lançados pelo custo de aquisição* –, enquanto outros ativos e passivos podem não estar contabilizados – *por exemplo, o valor do estabelecimento comercial e as contingências trabalhistas* –, a diretriz de atualidade determinada que o valor de todos os direitos e obrigações da sociedade sejam apurados na mesma data, aquela que restar fixada como a data-base.

A diretriz da atualidade tem uma função de equalização, pois exige que todos os bens tenham os seus valores comparáveis em um único momento, o que possibilita aos sócios o fracionamento do valor total do conjunto de haveres em iguais condições. Com isso, também assegura a igualdade entre os sócios na participação dos haveres e a ausência de deslocamentos patrimoniais injustificados.

O tempo tem que ser compreendido como fator essencial para a atividade empresarial; por isso, o seu transcurso não pode, por si só, alterar o valor dos ativos e passivos, porque aí se estaria, em última análise, prejudicando o ex-sócio – ou terceiro legitimado – ou mesmo a sociedade. A consideração do tempo na apuração dos haveres é um fator de equalização dos haveres, não admitindo o Superior Tribunal de Justiça que sua desconsideração promova deslocamentos patrimoniais indesejados.

A evolução da diretriz de atualidade no exame de aplicabilidade da cláusula que regra a apuração de haveres está historicamente relacionada à preservação do valor dos haveres em razão do transcurso do tempo, porém houve um período em que o STF deixou de considerar a recomposição do valor dos haveres por ausência de previsão legal. A título de exemplo, observa-se que em 1973 a 2ª Turma do Excelso Tribunal, ao julgar o Recurso Extraordinário nº 74.886, reformou a decisão recorrida para determinar a exclusão da correção monetária do valor dos haveres indicado no laudo pericial por ausência de previsão legal.[373]

Em 1978, o Supremo Tribunal Federal adota, por apertada maioria, uma nova compreensão quanto ao alcance da diretriz de atualidade no âmbito dos haveres sociais. Ao julgar o Recurso Extraordinário nº 73.077, o Min. Antonio Neder havia sustentado que, inexistindo previsão no contrato social, seria incabível a pretensão de atualização do valor dos haveres, não obstante o contrato ter sido firmado 15 anos antes da data do julgamento do recurso pelo STF.[374] A posição do Min. Neder fundava-se, em última análise, no princípio da autonomia privada, pois se os sócios optaram, mesmo em um período de inflação alta, por não promoverem a correção do valor dos haveres, não poderia

---

[373] BRASIL. Supremo Tribunal Federal. RE nº 74.886/SP. 2ª Turma. Relator: Min. Bilac Pinto. Julgamento: 27 mar. 1973. *DJ* 06 jun. 1973.

[374] BRASIL. Supremo Tribunal Federal. RE nº 73.077/RJ. 1ª Turma. Relator: Min. Soarez Muñoz (p/ Acórdão). Julgamento: 25 out. 1978. *DJ* 27 out. 1978.

o Estado-juiz alterar o pactuado, salvo se houvesse norma legal estabelecendo o contrário. *In verbis*:[375]

> Se o contrato não prevê a correção monetária de tal valor, ela não pode ser concedida, porque, no ponto, é a vontade dos contratantes que deve prevalecer, salvo se houver norma legal que disponha doutro modo.
>
> Registro que, no caso, o contrato foi celebrado em 1963, quando a inflação estava em sua fase mais aguda, e que os contratantes não se referiram à correção monetária do *quantum* devido ao sócio que se retirasse da sociedade.

No entanto, o voto majoritário, proferido pelo Min. Soares Muñoz, sustentara que a atualização do valor dos haveres, após a sua liquidação, não estava condicionada à existência de cláusula contratual prevendo-a, mas embasava-se na proibição de a resolução parcial do vínculo promover deslocamentos patrimoniais por força da desconsideração dos efeitos do tempo sobre os valores apurados:

> Cuida-se de dívida de valor correspondente à quota pertencente ao sócio, que se retirou da sociedade. A correção monetária se impõe, para evitar o enriquecimento da sociedade à custa do empobrecimento do sócio.

No julgamento do Recurso Extraordinário n. 90.237-6, também relatado pelo Min. Soares Muñoz, o Supremo Tribunal Federal manteve a decisão proferida pelo Tribunal de Justiça do Paraná, que havia afastado a aplicação da nova cláusula reguladora da apuração de haveres em relação ao sócio que pleiteava a sua retirada justamente por discordar de seu conteúdo, e, ainda, afastado o uso do último balanço, "por aceitar a alegação de que o aludido balanço se achava desatualizado, em razão do tempo decorrido".[376]

Constatam-se, assim, as raízes da aplicação pelo Supremo Tribunal Federal da diretriz de atualidade na apuração de haveres, bem como a consideração do fator tempo como juridicamente relevante em se tratando de haveres sociais.

A existência da diretriz de atualidade também pode se ser constatada no primeiro acórdão proferido pelo Superior Tribunal de Justiça sobre a possibilidade de dissolução parcial da sociedade. Ao julgar o Recurso Especial nº 387,[377] o Tribunal afirmou que a extinção parcial dos vínculos sociais não poderia resultar em confisco da propriedade, daí a necessidade não apenas de se apurar o real valor dos haveres como também a de assegurar que todos os valores se encontrarão atualizados na data-base:[378]

> [...] para mandar que a apuração de haveres do autor se faça, em liquidação de sentença, segundo balanço geral em que o ativo da sociedade tenha seus valores atualizados [...].

---

[375] BRASIL. Supremo Tribunal Federal. RE nº 73.077/RJ. 1ª Turma. Relator: Min. Soarez Muñoz (p/ Acórdão). Julgamento: 25 out. 1978. *DJ* 27 out. 1978, fl. 3.

[376] BRASIL. Supremo Tribunal Federal. RE nº 90.237-6/PR. 1ª Turma. Relator: Min. Soarez Muñoz. Julgamento: 21 mar. 1979. *DJ* 23 mar. 1979, fl. 2.

[377] BRASIL. Superior Tribunal de Justiça. REsp nº 387/MG. 3ª Turma. Relator: Min. Waldemar Zveiter. Julgamento: 12 dez. 1989. *DJ* 19 fev. 1990.

[378] Ibid., fl. 4, do acórdão.

A necessidade de a cláusula de predeterminação dos haveres atender às exigências da diretriz de atualidade foi bem pontuada pelo STJ no julgamento do REsp nº 110.303, quando em seu voto o Min. Eduardo Ribeiro assinalou que a desconsideração dos efeitos decorrentes do transcurso do tempo sobre o valor do conjunto de haveres acabaria tornando o valor irrisório:[379]

> Não se corrigindo a importância da condenação, essa corresponderá a bem menos que um centavo, não podendo ser saldada. Todo o acervo representado pelos haveres do sócio falecido, em lugar de passar a seus herdeiros iria integrar, última análise, o dos remanescentes.

Cumpre, ainda, registrar que se pode inferir a existência e aplicação pelo STJ da diretriz de atualidade da aplicação da tese de que a apuração dos haveres deverá ocorrer na dissolução parcial como se de dissolução total se tratasse. Por exemplo, no julgamento do REsp nº 958.116, o Min. João Otávio de Noronha fundamentou a necessidade de o valor apurado ser atual, como seria o valor decorrente da liquidação da sociedade:[380]

> Portanto, esse levantamento deve ter por resultado o valor que o sócio receberia caso a sociedade fosse liquidada totalmente, daí a necessidade de balanço para tal fim, porquanto os regulamentares não informam essa possibilidade, mas refletem a organização empresarial em dinâmica. Portanto, hão de ser feitas avaliações atuais sobre os bens da empresa e seus encargos.

O entendimento acima acabou sendo consolidado pelo Superior Tribunal de Justiça, como se observa, por exemplo, nos acórdãos proferidos pela Corte no julgamento dos Recursos Especiais nos 110.303, 115.880 e 302.366.[381]

Essa evolução jurisprudencial e doutrinária consolida a diretriz de atualidade no sistema jurídico brasileiro e a sua aplicação pelo STJ – a exemplo de como fazia o STF – há muitos anos no âmbito dos haveres sociais.

O elemento tempo no âmbito dos haveres sociais também pode ser identificado nas expressões utilizadas pelo legislador no artigo 1.031, *caput*, do CC e no artigo 606 do CPC. O primeiro dispositivo prevê que, inexistindo previsão contratual, a apuração dos haveres se dará "com base na situação patrimonial da sociedade, à data da resolução", e o segundo estabelece que, em caso de omissão do contrato, o juiz definirá como critério para a apuração dos haveres o valor patrimonial "tomando-se por referência a data da resolução".

Ao afirmar nos dois dispositivos que a apuração deve ater-se à data da resolução parcial do contrato de sociedade,[382] o legislador indicou que o mé-

---

[379] BRASIL. Superior Tribunal de Justiça. REsp nº 110.303/MG. 3ª Turma. Relator: Min. Eduardo Ribeiro. Julgamento: 15 abr. 1997. DJ 19 maio 1997, fl. 4.

[380] BRASIL. Superior Tribunal de Justiça. REsp nº 958.116/PR. 4ª Turma. Relator: Min. João Otávio de Noronha. Julgamento: 22 maio 2012. DJ 06 mar. 2013, fl. 9.

[381] BRASIL, REsp nº 110.303/MG, op. cit.; BRASIL. Superior Tribunal de Justiça. REsp nº 115.880/RS. 4ª Turma. Relator: Min. Barros Monteiro. Julgamento: 01 abr. 2003. DJ 23 jun. 2003; BRASIL. Superior Tribunal de Justiça. REsp nº 302.366/SP. 4ª Turma. Relator: Min. Aldir Passarinho Júnior. Julgamento: 05 jun. 2007. DJ 06 ago. 2007.

[382] O artigo 605 do Código de Processo Civil estabelece que a data da resolução da sociedade será: i) no caso de falecimento do sócio, a do óbito; ii) na retirada imotivada, o sexagésimo dia seguinte ao do recebimento, pela sociedade, da notificação do sócio retirante; iii) no recesso, o dia do recebimento, pela sociedade, da

todo e/ou critério eleito pelos sócios também deverá permitir a apreensão da realidade patrimonial da sociedade naquela data ou período, assim como terá de considerar o efeito do transcurso do tempo sobre o valor do conjunto de haveres até o dia da data-base.

Cumpre, assim, questionar se a cláusula de apuração de haveres deve ser sempre afastada quando não possibilitar a apuração atualizada do valor dos haveres ou poderá haver situações em que o Estado-juiz, reconhecendo a necessidade de se atualizar os valores, apenas determine o modo de fazê-lo, complementando com isso o método e/ou critério convencionado pelos sócios.

Entende-se, por força do princípio da autonomia privada subjacente à cláusula de predeterminação dos haveres, que na hipótese de ser possível apenas a determinação da atualização monetária do ativo e do passivo, sem que com isso se altere o método e/ou critério convencionado pelos sócios, o Estado-juiz deverá limitar-se ao modo de atualização dos valores, sem interferir na estrutura do método e/ou critério, preservando-se a força vinculativa obrigatória da cláusula de predeterminação dos haveres.

Importante atentar-se para a conexão entre as duas diretrizes de natureza material – realidade e atualidade –, pois essencialmente se dirigem ao método e/ou critério convencionado pelos sócios, porém são inconfundíveis. Enquanto a diretriz de realidade abrange o presente, o que inevitavelmente retratará fatos ocorridos dentro de um período tido relevante para a apreensão da realidade econômica e patrimonial da sociedade, a diretriz de atualidade está diretamente vinculada à data-base, pois impulsiona o cálculo para a apuração do valor inerente ao conjunto de haveres em direção ao dia em que o valor tem de estar expresso em pecúnia, tornando-se então líquido e certo.

O método e/ou critério para a apuração dos haveres que desestimule a permanência do sócio na sociedade – o que ocorreria com o desprezo dos efeitos provocados pelo transcurso do tempo sobre o conjunto de haveres sociais – é contrário às exigências das diretrizes de realidade e de atualidade, pois estas exigem a vinculação da apuração dos haveres à realidade e à atualidade.

O direito ao reembolso e a obrigação de realizá-lo têm ambos "conteúdos exclusivamente pecuniários"; e, como ressalta Estrella, "a indivisibilidade do acervo patrimonial é a regra para a sociedade, como condição de sua sobrevivência, de onde ser defeso ao sócio tentar sequer partilhá-lo".[383] Dessa forma, cumpre assinalar que o fracionamento do valor total dos haveres, por meio do qual se obterá a quantia líquida e certa que cabe restituir ao sócio retirante como um dos efeitos da extinção parcial do vínculo social, não se confunde com partilha,[384] a qual "pressupõe comunidade de bens que inexiste em relação

---

notificação do sócio dissidente; iv) na retirada por justa causa de sociedade por prazo determinado e na exclusão judicial de sócio, a do trânsito em julgado da decisão que dissolver a sociedade; e v) na exclusão extrajudicial, a data da assembleia ou da reunião de sócios que a tiver deliberado.

[383] ESTRELLA, 2010, p. 74.

[384] Cf. Estrella: "[...] enquanto a liquidação, propriamente dita, impõe rigorosa partilha dos *bens*, a simples liquidação da quota, ao revés, se traduz, em definitivo, numa *cifra em dinheiro*". (ESTRELLA, 2010, p. 80).

aos bens sociais", pois nenhum dos sócios "tem senhorio sobre o patrimônio societário, isto é, parte determinada ou mesmo ideal sobre tais bens ou quais bens *in natura*, mas apenas mero quinhão *em valor*".[385] Logo, não cabe ao sócio a restituição do bem *in natura*, salvo quando o tenha conferido a título não translativo de domínio.[386]

A relação entre as diretrizes de realidade e atualidade também pode ser observada a partir de uma ênfase no fator tempo. Enquanto na primeira o elemento tempo indicará a abrangência dos dados relevantes para a apuração dos haveres situados dentro de um período tido como o presente econômico e patrimonial da sociedade, cuja análise da sua extensão se dará no caso concreto conforme a existência e a natureza dos haveres, na segunda diretriz o tempo apresenta-se como um ponto fixo de atração, para o qual a apuração do valor do patrimônio social deverá necessariamente convergir, e lá chegar com todos os efeitos decorrentes do tempo sobre os ativos e passivos recompostos, revelando-se, então, além de preciso, atual na data-base.

Ambas as diretrizes conformam a autonomia privada, pois impedem que o direito de qualquer sócio aos haveres seja reduzido por força exclusiva do longo período em que se manteve na sociedade, quando, como acima exposto, tal situação contribuiu para a preservação da empresa. A empresa move-se para frente; cabe à cláusula de predeterminação dos haveres acompanhar esse movimento em harmonia, o que faz atendendo às diretrizes de realidade e atualidade.

A partir desse entendimento, pode-se concluir que a cláusula de apuração dos haveres que prevê, por exemplo, como critério de apuração do valor dos seus bens imóveis o seu preço de aquisição, sem contemplar o efeito decorrente do transcurso do tempo, acabaria se tornando uma punição contra o sócio que investiu na sociedade e com isso contribuiu para a criação, o desenvolvimento e a preservação da empresa. Raciocínio semelhante poderia fundamentar o afastamento da cláusula que fixa o preço de aquisição dos bens móveis e máquinas como critério de apuração de seu valor, quando se sabe que o tempo exerce influência sobre tal valor, seja pela depreciação – física e contábil –, seja pelas diversas variáveis que influenciam o valor do bem no mercado. Ambos os exemplos ignoram os efeitos gerados pelo transcurso do tempo sobre o valor do conjunto de haveres.

Ex positis, verifica-se que para o STJ a diretriz de atualidade exige a manifestação do valor em pecúnia do conjunto de haveres no dia fixado como sendo o da data-base, integralmente recomposto pelos efeitos inerentes ao transcurso do tempo. Na hipótese de a cláusula de predeterminação dos haveres não permitir a apuração atualizada do valor dos ativos e passivos – isto é, a adaptação do valor aos efeitos decorrentes do transcurso do tempo –, na data-base, pode-se dizer que o STJ afastará a aplicação da cláusula.

---

[385] ESTRELLA, 2010, p. 92.
[386] Ibid., p. 80.

3.1.1. Tempo, vínculo contratual e empresa

A análise dos fundamentos da diretriz de atualidade – situados na jurisprudência dos Tribunais Superiores e na legislação, como acima demonstrado – torna possível identificar importante a conexão entre, de um lado, a finalidade da cláusula de predeterminação dos haveres – regrar o processo que indicará o valor do conjunto de haveres em pecúnia – e a condição imprevisível a que a sua aplicação se encontra condicionada – extinção parcial do vínculo –, e, de outro, a doutrina inerente ao contrato plurilateral[387] – acolhida pela significativa maioria dos doutrinadores brasileiros – e ao contrato de duração,[388] como adiante se aduz.

A diretriz de atualidade determina que a cláusula de predeterminação dos haveres considere, e não menospreze, o *fator tempo*. Tal fator, como acima explicitado, também exerce influência sobre a diretriz de realidade, de modo que o método e/ou conteúdo eleitos pelos sócios têm de permitir a apreensão da realidade – tanto quanto à existência dos haveres quanto ao seu valor – e a expressão de seu valor atualizado no dia que vier a ser fixado como o da data-base.

A cláusula de apuração dos haveres tem função instrumental, não podendo estar fixada em nada que a impossibilite de refletir a realidade atualizada da situação econômica e/ou patrimonial da sociedade. Em outras palavras, a cláusula deve estar aberta para absorver as vicissitudes que ocorrerão no transcurso do tempo imprescindível para a concretização da finalidade econômica do contrato de sociedade.

Na doutrina, o fator tempo foi salientado como característica importante do contrato plurilateral e como fator de discriminação do contrato de duração. A relevância que o tempo da relação jurídica exerce na consecução do objetivo almejado com o contrato de sociedade, bem como com as características desta espécie no que tange à conservação das obrigações ao longo do vínculo contratual e à sua extinção, tornam juridicamente adequado considerar o contrato de sociedade empresária limitada como um contrato plurilateral de duração.

Cumpre expor o raciocínio. Assim como é verdade que os contratos não almejam a eternidade, também é verdade que o sistema jurídico brasileiro tutela a preservação da atividade empresarial, como se observa em diversos dispositivos legais e na constante aplicação do princípio da preservação da empresa pelos tribunais em disputas na seara do Direito Empresarial, como, por exemplo, na sua utilização pelo STF e pelo STJ como um dos fundamentos sobre

---

[387] Cf. Ascarelli: "A sociedade nasce, a meu ver, de um contrato, e mais precisamente de uma subespécie, talvez ainda descuidada de contratos, que propus chamar de plurilateral", a qual visa "a disciplina de uma atividade ulterior em relação a um fim que unifica os vários interesses das diversas partes; tem por isso um caráter instrumental". (ASCARELLI, 1947b, p. 103).

[388] Cf. aduzido por Oppo, como conceito científico o contrato de duração teria atualmente 103 anos, tendo sido formulado por Osti e outros na Itália e por Gierke na Alemanha. Embora a doutrina pouco a ele tenha se dedicado, cabe classifica-lo como fundamental, pois além de todos os problemas atinentes aos contratos em geral, acrescenta-se a ele a duração. (OPPO, Giorgio. I contratti di durata. *Revista di Diritto Commerciale*, p. p. 143-250, 1943, p. 143-144).

os quais se apoia a criação do instituto da dissolução parcial e a tese de que a apuração dos haveres deve ser realizada como ocorreria em caso de dissolução total. Cumpre recordar o prestígio de tal princípio no Superior Tribunal de Justiça, por meio dos fundamentos aduzidos pelo Min. Luis Felipe Salomão ao apreciar o REsp nº 917.531:[389]

> Todavia, a regra da dissolução total em nada beneficiaria os valores sociais envolvidos no que diz respeito à preservação de empregos, arrecadação de tributos e desenvolvimento econômico do país, razão pela qual o rigorismo legislativo deve ceder lugar ao princípio da preservação da empresa, implicando a sua continuidade em relação aos sócios remanescentes.
>
> O instituto da dissolução parcial erigiu-se, em sua gênese, voltado às sociedades contratuais e personalistas, como alternativa à dissolução total e, portanto, como medida mais consentânea ao princípio da preservação da sociedade e sua função social, contudo deve-se reiterar que a complexa realidade das relações negociais hodiernas potencializa a extensão daquele instituto às sociedades "circunstancialmente" anônimas.

Admitir que o longo tempo de continuidade do exercício da atividade empresarial, fato que concretiza o interesse coletivo – sócios, funcionários, mercado, sociedade em geral e governos – pudesse gerar perdas significativas para aqueles que investiram, com alta taxa de risco, seus recursos para a realização e o exercício da empresa, acabaria por fazer com que a cláusula de predeterminação dos haveres contrariasse o próprio princípio da preservação da empresa, porquanto incentivaria o sócio a retirar seu capital da sociedade no mais breve tempo possível.

A empresa é a atividade exercida pela sociedade, de modo que a conservação desta se reflete na conservação daquela. Considerando que a atividade demanda recursos econômico-financeiros e tempo para ser organizada, aprimorada e, enfim, preservada, é lógico concluir que a manutenção do capital social efetivamente investido pelos sócios na sociedade contribui para o exercício da atividade. Nesse sentido, é lúcida lição de Tulio Ascarelli quanto à relevância do elemento tempo para a execução do contrato plurilateral de sociedade:[390]

> Os contratos plurilaterais visam, ao contrário, justamente disciplinar a utilização dos bens a que se referem.
>
> [...]
>
> Portanto nos contratos plurilaterais é mister distinguir entre o que respeita à formação do contrato e o que respeita ao preenchimento da função instrumental dele: os requisitos exigidos a este último respeito não visam apenas o momento da conclusão do contrato, mas, também, a vida da organização e devem, por isso, continuamente subsistir; podem, apenas de existirem no momento da conclusão, às vezes faltar, durante a duração do contrato, acarretando a dissolução dele.
>
> O "prazo" tem, por isso, nesses contratos, um alcance diverso do que lhe é peculiar, em regra, na teoria geral das obrigações.

---

[389] BRASIL. Superior Tribunal de Justiça. REsp nº 917.531/RS. 4ª Turma. Relator: Min. Luis Felipe Salomão. Julgamento: 17 nov. 2011. *DJ* 01 fev. 2012, fl. 9.
[390] ASCARELLI, 1945, p. 292-294.

Com efeito, o prazo é necessário, porque é necessariamente prevista uma atividade ulterior. Esse prazo "necessário" não se refere ao momento em que devem ser cumpridas determinadas obrigações, mas ao momento até ao qual deve perdurar a organização no seu conjunto.

Os contratos plurilaterais apresentam-se, pois, necessariamente e sempre, como contratos de execução continuada e, portanto, estão sempre sujeitos às normas próprias desta categoria de contratos.

É por isso que, tal como acontece, em geral, nos contratos de execução continuada, se apresenta o problema da adequação da disciplina contratual a uma situação econômica que, durante a vigência do contrato, pode modificar-se profundamente.

Dessa forma, quanto mais longo o vínculo social, maior o período de tempo que a sociedade terá o recurso do sócio disponível para o exercício da empresa. Ou seja, a longa permanência do sócio na sociedade contribui para a preservação da empresa. Portanto, contrário ao princípio da preservação da empresa seria o raciocínio que defendesse a desconsideração dos efeitos do tempo sobre o valor do conjunto de haveres.

O contrato de longa duração se apresenta como um constante tráfego de transações econômicas entre as mesmas partes por um longo período de tempo; o conjunto dessas transações, que se computam conforme o convencionado, se dá a partir e na relação jurídica contratual de longa duração, que é una.[391] Por isso, Clóvis do Couto e Silva sublinha que a inserção do tempo na essência da obrigação significa dizer que "o débito é o mesmo em novo momento temporal".[392] Ou, como constata Giorgio Oppo, o contrato é constituído por várias prestações que, se consideradas isoladamente, podem constituir o objeto de vários contratos; o que os unifica é a duração da relação jurídica unitária.[393]

Sua função de satisfazer o interesse dos contratantes não está no fato constitutivo, mas sim na relação; ou, de outra forma, a duração do ato de adimplemento é reflexo da duração da relação.[394] A duração, como função do contrato, corresponde à satisfação continuada de um interesse durável.[395]

A duração do adimplemento integra a causa do contrato, que somente cumprirá sua função para as partes se a relação contratual se prolongar no tempo.[396] Isso permite imaginar que, no plano teórico, a relação de duração teria potencial para se estender por um prazo indefinido, sem limite temporal.[397]

O conteúdo e a eficácia das obrigações convencionadas permanecem ao longo de toda a relação jurídica: o adimplemento extingue o efeito da obrigação, a qual gerará o mesmo efeito até o término da relação jurídica. É com a extinção da relação jurídica de longa duração que as obrigações, consequente

---

[391] Cf. Clóvis do Couto e Silva: "A obrigação duradoura supõe sempre um contrato unitário, do qual ela promana". (COUTO E SILVA, Clóvis do. *A obrigação como processo*. São Paulo: José Buschatsky, 1976, p. 213).

[392] Ibid., p. 212.

[393] OPPO, 1943, p. 175.

[394] Ibid., p. 152.

[395] Ibid., p. 159.

[396] Ibid., p. 174.

[397] Ibid., p. 152.

e naturalmente, se extinguirão, e não com o adimplemento, como usualmente ocorre. O contrato conserva-se em sua integralidade até seu último instante.[398] Nas palavras de Clóvis do Couto e Silva:[399] "[...] nesse ponto, precisamente, manifesta-se o discrime fundamental, pois nas obrigações duradouras, enquanto não vencido o prazo, ou resilido por denúncia, o dever de prestação permanece sem modificação em seu conteúdo". A determinação da prestação em função do tempo é exclusiva dos contratos de duração.[400]

Vale sublinhar: a) precisamente, não é o contrato que é de duração, mas sim a relação contratual;[401] e b) o ato gerador da relação duradoura não se distingue daquele que gera uma relação instantânea, por isso a duração não tem o contrato como fonte, mas sim sua finalidade, ou seja, sua execução.[402]

Característica importante do contrato de duração é a irretroatividade de seus efeitos quando da sua extinção, que se caracteriza por ser *ex nunc*. Giorgio Oppo menciona-a como uma evidência de que a aplicação do conceito de contrato de duração ocorreu corretamente.[403]

O mesmo fenômeno ocorre com o contrato de sociedade. O exercício da atividade empresarial torna o contrato de sociedade irretroativo e faz com que o efeito da dissolução parcial da sociedade também tenha efeito *ex nunc*. A fixação de uma data-base para a apuração dos haveres é uma evidência de que todas as questões passadas ou futuras se encontram superadas, sendo impensável o retorno das partes ao anterior – *status quo ante bellum.*

Importante aqui esclarecer que atenção está se dando ao contrato plurilateral de sociedade, que se resolve;[404] e não à sociedade, que somente pode ser dissolvida. Nesse sentido, recorda-se que Hernani Estrella indica ser a natureza jurídica da resolução parcial da sociedade uma "mera cessação do vínculo societário, limitadamente ao sócio que se retira", e não equiparável à dissolução e liquidação da sociedade.[405] [406] De modo que o ex-sócio não teria qualquer

---

[398] OPPO, 1943, p. 237.

[399] COUTO E SILVA, 1976, p. 212.

[400] OPPO, op. cit., p. 169-170.

[401] Ibid., p. 145.

[402] Ibid., p. 148.

[403] Cf. Giorgio Oppo: "La irretroativita degli effetti della risoluzione o dello scioglimento rapresente la diretta e ben naturale applicazione, alla disciplina pratica del rapporto di durata". (Ibid., p. 244). Cf. Clóvis do Couto e Silva, sobre as obrigações duradouras, como aquelas que conservam em si a pretensão enquanto durar o vínculo obrigacional: "Denomina-se 'denúncia' o direito formativo extintivo que pode ser exercido no curso do prazo, desde que motivadamente, conforme o que foi estabelecido contratualmente; ou mesmo, ao líbito das partes, se o negócio jurídico não tiver prazo determinado e se não houver lei que impeça a utilização imotivada do direito de denúncia. Este direito é específico das obrigações duradouras e não se confunde com o de resolução ou de impugnação. Opera-se, com seu exercício, a resilição e extingue-se *ex nunc* a dívida". (COUTO E SILVA, op. cit. p. 214-215).

[404] Cf. Aguiar Júnior: "O contrato plurilateral pode ser resolvido, total ou parcialmente, conforme haja ou não condições de sobrevivência do contrato". (AGUIAR JÚNIOR, 1991, p. 87).

[405] ESTRELLA, 2010, p. 126.

[406] Cf. Estrella: "Porque são acordes todos em que, entre a liquidação da quota e a liquidação da sociedade, propriamente dita, há radical diferença. Apenas quanto ao conteúdo patrimonial do direito do sócio, é que existe certa analogia de situações. É este direito, até então abstrato e meramente potencial (enquanto a sociedade subsiste) que, por ocasião da retirada, se vai definir e concretizar". (Ibid., p. 149).

direito à participação no valor dos ativos intangíveis, "pela óbvia consideração de se conservarem integrados na sociedade, enquanto esta não se extinguir"; entendimento com que, realça o próprio autor, muitos divergem, sob o argumento de que, assim, se estaria provocando o "enriquecimento dos sócios remanescentes".[407]

O raciocínio é coerente, porém adota como premissa uma comparação direta entre o instituto da resolução parcial da sociedade e o da dissolução da sociedade, sem considerar que o entendimento de que a apuração dos haveres deve ocorrer na dissolução parcial como ocorreria na dissolução total funda-se, sobretudo, na tentativa de fazer com que a apuração seja a mais ampla possível, de modo a espelhar com a maior nitidez possível, a realidade patrimonial da sociedade. A comparação tem o escopo de fazer com que apuração dos haveres atenda às diretrizes de realidade, atualidade e igualdade; não pretende igualar os efeitos decorrentes de institutos próximos, porém inconfundíveis.[408] Tanto é assim, que a sugestão de Estrella – excluir os ativos intangíveis do conjunto de haveres – *a priori* contraria a diretriz de realidade.

Assim, acolhendo-se a tese segundo a qual o ato que cria a sociedade empresária limitada está vinculado ao contrato de duração – sem obviamente excluir outras classificações defendidas pela doutrina, até porque o contrato de duração pode ser bilateral, *v.g.*, como se dá com o contrato de distribuição, pois o seu fator de discriminação está no fator tempo, e não na quantidade de partes –, pode-se verificar ao menos um ponto de conexão entre o ato que cria a sociedade, o contrato de duração e a própria cláusula de predeterminação dos haveres sociais, propiciado justamente pela relevância econômica e jurídica que o fator tempo exerce sobre as três situações.

Esse ponto pode ser assim descrito: a aplicação da cláusula de predeterminação dos haveres sociais somente ocorrerá após o término do vínculo societário, de modo que a duração dos vínculos sociais conserva latente a sua força obrigatória; porém, para isso é imprescindível que o método e/ou critério eleito pelos sócios contemple medidas que permitam a apreensão da realidade e a indicação atualizada do valor dos haveres, independentemente do tempo transcorrido entre a elaboração da cláusula e a sua concreta aplicação.

Recorda-se que as obrigações convencionadas no contrato de duração também permanecem até o término da relação jurídica, de modo que o adimplemento não extingue a obrigação, mas a conserva ou renova. O mesmo pode-se dizer do contrato de sociedade, pois, enquanto ocorre sua execução, as obrigações permanecem, inclusive aquela prevista na cláusula de predeterminação dos haveres.

Com isso, reforça-se o entendimento de que fator tempo, presente no ato que cria a sociedade, também deve ser considerado na elaboração e aplicação da cláusula de apuração de haveres. Além disso, o raciocínio ratifica as exigên-

---

[407] ESTRELLA, 2010, p. 127.
[408] PAOLUCCI, 2018, p. 18-19.

cias das diretrizes de atualidade e realidade quanto à neutralização dos efeitos do transcurso do tempo sobre a apuração dos haveres sociais.

Por essas razões, entende-se que a relevante presença do fator tempo na própria natureza do ato que cria a sociedade – o qual permite considerar o contrato de sociedade também como um contrato de duração –, coaduna-se com as exigências inerentes às diretrizes de realidade e de atualidade – ambas de cunho material –, que assim podem ser sintetizadas: o método e/ou critério para a apuração de haveres deve ter condições de apreender a realidade econômica e/ou patrimonial da sociedade e manifestá-la em valor pecuniário atualizado na data-base.

3.1.2. Tempo e deslocamento patrimonial

A desconsideração dos efeitos do tempo sobre o valor do conjunto de haveres certamente provoca uma variação de seu valor em comparação com a apuração que indicar o valor atualizado do conjunto na data-base. É essa variação de valores decorrente do transcurso do tempo que o Superior Tribunal de Justiça, com acerto, considera inadmissível na seara dos haveres sociais.

A aplicação da diretriz de atualidade pelo STJ funda-se no argumento de que a atualização do valor do conjunto de haveres é medida que se impõe diante do princípio que veda o enriquecimento injustificado. Em outras palavras: a Corte não reconhece a força vinculativa da cláusula de predeterminação dos haveres que desconsidera a necessidade de atualização do valor do conjunto de haveres, porquanto a sua aplicação provocaria um deslocamento patrimonial injustificado, uma vez que sua razão estaria no menosprezo do efeito do transcurso do tempo sobre o valor dos haveres, quando é inegável que tanto a realidade econômica e patrimonial da sociedade quanto o valor de seu ativo e passivo sofrem variações ao longo do tempo.

A atualização monetária das prestações, segundo Paulo Sanseverino, "constitui uma das mais importantes concreções do princípio da reparação integral, pois tem por finalidade exatamente a preservação efetiva do valor do capital".[409] O mesmo raciocínio cabe para justificar a apuração atualizada do valor dos ativos não financeiros, afastando, desse modo, a possibilidade de se utilizar os valores históricos atribuídos aos ativos, referentes ao momento em que eles foram adquiridos.

Quanto maior o lapso temporal entre a data do valor de um ativo ou passivo e a data-base, maior tende a ser o descasamento entre os dois valores. Daí a necessidade de se prever método e/ou critério de apuração que recomponha

---

[409] SANSEVERINO, Paulo de Tarso Vieira. *Princípio da reparação integral* – indenização no Código Civil. São Paulo: Saraiva, 2010, p. 326. Cf. Sanseverino: "Correção monetária é, sinteticamente, a atualização do capital, em face da inflação, tendo por objetivo a recomposição dos valores monetários, em face da deterioração da moeda provocada pelo processo inflacionário. [...] Embora nominalmente o valor do capital seja majorado, nada se acrescenta em termos reais, repondo-se apenas as perdas ensejadas pela inflação e recompondo-se o seu montante efetivo ao longo do tempo". (SANSEVERINO, Paulo de Tarso Vieira. *Princípio da reparação integral:* indenização no Código Civil. São Paulo: Saraiva, 2010, p. 326).

o valor dos haveres, como, por exemplo, na apuração do valor de imóveis adquiridos há anos, cujo valor contábil ainda é o histórico.

A conexão entre a diretriz de atualidade e o princípio que veda o enriquecimento injustificado foi estabelecida ainda pelo Supremo Tribunal Federal, como se pode observar no acórdão que julgou o Recurso Extraordinário nº 99.897-7.[410] Embora a Corte tenha aplicado o óbice constante na Súmula nº 454 para deixar de apreciar a divergência apresentada, o acórdão dá destaque aos argumentos utilizados na decisão recorrida, proferida pelo TJSC, e ainda faz referência ao entendimento contrário defendido por Hernani Estrella. *In verbis*:[411]

> Pensamos que o juiz ao verificar a desatualização dos valores do Balanço tem o arbítrio de determinar que a apuração dos haveres seja efetuada pelos valores reais, e não pelos valores contabilizados. Essa decisão tem o seu apoio na teoria que condena o enriquecimento injusto, ou sem causa perfeitamente aplicável, a nosso ver, ao direito comercial, malgrado a insistente negativa do prof. Hernani Estrella, em seu livro "Da apuração de Haveres".

Mais adiante, o acórdão transcreve a conclusão adotada pela decisão recorrida, na qual se observa a relação entre as diretrizes de realidade e atualidade na seara dos haveres sociais:[412]

> Desta maneira, vê-se que, para a apuração dos haveres do sócio retirante, faz-se necessária a realização do balanço especial, com inventário e reavaliação do ativo pelo justo e real valor.

A prevalência do princípio que veda o enriquecimento injustificado sobre o princípio da força vinculativa obrigatória da cláusula de predeterminação dos haveres foi manifestada pelo Superior Tribunal de Justiça, por exemplo, no acórdão que apreciou o REsp nº 115.880, ocasião em que o Min. Barros Monteiro, após ressalvar que o exame da cláusula prevista no contrato social, que afastava a incidência da correção monetária, estava no plano dos fatos,[413] argumentou que se atender "o intento da recursante no sentido de restringir a sua responsabilidade ao valor simplesmente histórico da condenação, estar-se-á propiciando-lhe um inegável enriquecimento indevido, como, por sinal, enfatizou o Acórdão recorrido".[414]

Ainda, a imposição pelo STJ das exigências inerentes à diretriz de atualidade para a apuração dos haveres, por força do princípio que veda o enriquecimento injustificado, está explícita na decisão proferida pela Quarta Turma no julgamento do REsp nº 302.366: "[...] desde que, é claro, haja a correção

---

[410] BRASIL. Supremo Tribunal Federal. RE nº 99.897-7/SC. 2ª Turma. Relator: Min. Moreira Alves. Julgamento: 02 mar. 1984. *DJ* 15 jun. 1984.

[411] Ibid., fl. 10, do acórdão.

[412] Ibid., fl. 11, do acórdão.

[413] Consta no voto: "[...] se pretende no REsp analisar os termos em que vazada a cláusula 19 do contrato social, a fim de evidenciar-se que os contratantes não ajustaram a correção monetária dos haveres. Tal objeção situa-se no plano dos fatos, não sendo por isso possível de exame em sede de apelo excepcional (Súmula n. 5-STJ)." BRASIL. Superior Tribunal de Justiça. REsp nº 115.880/RS. 4ª Turma. Relator: Min. Barros Monteiro. Julgamento: 01 abr. 2003. *DJ* 23 jun. 2003, fl. 7.

[414] Ibid., fl. 7.

das prestações, para não causar enriquecimento injustificado do sócio remanescente".[415]

Dessa forma, pode-se dizer que para o STJ a cláusula contratual contrária à diretriz de atualidade não deve ser aplicada, porquanto o deslocamento patrimonial que ocorreria em face da desconsideração do fator tempo sobre o valor do conjunto de haveres é juridicamente injustificável diante do princípio que veda o enriquecimento injustificado, daí que a força vinculativa obrigatória inerente à cláusula deverá ser afastada.

3.2. A atração exercida pela data-base na apuração dos haveres

A apuração do valor dos haveres move-se, por força da diretriz de atualidade, em direção à data-base, e nesse movimento devem-se aplicar métodos e/ou critérios capazes de neutralizar o efeito do transcurso do tempo sobre o valor do conjunto de haveres. A data-base acaba, assim, revelando-se não apenas como a data de corte, o dia correspondente à fotografia da realidade econômica e/ou patrimonial da sociedade, mas também como um fator de equalização dos haveres, pois todos os valores estarão naquela data devidamente atualizados.

A data-base é um dos elementos imprescindíveis para a apuração dos haveres, porquanto o conjunto de haveres tem valor no tempo, e sem se saber em que tempo se quer apurar o seu valor, não há como apurá-lo. Por essa razão, que o artigo 604 prevê em seus incisos I, II e III do Código de Processo Civil que, para a apuração dos haveres, o juiz fixará a data da resolução da sociedade, definirá o critério de apuração à vista do disposto no contrato social e nomeará perito.

A definição da data-base será, conforme prevê o artigo 605, incisos I a V, do Código de Processo Civil, a data em que ocorreu a resolução da sociedade. A lei estabelece diferentes momentos para as hipóteses de extinção parcial do vínculo societário; por exemplo, em caso de falecimento, a data do óbito, já em caso de exclusão extrajudicial, a data da assembleia ou da reunião de sócios que a tiver deliberado. O importante aqui é pontuar a relevância da data-base para a apuração de haveres, a sua vinculação com a data da resolução da sociedade e a sua relação com a diretriz de atualidade. Tais pontos foram sublinhados pelo Min. Ricardo Villas Bôas Cueva no julgamento do Recurso Especial nº 1.403.947:[416]

> [...] a data-base para a apuração de haveres decorrentes de dissolução parcial de sociedade relativa à retirada espontânea por sócio, por sua relevância, ensejou a redação de um enunciado na I Jornada de Direito Comercial do Conselho de Justiça Federal, o qual assentou que "A decisão que decretar a dissolução judicial da sociedade deverá indicar

---

[415] BRASIL. Superior Tribunal de Justiça. REsp nº 302.366/SP. 4ª Turma. Relator: Min. Aldir Passarinho Júnior. Julgamento: 05 jun. 2007. *DJ* 06 ago. 2007, fl. 12.
[416] BRASIL. Superior Tribunal de Justiça. Recurso Especial nº 1.403.947/MG. Relator: Ministro Ricardo Villas Bôas Cueva. Julgamento: 24 abr. 2018. *DJ* 30 abr. 2018, fl.10.

a data de desligamento do sócio e o critério de apuração de haveres" (Enunciado n. 13 da Comissão de Direito Societário coordenada pela Professora Ana Frazão, sob a coordenadoria geral do Ministro Ruy Rosado Aguiar).

Para o STJ, é na data da extinção do vínculo o momento exato em que cessa a exposição do ex-sócio ao êxito ou ao insucesso da sociedade, de maneira que eventos posteriores não devem ser considerados na apuração do valor do conjunto de haveres, como explicitado pela Min. Nancy Andrighi ao julgar o AgRg no REsp nº 995.475: a apuração dos haveres do sócio não pode levar em consideração o sucesso ou o fracasso do empreendimento ocorridos após a data da extinção do seu vínculo social.[417]

O Superior Tribunal de Justiça entende que, com a exposição do ex-sócio aos resultados econômico-financeiros obtidos pela sociedade após a efetiva extinção do vínculo social, se estariam admitindo deslocamentos patrimoniais injustificados, uma vez que inexiste qualquer relação jurídica que pudesse justificar eventuais ganhos ou perdas para aquele que da sociedade já não é mais sócio. O entendimento foi realçado pelo Min. Ricardo Villas Bôas Cueva ao julgar o REsp nº 1.403.947:[418]

> Portanto, é imprescindível que a fixação do período a ser considerado na apuração de haveres do sócio retirante se paute pela efetiva participação do referido sócio no empreendimento, sob pena de enriquecimento sem causa ou mesmo de endividamento desproporsitado por condutas dos sócios remanescentes, o que feriria o princípio da causalidade.

Dessarte, pode-se constatar que a diretriz de atualidade encontra na data-base o ponto para o qual deverá impulsionar a apuração dos haveres sociais; é a sua fixação que possibilita tornar estático o que é dinâmico – a realidade econômica e patrimonial da sociedade –,[419] pois com ela se fixa o dia de atualização dos haveres dentro dessa realidade, permitindo, em última análise, que ao final a apuração indique o valor real e atual do conjunto de haveres sociais em pecúnia naquela data.

O artigo 607 do Código de Processo Civil dispõe que a data da resolução e o critério de apuração de haveres podem ser revistos pelo juiz a qualquer momento antes do início da perícia.[420] A interpretação dessa norma requer prudência, pois não significa que o juiz está livre para decidir, limitado apenas pelo aspecto temporal: *antes da perícia*. Embora tenha aparentemente afastado

---

[417] BRASIL. Superior Tribunal de Justiça. AgRg no REsp nº 995.475/SP. 3ª Turma. Relatora: Minª. Nancy Andrighi. Julgamento: 17 mar. 2009. DJ 25 mar. 2009, fl. 6.

[418] BRASIL. Superior Tribunal de Justiça. Recurso Especial nº 1.403.947/MG. Relator: Ministro Ricardo Villas Bôas Cueva. Julgamento: 24 abr. 2018. DJ 30 abr. 2018, fl.10.

[419] Cf. José Luiz Bulhões e Alfredo Lamy Filho: "O plano patrimonial é um sistema dinâmico, ou processo – seus elementos estão em permanente mutação e os direitos patrimoniais, as obrigações e respectivos objetos e valores circulam entre as pessoas. Parte desse processo é o reflexo (no plano patrimonial) da circulação econômica criada pelos atos de produção, circulação, repartição da renda e consumo, mas parte tem origem no próprio plano patrimonial – resulta de trocas de moeda e de direitos e obrigações estranhas aos fluxos criados pela atividade econômica real". (LAMY FILHO, Alfredo; PEDREIRA, José Luiz Bulhões (Coord.). *Direito das companhias*. Rio de Janeiro: Forense, 2009, p. 1.297).

[420] Cf. Valladão e Adamek: "Regra das mais infelizes – e de constitucionalidade até mesmo duvidosa, por minar o alcance do próprio instituto da coisa julgada [...]". (FRANÇA; ADAMEK, 2016).

as duas questões (data-base e critérios para a apuração) do "campo de incidência da eficácia preclusiva da coisa julgada material", reduzindo a segurança e a estabilidade jurídica no procedimento que sucede à extinção do vínculo social, o artigo 607 do Código de Processo Civil não autoriza o juiz a agir de ofício.[421] O sentido da norma, ao que parece, é assegurar que o juiz a qualquer momento possa analisar se a data-base e os critérios para a apuração estão em consonância com as diretrizes apresentadas nesse trabalho, evitando-se assim, por exemplo, que a relação de liquidação estabelecida entre o sócio retirante e a sociedade atinja injustificadamente a fração dos haveres que cabe aos sócios remanescentes. A possibilidade prioriza na liquidação da quota social o espelhamento real e atual da situação patrimonial da sociedade em detrimento da segurança jurídica. Contudo, é certo que requer do juiz uma decisão fundamentada, não apenas para justificar a nova decisão, como também para afastar a que fora anteriormente pelo Estado-juiz proferida.

3.3. A atualidade antes e após a constituição do título

A análise dos julgados proferidos pelos Tribunais Superiores permite observar que a diretriz de atualidade se dirige a dois períodos distintos na apuração dos haveres. O primeiro se dá entre o início da apuração até a constituição do título judicial que indicará o eventual crédito do ex-sócio ou de terceiro legitimado. Trata-se da fase de realização da apuração propriamente dita. O segundo momento se dá entre a data da constituição do título e o pagamento.

A cláusula de apuração dos haveres deverá disciplinar o método e/ou critério para a atualização dos haveres no primeiro período, enquanto a cláusula referente ao pagamento deverá indicar a forma de atualização do crédito. Caso isso não ocorra, o STJ entende que a correção da moeda deve incidir mesmo sem ter sido expressamente requerida, como se vê, por exemplo, no acórdão proferido no julgamento do REsp nº 332.650:[422]

> A correção monetária como índice de recomposição do valor da moeda, pode ser fixada pelas partes, e, caso não seja, será automaticamente fixada pelo Estado-juiz. Ao apreciar o REsp n. 332.650, nos autos de Ação de dissolução parcial e apuração de haveres, o Min. Barros Monteiro faz uso do conceito de correção monetária como fator de "simples recomposição da identidade da moeda aviltada pelo fenômeno inflacionário", para justificar a sua inclusão mesmo quando não expressamente requerida.

No primeiro momento, a diretriz de atualidade tem a função descrita no item 3.1; é quando ela determina que o valor do conjunto de haveres deverá ser

---
[421] FRANÇA; ADAMEK, 2016.
[422] BRASIL. Superior Tribunal de Justiça. REsp nº 332.650/RJ. 4ª Turma. Relator: Min. Barros Monteiro. Julgamento: 09 abr. 2002. DJ 05 ago. 2002, fl. 8. Igual sentido, v.g.: BRASIL. Superior Tribunal de Justiça. REsp nº 115.880/RS. 4ª Turma. Relator: Min. Barros Monteiro. Julgamento: 01 abr. 2003. DJ 23 jun. 2003. Anota-se, contudo, que a decisão proferida pelo STJ ao julgar o REsp nº 198.125, reconhece a legalidade da norma estatutária da cooperativa que prevê "a devolução do valor nominal, sem incidência de correção monetária". (BRASIL. Superior Tribunal de Justiça. REsp nº 198.125/SP. 4ª Turma. Relator: Min. Aldir Passarinho Júnior. Julgamento: 13 dez. 2005. DJ 06 mar. 2006).

indicado na data-base incólume aos efeitos do transcurso do tempo. No segundo momento, a diretriz indica que ao crédito constituído em favor do ex-sócio ou de terceiro legitimado deve-se acrescer a correção monetária, preservando-o contra o efeito corrosivo do tempo até a data do pagamento. Desse modo, considerando que o laudo judicial indicará o valor dos haveres na data-base, é a partir dessa data que se aplica a atualização monetária do crédito. Caso o laudo já indique o valor atualizado, desde a data-base até a data de sua elaboração, então, naturalmente, é a partir daí que deverá ser acrescida a correção monetária, até a data do pagamento. O entendimento consta em decisão proferida pelo TJRS – "Se o laudo já é corrigido, a correção incide a partir do laudo" –, a qual foi confirmada pelo STJ ao julgar o REsp nº 242.093.[423]

A aplicação da diretriz de atualidade pelo Superior Tribunal de Justiça na fase de apuração dos haveres, portanto antes da constituição do título, pode-se constatar, por exemplo, no acórdão que julgou o REsp nº 48.205-4, ocasião em que o Min. Relator Eduardo Ribeiro transcreveu e ratificou o acerto da decisão recorrida, tomada pelo TJRJ:[424]

> Não parece justo e nem consentâneo com as vontades dos sócios, nos contratos referidos, que a sua retirada da sociedade, prevista contratualmente, se dê por valores meramente escriturais. [...] Pretende-se um balanço atual! Não se vê como esta atualidade não diga respeito a que os valores sejam efetivamente reais ao tempo, ou valores de mercado como postulam os Apelantes.

Enquanto a aplicação da diretriz de atualidade na fase posterior à constituição do título, ou seja, após o término da apuração e início da fase de pagamento, mediante a atualização monetária do crédito, pode ser verificada ainda na época em que ao STF competia julgar a matéria, como, por exemplo, nos acórdãos proferidos pela Corte Excelsa no julgamento dos Recursos Extraordinários nos 86.791-1 e 113.100-4.[425]

Dessa forma, considerando que a diretriz de atualidade atua em dois períodos distintos e que a sua aplicação pelos Tribunais Superiores visa a assegurar a inexistência de deslocamentos patrimoniais injustificados na seara dos haveres, cumpre identificar se há a possibilidade de ocorrerem tais deslocamentos, provocados pela desconsideração do fator tempo sobre o valor dos haveres, em ambos os períodos acima mencionados. E caso positivo, de que forma ocorreria.

---

[423] BRASIL. Superior Tribunal de Justiça. REsp nº 242.093/RS. 4ª Turma. Relator: Min. Aldir Passarinho Júnior. Julgamento: 02 abr. 2002. DJ 10 jun. 2002, fl. 3.

[424] BRASIL. Superior Tribunal de Justiça. REsp nº 48.205-4/RJ. 3ª Turma. Relator: Min. Eduardo Ribeiro. Julgamento: 09 ago. 1994. DJ 19 set. 1994, fl. 2 do voto.

[425] BRASIL. Supremo Tribunal Federal. RE nº 86.791-1/RJ. 1ª Turma. Relator: Min. Soarez Muñoz. Julgamento: 08 out. 1980. DJ 10 out. 1980. BRASIL. Supremo Tribunal Federal. RE nº 113.100-4/RJ. 1ª Turma. Relator: Min. Néri da Silveira. Julgamento: 04 out. 1988. DJ 20 out. 1989. No mesmo sentido, ver: BRASIL. Supremo Tribunal Federal. Embargos/RE nº 86.791-1/RJ. Sessão Plena. Relator: Min. Décio Miranda. Julgamento: 19 dez. 1980. DJ 27 fev. 1981. BRASIL. Supremo Tribunal Federal. RE nº 94.925-9/RJ. 2ª Turma. Relator: Min. Aldir Passarinho. Julgamento: 27 abr. 1984. DJ 22 jun. 1984. BRASIL. Supremo Tribunal Federal. Ag nº 123.673-6 (AgRg)/RJ. 2ª. Turma. Relator: Min. Célio Borja. Julgamento: 05 ago. 1988. DJ 02 set. 1988. BRASIL. Supremo Tribunal Federal. RE nº 108.188-1/SP. 2ª Turma. Relator: Min. Célio Borja. Julgamento: 30 jun. 1987. DJ 25 set. 1987.

Entende-se que a escolha do método e/ou do critério a ser aplicado para a apuração, sobretudo no cálculo dos haveres intangíveis, acabará por definir a extensão e o valor dos haveres; no entanto, nessa fase ainda inexiste qualquer deslocamento patrimonial; o que há é a constituição do patrimônio a ser deslocado. O deslocamento de fato ocorrerá com o pagamento.

No entanto, reitera-se que o deslocamento patrimonial na seara dos haveres é constituído por um processo que se inicia com a extinção parcial do vínculo societário, ato que deflagrará a apuração dos haveres com a definição da data-base e do método e/ou critério a ser aplicado. Prossegue até a indicação do valor final dos haveres em pecúnia. E finalmente chega-se ao seu pagamento. Os Tribunais Superiores, quando aplicam o princípio que veda o enriquecimento injustificado para exigir que o valor dos haveres seja real e atual, o fazem, com acerto, na fase de apuração, ou seja, interrompem a possibilidade de deslocamento patrimonial injustificado antes da formação do título constitutivo do crédito.

3.4. A lógica dos juros moratórios no atual sistema

Não obstante o conteúdo da diretriz de atualidade estar relacionado diretamente à atualização do valor dos haveres, é possível verificar que há uma relação entre tal diretriz e os juros moratórios incidentes sobre o valor resultante da liquidação da quota. O elemento de vinculação é o fator tempo. Se com o critério de atualização se visa a eliminar o efeito do tempo sobre o valor dos haveres, com os juros moratórios se almeja reduzir os efeitos da mora no tempo.

Por certo, um dos acórdãos mais didáticos sobre o marco inicial dos juros moratórios em se tratando de haveres sociais, foi proferido, por 4 a 3, em 2001, pela Segunda Seção do STJ no julgamento do REsp nº 240.237.[426] A maioria entendeu que a incidência deveria ocorrer após a citação, enquanto três outros ministros entenderam que apenas após o valor dos haveres ser apurado é que deveriam incidir os juros moratórios.

Os juros moratórios, em se tratando de apuração de haveres, é tema muito controvertido.[427] A título de exemplo, examinam-se as decisões proferidas nos autos da Ação de dissolução parcial de sociedade nº 1.10.0002762-0, que tramita na Vara Judicial da Comarca de Cachoeira do Sul – RS,[428] cuja sentença, ao observar que no contrato social havia previsão de que os juros de moram incidiriam a partir do "evento", entendeu ser "mais razoável a fixação de juros

---

[426] BRASIL. Superior Tribunal de Justiça. EREsp nº 240.237/PR. 2ª Seção. Relator: Min. Ruy Rosado de Aguiar. Julgamento: 22 ago. 2001. *DJ* 15 abr. 2002.

[427] Cf. REsp nº 1.537.922: "De acordo com o entendimento do STJ, a taxa dos juros moratórios a que se refere o art. 406 do CC/02 é a taxa referencial do Sistema Especial de Liquidação e Custódia – SELIC, que se revela insuscetível de cumulação com quaisquer índices de correção monetária, sob pena de *bis in idem*". (BRASIL. Superior Tribunal de Justiça. REsp nº 1.537.922/DF. 3ª Turma. Relatora: Minª. Nancy Andrighi. Julgamento: 28 mar. 2017. *DJ* 30 mar. 2017.

[428] Ação cadastrada no CNJ sob o nº 0027621-46.2010.8.21.0006.

a contar da presente sentença", uma vez que o sócio ainda mantinha o vínculo societário até aquela data. Ao apreciar os recursos das partes, o TJRS entendeu que "considerando a existência de relação contratual entre as partes os juros de mora deverão incidir a contar da citação",[429] invocando julgados do STJ como parte da fundamentação.[430]

Contra o acórdão proferido pelo STJ, foi interposto o REsp nº 1.522.356, ao qual o Min. Marco Buzzi decidiu, em sede de decisão monocrática, que "com a vigência do Código Civil de 2002, a apuração de haveres decorrente do direito de retirada do sócio da sociedade limitada passou a ser regulado pelo artigo 1.031",[431] porquanto tal dispositivo "estipulou um prazo para pagamento do sócio retirante de noventa dias contados da data da liquidação dos valores devidos", e "inexistindo pacto expresso sobre o momento do aludido pagamento, a mora da sociedade configurar-se-á apenas com o decurso do citado prazo legal nonagesimal (contado da constituição do crédito do sócio retirante) e não a partir da citação".[432] A decisão cita o entendimento proferido no REsp nº 1.286.708[433] e no AgRg nos EDcl no REsp nº 1.380.311.[434] Todos os julgados recentes do STJ seguem na mesma esteira.[435]

Anota-se, dessarte, que cinco são os entendimentos que em algum momento já foram adotados pelo Superior Tribunal de Justiça. São eles:

I) Incidem os juros moratórios a partir da data da citação inicial, por se tratar de obrigação ilíquida;[436]

---

[429] RIO GRANDE DO SUL. Tribunal de Justiça. AC nº 70051968410. 6ª CC. Relator: Des. Artur Arnildo Ludwig.

[430] Foram citados com balizadores do entendimento os seguintes julgados do STJ: BRASIL. Superior Tribunal de Justiça. AgRg no REsp nº 1004398/SP. Relator: Ministro Aldir Passarinho Junior. 4ª Turma. Julgamento: 02 fev. 2010; BRASIL. Superior Tribunal de Justiça. EREsp nº 564.711/RS. 2ª Seção. Relator: Ministro Ari Pargendler. Julgamento: 27 jun. 2007; BRASIL. Superior Tribunal de Justiça. EDcl nos EREsp nº 564711/RS. 2ª Seção. Relator: Desembargador Convocado Vasco Della Giustina. Julgamento: 25 mar. 2009.

[431] Art. 1.031. Nos casos em que a sociedade se resolver em relação a um sócio, o valor da sua quota, considerada pelo montante efetivamente realizado, liquidar-se-á, salvo disposição contratual em contrário, com base na situação patrimonial da sociedade, à data da resolução, verificada em balanço especialmente levantado. § 1º O capital social sofrerá a correspondente redução, salvo se os demais sócios suprirem o valor da quota. § 2º A quota liquidada será paga em dinheiro, no prazo de noventa dias, a partir da liquidação, salvo acordo, ou estipulação contratual em contrário.

[432] BRASIL. Superior Tribunal de Justiça. REsp nº 1.522.356-RS. Relator: Ministro Marco Buzzi. Decisão monocrática. Julgamento: 1º fev. 2016.

[433] BRASIL. Superior Tribunal de Justiça. REsp nº. 1.286.708/PR. 3ª Turma. Relatora: Ministra Nancy Andrighi. Julgamento: 27 maio 2014.

[434] BRASIL. Superior Tribunal de Justiça. AgRg nos EDcl no REsp nº. 1.380.311/RS. 3ª Turma. Relator: Ministro Paulo de Tarso Sanseverino. Julgamento: 25 ago. 2015.

[435] Ver: BRASIL. Superior Tribunal de Justiça. REsp nº. 1.602.240/MG. 3ª Turma. Relator: Ministro Marco Aurélio Bellizze. J. 06 dez. 2016. BRASIL. Superior Tribunal de Justiça. AgRg no REsp nº 1.474.873/PR. 3ª Turma. Relator: Ministro Marco Aurélio Bellizze. Julgamento: 16 fev. 2016.

[436] Neste sentido, v.g.: BRASIL. Superior Tribunal de Justiça. REsp nº 19.264-0/RJ. 4ª Turma. Relator: Min. Barros Monteiro.Julgamento: 11 out. 1994. DJ 14 nov. 1994. BRASIL. Superior Tribunal de Justiça. REsp nº 110.303/MG. 3ª Turma. Relator: Min. Eduardo Ribeiro. Julgamento: 15 abr. 1997. DJ 19 maio 1997. BRASIL. Superior Tribunal de Justiça. EREsp nº 240.237/PR. 2ª Seção. Relator: Min. Ruy Rosado de Aguiar. Julgamento: 22 ago. 2001. DJ 15 abr. 2002. BRASIL. Superior Tribunal de Justiça. REsp nº 242.093/RS. 4ª Turma. Relator: Min. Aldir Passarinho Júnior. Julgamento: 02 abr. 2002. DJ 10 jun. 2002. BRASIL. Superior Tribunal de Justiça. EREsp nº 564.711/RS. 2ª Seção. Relator: Min. Ari Pargendler. Julgamento: 27 jun. 2007. DJ 27 ago. 2007. BRASIL. Superior Tribunal de Justiça. AgRg no Ag nº 1.079.418/SP. 3ª Turma. Relator: Min. Massami Uyeda.

II) Incidem os juros moratórios a partir da constituição do título;[437]

III) Incidem os juros moratórios a partir do inadimplemento;[438]

IV) Incidem os juros moratórios a partir do transcurso do prazo previsto no contrato social após a notificação do sócio retirante;[439]

V) Incidem os juros moratórios a partir do transcurso do prazo legal de 90 dias para o pagamento, a contar da liquidação, previsto no artigo 1.031, § 2º, do Código Civil.[440]

Os entendimentos que no Superior Tribunal de Justiça encontram maior ressonância são os descritos na primeira e na última hipóteses. Embora não se possa afirmar que a matéria está consolidada no Tribunal Superior, pode-se dizer que a tendência é de que prevaleça o entendimento de que os juros moratórios devem ser acrescidos ao valor dos haveres sociais após transcorrido o prazo de 90 dias para o pagamento, a contar da liquidação dos haveres, por força do § 2º do art. 1.031 do Código Civil, salvo "estipulação contratual em contrário", nos termos do próprio dispositivo.[441]

Dessa forma, entende-se que quando o contrato social estabelecer a taxa dos juros moratórios e a data a partir da qual deverão incidir, esse conteúdo deverá prevalecer sobre o estabelecido no § 2º do artigo 1.031 do Código Civil, por força do exercício expresso da autonomia privada pelos sócios, porquanto o marco disposto na lei aplica-se apenas quando os sócios, também por exercício da autonomia privada – implícito – optaram por aderir à regra legal.

Não foi localizada nenhuma decisão que determinasse a incidência de juros remuneratórios sobre o valor dos haveres em contrapartida pelo uso no período entre a data da extinção do vínculo social e a data da constituição do

---

Julgamento: 05 mar. 2009. DJ 30 mar. 2009. BRASIL. Superior Tribunal de Justiça. AgRg no Ag em REsp nº 776.059/RJ. 3ª Turma. Relator: Min. Marco Aurélio Bellizze. Julgamento: 17 dez. 2015. DJ 03 fev. 2016.

[437] Neste sentido, v.g.: BRASIL. Superior Tribunal de Justiça. REsp nº 108.933/SC. 4ª Turma. Relator: Min. Cesar Asfor Rocha. Julgamento: 20 out. 1998. DJ 30 nov. 1998. BRASIL. Superior Tribunal de Justiça. EREsp nº 240.237/PR. 2ª Seção. Relator: Min. Ruy Rosado de Aguiar. Julgamento: 22 ago. 2001. DJ 15 abr. 2002. BRASIL. Superior Tribunal de Justiça. REsp nº 564.711/RS. 4ª Turma. Relator:Min. César Asfor Rocha Julgamento: 13 dez. 2005. DJ 30 mar. 2006. BRASIL. Superior Tribunal de Justiça. AgRg no Ag em REsp nº 149.330/SP. 3ª Turma. Relator: Min. Massami Uyeda. Julgamento: 20 nov. 2012. DJ 04 dez. 2012. material 109.

[438] Neste sentido, v.g.: BRASIL. Superior Tribunal de Justiça. REsp nº 78.972/RJ. 3ª Turma. Relator: Min. Eduardo Ribeiro. Julgamento: 24 fev. 1997. DJ 14 abr. 1997.

[439] Neste sentido, v.g.: BRASIL. Superior Tribunal de Justiça. REsp nº 271.930/SP. 4ª Turma. Relator: Min. Sálvio de Figueiredo Teixeira. Julgamento: 19 abr. 2001. DJ 25 mar. 2002.

[440] Neste sentido, v.g.: BRASIL. Superior Tribunal de Justiça. REsp nº 1.280.341/PR. 3ª Turma. Relatora: Minª. Nancy Andrighi. Julgamento: 27 maio 2014. DJ 09 jun. 2014. BRASIL. Superior Tribunal de Justiça. REsp nº 1.304.069/PR. 3ª Turma. Relatora: Minª. Nancy Andrighi. Julgamento: 27 maio 2014. DJ 09 jul. 2014. BRASIL. Superior Tribunal de Justiça. AgRg no REsp nº 1.474.873/PR. 3ª Turma. Relator: Min. Marco Aurélio Bellizze. Julgamento: 16 fev. 2016. DJ 19 fev. 2016. BRASIL. Superior Tribunal de Justiça. REsp nº 1.321.263/PR. 3ª Turma. Relator: Min. Moura Ribeiro. Julgamento: 06 dez. 2016. DJ 15 dez. 2016. BRASIL. Superior Tribunal de Justiça. AgInt no Recurso Especial nº 1.514.774/RN. Relator: Ministro Lázaro Guimarães (TRF5). Julgamento: 15 mar. 2018. DJ 26 mar. 2018. BRASIL. Superior Tribunal de Justiça. EDcl no Recurso Especial nº 1.602.240/MG. Relator: Ministro Marco Aurélio Bellizze. Julgamento: 22 fev. 2018. DJ 08 mar. 2018. BRASIL. Superior Tribunal de Justiça. REsp nº 1.321.263/PR. 3ª Turma. Relator: Min. Moura Ribeiro. Julgamento: 06 dez. 2016. DJ 15 dez. 2016.

[441] A ressalva se faz apenas para deixar em aberto a possibilidade de o sócio eventualmente lesado na situação fático-jurídica que culminou com a dissolução parcial da sociedade pleitear os juros a partir da citação, alegando que se trata de inadimplemento contratual.

título, da fração do capital social que deverá ser reembolsada ao ex-sócio, ou terceiro legitimado. A impontualidade no pagamento dos haveres apenas implicará o acréscimo de juros moratórios.[442]

3.4.1. Análise crítica e proposição

O raciocínio subjacente à incidência dos juros moratórios é o de que seria impossível exigir o adimplemento do valor eventualmente devido ao ex-sócio ou a terceiro legitimado quando tal valor ainda é completamente desconhecido de todos. Assim, apenas após a liquidação do valor é que se teriam condições de exigi-lo da sociedade; antes disso, não há como aplicar uma taxa em decorrência de mora que inexiste, porquanto está condicionada ao inadimplemento; e não há como adimplir obrigação incerta e ilíquida.

Os juros moratórios impactam significativamente o valor final dos haveres sociais, e, por conseguinte, a própria postura das partes ao longo do litígio. Trata-se de tema cuja análise requer cautela e a inclusão dos seguintes fatores: (I) a longa duração dos processos de dissolução e de apuração de haveres sociais;[443] (II) o risco de a sociedade não conseguir manter a mesma performance, comprometendo seus ativos, credibilidade e outros recursos que seriam essenciais para pagar os haveres; (III) o risco de a sociedade entrar em crise econômico-financeira, tendo que fazer uso da ação de recuperação judicial antes do término da liquidação dos haveres; (IV) a relevância do capital social de propriedade do ex-sócio, o qual permanecerá com a sociedade até o pagamento, inclusive para a manutenção da sua vida e de seus familiares; e (V) os diversos argumentos e movimentos que as partes poderão construir para facilitar ou dificultar a solução do litígio, inclusive por meio de documentos e laudos periciais.

Neste contexto, a velocidade com que os haveres são apurados tornar-se-á questão nuclear para o sócio que vier a deixar a sociedade, e ainda com maior impacto para o sócio que eventualmente vier a ser surpreendido com a sua exclusão. Ocorre que, para os sócios remanescentes, a tramitação longa do feito poderá ser muito interessante em termos financeiro-econômicos, porquanto, de um lado, os sócios remanescentes e a sociedade continuarão usufruindo o patrimônio do ex-sócio, e, por outro, o transcurso do tempo tende a aumentar a necessidade do ex-sócio de acessar e fazer uso efetivo do seu patrimônio, com

---

[442] Nesse sentido: BRASIL. Superior Tribunal de Justiça. REsp nº 443.129/SP. 3ª Turma. Relator: Min. Ari Pargendler. Julgamento: 12 nov. 2002. *DJ* 10 mar. 2003.

[443] A título de exemplo, quanto ao tempo de tramitação das ações de apuração de haveres: BRASIL. Superior Tribunal de Justiça. REsp nº 1.113.625/MG. 3ª Turma. Relator: Min. Massami Uyeda. Julgamento: 19 ago. 2010. *DJ* 03 set. 2010: "29 anos". BRASIL. Superior Tribunal de Justiça. REsp nº 1.369.270/SP. 3ª Turma. Relatora: Minª. Nancy Andrighi. Julgamento: 25 mar. 2014. *DJ* 05 jun. 2014: 18 anos. BRASIL. Superior Tribunal de Justiça. REsp nº 1.280.341/PR. 3ª Turma. Relatora: Minª. Nancy Andrighi. Julgamento: 27 maio 2014. *DJ* 09 jun. 2014: 16 anos. Ainda: BRASIL. Superior Tribunal de Justiça. REsp 453.476/GO. 3ª Turma. Relator: Min. Antôno de Pádua Ribeiro. Julgamento: 01 set. 2005. *DJ* 12 dez. 2005. BRASIL. Superior Tribunal de Justiça. REsp nº 1.286.708/PR. 3ª Turma. Relatora: Minª. Nancy Andrighi. Julgamento: 27 maio 2014. *DJ* 05 jun. 2014: 17 anos. BRASIL. Superior Tribunal de Justiça. REsp nº 1.304.068/PR. 3ª Turma. Relatora: Minª. Nancy Andrighi. Julgamento: 27 maio 2014. *DJ* 05 jun. 2014: 17 anos.

o que terá de negociar com os sócios remanescentes e a sociedade em evidente condição de fragilidade, sem incentivos para investir em longa briga judicial.

O questionamento aqui é se o marco inicial dos juros moratórios sempre será o disposto no artigo 1.031, § 2º, do Código Civil – imaginando-se a omissão do contrato social –, ou poderá ser a data da citação quando demonstrado que a exclusão do sócio ocorreu de forma contrária ao Direito. O tema em tela, diante do posicionamento do STJ frente ao referido artigo, é de difícil superação, contudo, a possibilidade será analisada na perspectiva do instituto da responsabilidade civil extracontratual e do princípio que veda o enriquecimento sem causa.[444]

De plano, distinguem-se duas situações: (I) aquela em que o sócio minoritário foi excluído pela maioria sob a alegação de que haveria amparo no Direito, tendo sido observado todo o procedimento previsto no contrato, quando, posteriormente, se comprova em juízo que a exclusão foi arbitrária, logo contrária ao Direito; e (II) aquela em que a conduta – ou o conjunto de condutas – do sócio majoritário, embora inexista um processo formal de exclusão, tem como finalidade tornar impossível a permanência do sócio minoritário na sociedade, para que ele tome a iniciativa de se retirar dela. Ambas as hipóteses requerem análise.

Na primeira situação, o sócio excluído poderá optar por ingressar com uma demanda visando à anulação de todo o processo de exclusão, com o retorno ao *status quo ante*, de modo que a sentença teria efeito *ex tunc*, restabelecendo todos os direitos que foram deixados de usufruir desde a concreção do fato contrário ao Direito.

Contudo, deve-se reconhecer que nessa situação não seria possível impor ao sócio a obrigação de retornar à sociedade depois de ter enfrentado um litígio com tamanha gravidade, isso porque, além de restringir o princípio da autonomia privada – uma vez que a decisão compete ao particular, e não ao Estado-juiz –, poderia, na prática, a imposição de convivência forçada significar uma penalização contra aquele que teve o seu Direito reconhecidamente violado.

Na segunda situação, trata-se de ação judicial em que o pedido de retirada se funda em atos produzidos pelo sócio majoritário contrários ao Direito. A razão pela qual se pretende a resolução parcial da sociedade encontra-se no inadimplemento contratual dos sócios majoritários, como, por exemplo, por violação aos deveres de lealdade e confiança.

As situações são diferentes daquela em que o sócio se retira unilateralmente da sociedade porque não mais lhe é conveniente participar da atividade empresarial. Nesta, a pessoa está exercendo o seu direito. Na mesma esteira é a situação de falecimento, quando a quota será liquidada, salvo se ocorrida

---

[444] Cf. Miragem: "Responsabilidade contratual – ou responsabilidade negocial, considerando o caráter mais abrangente da categoria do negócio jurídico, que é gênero em relação ao contrato, que é espécie – é aquela que decorre do inadimplemento da obrigação assumida em convenção (acordo) entre as partes, e que pode dar causa a danos ocorridos em razão da violação de deveres estabelecidos em negócio jurídico preexistente". (MIRAGEM, Bruno Nubens Barbosa. *Direito civil*: responsabilidade civil. São Paulo: Saraiva, 2015, p. 90).

alguma das hipóteses previstas nos incisos do artigo 1.028 do Código Civil. Também diversa é a situação em que a exclusão se dá com justa causa; nesta tem a sociedade e os demais sócios a possibilidade de ingressar com uma ação visando à reparação de todo e qualquer dano, cujo valor poderá a vir ser compensado com o valor referente aos haveres devido ao sócio excluído, nos termos do artigo 602 do Código de Processo Civil.[445] No caso de exclusão, tem-se a extinção do vínculo societário sem o consentimento do sócio, por iniciativa do sócio majoritário comumente. No entanto, "para que um sócio seja excluído da sociedade é preciso sempre que haja uma justa causa".[446]

No Direito Comercial, como ensina Judith Martins-Costa, "a autonomia privada e boa-fé se encontram em relação de dialética tensão", pois "os vetores da igualdade e da liberdade estão polarizados pela noção de empresa, que, por definição, implica a finalidade de obtenção de lucro e de assunção de riscos, bem como a de mercado, não mais um lugar de troca de uma produção determinada, mas o mecanismo regulador de toda a vida econômica".[447]

A responsabilidade se dá por força do acesso especial que permite aos contratantes interferir nos bens e interesses legais de outras pessoas, o que ultrapassa o desempenho contratual real e que não pode ser razoavelmente previsto antecipadamente.[448] O dever de cuidar está vinculado a esse potencial especial de interferência.[449] A responsabilidade contratual protege a confiança das partes nos efeitos benéficos da cooperação mútua e ajuda a criar tal dependência.[450]

A *certeza* do dano é imprescindível para a responsabilização do agente.[451] Na situação em análise, o dano imediato e certo a ser reparado por meio da aplicação dos juros moratórios sobre a quantia correspondente aos haveres desde a citação está no uso de patrimônio de terceiro de forma indevida ou injustificada ou sem justa causa. Isso porque, a sociedade utilizará o patrimônio do ex-sócio sem remunerá-lo. Até o rompimento do vínculo social, esse patrimônio era remunerado por meio da distribuição de lucros e através do acréscimo do patrimônio social. O dano agrava-se quando se constata que o empobrecimento do ex-sócio decorre de conduta imputável à sociedade, que, por sua vez, enriquecerá mediante o uso do patrimônio de terceiro (ex-sócio) sem qualquer espécie de remuneração, e tampouco sem a necessidade de prestar garantias de que irá restituí-lo. Nessa situação, o agressor enriquece tendo como causa a sua conduta contrária ao Direito, enquanto a vítima empobrece.

---

[445] Art. 602: "A sociedade poderá formular pedido de indenização compensável com o valor dos haveres a apurar".

[446] GONÇALVES NETO, 2016, p. 305.

[447] Ibid., p. 281-282.

[448] CANARIS, Claus-Wilhelm; GRIGOLEIT, Hans Christoph. *Interpretation of contracts*. 15 jan. 2010. Disponível em: <https://papers.ssrn.com/sol3/papers.cfm?abstract_id=1537169>. Acesso em: 14 set. 2016, p. 22.

[449] Ibid., p. 22.

[450] Ibid., p. 22.

[451] Cf. Sanseverino: "Considera-se a certeza como o principal elemento para caracterização do dano, exigindo-se que a ofensa aos interesses do lesado seja efetiva sem qualquer margem de dúvida acerca da sua existência, não englobando os prejuízos hipotéticos ou de duvidosa verificação". (SANSEVERINO, 2010, p. 164).

A situação poderá se prolongar por anos, daí a necessidade de reparação desde logo, por meio da aplicação dos juros moratórios desde a citação.

Na impossibilidade de restabelecimento do vínculo social, encontra-se o início da apuração dos haveres, e como ela a perpetuidade do dano até a liquidação do direito do ex-sócio aos haveres, aí parece estar o elemento *imediatidade*.[452] E no rompimento do vínculo societário por força de conduta contrária ao dever geral de boa-fé e ao dever geral de lealdade, norteadores da comunhão de esforços na sociedade para a promoção do interesse comum, encontra-se a *injustiça* do dano.[453] Vale lembrar que a responsabilidade civil contratual não requer culpa ou dolo do agente,[454] e que o fundamento do princípio da reparação integral está na noção de justiça corretiva.[455]

A jurisprudência do STJ é firme em afirmar que, no caso de responsabilidade civil extracontratual, os juros moratórios devem incidir desde a citação. A título exemplificativo: "Tratando-se de responsabilidade contratual, os juros moratórios devem ser contados a partir da citação, e não do evento danoso".[456]

O artigo 405 do Código Civil determina que os juros de mora contam-se da citação.[457] Quanto à função reparadora dos juros moratórios, ela está explícita no parágrafo único do artigo 404 do Código Civil: "Provado que os juros de mora não cobrem o prejuízo, e não havendo pena convencional, pode o juiz conceder ao credor indenização suplementar".

Dessa forma, parece possível se admitir a incidência de juros moratórios sobre o valor dos haveres desde a citação quando a apuração dos haveres decorre de resolução parcial do vínculo social por razão imputável à sociedade, diante da eficácia do princípio da reparação integral. No entanto, anota-se que

---

[452] Cf. Sanseverino: "A *imediatidade*, como elemento do dano, tem íntima conexão com o nexo causal, pois os prejuízos indenizáveis ou ressarcíveis são aqueles que decorrem direta e imediatamente do seu fato gerador". (SANSEVERINO, 2010, p. 174).

[453] Cf. Sanseverino: "O terceiro elemento é a injustiça do dano, exigindo-se a ofensa indevida a um interesse da vítima, direta ou por ricochete, tutelado pelo ordenamento jurídico. Em outras palavras, o fato gerador da responsabilidade civil fere interesses legítimos da vítima direta ou de terceiros". (Ibid., p. 178).

[454] Cf. Gonçalves: "A vítima tem maiores probabilidades de obter a condenação do agente ao pagamento da indenização quando a sua responsabilidade deriva do descumprimento do contrato, ou seja, quando a responsabilidade é contratual, porque não precisa prova a culpa. Basta provar que o contrato não foi cumprido e, em consequência, houve o dano". (GONÇALVES, Carlos Roberto. *Responsabilidade civil*. 7. ed. São Paulo: Saraiva, 2002, p. 28).

[455] Cf. Sanseverino: "O fundamento do princípio da reparação integral, acolhido pelo art. 944 do Código Civil, é a noção de justiça corretiva desenvolvida por Aristóteles em sua Ética a Nicômaco. Ele a considerava como o critério de justiça mais adequado às relações privadas, posteriormente aperfeiçoada por Tomás de Aquino, com a denominação de justiça comutativa". (SANSEVERINO, op. cit., p. 178).

[456] BRASIL. Superior Tribunal de Justiça. *REsp 234279/SP*. 3ª Turma. Relator: Min. Ari Pargendler. Julgamento: 29 nov. 2002. De modo ilustrativo: AgRg no Ag no REsp nº 1533540: "Em relação ao termo inicial dos juros moratórios, esta Corte possui jurisprudência firmada no sentido de que, em caso de responsabilidade contratual, como na espécie, os juros de mora devem incidir a partir da citação". (BRASIL. Superior Tribunal de Justiça. *AgRg no Ag no REsp nº 1533540/DF*. 3ª Turma. Relator: Min. Moura Ribeiro. Julgamento: 10 nov. 2016). AgInt no AREsp nº 426.320: " Os juros moratórios incidem desde a citação em casos de responsabilidade contratual". (BRASIL. Superior Tribunal de Justiça. *AgInt no AREsp nº 426.320/CE*. 4ª Turma. Relatora: Minª. Maria Isabel Gallotti. Julgamento: 07 jun. 2016).

[457] Cf. Sanseverino: "Incide o enunciado normativo do art. 405 do CC/2002 apenas à responsabilidade contratual [...]". (SANSEVERINO, 2010, p. 320).

a decisão atacada no REsp nº 1.314.084, proferida pelo Tribunal de Justiça do Rio de Janeiro, havia decidido que não cabe remunerar o capital do sócio após o término do vínculo societário, cabe apenas a restituição dos haveres em face da resolução parcial do contrato.[458]

A outra possibilidade de restabelecer a juridicidade na situação estudada é por meio da aplicação do princípio que veda o enriquecimento sem causa na seara dos haveres sociais, pois nessa hipótese – resolução por razões imputáveis à sociedade – o deslocamento patrimonial deflagrado provocará o enriquecimento do agente agressor (sociedade) e o empobrecimento da vítima (ex-sócio). A correção jurídica da situação se impõe, e passa pelo acréscimo de juros legais, nessa situação podendo serem compreendidos como remuneratórios ou moratórios, porquanto há o uso do capital alheio em decorrência do inadimplemento contratual de quem o está utilizando sem qualquer remuneração,[459] ao valor dos haveres desde a citação, fixados para restabelecer a eficácia do princípio que veda o enriquecimento sem causa e do princípio da boa-fé no caso concreto.[460] Nesse sentido, reitera-se que o fundamento último do enriquecimento sem causa está no princípio da conservação estática dos patrimônios.[461]

Assim, entende-se que nos casos em que a apuração dos haveres decorrer da resolução parcial do vínculo social por razão imputável à sociedade, como, v.g., no caso de exclusão injustificada e irreversível do sócio, os juros legais sobre o valor dos haveres deverão incidir desde a citação, seja por força do instituto da responsabilidade civil contratual, seja pela incidência do princípio que veda o enriquecimento sem causa.

Por outro lado, quando o ato gerador da resolução parcial da sociedade não for contrário ao Direito, como, por exemplo, nos casos de falecimento ou de retirada unilateral, os juros moratórios deverão incidir após o prazo de 90 dias para o pagamento, a contar da liquidação dos haveres, nos termos do artigo 1.031, § 2º, do CC, salvo disposição contratual em sentido contrário. Em se tratando de exclusão com justa causa, aplica-se a mesma regra, sem prejuízo de a sociedade buscar em ação própria eventual reparação, amparada no instituto da responsabilidade civil.

---

[458] BRASIL. Superior Tribunal de Justiça. Resp nº 1.314.084/RJ. 3ª Turma. Relator: Min. Ricardo Villas Bôas Cueva. Julgamento: 17 nov. 2015.
[459] Cf. Sanseverino: "Enquanto os juros remuneratórios correspondem aos frutos civis pagos pelo devedor ao credor pela alocação temporária do capital, os moratórios derivam da mora do devedor no adimplemento da prestação devida ao credor da obrigação". (SANSEVERINO, op. cit., p. 316).
[460] Sobre a relevância das peculiaridades do caso concreto na apuração dos haveres, ver, por exemplo: BRASIL. Superior Tribunal de Justiça.REsp 507.490/RJ. 3ª Turma. Relator: Min. Humberto Gomes de Barros. Julgamento:19 set. 2006. DJ 13 nov. 2006: "[...] considerando as peculiaridades do caso concreto".
[461] MICHELON JÚNIOR, 2007, p. 184.

4. Diretriz de igualdade

A diretriz de igualdade é especialmente complexa, porque visa a preservar a igualdade entre os quinhões sem impedir que os sócios possam estabelecer regras diversas para a apuração dos haveres nas mais variadas hipóteses de incidência. A diretriz controla a extensão do deslocamento patrimonial gerado pela aplicação de variações quanto ao método e/ou critério a ser utilizado em cada situação especificada pelos sócios. Além de exigir que todas as regras convencionadas sejam aplicadas igualitariamente a todos os sócios que se encontram na mesma situação fático-jurídica, requer que as desigualdades previstas no contrato social, quanto às variações de método e/ou critério para se apurar os haveres, tenham uma justificativa econômica que promova a eficácia integrada do princípio da autonomia privada, do princípio que veda o enriquecimento sem causa e do princípio da preservação da empresa.

4.1. A igualdade na apuração dos haveres sociais

A diretriz de igualdade atua sobre a cláusula de apuração de haveres para combater desigualdades que provoquem distorções severas na apreensão da realidade econômico-patrimonial da sociedade, capazes de contrariar o princípio que veda o enriquecimento injustificado.[462] Para o Supremo Tribunal Federal na época em que julgava a matéria, e atualmente para o Superior Tribunal de Justiça, o método e/ou critério para a apuração dos haveres deverá assegurar uma situação de igualdade dos sócios na participação dos haveres sociais, a fim de se evitar deslocamento patrimonial injustificado.

O entendimento de que a apuração dos haveres como efeito da dissolução parcial da sociedade deve-se aproximar ao máximo do efeito que se teria com a dissolução total, consagrado nos Tribunais Superiores, funda-se na busca pela igualdade dos sócios na participação dos haveres, para decretar que a apuração deve ocorrer da forma mais ampla possível. Este foi o parâmetro de igualdade fixado pelo Supremo Tribunal Federal, e ainda aplicado pelo Superior Tribunal de Justiça: a apuração de haveres sociais deve ser a mais ampla possível.

---

[462] Ver: MICHELON JÚNIOR, 2007, p. 38. NANNI, 2004, p. 102.

Tal parâmetro asseguraria o respeito ao princípio que veda o enriquecimento injustificado.

A igualdade na cláusula de apuração de haveres está relacionada à discricionariedade exercida pelos particulares e pelo Estado-juiz na escolha dos métodos e/ou critérios para a apuração dos haveres.[463]

As afirmações acima podem ser constatadas no acórdão proferido pelo Supremo Tribunal Federal em 1978 ao julgar o Recurso Extraordinário nº 89.464, tido como o julgado que estabeleceu os pilares para a apuração de haveres no sistema jurídico brasileiro. Na ocasião, o Min. Décio Miranda, ao aderir ao voto majoritário para decretar a dissolução parcial da sociedade, apesar de o pedido resumir-se à dissolução total da sociedade, ressaltou que o fazia em nome da preservação da empresa, e determinou que os efeitos na apuração dos haveres deveriam se aproximar daqueles inerentes à dissolução total da sociedade, justamente para que fosse mantida a situação dos sócios em condições de igualdade quanto às suas quotas-partes no conjunto de haveres. *In verbis*:[464]

> Nesse caso, é necessário decretar uma dissolução parcial que mais se aproxime, nos seus efeitos, da dissolução total.
>
> Ou seja, uma dissolução parcial em que, tal como na dissolução total, os sócios fiquem em situação de igualdade, quanto à percepção de suas cotas-partes na liquidação.

O raciocínio acima permanece sendo aplicado pelo Superior Tribunal de Justiça, como se observa no acórdão proferido em 2015 no julgamento do REsp nº 1.335.619, ocasião em que a Min. Nancy Andrighi reiterou as razões adotadas pelo STF ao decidir o Recurso Extraordinário nº 89.464, acima citado, e a ele se referiu como "pilar central" da apuração de haveres, destacando a necessidade de se assegurar ao sócio retirante "situação de igualdade". *In verbis*:[465]

> O atual posicionamento doutrinário e jurisprudencial dominante acerca da apuração de haveres na dissolução parcial de sociedade por quotas de responsabilidade limitada tem como pilar central o julgamento, pelo STF, do RE nº 89.464/SP, 2ª Turma, Rel. Min. Cordeiro Guerra, Rel. p/ acórdão Min. Décio Miranda, DJ de 04.05.1979, no qual ficou decidido que "deve ser assegurada ao sócio retirante situação de igualdade na apuração de haveres, fazendo-se esta com a maior amplitude possível, com a exata verificação, física e contábil, dos valores do ativo.

---

[463] Cf. Ruscello: "Al riguardo, sono stati elaborati diversi critério, i cui principali sono rappresentati dal metodo patrimoniale; dal metodo reddituale e dal metodo misto patrimoniale e reddituale. Il metodo patrimoniale consente di giungere alla valutazione della società tramite la riespressione a valori correnti di tutti gli elementi attivi e passivi del patrimonio aziendale. A tal fine, si distingue tra metodi patrimoniali semplici e metodi patrimoniali compressi, a seconda che non siano o siano (in quello complesso) considerati ai fini della valutazione i beni immateriali. Con il metodo reddituale, invece, l'azienda ha un valore unitario che dipende dalla sua capacità a produrre reddito. Il criterio misto patrimoniale e reddituale, infine, consente di considerare, nel processo valutativo, sia le prospettive di reddito dell'azienda, sia la sua effettiva consistenza patrimoniale". (RUSCELLO, 2011, v. 2: Le Obbigazioni. I Contratti. L'impresa, p. 175). Sobre os diferentes métodos, na ótica do STJ, ver: BRASIL. Superior Tribunal de Justiça. REsp nº 1.335.619/SP. 3ª Turma. Relatora: Minª. Nancy Andrighi. Julgamento: 03 mar. 2015. *DJ* 27 mar. 2015, fl. 6.

[464] BRASIL. Supremo Tribunal Federal. RE nº 89.464-1/SP. 2ª Turma. Relator: Min. Cordeiro Guerra. Julgamento: 02 maio 1979. *DJ* 04 maio 1979, fl. 5 do voto.

[465] BRASIL. Superior Tribunal de Justiça. REsp nº 1.335.619/SP. 3ª Turma. Relatora: Minª. Nancy Andrighi. Julgamento: 03 mar. 2015. *DJ* 27 mar. 2015, fl. 6.

O entendimento de que a apuração dos haveres deve ser a mais ampla possível como mecanismo para se assegurar a igualdade entre os sócios na participação dos haveres e se evitar deslocamentos patrimoniais injustificados se constata também no acórdão proferido pelo Superior Tribunal de Justiça no julgamento do Recurso Especial nº 1.444.790, quando o Superior Tribunal de Justiça manteve a decisão proferida pelo TJSP que afastara a aplicação da cláusula prevista no contrato social, apoiando-se, para tanto, na conexão jurídica entre o valor dos haveres sociais e o princípio que veda o enriquecimento injustificado, salientando que assim se atenderia a busca pelo valor que correspondesse ao justo equilíbrio sem se distanciar demasiadamente da realidade, como se constata no voto proferido pelo Min. Luis Felipe Salomão:[466]

> De fato, o direito civil não tolera o abuso do direito incerto em dispositivo do contrato social – cláusula leonina – que venha a gerar o enriquecimento sem causa em detrimento de um dos sócios, seja por depor contra o preceito ideológico do justo equilíbrio, seja por refletir situação demasiadamente distante da apuração real dos bens da sociedade.

O reconhecimento de que os particulares podem estabelecer no contrato social dois ou mais métodos e/ou critérios para a apuração dos haveres permite que se afirme haver mais de uma forma de se apreender a realidade econômico-patrimonial de uma sociedade empresária e que cada qual conduzirá a um valor em pecúnia diferente para o conjunto de haveres. Do contrário, apenas existiria um método passível de ser aplicado, quando há decisão do Superior Tribunal de Justiça admitindo a aplicação de método diverso daquele previsto no contrato social e, ainda, diverso do que foi fixado pelo legislador.[467]

Ao afirmar que o método e/ou critério deverá assegurar a igualdade entre os sócios na participação dos haveres, aplicando-a, então, como fundamento para determinar que a apuração seja a mais ampla possível,[468] o Supremo Tribunal Federal e o Superior Tribunal de Justiça permitem concluir que as desigualdades convencionadas no contrato social para a apuração dos haveres, e que resultarão em valores pecuniários diferentes entre si, também serão submetidas à análise de eventual ofensa ao princípio que veda o enriquecimento injustificado, da mesma forma que qualquer método e/ou critério tem sido submetido pelo STJ às exigências vinculadas às diretrizes de realidade e atualidade.

Daí se induz que as desigualdades no contrato social inerentes aos métodos e/ou critérios para a apuração dos haveres sociais em caso de resolução parcial do vínculo societário deverão ser justificadas por meio de uma causa.[469]

---

[466] BRASIL. Superior Tribunal de Justiça. REsp nº 1.444.790/SP. 4ª Turma. Relator: Min. Luis Felipe Salomão. Julgamento: 26 ago. 2014. DJ 25 set. 2014, p. 15 do acórdão.

[467] Vide: BRASIL. Superior Tribunal de Justiça. REsp nº 1.335.619/SP. 3ª Turma. Relatora: Minª. Nancy Andrighi. Julgamento: 03 mar. 2015. DJ 27 mar. 2015, p. 15 do acórdão.

[468] Vide: BRASIL. Supremo Tribunal Federal. RE nº 89.464-1/SP. 2ª Turma. Relator: Min. Cordeiro Guerra. Julgamento: 02 maio 1979. DJ 04 maio 1979, fl. 5 do voto; BRASIL, REsp nº 1.335.619/SP, op. cit., fl. 6.

[469] MICHELON JÚNIOR, 2007, p. 38. Sobre a multiplicidade de sentidos atribuídos à palavra *causa*, ver: SILVA, L. R. F., 2013, p. 18-22.

O tema foi assim explicitado pela Min. Nancy Andrighi no julgamento do Recurso Especial nº 1.335.619:[470]

> [...] a exegese do comando jurisprudencial de igualdade entre os sócios e de ampla avaliação de todo o ativo evidencia ser impossível dar-lhe cumprimento sem incluir no cálculo dos haveres do dissidente o patrimônio intangível da empresa.[471]

É a diretriz de igualdade que permite verificar se a aplicação de um e não de outro método e/ou critério previstos no contrato social para se apurar os haveres em diferentes situações fático-jurídicas preserva a igualdade dos sócios com relação ao valor do conjunto de haveres, objetivo almejado pelo Superior Tribunal de Justiça, como explicitado pela Min. Nancy Andrighi ao julgar o Recurso Especial nº 1.335.619:[472]

> O raciocínio então desenvolvido foi de que se deveria conceber uma forma de liquidação que assegurasse, concomitantemente, a preservação do empreendimento e uma situação de igualdade entre os sócios.

Cumpre recordar que a jurisprudência do Supremo Tribunal Federal e do Superior Tribunal de Justiça permite constatar que a existência da cláusula de predeterminação dos haveres por si só não é considerada como causa suficiente para impedir o exame de seu conteúdo em confronto com o princípio que veda o enriquecimento injustificado. Da mesma forma, a existência de discricionariedades quanto ao conteúdo previsto no contrato social para a apuração dos haveres não deverá ser considerada, pelo STJ, causa impeditiva da análise de sua eventual ofensa ao mesmo princípio.

A igualdade encontra-se no fundamento de que a apuração dos haveres deve ser a mais ampla possível; contudo, sua função exclusiva surge quando há a necessidade de se verificar, por meio da comparação entre dois ou mais métodos e/ou critérios tidos como adequados à luz das diretrizes de realidade e atualidade. Tem ela, assim, um alcance único e exclusivo, que se prolonga desde os fundamentos da construção do entendimento de que a apuração deve ocorrer da forma mais ampla possível até o controle sobre a adoção pelos particulares de diferentes métodos e/ou critérios para diferentes situações fático-jurídicas.

Assim, a diretriz de igualdade visa a evitar que a discricionariedade em si mesma – escolha pelos particulares de mais de um método e/ou critério, dentre tantos possíveis, para se apurar os haveres em situações distintas – provoque deslocamentos patrimoniais injustificados, enquanto que as diretrizes de realidade e atualidade atuam diretamente no controle de qualquer método e/ou critério.

Inexiste na legislação qualquer disposição expressa que proíba os sócios de estabelecerem desigualdades para a apuração dos haveres. Em se tratando de Direito Privado e tendo os artigos 1.031, *caput*, do Código Civil e os artigos 604, II, e 606 do Código de Processo Civil expressamente reconhecido o

---

[470] BRASIL, REsp nº 1.335.619/SP, op. cit.
[471] Ibid., fl. 12.
[472] Ibid., fl. 6.

contrato social como fonte primária das regras para a apuração dos haveres, entende-se que a própria lei autoriza os particulares a estabelecerem distintos métodos e/ou critérios para diferentes situações fático-jurídicas.[473] As discricionariedades devem ser consideradas para todos os que se encontrarem na mesma situação fático-jurídica, devendo a regra se dirigir a todos de modo uniforme.[474]

A título de argumento, acrescenta-se que a lei expressamente autoriza os sócios a pactuarem participação "dos lucros e das perdas" de forma não proporcional às respectivas quotas, *ut* artigo 1.007 do Código Civil,[475] desde que nenhum deles seja excluído dos lucros e das perdas.[476] Os dispositivos aplicam-se às sociedades limitadas por força do artigo 1.053 do Código Civil.[477] Acrescenta-se que é característico da sociedade limitada o amplo espaço disponível para o exercício da autonomia privada.[478]

Para Gian Carlo Rivolta, inexiste no sistema italiano um princípio de igualdade que imponha limitação à autonomia privada no momento do ato constitutivo da sociedade,[479] pois a única limitação à discricionariedade estaria prevista no artigo 2.265 do Código Civil italiano,[480] cuja regra idêntica está prevista no artigo 1.008 do Código Civil: "É nula a estipulação contratual que exclua qualquer sócio de participar dos lucros e das perdas".

A análise da possibilidade de se fazerem discriminações na cláusula de predeterminação dos haveres sociais tendo como objeto a proporção entre as

---

[473] Cf. Assis Gonçalves Neto: "Há ampla liberdade para os sócios fixarem os critérios para a determinação do valor da quota de cada um para todos os casos de desligamento. É lícito, inclusive, estabelecer critérios de apuração diferenciados para cada qual das hipóteses de resilição, resolução, ou simples extinção dos vínculos societários". (GONÇALVES NETO, 2016, p. 312).

[474] Cf. Assis Gonçalves Neto: "[...] o ajuste insere-se no campo da liberdade de contratar e só precisa valer de modo uniforme para qualquer dos sócios [...]". (Ibid., p. 312). Ver: RIVOLTA, 2015, p. 235-236.

[475] Artigo 1.007 do Código Civil: "Salvo estipulação em contrário, o sócio participa dos lucros e das perdas, na proporção das respectivas quotas, mas aquele, cuja contribuição consiste em serviços, somente participa dos lucros na proporção da média do valor das quotas". Cf. Tarsis Nametala: "Portanto, uma cláusula que atribua exclusivamente a um dos sócios todos os lucros ou perdas desnatura o tipo societário em referência, sendo nula de pleno direito. Todavia, nada obsta se que atribuam pesos diferentes, para fins de distribuição de resultados, à participação do sócio no capital e na repartição dos lucros; ou seja, exemplificativamente, um sócio titular de 10% do capital social pode convencionar que sua participação no lucro seja da ordem de 90%". (SARLO JORGE, 2007, p. 229).

[476] Artigo 1.008, do Código Civil: "É nula a estipulação contratual que exclua qualquer sócio de participar dos lucros e das perdas".

[477] Art. 1.053 do Código Civil: "A sociedade limitada rege-se, nas omissões deste Capítulo, pelas normas da sociedade simples".

[478] Cf. Acquas: "Come si è anticipato il legislatore della riforma ha attribuito grande rilevanza all'autonomia dei soci che adesso può essere chiamata a disciplinare ipotesi particolari di recesso; tutto ciò è avvenuto nella linea del più generale filo conduttore della riforma che ha connotato la società a responsabilità limitata come un modello societario caratterizzato proprio dagli ampi spazi riservati alla autonomia statutaria." (ACQUAS; LECIS, 2010, p. 156-157).

[479] Cf. Rivolta: "[un preteso principio di uguaglianza, tanti sono, evidenti ed univoci, gli indici normativi della sua inesistenza. Il primo e più forte indice dell'inesistenza di un principio del genere è costituito dallo stesso divieto di patto leonino (art. 2265 c.c.), che non proibisce le diseguaglianze o le disparità, pur dovute a diverso potere contrattuale tra i soci, ma vieta solo l'esclusione "da ogni" (effettiva e non meramente simbolica) partecipazione agli utili e alle perdite". (RIVOLTA, op. cit., p. 233-234).

[480] Artigo 2265 do Código Civil italiano: "È nullo il patto con il quale uno o più soci sono esclusi da ogni partecipazione agli utili o alle perdite."

quotas tituladas e o montante efetivamente realizado, prevista no artigo 1.031, *caput*, do Código Civil, será realizada no próximo capítulo, no qual se investigará a diretriz de proporcionalidade. Aqui importa registrar que as regras dos artigos 1.007 e 1.008 do Código Civil evidenciam que os particulares podem fazer discriminações no âmbito da sociedade limitada, inclusive quanto aos métodos e/ou critérios a serem aplicados em diferentes situações fático-jurídicas para a apuração dos haveres, diante da ausência de qualquer limitação.

O relevante é notar que o entendimento dominante na doutrina italiana é no sentido de que os particulares têm autonomia para regrar a apuração dos haveres sociais,[481] embora com limites. Esse entendimento compatibiliza-se com parte significativa das decisões proferidas pelo Supremo Tribunal Federal e pelo Superior Tribunal de Justiça.[482] O voto do Min. Eduardo Ribeiro, proferido no julgamento do Recurso Especial nº 33.458-9, sintetiza o raciocínio:[483]

> Não se pode colocar seriamente em dúvida que, em nosso direito, subsiste o princípio da força obrigatória dos contratos, fundado na autonomia da vontade. Claro que a liberdade de contratar não é sem limites, que estes podem ser encontrados nas leis de ordem pública, em certos princípios gerais, e nas naturais vedações decorrentes do que se aceita como correspondendo aos bons costumes. A regra, entretanto, é a liberdade. Não se chocando o pactuado com algum preceito que se possa extrair daquelas diretivas, o ordenamento reconhece a valia e eficácia da norma criada pelas partes.

A igualdade, portanto, é uma diretriz porque ela controla o efeito das desigualdades no valor final dos haveres decorrente da escolha entre os diferentes métodos e/ou critérios – dentre tantos passíveis de serem utilizados para a apuração do valor de participações societárias[484] – a serem aplicados em caso de resolução parcial da sociedade, e ao fazê-lo exige que as desigualdades estabelecidas pelos sócios, sobretudo quando se refletirão na redução daquele valor em comparação a outro método e/ou critério também adotado pelos sócios para situação diversa, encontrem amparo no Direito, sob pena de serem compreendidas pelo Judiciário como contrárias ao princípio que veda o enriquecimento injustificado.[485]

---

[481] PACCOIA, 2015, p. 182.

[482] Por exemplo, ver: BRASIL. Supremo Tribunal Federal. RE nº 29.713/DF. 2ª Turma. Relator: Min. Orosimbo Nonato. Julgamento: 11out. 1955. *DJ* 07 jan. 1959; BRASIL. Supremo Tribunal Federal. RE nº 23.612/MG. 2ª Turma. Relator: Min. Hahnemann Guimarães. Julgamento: 14 out. 1955. BRASIL. Supremo Tribunal Federal. RE nº 56.115/MG. 2ª Turma. Relator: Min. Hermes Lima. Julgamento: 07 jul. 1964. *DJ* 05 ago. 1964. BRASIL. Superior Tribunal de Justiça. REsp nº 654.288/SP. 3ª Turma. Relator: Min. Carlos Alberto Menezes Direito. Julgamento: 22 mar. 2007. *DJ* 18 jun. 2007. BRASIL. Superior Tribunal de Justiça. REsp nº 302.366/SP. 4ª Turma. Relator: Min. Aldir Passarinho Júnior. Julgamento: 05 jun. 2007. *DJ* 06 ago. 2007.

[483] BRASIL. Superior Tribunal de Justiça. REsp nº 33.458-9/SP. 3ª Turma. Relator: Min. Eduardo Ribeiro. Julgamento: 13 jun. 1994. *DJ* 22 ago. 1994, fl. 2.

[484] Sobre os diferentes métodos para a apuração na concepção do STJ, ver: BRASIL. Superior Tribunal de Justiça. REsp nº 1.335.619/SP. 3ª Turma. Relatora: Minª. Nancy Andrighi. Julgamento: 03 mar. 2015. *DJ* 27 mar. 2015, fl. 6. Sobre diversos métodos, ver: ESTRELLA, 2010, p. 115-125. PAOLUCCI, 2018. DAMODARAN, 2007. KOLLER; GOEDHART; WESSELS, 2005.

[485] Vide decisões que afastaram a cláusula por entender que o seu conteúdo contrariava o princípio que veda o enriquecimento ilícito, por exemplo: BRASIL. Supremo Tribunal Federal. RE nº 28.544/DF. 2ª Turma. Relator: Min. Lafayette de Andrada. Julgamento: 20 set. 1955. *DJ* 23 nov. 1955; BRASIL. Supremo Tribunal Federal. RE nº 29.713/DF. 2ª Turma. Relator: Min. Orosimbo Nonato. Julgamento: 11 out. 1955. *DJ* 07 jan. 1959. BRASIL. Superior Tribunal de Justiça. REsp nº 50.885/SP. 3ª Turma. Relator: Min. Carlos Alberto Menezes

Na hipótese de os sócios preverem um único método e/ou critério para a apuração dos haveres, sua eventual contrariedade ao referido princípio se dará por meio da aplicação direta das diretrizes de realidade e atualidade.

A diretriz de igualdade também impõe um limite à competência do Estado-juiz, *ut* artigos 604, II, e 607 do Código de Processo Civil, quanto à definição do método e/ou critério a ser aplicado para a apuração dos haveres, pois vincula a decisão judicial à regra legal – artigo 1.031, *caput*, do Código Civil, combinado com o artigo 606 do Código de Processo Civil –,[486] à qual todos os sócios e a sociedade se vincularam ao optarem pela omissão no contrato social quanto à apuração dos haveres. Para afastar-se da regra legal, o juiz deverá apresentar fundamento pertinente ao caso concreto que justifique a excepcionalidade.

O parâmetro de igualdade para os Tribunais Superiores, como acima exposto, é a apuração mais ampla possível. O significado da expressão "mais ampla possível" foi fornecido pelo legislador por meio da regra legal supletiva para a apuração dos haveres, prevista no artigo 1.031, *caput*, do Código Civil, combinado com o artigo 606 do Código de Processo Civil.

A jurisprudência dos Tribunais Superiores, apesar de não permitir que dela se extraia objetivamente os limites impostos pela diretriz de igualdade ao exercício da autonomia privada no estabelecimento de desigualdades para a apuração dos haveres – até pela insuficiência de decisões quanto ao tema –, é suficiente para comprovar sua existência, funcionamento e constante aplicação, tanto no passado pelo STF quanto atualmente pelo STJ, na seara dos haveres sociais.

Dessa maneira, entende-se que os particulares têm autonomia para convencionar não apenas a cláusula de predeterminação dos haveres, como também para estabelecer fatores de discriminação acerca de seu conteúdo, os quais impactarão o valor final dos haveres justamente em decorrência das desigualdades inerentes a cada método e/ou critério aplicado. No entanto, para os Tribunais Superiores, a existência das discricionariedades – autonomia privada – não justifica, por si só, o deslocamento patrimonial no âmbito dos haveres sociais, tampouco assegura a almejada situação de igualdade entre os sócios na participação dos haveres sociais.

Acrescenta-se, por fim, que o Direito contratual, embora com menor intensidade por força do princípio da autonomia privada, submete-se, ao menos,

---

Direito. Julgamento: 03 set. 1996. *DJ* 30 set. 1996. BRASIL. Superior Tribunal de Justiça. REsp nº 515.681/PR. 4ª Turma. Relator: Min. Ruy Rosado de Aguiar. Julgamento: 10 jun. 2003. *DJ* 22 set. 2003.

[486] Cf. Acquas, acerca do dispositivo que define o critério para a apuração dos haveres no âmbito da sociedade limitada na Itália: "A tal fine il legislatore, nel capoverso dell'art. 2473, 3º co., c.c., pone la linea guida per l'operatore e l'interprete: il patrimonio sociale è determinato tenendo conto del suo valore di mercato al momento della dichiarazione di recesso". (ACQUAS; LECIS, 2010, p. 205-206). Para Erasmo Valladão e Marcelo Adamek, o artigo 606 do Código de Processo Civil teria revogado o método previsto no artigo 1031, *caput*, do Código Civil. Entende-se, contudo, que o artigo 606 do Código de Processo Civil apenas explicitou os critérios que deverão ser observados na apuração da situação patrimonial da sociedade. (FRANÇA; ADAMEK, 2016, p. 71). Sobre os significados atribuídos no âmbito do STJ para as expressões legais, ver: BRASIL. Superior Tribunal de Justiça. REsp nº 1.335.619/SP. 3ª Turma. Relatora: Minª. Nancy Andrighi. Julgamento: 03 mar. 2015. *DJ* 27 mar. 2015, fl. 6.

a uma noção de igualdade.[487] De qualquer forma, na relação de liquidação decorrente da extinção parcial do vínculo societário, a igualdade se faz presente para assegurar que a aplicação do método e/ou critério eleito pelas partes não provoque alteração, mesmo que indiretamente, nos direitos patrimoniais dos sócios remanescentes quanto aos seus haveres sociais, por meio de deslocamentos patrimoniais entre a sociedade e o sócio retirante que violem as diretrizes de realidade, atualidade e igualdade.

Do Estado-juiz, também a diretriz de igualdade exige justificativa quando a decisão se afastar da regra legal, por meio da qual o legislador positivou o entendimento jurisprudencial de que a apuração dos haveres como efeito da dissolução parcial deve ocorrer como ocorreria em caso de dissolução total, da forma mais ampla possível.

4.1.1. Análise crítica e proposição: alcance da cláusula

A crítica centra-se em dois pontos da decisão proferida pela Terceira Turma do Superior Tribunal de Justiça ao julgar, em 2015, o Recurso Especial nº 1.335.619, quando, por maioria, foi decidido que (I) a força vinculativa obrigatória inerente à cláusula de apuração dos haveres deixa de existir quando a apuração ocorrer na esfera extrajudicial; e, assim, (II) o juiz não está vinculado ao conteúdo da cláusula, tampouco à regra legal, visto que foi admitida a adoção de terceiro método, diverso daquele previsto na lei.[488]

A decisão recorrida, proferida pelo Tribunal de Justiça de São Paulo, havia afastado a cláusula contratual que previa a apuração por meio da realização de um balanço especial ajustado a valores de mercado, negando-lhe qualquer força vinculativa obrigatória, e autorizado que a apuração fosse realizada com a aplicação de um método de apreensão econômico-financeira da realidade (fluxo de caixa descontado). A controvérsia foi assim resumida pelo Min. Ricardo Villas Bôas Cueva:[489]

> [...] cinge-se a controvérsia a perquirir se a apuração de haveres do sócio retirante deve obedecer o balanço especial, ajustado a valores de mercado, levantado à época da exclusão do sócio (conforme estipulado contratualmente – e-STJ fls. 27-29 e 70) ou devem ser os haveres apurados segundo o valor econômico da sociedade, por meio das metodologias denominadas FCF (Free Cash Flow) ou EVA (Economic Value Added).

---

[487] Cf. Cesa: "No Direito Contratual, a emanação de deveres decorrentes da noção de igualdade não se revela com a mesma intensidade, haja vista decorrer da autonomia privada a competência aos privados para a realização de escolhas não igualitárias e até arbitrárias. Isso não significa, no entanto, que o Direito Contratual corresponda a um espaço de não igualdade ou que a noção de igualdade nada diga aos contratos. Uma tal posição não só desconsideraria o conteúdo valorativo próprio do Direito Contratual e sua evidente conexão com a realidade, mas também deixaria sem explicação uma considerável gama de normas contratuais que se assentam na noção de igualdade [...]. Mais do que isso, desatentaria à própria história do Direito Privado, na qual a noção de igualdade se fez presente mesmo antes de ela ganhar a relevância que ganhou, no Direito Público, a partir do constitucionalismo ou mesmo antes de ser amplamente acolhida a noção igualitária de ser humano como sujeito de direito". (SILVA, J. C. F. S., 2018, p. 173-174).

[488] BRASIL. Superior Tribunal de Justiça. REsp nº 1.335.619/SP. 3ª Turma. Relatora: Minª. Nancy Andrighi. Julgamento: 03 mar. 2015. *DJ* 27 mar. 2015.

[489] Ibid., p. 15 do acórdão.

A Min. Nancy Andrighi reiterou o entendimento de que a força vinculativa da cláusula de apuração de haveres "somente prevalecerá caso haja a concordância das partes com o resultado alcançado" – questão enfrentada no primeiro capítulo –, pois em caso de "dissenso, faculta-se a adoção da via judicial, a fim de que seja determinada a melhor metodologia de liquidação, hipótese em que a cláusula contratual somente será aplicada em relação ao modo de pagamento".[490] O argumento central da ministra para admitir a inovação judicial quanto à escolha do método e a sua imprevisível imposição, dado que estranho ao contrato social e diverso daquele previsto na lei, está na sua usual aplicação em avaliações de participações societárias:[491]

> [...] na alienação de participação societária se aceita de forma pacífica que o valor de mercado das quotas seja apurado mediante aplicação da metodologia do fluxo de caixa descontado, não se vislumbra motivo para que esse mesmo método não seja utilizado na apuração de haveres do sócio retirante.

O voto divergente, no entanto, proferido pelo Min. Villas Bôas Cueva, foi no sentido de que o singelo afastamento da cláusula de predeterminação dos haveres prevista no contrato social viola "os preceitos legais que regem o princípio *pacta sunt servanda*, que, como cediço, assumem superlativa relevância quando se trata de relações inseridas no âmbito do Direito Empresarial", concluindo que era imperiosa a utilização do método convencionado pelas partes "em atenção ao princípio da autonomia da vontade".[492]

A posição adotada pelo Min. Villas Bôas Cueva corrobora a tese defendida neste trabalho de que a cláusula de predeterminação dos haveres tem força vinculativa obrigatória,[493] a qual se conserva hígida independentemente de a apuração ocorrer de forma amigável ou litigiosa.

Contudo, os Min. João Otávio de Noronha e Paulo de Tarso Sanseverino acompanharam a Min. Nancy Andrighi, tendo o Min. Sanseverino pontuado que o "importante é que a metodologia do fluxo de caixa descontado é a mais justa para aferição do montante efetivo a que tem direito o sócio retirante na dissolução parcial de uma sociedade limitada".

Ao afastar a aplicação da cláusula de apuração dos haveres sob o argumento de que a sua força vinculativa obrigatória se restringia à apuração realizada em consenso pelas partes, o Superior Tribunal de Justiça retirou-lhe completamente a força vinculativa,[494] negando vigência ao princípio da autonomia

---

[490] BRASIL. Superior Tribunal de Justiça. REsp nº 1.335.619/SP. 3ª Turma. Relatora: Minª. Nancy Andrighi. Julgamento: 03 mar. 2015. *DJ* 27 mar. 2015, p. 7 do acórdão.

[491] Ibid., p. 11 do acórdão.

[492] BRASIL. Superior Tribunal de Justiça. REsp nº 1.335.619/SP. 3ª Turma. Relatora: Minª. Nancy Andrighi. Julgamento: 03 mar. 2015. *DJ* 27 mar. 2015, p. 16-17 do acórdão.

[493] Entre outros julgados no mesmo sentido, ver: BRASIL. Superior Tribunal de Justiça. AgRg no Ag nº 1.416.710/RJ. 4ª Turma. Relator: Min. Luis Felipe Salomão. Julgamento: 03 abr. 2014. *DJ* 25 abr. 2014. v.u. E na doutrina, Valladão e Adamek: "Tanto no que se refere ao depósito judicial da parte incontroversa (CPC, art. 604, §3º) como no que toca à apuração definitiva dos haveres (CPC, arts. 604, II, 606 e 609), os critérios convencionais de liquidação da quota hão de ser seguidos, desde que sejam válidos". (FRANÇA; ADAMEK, 2016, p. 58-59).

[494] Cf. Alpa: "La formula ["forza di legge"] si può oggi intendere nel senso che: a) i contratti conclusi dalle parti sono vincolanti; la loro forza è simile a quella della legge; [...]." (ALPA, 2017, p. 398).

privada quando a lei expressamente afirma que a apuração deve atender ao estabelecido no contrato social, sem uma fundamentação coerente, lógica ou com esteio em alguma norma jurídica prevista no sistema.

O juiz apenas definirá o método e/ou critério quando o contrato social for omisso ou a cláusula for afastada por contrariar o Direito. Nessas situações, *a priori* está vinculado à regra legal. A situação de igualdade se presume na regra legal. Ao permitir que o juiz inovasse na escolha do método sem que tenha apresentado qualquer justificativa para afastar a regra legal – referência para se assegurar a igualdade entre os sócios na participação dos haveres –, o Superior Tribunal de Justiça alterou a própria situação de igualdade entre os sócios na participação dos haveres, porquanto o valor final dos haveres será diverso daquele que se apuraria com a aplicação da lei; e, assim, por via indireta, violou o princípio que veda o enriquecimento injustificado.

Sublinha-se que o problema não está no método em si – fluxo de caixa descontado –, mas sim na sua imposição aos particulares mediante o afastamento da cláusula contratual sem qualquer justificativa, exceto que não teria eficácia na esfera judicial, e de forma diversa da estabelecida pelo legislador.

O argumento de que o método é comumente utilizado para se apurar o valor de mercado de participações societárias não assegura a condição de igualdade dos sócios na participação dos haveres, porquanto essa se presume com a aplicação da regra legal. Ademais, preço e haveres não se confundem, como apontou o Min. João Otávio de Noronha ao julgar o Recurso Especial nº 958.116:[495]

> De qualquer forma, a apuração dos haveres deve contemplar o valor da empresa se dissolvida fosse, e não alienada, porquanto assim se chegará aos valores reais que cada sócio receberia efetivamente, atendendo à hipótese prevista no art. 1.031 do Código Civil.

A crítica, feita por Erasmo Valladão e Marcelo Adamek, de que o legislador cometeu um equívoco ao fixar um critério único para a apuração de haveres diante das inúmeras variáveis que caracterizam cada sociedade,[496] pode ser vista por outro ângulo. A lei expressamente autoriza os sócios a escolherem as regras para a predeterminação dos haveres em suas sociedades, estabelecendo a regra legal apenas para o caso de omissão, o que também não significa que tal regra tenha caráter absoluto, porém, antes de inovar quanto ao método, terá o juiz de pronunciar-se quanto às razões para não aplicá-la no caso concreto.

A exceção deve-se às peculiaridades do caso concreto, como salientou o Min. Aldir Passarinho Junior no julgamento do Recurso Especial nº 968.317, quando o STJ considerou que não configura ofensa ao art. 1.031, *caput*, do Código Civil a decisão que acolhe laudo pericial elaborado a partir da "projeção de rentabilidade futura trazida ao valor presente" para calcular a "perda da parcela intangível do patrimônio contas de clientes":[497]

---

[495] BRASIL. Superior Tribunal de Justiça. REsp nº 958.116/PR. 4ª Turma. Relator: Min. João Otávio de Noronha. Julgamento: 22 maio 2012. *DJ* 06 mar. 2013, fl. 11.

[496] FRANÇA; ADAMEK, 2016, p. 70-71.

[497] BRASIL. Superior Tribunal de Justiça. REsp nº 968.317/RS. 4ª Turma. Relator: Min. João Otávio de Noronha. Julgamento: 14 abr. 2009. *DJ* 11 maio 2009, ementa e fl. 6.

De fato, a questão é um tanto peculiar, pois diz respeito a características da sociedade. Fica difícil, realmente, em um tipo de atividade como essa, não se agregar valor à clientela. [...]

Realmente, é muito difícil também se entender que, rigorosamente, "x" por cento da clientela ou do faturamento de uma empresa vá ser fiel no período subsequente aos sócios retirantes, pelas próprias peculiaridades do comércio, já que uma empresa, quando se desfaz, enfraquece.

Ante o exposto, entende-se que a cláusula de predeterminação dos haveres tem plena força vinculativa obrigatória, independentemente da esfera na qual a apuração dos haveres seja realizada: extrajudicial ou judicial. O seu afastamento somente poderá ocorrer quando demonstrada sua contrariedade ao Direito. A diretriz de igualdade, nessa situação, dirige-se ao juiz para vinculá-lo à regra legal prevista no artigo 1.031, *caput*, do Código Civil, combinado com o artigo 606 do Código de Processo Civil,[498] à qual os particulares aderiram quando optaram pela omissão do contrato social quanto à cláusula para a apuração dos haveres.

4.2. Desigualdade e deslocamento patrimonial: análise crítica e proposição

A igualdade subjaz à formatação do entendimento consagrado na jurisprudência de que a apuração deve ocorrer da forma mais ampla possível – como se daria em caso de dissolução total –, parâmetro que é tido pelo STJ como garantia de inexistência ao princípio que veda o enriquecimento injustificado; no entanto, é a busca pela expressão do valor real e atual do conjunto de haveres em pecúnia que aquele entendimento visa a obter, e, com isso, assegurar a igualdade entre os sócios na participação dos haveres, como se depreende, por exemplo, do acórdão proferido pelo Supremo Tribunal Federal em 1962, no julgamento do Recurso Extraordinário nº 48.580, quando a decisão foi a de afastar a cláusula de apuração dos haveres porque a aplicação do método previsto no contrato social reduziria de modo injustificado a participação do ex-sócio no conjunto de haveres.[499]

O acórdão proferido no julgamento do recurso de apelação havia afastado, por maioria, a previsão contratual, porque "não se justifica, quando o sócio sobrevivente, continua a explorar um negócio próspero, beneficiá-lo, exclusivamente, deixando de contemplar os herdeiros do sócio falecido e que se retiram, por imposição daquele, com apoio no contrato social, deixando de contemplá-los com uma quota parte do fundo de comércio, representativo de valor considerável, do qual são privados; doutra sorte, um dos sócios levaria a

---

[498] Para Erasmo Valladão e Marcelo Adamek, o artigo 606 do Código de Processo Civil teria revogado o método previsto no artigo 1031, *caput*, do Código Civil. Entende-se, contudo, que o artigo 606 do Código de Processo Civil apenas explicitou os critérios que deverão ser observados na apuração da situação patrimonial da sociedade. (FRANÇA; ADAMEK, 2016, p. 71).

[499] BRASIL. Supremo Tribunal Federal. RE nº 48.580/Guanabara. 1ª Turma. Relator: Min. Luiz Gallotti. Julgamento: 28 jun. 1962.

mais considerável vantagem".[500] O voto vencido entendeu que não era "de se admitir a quota do fundo de comércio, por se tratar de apuração de haveres e não de liquidação de sociedade".[501]

A matéria foi objeto de embargos infringentes, tendo o Des. Serpa Lopes lavrado o voto vencedor no sentido de excluir o fundo de comércio "em virtude de cláusula contratual expressa".[502] O entendimento vencido sustentava que a apuração deve "representar a situação real efetiva no dia" em que é realizada, pois do contrário ocorreria "uma doação ao sobrevivente", de "enorme cifra" no caso concreto.[503]

O Min. Luiz Gallotti, no exercício da relatoria, reconheceu a existência de divergência jurisprudencial e afastou o critério eleito pelos sócios que singelamente reduzia à apuração aos bens e valores constantes no último balanço, quando inexiste justificativa para a apuração não contemplar o conjunto total dos haveres, o que retiraria a igualdade entre os sócios na participação dos haveres.

Percepção semelhante se extrai da decisão proferida pelo Superior Tribunal de Justiça no julgamento do Recurso Especial nº 1.335.619, quando a Min. Nancy Andrighi assim sintetizou a uniformização conferida ao tema pelo Tribunal:[504]

> O STJ, ao assumir o papel uniformizador da legislação infraconstitucional, ratificou o entendimento, fixando que, "na dissolução de sociedade de responsabilidade limitada, a apuração de haveres [...] há de fazer-se como se dissolução total se tratasse", salientando que a medida "tem por escopo preservar o quantum devido ao sócio retirante [...] evitando-se o locupletamento indevido da sociedade ou sócios remanescentes em detrimento dos retirantes" [...].

E do acórdão que julgou o Recurso Especial nº 453.476, quando o Min. Relator Antônio de Pádua Ribeiro também resumiu a vinculação feita pelo STJ e pelo STF entre o entendimento de que a apuração dos haveres deve ocorrer na dissolução parcial como ocorreria na dissolução total e o objetivo de com isso evitar deslocamento patrimonial injustificado:[505]

> O entendimento desta Corte e do Supremo Tribunal Federal é o de que na dissolução de sociedade comercial, a apuração de haveres no caso de sócio retirante, deve ser feita como se de dissolução total se tratasse, evitando locupletamento indevido dos sócios remanescentes.

Registra-se que no julgamento do REsp nº 33.458-9, o Min. Eduardo Ribeiro transcreve a decisão proferida pelo TJSP, na qual se observa a vinculação

---

[500] BRASIL. Supremo Tribunal Federal. RE nº 48.580/Guanabara. 1ª Turma. Relator: Min. Luiz Gallotti. Julgamento: 28 jun. 1962.
[501] Ibid., fl. 3, do acórdão.
[502] Ibid., fl. 4, do acórdão.
[503] Ibid., fl. 6, do acórdão.
[504] BRASIL. Superior Tribunal de Justiça. REsp nº 1.335.619/SP. 3ª Turma. Relatora: Minª. Nancy Andrighi. Julgamento: 03 mar. 2015. DJ 27 mar. 2015.
[505] BRASIL. Superior Tribunal de Justiça. REsp nº 453.476/GO. 3ª Turma. Relator: Min. Antôno de Pádua Ribeiro. Julgamento: 01 set. 2005. DJ 12 dez. 2005.

entre a ideia de uma apuração ampla para se obter um valor justo e igualitário – "[...] a liquidação da cota parte do sócio retirante deve ser feita de forma ampla, porquanto a liquidação, ainda que parcial, deve obedecer às regras da dissolução total, para atribuir-se ao sócio retirante o justo e igualitário, como se de dissolução total se cuidasse" –,[506] contudo, observa-se que a palavra *igualitário*, neste caso, refere-se ao valor apurado em conformidade com a realidade em toda a sua extensão e amplitude.

As decisões judiciais acima mencionadas são importantes porque permitem perceber a dificuldade de assegurar a igualdade na participação dos haveres da forma como almejada pelos Tribunais Superiores. O controle direto sobre o conteúdo da cláusula com relação ao princípio que veda o enriquecimento injustificado é realizado pelas diretrizes de realidade e atualidade,[507] também tendo como suporte o entendimento jurisprudencial de que a apuração deve ser a mais ampla possível.

As decisões judiciais, no entanto, são insuficientes para clarear e estruturar a função exclusiva da diretriz de igualdade: permitir a análise de eventual ofensa ao princípio que veda o enriquecimento ilícito em face das discricionariedades relacionadas aos métodos e/ou critérios estabelecidos no contrato social para a apuração dos haveres em diferentes situações fático-jurídicas. Apenas havendo a possibilidade de exame é que se poderá preservar a igualdade dos sócios na participação dos haveres, objetivo almejado pelos Tribunais Superiores com a aplicação do parâmetro de que a apuração como efeito da dissolução parcial deve ocorrer como se fosse efeito da dissolução total.

Por outro ângulo, a vinculação direta entre a igualdade dos sócios na apuração dos haveres e o princípio que veda o enriquecimento injustificado, estabelecida tanto na jurisprudência do Supremo Tribunal Federal quanto na do Superior Tribunal de Justiça,[508] permite induzir que a função exclusiva da diretriz de igualdade no âmbito dos haveres sociais é evitar que as desigualdades estabelecidas pelos sócios, quanto aos métodos e/ou critérios para a apuração em diferentes situações fático-jurídicas, possam contrariar o princípio que veda o enriquecimento injustificado, bem como, controlar o afastamento pelo juiz da regra legal.

---

[506] BRASIL. Supremo Tribunal Federal. RE nº 48.580/Guanabara. 1ª Turma. Relator: Min. Luiz Gallotti. Julgamento: 28 jun. 1962, fl. 2.

[507] Cf. Valladão e Adamek: "De maneira geral, as cláusulas contratuais de predeterminação dos haveres do sócio retirante têm sido sistematicamente recusadas em outros sistemas jurídicos quando o valor, por meio delas apurado, apresenta clara desproporção com o valor corrente e real das participações societárias (cf. Marcus Lutter e Peter Hommelhoff, *GmbH-Gesetz*, 14ª ed., Köln, Otto Schmidt, 1995, § 34, nota 35, pp. 394-395; Adolf Baumbach e Alfred Hueck, *GmbH-Gesetz*, 16ª ed. München, C. H. Beck, 1996, § 34, nota 19, pp. 400-401; e Werner Oldenburg, *Münchener Vertragshandbuch*, Band 1, *Gesellschaftsrecht* (obra coletiva), 6ª ed., München, C. H. Beck, 2005, II.3, p. 118)". (FRANÇA; ADAMEK, 2016, p. 59, nota 4).

[508] Ver: BRASIL. Supremo Tribunal Federal. RE nº 89.464-1/SP. 2ª Turma. Relator: Min. Cordeiro Guerra. Julgamento: 02 maio 1979. *DJ* 04 maio 1979, fl. 5 do voto; BRASIL. Superior Tribunal de Justiça. REsp nº 1.335.619/SP. 3ª Turma. Relatora: Minª. Nancy Andrighi. Julgamento: 03 mar. 2015. *DJ* 27 mar. 2015, fl. 6; BRASIL. Superior Tribunal de Justiça. REsp nº 1.444.790/SP. 4ª Turma. Relator: Min. Luis Felipe Salomão. Julgamento: 26 ago. 2014. *DJ* 25 set. 2014, p. 15 do acórdão.

A vinculação da igualdade ao princípio que veda o enriquecimento injustificado na seara dos haveres sociais tem como principal função permitir a análise das desigualdades previstas no contrato social em face da adoção de diferentes métodos e/ou critérios, uma vez que compete às diretrizes de realidade e atualidade avaliar diretamente se o conteúdo da cláusula poderá provocar eventual deslocamento patrimonial injustificado.

A aplicação do princípio que veda o enriquecimento injustificado para afastar a aplicação da cláusula de predeterminação dos haveres encontra nas diretrizes de realidade e atualidade as suas referências mais nítidas. Por isso, nos casos em que o contrato prevê apenas um conteúdo para se apurar os haveres, o controle de eventual ofensa ao princípio que veda o enriquecimento injustificado se dará pelos limites inerentes às duas diretrizes de natureza material, que, quando respeitados, implicitamente se terá atendido a diretriz de igualdade.

Contudo, as diretrizes de realidade e atualidade não possibilitam a verificação de possível contrariedade ao princípio que veda o enriquecimento injustificado, na forma como aplicado é pelo Superior Tribunal de Justiça no controle do conteúdo da cláusula de apuração de haveres, quando o contrato social prever mais de dois métodos e/ou critérios para a apuração dos haveres, ambos considerados adequados para a apuração do valor real e atual do conjunto de haveres, que poderão, porém, resultar em valores finais significativamente distantes um do outro.

A imposição de limite à autonomia privada pela diretriz de igualdade funda-se na tentativa de evitar que as diferenças constantes entre os diferentes métodos e/ou critérios eleitos pelos sócios possam contrariar o princípio que veda o enriquecimento injustificado, razão pela qual o Superior Tribunal de Justiça, a exemplo do Supremo Tribunal Federal, almeja garantir a igualdade dos sócios na participação dos haveres.

O princípio da igualdade como norma limitadora do princípio da autonomia privada no Direito societário é reconhecida por Rivolta, que a define como uma prescrição normativa geral de igual tratamento nas relações econômicas,[509] enfatizando que a igualdade ou a paridade no Direito societário não pode ser reconduzida a uma regra ou princípio geral de igualdade.[510]

A importância da função exclusiva da diretriz de igualdade aumenta quando se percebe que são inúmeras as variáveis que poderão impactar o valor final dos haveres; muitas delas se caracterizam por serem estimativas ou expectativas, como ressaltado por Aswath Damodaran:[511]

---

[509] Cf. Rivolta: "Vale, ancora, per l'incidenza del principio di uguaglianza o di parità di trattamento sulla sfera dell'autonomia privata (o negoziale o statutaria), nel senso di comprimerla o di limitarla: tanto da far apparire una generale prescrizione normativa di pari trattamento nei rapporti economici incompatibile con la riconosciuta autonomia." (RIVOLTA, 2015, p. 233).

[510] Cf. Rivolta: "Vale, infine, per l'avviso che l'uguaglianza o la parità, nell'ambito del diritto societario, non possa farsi risalire a (o trovar conforto in) una regola o in un principio generale del diritto privato: regola o principio che sono stati, in studi di alto pregio scientifico, vanamente cercati o illusoriamente individuati." (Ibid., p. 233).

[511] DAMODARAN, 2007, p. 3-4.

> A incerteza faz parte do processo de avaliação, tanto no momento em que avaliamos um negócio quanto na forma como esse valor evolui ao longo do tempo, à medida que obtemos novas informações que exercem impacto na avaliação. Essa informação pode ser específica da empresa em avaliação, ser mais genérica sobre o segmento de atuação ou, ainda, conter informações gerais de mercado (sobre taxas de juros e a economia).
>
> [...] mesmo ao final da avaliação mais cuidadosa e detalhada, haverá incerteza quanto aos números finais, impregnados que estão por premissas feitas sobre o futuro da empresa e da economia em que opera. É irreal esperar ou exigir certeza absoluta em avaliações, já que os inputs são apenas estimativas.

A ideia de certeza quanto ao valor real dos haveres está relacionada à forma como a realidade econômico-patrimonial da sociedade será apreendida e manifestada em pecúnia.[512] A igualdade não garante certeza; ela se constitui na cláusula de apuração de haveres em um limite à autonomia privada. Ambas – realidade e igualdade – são fundamentos do entendimento adotado primeiro pelo Supremo Tribunal Federal e atualmente pelo Superior Tribunal de Justiça de que a apuração deve ocorrer da forma mais ampla possível. Tal entendimento o legislador converteu em norma legal por meio dos artigos 1.031, *caput*, do Código Civil, combinado com o artigo 606 do Código de Processo Civil.

Não tem a diretriz de igualdade como função característica ou exclusiva controlar a extensão e o volume do deslocamento patrimonial que será provocado com a resolução parcial da sociedade. Tal função, como demonstrado acima, é cumprida pelas diretrizes de realidade e de atualidade, as quais extraem da dimensão dos fatos os elementos com os quais visam a apurar o valor exato dos haveres, aquele que não violará, como proclama o STJ – e proclamava o STF –, o princípio que veda o enriquecimento injustificado.

A sua atuação exclusiva centra-se na relação entre dois ou mais conteúdos convencionados pelos sócios para a apuração dos haveres em diferentes situações fático-jurídicas, ou, quando se dirige ao juiz, orienta-o para se ater à regra legal. Isso porque, conforme exigia o Supremo Tribunal Federal e exige o Superior Tribunal de Justiça, a igualdade dos sócios na participação dos haveres é a regra, de modo que as desigualdades devem ser justificadas.

Cumpre, ainda aqui, examinar a possibilidade de os sócios regrarem a relação de liquidação da quota de forma menos favorável em determinadas situações, como, por exemplo, na hipótese de exclusão do sócio. No entanto, os limites admissíveis para essa discriminação parecem também fazer contato com aqueles que são aplicados pelos tribunais para afastar a aplicação de cláusula penal, como, por exemplo, o princípio que veda o enriquecimento sem justa causa.[513]

A cláusula penal, segundo Nanni, tem dupla função: a de fixar antecipadamente a indenização (função indenizatória), e a de compelir o devedor ao

---

[512] Cf. Carnelutti: "[...]: a certeza é o reflexo interior da realidade, e a realidade, o reflexo exterior da certeza. Esta certeza, que é um aspecto da experiência, resolve-se na contraposição da realidade com o pensamento." (CARNELUTTI, 1999, p. 14).

[513] Cf. Nanni: "[...] a extensão da cláusula penal é um campo apto para atuação do princípio que veda o enriquecimento sem causa, em concurso com outros elementos valorativos, como a equidade e a moral, evitando que as partes convivam com penas convencionais manifestamente excessivas". (NANNI, 2004, p. 386).

cumprimento da obrigação (função coercitiva).⁵¹⁴ A ideia de utilizar a apuração dos haveres como meio de fixar antecipadamente um valor a título indenizatório não é compatível com as funções da cláusula de predeterminação dos haveres, cuja finalidade é estruturar toda a relação de liquidação, ou seja, a apuração dos haveres e a liquidação propriamente dita da quota.⁵¹⁵ Assim, na primeira é para o método e/ou critério a ser aplicado que atenção deve ser dada, enquanto na segunda a relevância estará na regra de equivalência.⁵¹⁶ Na primeira, o objetivo é apreender a realidade econômico-patrimonial da sociedade; enquanto na segunda é precisar o valor em pecúnia que cabe ao ex-sócio ou terceiro legitimado em contrapartida ao seu direito patrimonial – potencial direito de crédito – aos haveres sociais. Vê-se, assim, que a cláusula não tem aptidão para regular antecipadamente a reparação de algum dano que o sócio retirante venha a provocar à sociedade, decorrente da causa de sua exclusão.

Quanto à segunda função da cláusula penal apontada por Nanni – função coercitiva –, a cláusula de apuração dos haveres parece sim ser capaz de realizá-la. Contudo, deve-se ter em conta que a apuração deve atender às exigências inerentes às diretrizes de realidade e de atualidade. Com isso, pontua-se que seria inadmissível a adoção de método e/ou critério que acabasse reduzindo substancialmente o valor dos haveres diante da realidade econômico-patrimonial da sociedade, que dirá uma cláusula que afastasse o direito aos haveres em face da exclusão do sócio.⁵¹⁷ Observa-se, ainda, que não é função primária da cláusula impulsionar os sócios para o cumprimento de suas obrigações, isso é realizado com mais contundência por outros meios, como, por exemplo, pelos deveres de lealdade, boa-fé e cooperação nas sociedades.

Sublinha-se que todas as discriminações realizadas pelos sócios na seara dos haveres sociais com o objetivo de incentivar posturas, condutas ou comportamentos deverão ater-se, apenas, às variações inerentes aos métodos e/ou critérios (modo de apuração do valor total dos haveres) a serem utilizados para a apuração do valor correspondente ao conjunto dos haveres sociais, não podendo avançar sobre a regra de equivalência (fixa a extensão do direito patrimonial dos sócios), que na seara dos haveres sociais encontra fundamento no direito de propriedade e tem a função de permitir que se apure o *quantum* exato cabe ao sócio retirante dentro do valor total corresponde ao conjunto dos haveres.

Por fim, cabe examinar a autonomia dos sócios para convencionar vantagens ou regras mais favoráveis quanto à adoção do método e/ou critério

---

⁵¹⁴ NANNI, 2004, p. 381.

⁵¹⁵ Cf. Gonçalves Neto: "Liquidação de quota é termo mais abrangente que apuração de haveres: enquanto esta se limita à determinação do valor da participação, a liquidação tem por fim transformar os direitos patrimoniais abstratos de sócio em prestação pecuniária exigível". (GONÇALVES NETO, 2016, p. 310).

⁵¹⁶ A regra de equivalência está relacionada à diretriz de proporcionalidade, que será estudada no capítulo 5.

⁵¹⁷ Cf. Spinelli: "Por mais que o excluído tenha praticado uma falta grave, faz ele jus ao pagamento dos seus haveres. Não pode ser deles privado (o que, obviamente, não inviabiliza a sua responsabilização civil). Nesse sentido, não se pode estabelecer que o sócio excluído não possui direito aos haveres sociais; mesmo agindo com dolo ou culpa, não se pode convencionar, sob pena de se admitir o enriquecimento sem causa, a perda da participação do sócio excluído em favor da sociedade". (SPINELLI, 2015, p. 481).

em virtude da espécie de quota social: ordinária ou preferencial. Isso porque inexiste na disciplina da sociedade limitada qualquer restrição quanto à liberdade dos particulares regrarem o conteúdo patrimonial inerente às quotas. Pelo contrário, há o expresso reconhecimento de que os sócios podem regular a participação nos lucros e nas perdas de forma diversa da proporção entre o valor da quota e o do capital social, *ut* artigo 1.007 do Código Civil. A única limitação expressa, como deve ocorrer no Direito das sociedades,[518] é quanto à cláusula leonina, *ut* artigo 1.008 do Código Civil. Ainda, acrescenta-se que o rol do artigo 17 da Lei nº 6.404, de 1976, não é considerado taxativo,[519] tanto que o *caput* afirma que as preferências ou vantagens das ações preferenciais *podem* consistir naquelas elencadas pelo legislador.

No que tange ao debate quanto à possibilidade de se admitir quotas preferenciais no âmbito da sociedade limitada,[520] ele foi superado com a Instrução Normativa nº 38, de 2 de março de 2017, do Departamento de Registro Empresarial e Integração – DREI –,[521] que estabelece no item 1.4, II, alínea *b*, do Manual de Registro de Sociedade Limitada expressamente essa possibilidade, quando, então, se presumirá a regência supletiva da Lei da sociedade anônima. A nova Instrução do DREI, ao admitir expressamente a possibilidade de se ter quotas preferenciais na sociedade limitada, corrobora com o entendimento aqui defendido de que os sócios têm ampla, mas não ilimitada, autonomia para disciplinar a apuração dos haveres sociais tendo como fator de discriminação as espécies de quotas constantes no contrato social.

Ademais, com atenção à dimensão patrimonial que se sobressai na ação preferencial,[522] considerada como o instrumento mais adequado para incentivar a participação dos investidores nas sociedades empresárias,[523] pode-se dizer que a quota preferencial no caso da sociedade limitada também poderá ser utilizada para atrair investidores, por meio de regras mais benéficas a ela vinculadas, não apenas quanto aos lucros, mas ainda quanto à apuração e pagamento dos haveres sociais.

---

[518] Cf. Menezes Cordeiro: "O primeiro e o mais significativo dos princípios das sociedades é o da autonomia privada.[...] Na ausência de limites, a autonomia privada recupera toda a sua margem de aplicação. Por isso, perante o Direito das sociedades, requer-se uma postura de tipo liberal. O intérprete-aplicador deve ter presente que se movimenta numa área de liberdade e igualdade. Não se exige qualquer norma legitimadora, salvo se nos colocarmos, já, no campo das restrições à autonomia privada. Na falta de proibições, tudo é permitido: seja às partes, seja aos sócios, seja às sociedades". (CORDEIRO, 2004, v. 1, p. 184-185).

[519] Cf. Corrêa-Lima: "Nada impede que o estatuto possa atribuir às ações preferenciais outras vantagens, além daquelas expressamente explicitadas nos incisos I, II e III do art. 17". (CORRÊA-LIMA, Osmar Brina. *Sociedade anônima*. 3. ed. Belo Horizonte: Del Rey, 2005, p. 51).

[520] Cf. Lacerda Teixeira e Tavares Guerreiro: "O Decreto nº 3.708 não diz expressamente, mas a doutrina se inclina mais e mais no sentido de reconhecer a validade da emissão de quotas privilegiadas que garantam aos seus titulares o gozo de certos direitos políticos ou econômicos, semelhantes aos outorgados aos titulares de ações preferenciais na Lei nº 6.404". (TEIXEIRA; GUERREIRO, 1979, v. 1, p. 55).

[521] DEPARTAMENTO DE REGISTRO EMPRESARIAL E INTEGRAÇÃO. *Instrução Normativa nº 38, de 2 de março de 2017*. Disponível em: <http://www.mdic.gov.br/images/REPOSITORIO/SEMPE/DREI/INs_EM_VIGOR/IN-DREI-38-2017-retificao.pdf>. Acesso em: 04 out. 2018.

[522] Cf. Lacerda e Guerreiro: "A ação preferencial não é, necessariamente, ação destituída de voto". (TEIXEIRA; GUERREIRO, op. cit., v. 1, p. 191).

[523] Ibid., v. 1, p. 188.

Ex positis, entende-se que a situação de igualdade entre os sócios em relação ao conjunto de haveres, considerada fundamental pelos Tribunais Superiores por força do princípio que veda o enriquecimento injustificado, exige para a sua concreta apreciação, nos casos em que diferentes métodos e/ou critérios encontram-se previstos no contrato social, que as discriminações realizadas no exercício da autonomia privada quanto à apuração dos haveres sejam justificadas. Esse controle compete à diretriz de igualdade, e visa a evitar o deslocamento patrimonial injustificado, segundo entendimento construído pelo Supremo Tribunal Federal e mantido firme pelo Superior Tribunal de Justiça.

4.3. Limites à discricionariedade: análise crítica e proposição

No âmbito dos haveres sociais, a diretriz de igualdade, como postulado normativo, tem um sentido específico, não se confundindo com nenhuma outra das diretrizes, nem com os outros sentidos passíveis de serem atribuídos à igualdade no Direito.[524] A diretriz orienta-se para o controle das escolhas efetuadas pelos particulares dentre os inúmeros métodos e/ou critérios possíveis de serem elaborados ou escolhidos para regrar a apuração dos haveres em diferentes situações fático-jurídicas.

A sua função se induz do entendimento consagrado na jurisprudência dos Tribunais Superiores, desde a época em que a matéria era de competência do Supremo Tribunal Federal, de que a apuração deve ser a mais ampla possível, como se efeito de dissolução total fosse, a fim de se preservar a situação de igualdade entre os sócios na participação dos haveres, e, com isso, evitar qualquer contrariedade ao princípio que veda o enriquecimento sem causa.

No entanto, a expressão *mais ampla possível* é de complexa definição em se tratando de apuração de valor do conjunto de haveres sociais, diante das inúmeras possibilidades de variações quanto aos critérios e algumas opções de metodologia. A título de exemplo, imagine-se uma situação em que a cláusula de predeterminação dos haveres prevê que a apuração dos haveres ocorrerá por meio de múltiplos de Ebitda,[525] fixando o múltiplo de – '5' – para as hipóteses de retirada unilateral, recesso e falecimento; e o múltiplo de – '3' – para o caso de exclusão extrajudicial ou judicial.

A igualdade, com suas exigências, visa a assegurar que as variações das regras convencionadas para a apuração dos haveres não acarretem deslocamentos patrimoniais injustificados. E aí se pode perceber a conexão entre a diretriz de igualdade e a de especificidade, uma vez que é por meio da especi-

---

[524] Cf. Rivolta: "Le formule "princípio di eguaglianza", "principio di parità di trattamento", "principio di proporzionalitá", "principio di non discriminazione" vengono usate, nel diritto societario come in altre aree disciplinari, in una molteplicità di significati; e solo in taluni di essi coincidono e ricorrono come sinonimi." (RIVOLTA, 2015, p. 232). Ainda alerta: "Vero è altresì che il giurista deve 'accantonare ogni tentazione di trattazione unitaria del tema, evitando al contempo le facili suggestioni etiche che inevitabilmente si accompagnano al problema dell'uguaglianza'". (Ibid., p. 233).

[525] Earnings Before Interest, Taxes, Depreciation and Amortization – EBITDA. Ver: GONÇALVES NETO, 2016, p. 313.

ficação das hipóteses de incidência que os sócios convencionam as desigualdades na cláusula de apuração do valor dos haveres em pecúnia.

O artigo 1.031, *caput*, do Código Civil foi inspirado no artigo 2.289, *comma* 2º, do Código Civil italiano,[526] segundo o qual a apuração dos haveres na sociedade simples deverá ser realizada com base na "situazione patrimoniale della società". O sistema italiano prevê, na disciplina pertinente à sociedade limitada, no artigo 2.473, *comma* 3º, do Código Civil que o sócio, ao deixar a sociedade, terá direito a obter o reembolso "in proporzione del patrimonio sociale",[527] o qual será determinado tendo em conta o seu "valore di mercato".[528] A norma se aplica em caso de recesso,[529] de retirada imotivada,[530] de exclusão[531] e falecimento.[532]

A expressão "valore di mercato", segundo Mario Paccoia, tem o significado de "valore efetivo (*non contabile*)",[533] o que revela a relação de sentido com a expressão "preço de saída" mencionada no artigo 606 do Código de Processo Civil; e com o entendimento do Supremo Tribunal Federal e do Superior Tribunal de Justiça de que a apuração deve ocorrer como se fosse efeito da dissolução total, situação em que a liquidação da sociedade proporcionaria o valor real, atualizado e efetivo pelo conjunto de haveres.

No Brasil, o artigo 1.031, *caput*, do Código Civil, inserido na disciplina da sociedade simples, a exemplo do artigo 2.289, *comma* 2º, do Código Civil italiano, aplica-se à sociedade limitada, via de regra, por força do artigo 1.053 do mesmo diploma legal, independentemente de qual tenha sido a razão para a resolução parcial do vínculo.

---

[526] Artigo 2289, *comma* 1º, do Código Civil italiano: "Nei casi in cui il rapporto sociale si scioglie limitatamente a un socio [2284-2286], questi o i suoi eredi hanno diritto soltanto ad uma somma di danaro che rappresenti il valore della quota. *Comma* 2º: 'La liquidazione della quota è fatta in base alla situazione patrimoniale della società nel giorno in cui si verifica lo scioglimento'. Cf. Valladão e Adamek: "Até o advento do CPC/2015, à falta de critério convencional válido, incidia a regra do Código Civil – extraída literalmente da correspondente regra do Código Civil italiano – segundo a qual os haveres deveriam ser liquidados com base na 'situação patrimonial' da sociedade à data da resolução (CC it., art. 2.289), expressão essa que parcela da nossa doutrina e jurisprudência, alinhando-se à experiência estrangeira, observou não ser determinante da aplicação de um específico critério de avaliação, até porque este deveria sempre ser definido à luz das particularidades do caso concreto [...]". A crítica dos autores reside no entendimento de que o artigo 606 do Código de Processo Civil teria revogado o artigo 1031, *caput*, do Código Civil, com o que não se concorda, pois se entende que o esclareceu. (FRANÇA; ADAMEK, 2016, p. 69-70).

[527] Cf. Zanarone: o termo "rimborso", previsto no artigo 2.473, comma 3º, do Código Civil italiano "si deve ritenere che il diritto in parola abbia ad oggetto esclusivo una somma di danaro". (ZANARONE, 2010a, v.1: Della società a responsabilità limitata. Artt. 2462-2474, p. 828.)

[528] Artigo 2473, *comma* 3º, do Código Civil italiano: "I soci che recedono dalla società hanno diritto di ottenere il rimborso della propria partecipazione in proporzione del patrimonio sociale. Esso a tal fine è determinato tenendo conto del suo valore di mercato al momento della dichiarazione di recesso; [...]". (PETITTI, Stefano; VINCENTI, Enzo (a cura di). *Codice Civile e leggi complementari*. Milano: Giuffrè, 2017).

[529] Artigo 2.473, *comma* 1º, do Código Civil italiano.

[530] Artigo 2.473, *comma* 2º, do Código Civil italiano.

[531] Artigo 2.473-bis do do Código Civil italiano.

[532] Artigo 2.469, *comma* 2º, do Código Civil italiano.

[533] PACCOIA, 2015, p. 175. Cf. Acquas: "Deve essere, comunque, segnalato che tale incertezza interpretativa viene superata, in dottrina, riferendo il valore di mercato non alla singola quota sociale ma alla società nel suo complesso e, dunque, al *suo* patrimonio sociale, del quale, per l'appunto, la quota è una semplice frazione". (ACQUAS; LECIS, 2010, p. 207).

Giuseppe Zanarone examina a possibilidade de o ato constitutivo prever critérios distintos para a apuração do valor dos haveres a partir da dicotomia entre critérios menos e mais favoráveis ao ex-sócio, tendo como parâmetro a regra legal. No que se refere à primeira hipótese, Zanarone atesta que está se consolidando o entendimento de que os particulares não estão autorizados a convencionarem critérios menos favoráveis do que o previsto na lei, sobretudo com relação às hipóteses legais de recesso.[534] Quanto à segunda, defende que o artigo 2.473, *comma* 3º, do Código Civil italiano concede ampla liberdade aos particulares para preverem métodos e/ou critérios de apuração dos haveres mais benéficos do que o previsto na lei, porque, de outra forma, se chegaria ao absurdo de o tema ser tratado com maior rigidez na sociedade limitada do que é na sociedade anônima (*ut* artigo 2.437-*ter*, *comma* 4º, do Código Civil italiano).[535] Posicionamento semelhante ao de Francesco Ruscello.[536]

Brunello Acquas, assinala que a "l'autonomia statutaria costituisce uno dei pilastri della riforma del diritto societario e della società a responsabilità limitata in particolare";[537] no entanto, sustenta que os sócios apenas têm autonomia para realizarem discriminações que explicitarão ou integrarão a regra legal, a qual seria inderrogável quanto à obrigatoriedade de a apuração ater-se à situação patrimonial líquida da sociedade.[538] Cita Nieddu Arrica, para quem a apuração deve sempre ser orientada pela ideia de "fair value"; Callegari, para quem o critério – valor de mercado – é inderrogável, podendo as partes apenas aprimorá-lo,[539] e transcreve uma decisão do Tribunal de Lucca segundo a qual deformaria o modelo legal a cláusula que para a hipótese de exclusão estabelecer o reembolso pelo seu valor contábil, conforme o último balanço.[540]

Para Maria Paolucci inexistem obstáculos que impeçam os particulares de estabelecerem critérios diferentes para a apuração dos haveres na sociedade limitada, a exemplo do que autoriza o artigo 2.437-*ter* do Código Civil italiano

---

[534] ZANARONE, 2010a, v.1: Della società a responsabilità limitata. Artt. 2462-2474, p. 831.

[535] Cf. Zanarone: "Accanto a chi lo nega perché tale possibilità si tradurrebbe in un pregiudizio per il patrimonio sociale e quindi per i creditori, vi è chi – a mio avviso condivisibilmente – lo ammette, anche perchè altrimenti – com'è stato puntualmente notato – si arriverebbe all'assurdo che la disciplina della s.r.l. sarebbe connotata in questa materia da un maggior grado di rigidità rispetto a quella della s.p.a., per la quale l'art. 2473-*ter*, *comma* 4º, prevede ampia derogabilità statutaria dei criteri di valutazione stabiliti dalla legge: derogabilità che deve ritenersi consentita *in melius*, come si può argomentare *a contrario* dall'ult. comma dell'art. 2437, il quale, vietando i patti che rendano più gravoso l'esercizio del recesso, sembra implicitamente ammettere quelli che lo rendano meno gravoso". (Ibid., v. 1: *Della società a responsabilità limitata*. Artt. 2462-2474, p. 832-833).

[536] Cf. Ruscello: "Non appare possibile, invece, in considerazione dell'evidente esigenza di tutelar ela posizione del socio, derogare statutariamente a tali critério, se non in senso più favorevole al socio estromesso; "l'esclusione del socio deliberata a condizione di sfavore, rispetto alla tutela minima garantita dal rinvio all'art. 2473 c.c., rappresenterebbe una situazione inaccettabile". (RUSCELLO, 2011. v. 2: *Le Obbligazioni*. I Contratti. L'impresa, p. 172).

[537] ACQUAS; LECIS, 2010, p. 215.

[538] Cf. Acquas: "Nondimeno verrebbe da soggiungere che la stessa lettera della norma sembra aprire la porta alla possibilità che l'atto costitutivo introduca dei criteri integrativi di quelli legali, funzionali alla determinazione del valore della partecipazione da rimborsare, restando comunque sempre salva l'inderogabilità del criterio legale sancita con l'espressione *tenendo conto* del valor del patrimonio netto della società". (Ibid., p. 216).

[539] ACQUAS; LECIS, 2010, p. 216.

[540] Ibid., p. 215.

na sociedade anônima, contudo faz a ressalva de que métodos e/ou critérios que enfraqueçam a posição do ex-sócio devam ser excluídos, ao menos com relação às hipóteses previstas na lei.[541]

Para Marco Ventoruzzo, a lei põe a expressão "valore di mercato" para que a apuração obrigatoriamente o considere, ao menos como uma referência, sem excluir o direito de os particulares definirem as regras a serem cumpridas na apuração do valor tido, em virtude da resolução parcial da sociedade, como "valore di mercato".[542]

Francesco Ruscello argumenta que, em vista da necessidade de se tutelar a posição do sócio, não seria possível alterar a regra legal para a apuração dos haveres em caso de exclusão, exceto para torná-la mais favorável ao sócio.[543]

A síntese do pensamento doutrinário italiano acerca dos limites dentro dos quais os particulares poderiam estabelecer discriminações quanto à apuração dos haveres foi elaborada por Mario Paccoia, que concluiu ser praticamente unânime o entendimento de que os sócios podem convencionar as regras para determinar o "valore di mercato" dos haveres,[544] contudo a expressão legal constitui-se em um limite à autonomia privada, de modo que: (a) seria vedado convencionar método e/ou critério excessivamente penalizante; (b) a adoção de método e/ou critério que importe em valor final dos haveres inferior ao que se obteria com a aplicação da regra legal apenas seria permitida para as hipóteses de recesso consensuais; e (c) os particulares podem convencionar método e/ou critério mais favorável ao legal.[545]

---

[541] Cf. Paolucci: "Non vedo ostacoli, invece, ad ammettere che lo statuto possa prevedere diversi criteri di calcolo della quota di liquidazione, come espressamente concesso per le s.p.a. dall'art. 2437-*ter* c.c., pur dovendosi escludere l'ammissibilità di criteri di liquidazione che affievoliscano il valore da liquidare al socio recedente, quantomeno per le ipotesi di recesso legale, dal momento che, diversamente, il diritto del socio di recedere verrebe inevitabilmente pregiudicato e il suo esercizio scoraggiato". (PAOLUCCI, 2010, p. 126).

[542] Cf. Ventoruzzo: "Il legislatore impone, in altre parole, di tenere conto dell'eventuale valore di mercato, senza tuttavia escludere che esso sia contemperato (o completamente sostituito, ove inesistente) con i valori che emergono dall'applicazione di procedimenti valutativi, la cui individuazione ed applicazione, in mancanza di specifiche previsioni statutarie, è rimessa agli amministratori. Se si condivide questa impostazione, pare necessario concludere che l'atto costitutivo può determinare, in via anticipata, quali siano gli *altri* criteri di valutazione ai quali occorre fare riferimento ai fini del calcolo in esame, eventualmente indicando anche i possibili parametri di ponderazione con l'eventuale valore di mercato del patrimonio sociale. Si tratterebbe di previsioni che circoscriverebbero la discrezionalità degli amministratori senza derrogare alla norma di legge, la quale sarebbe semplicemente 'integrata' e 'specificata', ovviamente a condizione che le previsioni statutarie non escludano, di fatto, il rilievo del valore di mercato del patrimonio sociale". (VENTORUZZO, 2012, p. 240-241).

[543] Cf. Ruscello: "Non appare possibile, invece, in considerazione dell'evidente esigenza di tutelar ela posizione del socio, derogare statutariamente a tali critério, se non in senso più favorevole al socio estromesso; l'esclusione del socio deliberata a condizione di sfavore, rispetto alla tutela minima garantita dal rinvio all'art. 2473 c.c., rappresenterebbe una situazione inaccettabile". (RUSCELLO, 2011, v. 2: *Le Obbigazioni. I Contratti. L'impresa*, p. 172).

[544] Cf. Paccoia: "[...] relativa alla possibilità di specificare nell'atto constitutivo la metodologia da adottare per determinare il *valore di mercato* richiesto dalla legge. La posizione pressoché unanime è nel senso di ritenere del tutto legittima tale facoltà". (PACCOIA, 2015, p. 182).

[545] Cf. Paccoia: "Al riguardo l'opinione più diffusa è quella secondo cui si deve escludere la possibilità che l'autonomia negoziale determini criteri di valutazione maggiormente penalizzanti rispetto a quelli legali (ad esempio una valutazione che non tenga conto dell'avviamento o effettuata secondo i criteri bilancistici). Secondo i sostenitori di tali tesi, una derogabilità in pejus sarebbe infatti consentita solo per le ipotesi di recesso previste nell'atto costitutivo, mentre non vi sarebbe alcun ostacolo all'introduzione statutaria di criteri più favorevoli". (Ibid., p. 182).

Os parâmetros acima são importantes porque reiteram a autonomia dos particulares para regrarem a apuração dos haveres, com liberdade, inclusive, para o fazerem de forma diversificada, fixando variações que aumentarão ou reduzirão o valor final dos haveres. Também porque sinalizam a existência de estreita conexão entre a regra legal e a diretriz de realidade, como exposto no segundo capítulo; contudo, são insuficientes para que o intérprete possa averiguar a conservação da igualdade entre os sócios na participação dos haveres, exigência do STF e do STJ,[546] sob pena de ser violado o princípio que veda o enriquecimento injustificado, cujo prestígio na seara dos haveres é elevado na jurisprudência dos Tribunais Superiores.[547]

Ao exigir igualdade quanto ao conteúdo do método e/ou critério para a apuração dos haveres, os Tribunais Superiores também informam que as desigualdades convencionadas pelos particulares no contrato social submetem-se ao controle do princípio que veda o enriquecimento injustificado. Porém, as decisões judiciais não permitem identificar quando as variações para se apreender a realidade econômico-patrimonial da sociedade poderão, em virtude da desigualdade que provocarão no valor final do conjunto de haveres, efetivamente contrariar aquele princípio.

Entende-se que essas variações não são passíveis de serem na prática solucionadas a partir de uma definição rígida do tipo é proibido fixar método e/ou critério menos favorável ao sócio retirante do que o previsto na regra legal.[548] Porque tal ideia exigiria que a apuração fosse realizada com a aplicação dos dois métodos, a fim de se identificar, ao menos em casos de dúvida, se é ou não efetivamente menos favorável; coloca um limite *a priori* à eficácia do princípio da autonomia privada, o qual inexiste na lei, e não atende à exigência

---

[546] Ver, por exemplo, BRASIL. Supremo Tribunal Federal. RE nº 89.464-1/SP. 2ª Turma. Relator: Min. Cordeiro Guerra. Julgamento: 02 maio 1979. *DJ* 04 maio 1979; BRASIL. Superior Tribunal de Justiça. REsp nº 1.444.790/SP. 4ª Turma. Relator: Min. Luis Felipe Salomão. Julgamento: 26 ago. 2014. *DJ* 25 set. 2014; BRASIL. Superior Tribunal de Justiça. REsp nº 1.335.619/SP. 3ª Turma. Relatora: Minª. Nancy Andrighi.Julgamento: 03 mar. 2015. *DJ* 27 mar. 2015.

[547] Quanto ao prestígio do princípio que veda o enriquecimento injustificado no âmbito da apuração dos haveres, ver, por exemplo: REsp nº 105.667: "[...] evitando-se, de outro modo, o locupletamento indevido da sociedade ou sócios remanescentes". (BRASIL. Superior Tribunal de Justiça. REsp nº 105.667/SC. 4ª Turma. Relator: Min. Barros Monteiro. Julgamento: 26 set. 2000. *DJ* 06 nov. 2000, p. 4). REsp n. 271.930: "[...] razão de evitar-se o enriquecimento indevido do sócio remanescente [...]". (BRASIL. Superior Tribunal de Justiça. REsp nº 271.930/SP. 4ª Turma. Relator: Min. Sálvio de Figueiredo Teixeira. Julgamento: 19 abr. 2001. *DJ* 25 mar. 2002). REsp nº 282.300: "[...] corre-se o risco da sociedade beneficiar-se em detrimento dos herdeiros". (BRASIL. Superior Tribunal de Justiça. REsp nº 282.300/RJ. 3ª Turma. Relator: Min. Antônio de Pádua Ribeiro. Julgamento: 04 set. 2001. *DJ* 08 out. 2001, fl. 4). Ainda: BRASIL. Superior Tribunal de Justiça. REsp nº 1.444.790/SP. 4ª Turma. Relator: Min. Luis Felipe Salomão. Julgamento: 26 ago. 2014. *DJ* 25 set. 2014 BRASIL. Superior Tribunal de Justiça. REsp nº 1.537.922/DF. 3ª Turma. Relatora: Minª. Nancy Andrighi. Julgamento: 28 mar. 2017. *DJ* 30 mar. 2017. BRASIL. Supremo Tribunal Federal. RE nº 73.077/RJ. 1ª Turma. Relator: Min. Soarez Muñoz (p/ Acórdão). Julgamento: 25 out. 1978. *DJ* 27 out. 1978. Quanto à presença do princípio em todos os ordenamentos, diz Alpa: "Il tema dell'arricchimento senza causa è stato oggetto di amplissima letteratura, sia anteriore sia posteriore alla codificazione. In tutti gli ordinamenti si tende ad impedire che una parte si avvantaggi ingiustamente a scapito dell'altra, senza averne una giusta causa. In tutti gli ordinamenti vigono quindi regole dirette a reprimerlo, o principi costruiti in via giurisprudenziale, là dove non esista un istituto codificato (come accade, per esempio, in Francia)". (ALPA, 2017, p. 634).

[548] Cf. Ventoruzzo: "Di non facile soluzione è la questione della derobabilità del criterio di valutazione delle quote previsto dalla legge". (VENTORUZZO, 2012, p. 240).

de justificativa para as desigualdades na seara dos haveres pela jurisprudência do STF e do STJ.

A regra legal dentro da diretriz de igualdade é para os particulares um farol,[549] não uma linha divisória; e para o juiz um porto, do qual só pode afastar-se mediante fundamentação.

Para o STF e o STJ, o método e/ou critério previsto no contrato social deve atender às diretrizes de realidade e atualidade; do contrário, a cláusula poderá não ser aplicada por contrariar o princípio que veda o enriquecimento injustificado. Logo, apenas o conteúdo que atender a tais diretrizes é que poderá ser objeto de temperamentos, variações ou ajustes. Nesse caso, o controle sobre as discricionariedades se dá por meio da diretriz de igualdade.

A vinculação entre a igualdade e o princípio que veda o enriquecimento injustificado foi firmada pelo Supremo Tribunal Federal[550] e reiterada em todas as decisões posteriores, nas quais foi decidido que a apuração deve ocorrer na dissolução parcial como ocorreria na dissolução total, no sentido de ser a mais ampla – real e atual – possível. Nela se encontra o núcleo da base que permite induzir que as discriminações realizadas pelos sócios em se tratando de haveres sociais também poderão violar aquele princípio, porquanto a desigualdade decorrente da escolha do método e/ou critério se refletirá no valor final do conjunto de haveres. Essa diferença final entre os valores, decorrente do cálculo aplicado, exige uma causa econômico-jurídica,[551] sendo insuficiente a pura manifestação de vontade dos particulares.

Da mesma forma como os Tribunais Superiores afastam a aplicação da cláusula de predeterminação dos haveres por entender que o seu conteúdo contraria as diretrizes de realidade e de atualidade, também poderão afastá-la quando for entendido que as discricionariedades carecem de uma justificativa econômico-jurídica para provocar o deslocamento patrimonial no âmbito dos haveres sociais. Daí se induz que a mesma análise será realizada pelo Judiciário quanto aos conteúdos previstos no contrato que reduzem, um em relação ao outro método, o valor final dos haveres, com o intuito de impedir deslocamentos patrimoniais injustificados.[552]

---

[549] Cf. Ventoruzzo: "[...] anche qualora si ammettesse, in astratto, la derogabilità dei critério legali di valutazione, tenendo conto delle finalità dell'istituto e del sistema nel quale esso è previsto, i criteri valutativi alternativi a quelli di legge devono comunque consentire – quantomeno in linea di principio – la possibilità di determinare un *fair value*, un valore effettivo e realistico della partecipazione. Se si muove da questa premessa, ponendo mente alla circostanza che il criterio legale si limita a prevedere che, nell'operazione estimativa, si tenga conto del valore di mercato del patrimonio della società, pare difficile sostenere che una regola statutaria che escluda aprioristicamente e in via generale il riferimento a tale elemento di valutazione, risponda a una precisa e fondata *ratio* economica". (VENTORUZZO, 2012, p. 242).

[550] Dentre outros: BRASIL. Supremo Tribunal Federal. RE nº 89.464-1/SP. 2ª Turma. Relator: Min. Cordeiro Guerra. Julgamento: 02 maio 1979. *DJ* 04 maio 1979, fl. 5 do voto.

[551] Causa não se confunde com motivos. Cf. Alpa: "I motivi sono innumerevoli, di diversa natura, spesso quelli di una parte sono diversi da quelli dell'altra parte, e si possono definire come le ragioni ulteriori ed estranee alla causa". (ALPA, 2017, p. 425).

[552] Cf. Ruscello: "Se, nel contratto, l'accordo è l'espressione dell'autonomia delle piu ciò non sta a significare che l'ordinamento lascia la concretizzazione di questa autonomia priva di controllo: ogni atto deve essere meritevole di tutela; deve, cioè, essere sottoposto a una valutazione positiva della parte dell'ordinamento.

Com isso, os Tribunais Superiores definiram, de um lado, que a igualdade quanto à participação nos haveres é a regra, e, de outro, que as desigualdades na definição dos métodos e/ou critérios deverão ser justificadas, para que a regra de referência criada pela jurisprudência seja atendida: a apuração deve ocorrer da forma mais ampla possível.

Assim, não obstante (I) a apuração dos haveres sociais constituir-se em um instituto de Direito Privado;[553] (II) o princípio que veda o enriquecimento injustificado exercer função de defesa de direitos patrimoniais;[554] (III) a sociedade limitada caracterizar-se pelo amplo espaço disponível para o exercício da autonomia privada;[555] e (IV) a lei expressamente prever o amplo direito de os particulares estabelecerem o método e/ou critério para a apuração, o Supremo Tribunal Federal e o Superior Tribunal de Justiça, como demonstrado, entendem que a cláusula de apuração deverá preservar a igualdade dos sócios na participação dos haveres, sob pena de afrontar o princípio que veda o enriquecimento injustificado.

A busca pela igualdade como meio de se evitar ofensa ao princípio que veda o enriquecimento injustificado exige que as discricionariedades possam ser controladas; do contrário, não seria possível analisar quando efetivamente as desigualdades estabelecidas pelos particulares no contrato social – ou a decisão judicial que deixar de aplicar a regra legal – violam o referido princípio no caso concreto. E tal controle apenas é exequível se as discricionariedades apresentarem uma finalidade econômico-jurídica tutelada pelo Direito de Empresa.

Sustenta-se que o controle sobre as discricionariedades no âmbito da cláusula de predeterminação dos haveres se dê mediante a análise de correspondência econômico-jurídica entre o fundamento – princípio da autonomia privada –, a finalidade – princípio da preservação da empresa –, o fator de discriminação – não contrário à lei –, e os conteúdos desiguais convencionados pelos sócios – princípio que veda o enriquecimento injustificado.

Considerando que a cláusula de predeterminação dos haveres exista, e que tem o seu fundamento jurídico no exercício válido do princípio da autonomia privada, é correto dizer que o sistema jurídico autoriza os particulares

---

In quest'ordine di idee, si è parlato di limiti alle libertà contrattuali". (RUSCELLO, 2011, v. 2: *Le Obbigazioni*. I Contratti. L'impresa, p. 128).

[553] Cf. Galgano: "[...] *a signoria della volontà* occupa ancora una posizione centrale entro il sistema del diritto privato". (GALGANO, 2017, p. 175). Cf. Ruscello: " Sebbene le parti siano libere di determinare il contenuto contrattuale, anche questa libertà è garantita "nei limiti imposti dalla legge" (art. 1322)". (RUSCELLO, op. cit., v. 2: *Le Obbigazioni*. I Contratti. L'impresa, p. 133).

[554] Cf. Alpa: "L'azione di arricchimento costituisce uno strumento a difesa dei diritti patrimonial, così come la rivendicazione è uno strumento di difesa del diritto di proprietà". (ALPA, 2017, p. 635).

[555] Cf. Fregonara, o legislador italiano ainda movimentou-se para ampliar o espaço concedido aos particulares, como evidenciado está nas regras pertinentes ao instituto do recesso, aproximando-o do contexto normativo da sociedade anônima: "Il legislatore era stato delegato ad "ampliare l'autonomia statutaria con riferimento alla disciplina del recesso, salvaguardando in ogni caso il principio di tutela dell'integrità del capitale sociale e gli interessi dei creditori sociali": resulta evidente la precisa corrispondenza con l'analoga prescrizione in tema di società per azioni". (FREGONARA, Elena. *Recesso e procedimento per la liquidazione delle azioni e delle quote*. Milano: Giuffrè, 2008, p. 59).

a fixarem desigualdades quanto aos métodos e/ou critérios para a apuração de haveres com a finalidade de promover interesse da sociedade tutelado pelo Direito.

No âmbito do Direito de empresa, a principal finalidade que o sistema jurídico brasileiro tem é a criação, o desenvolvimento e a conservação da atividade empresarial, representada no princípio da preservação da empresa, o qual orientou a criação e consolidação do instituto da dissolução parcial da sociedade por via jurisprudencial. No importante julgamento do Recurso Extraordinário nº 89.464 pelo Supremo Tribunal Federal – ao qual a Min. Nancy Andrighi se referiu como pilar central da apuração de haveres –,[556] o Min. Décio Miranda consigna que a razão maior pela qual acompanhava o voto majoritário era o interesse social na preservação da atividade empresarial: "Admito, porém, que pela razão maior do interesse social na sobrevivência do empreendimento, se deva preservar a sociedade".[557]

O princípio da preservação da empresa atualmente ocupa o centro do Direito Comercial brasileiro.[558] O seu prestígio junto ao legislador foi enaltecido pelo Min. Humberto Gomes de Barros ao apreciar o REsp nº 453.423:[559]

> Há forte tendência do legislador em preservar a empresa, como se vê da nova Lei de Falência. Essa tendência origina-se na já famosa "finalidade social", tão presente no novo Código Civil. Nenhum destes inovadores diplomar legais aplica-se ao caso concreto, mas eles demonstram com clareza meridiana a tendência de nossa legislação, que consolida a vontade do legislador.

O sistema jurídico em caráter geral, e a lei em específico,[560] visam a conservação da empresa, evitando-se, ao máximo, a sua extinção.[561] Isso desde os

---

[556] BRASIL. Superior Tribunal de Justiça. REsp nº 1.335.619/SP. 3ª Turma. Relatora: Minª. Nancy Andrighi. Julgamento: 03 mar. 2015. DJ 27 mar. 2015, fl. 6.

[557] BRASIL. Supremo Tribunal Federal. RE nº 89.464-1/SP. 2ª Turma. Relator: Min. Cordeiro Guerra. Julgamento: 02 maio 1979. DJ 04 maio 1979, fl. 5 do voto.

[558] No Direito em geral: BRASIL. Superior Tribunal de Justiça. REsp nº 594.927. 2ª Turma. Relator: Min. Franciulli Netto. DJ 30 jun. 2004. BRASIL. Superior Tribunal de Justiça. REsp nº 782.901. 3ª Turma. Relatora: Minª. Nancy Andrighi. DJe 20 jun. 2008. No Direito Societário: BRASIL. Superior Tribunal de Justiça. REsp nº 111.294. 4ª Turma. Relator: Min. Barros Monteiro. Relator para o acórdão Min. Cesar Asfor Rocha. DJ 28 maio 2001. BRASIL. Superior Tribunal de Justiça. EREsp nº 111.294. 4ª Turma. Relator: Min. Barros Monteiro. DJ 22 abr. 2002. No Direito Falimentar, por exemplo: BRASIL. Superior Tribunal de Justiça. REsp 844.279. 2ª S. Relator: Min. Luis Fux. DJ 19 fev. 2009. BRASIL. Superior Tribunal de Justiça. AgRg no REsp nº 1089092. 3ª Turma. Relator: Min. Massami Uyeda. DJe 29 abr. 2009. BRASIL. Superior Tribunal de Justiça. REsp nº 741.053. 4ª Turma. Relator: Min. Luis Felipe Salomão. DJe 9 nov. 2009. Sobre o tema, ver: BARUFALDI, Wilson Alexandre. *Recuperação judicial*: estrutura e aplicação de seus princípios. Porto Alegre: Livraria do Advogado, 2017, p. 67-71.

[559] BRASIL. Superior Tribunal de Justiça. REsp nº 453.423/AL. 3ª Turma. Relator: Antônio de Pádua Ribeiro. Julgamento: 01 set. 2005. DJ 12 dez. 2005, fl. 4.

[560] Cf. Vivante: "Difendere l'azienda sociale che lavora al conseguimento del suo scopo per tutta la durata voluta dai soci, difenderla contro ogni causa interna ed esterna di dissolvimento, questo è lo scopo della legge". (VIVANTE, 1935, v. 2, p. 441).

[561] Cf. Hernani Estrella: "À vida da empresa, ligam-se quantos com ela entram em relações econômicas de suprimentos de bens e serviços, já na posição de dependentes, como empregados de todas as categorias, ou de clientes que lhe adquiram a produção. Tudo isso, a par da soma de esforços e trabalhos que a constituição dela pressupõe, justificam as cautelas da lei, não *facilitando*, antes pelo contrário, *dificultando* os casos de sua extinção". (ESTRELLA, 1948, p. 80). Cf. Ruiz, "[...] la tendencia estudiada vendría a introducir un principio general 'informardor' de Ordenamiento societario (y no solo del régimen de las sociedades de estructura

romanos,[562] até hoje.[563] De outro lado, o sistema jurídico intenciona a longevidade dos vínculos societários,[564] sobretudo nas sociedades em que o elemento *affectio societatis* é relevante.[565] Essa constatação não depende de nenhuma aderência rígida à teoria contratualista;[566] tampouco a uma teoria institucionalista,[567] pois em ambas a continuidade dos vínculos sociais e a continuidade da empresa encontram-se relacionados à realização do objeto social.[568]

Daí se induz que a autonomia privada, quando exercida no estabelecimento de desigualdades no conteúdo da cláusula de apuração de haveres, deverá ter como finalidade econômico-jurídica a promoção da eficácia do princípio da preservação da empresa em seu sentido amplo, quando se conecta com a "conservación de los actos o negocios jurídicos"[569] e abrange a atividade empresarial em qualquer fase de seu exercício pela sociedade.

---

corporativa) que cabría formular del seguiente modo: si la causa que motiva un grave conflicto interno o la circunstancia que afecta al normal desarrollo de la actividad social puede atribuirse a socios determinados, debe entenderse preferible sustituir la disolución de la sociedad por otras medidas menos drásticas, cuyos efectos se limiten a provocar la salida del concreto socio a quien afecten". (SÁNCHES RUIZ, Mercedes. Facultad de exclusión de socios en la teoría general de sociedades. Cizur Menor (Navarra): Thomson Civita, 2006, p. 37). Cf. Zanini: "[...] diante da presença de uma causa suficiente para decretar a dissolução total da sociedade, abranda seus efeitos, compatibilizando o direito do sócio se retirar da sociedade com o princípio da preservação da empresa". (ZANINI, Carlos Klein. *A dissolução judicial da sociedade anônima*. Rio de Janeiro: Forense, 2005, p. 281).

[562] ESTRELLA, 1973, p. 503-505.

[563] Cf. Lamy Filho, "o dever social da empresa traduz-se na obrigação que lhe assiste, de pôr-se em consonância com os interesses da sociedade a que serve, e da qual se serve. As decisões que adota – como vimos – têm repercussão que ultrapassa de muito seu objeto estatutário, e se projetam na vida da sociedade a que serve, e da qual se serve. Participa, assim, o poder empresarial do interesse público, que a todos cabe respeitar". (LAMY FILHO, Alfredo. A função social da empresa e o imperativo de sua reumanização. *Revista de Direito Administrativo*, Rio de Janeiro, v. 190, out./dez. 1992, p. 58).

[564] Cf. Lacerda Teixeira e Tavares Guerreiro: "Conquanto seja o direito de retirada um instituto de aplicação excepcional, já que representa uma ruptura nos vínculos sociais [...]". (TEIXEIRA; GUERREIRO, 1979, v. 1, p. 59-60).

[565] Cf. Fregonara: " [...] il fine perseguito da un soggetto che entra in società deve essere quello di proseguire nel rapporto societario e non quello di andarsene alla prima occasione. L'affectio societatis è indubbiamente messa a dura prova dinnanzi alla facilità di sciogliere il rapporto sociale in qualunque momento." (FREGONARA, 2008, p. 109).

[566] Cf. Zanini: "Para a teoria contratualista, o interesse social é traduzido como o interesse comum dos sócios. [...] O fim maior que norteia a disciplina do interesse nesse sistema é a satisfação do interesse dos sócios através da distribuição de dividendos (interesse social final)". (ZANINI, 2005, p. 101).

[567] Cf. Calixto: "O interesse da empresa não pode ser mais identificado, como no contratualismo, ao interesse dos sócios nem tampouco, como na fase institucionalista mais extremada, à autopreservação". (SALOMÃO FILHO, 2006, p. 42).

[568] Cf. Zanini, "[...] exercer a administração ou o voto no interesse da companhia significa, há de se convir, exercê-lo em consonância com os objetivos da empresa, ou seja, de acordo com os seus fins. Ainda que se discuta qual o significado desse interesse da companhia face às teorias institucionalistas e contratualistas – se correspondem ao interesse coletivo dos sócios (contratualistas) ou a um interesse transcendente (institucionalistas) –, fato é que a palavra 'interesse' vem empregada como equivalente à noção de fim". (ZANINI, op. cit., p. 101).

[569] SÁNCHES RUIZ, 2006, p. 54. Cf. Ruscello: "Anche se il negozio è invalido, vi è un tendenziale favore dell'ordinamento a fare in modo che esso, finché è possibile, possa produrre i suoi effetti. Questa tendenza va sotto il nome di principio di conservazione, un principio che, espressamente, è indicato nell'art. 1367 con riferimento all'interpretazione del contratto, ma che ha sicuramente una portata generale nei limiti entro i quali si giustifica tanto nella presunzione della società delle dichiarazioni quanto nel rispetto del principio dell'affidamento". (RUSCELLO, 2011, v. 2: Le Obbigazioni. I Contratti. L'impresa, p. 157).

A importância da finalidade com que os haveres são apurados, a fim de que se evitem deslocamentos patrimoniais injustificados, pode ser constatada pelo acórdão proferido pelo Superior Tribunal de Justiça ao julgar o Recurso Especial nº 5.780. Na ocasião, por maioria – 3 a 2 –, a 3ª Turma decidiu que a apuração de haveres realizada para fins de partilha nos autos de inventário apenas vincula a meeira e os sucessores, não podendo ser utilizada, como pretendido pelos sócios remanescentes, em substituição à apuração que visa a apurar o valor do conjunto de haveres em pecúnia, porquanto aquela visa apenas à partilha das quotas, sem reflexo direto no patrimônio.[570]

O julgado permite induzir que, assim como a apuração para vincular as partes precisa ser realizada com a finalidade de se apurar o valor – real e atual – do conjunto de haveres, as discricionariedades fixadas na cláusula de predeterminação terão de ter a finalidade de promover o princípio que veda o enriquecimento injustificado, porque em ambas as situações se terá reflexo sobre o patrimônio, cujo deslocamento injustificado é vedado na jurisprudência dos Tribunais Superiores.

Os fatores de discriminação para se estabelecer métodos e/ou conteúdos distintos – dentro das suas inúmeras variações – na apuração dos haveres podem estar relacionados às hipóteses de incidência – *v.g.*, exclusão, retirada unilateral e falecimento –, no tipo de quota social – *v.g.*, ordinária ou preferencial, admitindo-se essa possibilidade pela aplicação do art. 1.053, parágrafo único, do Código Civil – ou mesmo na pessoa do sócio – *v.g.*, sócio fundador ou sócio minoritário,[571] sem prejuízo de outro fator que venha a ser eleito pelos particulares. O fator de discriminação é que permite verificar se as pessoas, situações ou posições são iguais ou desiguais.

A forma como os particulares irão promover a preservação da empresa no caso concreto, fazendo uso do instituto da apuração dos haveres, situa-se no espaço da autonomia privada; a única exigência é de que o fator de discriminação não seja contrário à norma.[572]

Assim, pode-se imaginar que os particulares estabeleçam variações para a hipótese (a) de exclusão, (b) de retirada imotivada e (c) de falecimento, vinculando a cada uma delas uma variável que impactará diretamente o valor do conjunto de haveres, com o intuito de estimular os sócios a permanecerem na sociedade, comportando-se de forma harmoniosa com os interesses sociais e de acordo com as normas do contrato social.

Também se pode imaginar que o contrato social de uma sociedade, cuja principal atividade seja a exploração de imóveis, possa prever que na apuração dos haveres deverá ser descontado do valor final o ganho de capital suportado

---

[570] BRASIL. Superior Tribunal de Justiça. REsp nº 5.780/SP. 3ª Turma. Relator: Min. Eduardo Ribeiro (p/ Acórdão). Julgamento: 05 mar. 1991. *DJ* 15 abr. 1991.

[571] Cf. Mario Paccoia: " Ciò conferma il carattere tendenzialmente chiuso della Srl ove il divieto di ricorso direto al mercato del capitale di rischio si giustifica con la grande rilevanza attribuita in tale tipologia alla persona del socio". (PACCOIA, 2015, p. 59).

[572] Cf. Galgano: "Alla esistenza di limiti all'autonomia contrattuale fa riferimento la stessa norma generale dell'art. 1322: *"le parti possono liberamente determinare il contenuto del contratto nei limiti imposti dalla legge"*. (GALGANO, 2017, p. 183).

pela sociedade quando tiver realizado a alienação de bens imóveis com o claro escopo de obter recursos para o pagamento do valor dos haveres em favor do sócio retirante, na proporção de suas quotas sociais.

Ou, ainda, poderiam estabelecer que a apuração dos haveres se dará de forma mais vantajosa para os sócios titulares de quotas preferenciais com relação àqueles titulares de quotas ordinárias – admitindo-se a possibilidade em face do estabelecido no artigo 1.053, parágrafo único, do Código Civil –, com o intuito de estimulá-los a manter o seu capital investido na sociedade.

Cumpre, contudo, pontuar que o instituto dos haveres sociais não se constitui em mecanismo de reparação de suposto dano, cujo ressarcimento se dá por meio do instituto da responsabilidade civil, não obstante a sociedade estar autorizada a formular pedido de indenização compensável com os haveres a apurar, *ut* artigo 602 do Código de Processo Civil.[573] Como ponto de referência dentro do sistema para avaliar a extensão da diferença encontrada nos valores finais em virtude de variações previstas no contrato social quanto ao método e/ou critério a ser aplicado, talvez se possam, como anteriormente estudado, ter as normas referentes à cláusula penal, embora o conteúdo da cláusula não deva ter caráter penalizante,[574] mas pedagógico.

Cabe examinar se a diretriz de igualdade atua de forma diversa sobre a cláusula de apuração de haveres em face do momento em que a ela o particular se vincular: no ato constitutivo ou durante a execução do contrato. Gian Carlo Rivolta fez essa distinção entre os momentos para o exame da igualdade no âmbito do Direito societário.[575] Quanto ao primeiro, questiona se há efetivamente um princípio de igualdade que restringe a autonomia privada, e afirma que não.[576] No que se refere ao segundo, pergunta se existe um princípio de paridade de tratamento ou de não discriminação que imponha à sociedade, por meio de seus órgãos, o dever de não preferir a um ou outro de seus participantes, de não atribuir vantagem a uns à custa de danos a outros, e conclui pela sua existência:[577]

> A conclusione diversa si deve giungere invece a proposito del principio di parità di trattamento o di proporzionalità o di non discriminazione, inteso come divieto per la società constituita, e quindi per i suoi organi, di preferire gli uni agli altri partecipanti, di avvantaggiare gli uni a danno degli altri, in assenza di previsioni legali o statutarie autorizzative.

---

[573] Artigo 602, do Código de Processo Civil: "A sociedade poderá formular pedido de indenização compensável com o valor dos haveres a apurar".

[574] PACCOIA, 2015, p. 182.

[575] RIVOLTA, 2015, p. 233-234.

[576] Cf. Rivolta: "Mito è dunque il principio di uguaglianza dei soci come prescrizione di un assetto paritetico delle partecipazioni, o di proporzionalità tra i sacrifici e i vantaggi, nel momento costitutivo. Limiti all'autonomia statutaria (ulteriori al divieto del patto leonino) nell'introdurre col negozio costitutivo diseguaglianze partecipative non discendono da un siffatto principio, ma possono essere imposti soltanto da specifiche norme imperative". (Ibid., p. 235).

[577] Ibid., p. 235. Cf. Rivolta: "In effetti, indici dell'esistenza di un siffatto principio emergono da tante norme, aventi come metro paritario ora l'entità delle quote, ora il numero delle azioni, ora il numero dei soci considerati *pro capite*". (Ibid., p. 235).

O momento em que o particular se vincula à cláusula de predeterminação dos haveres, se no ato de criação, ou posteriormente, não altera a eficácia do princípio *pacta sunt servanda*, isso se induz da inexistência de decisões judiciais proferidas pelos Tribunais Superiores que tenham considerado esse fator de discriminação para aplicar a diretriz de igualdade na seara dos haveres sociais. Acrescenta-se que Pontes de Miranda se refere à igualdade como elemento essencial no contrato de sociedade, e na própria sociedade, que é efeito:[578]

> O interesse em ser comum o fim faz ser comum o interesse. O conteúdo do interesse de cada sócio há de ser qualitativamente idêntico, o que faz elemento essencial, no contrato de sociedade e, pois, na sociedade mesma, que é efeito, a igualitariedade qualitativa.

Na hipótese de alteração da cláusula de predeterminação dos haveres durante a existência da sociedade, o sócio tem o direito de se retirar da sociedade se dela divergir, devendo o valor de seus haveres ser apurado nos termos da cláusula que fora substituída.

No que tange ao ônus de argumentação necessário para a decisão judicial afastar a cláusula de predeterminação dos haveres porque a sua aplicação seria contrária à igualdade dos sócios na participação do conjunto de haveres, entende-se que deve ser atendido com fundamentos sólidos e nítidos, o que se terá com a indicação do ponto em que a finalidade da discriminação e/ou o seu fundamento contrariam o Direito. Ou, então, demonstrar a ausência de correspondência lógica entre os métodos e/ou critérios convencionados e aqueles dois fatores, de modo a evidenciar a efetiva afronta ao princípio que veda o enriquecimento injustificado.[579]

Isso porque:

a) O princípio da preservação da empresa constitui-se em norma finalística do Direito societário empresarial, em constante, direta e ininterrupta conexão normativa com o princípio da autonomia privada, o qual amplo espaço desfruta na sociedade limitada.[580] De modo que reduzir a autonomia daqueles que efetivamente exercem a empresa e suportam todos os riscos econômico-financeiros daí derivados, interferindo no conteúdo da cláusula de predeterminação dos haveres, é medida excepcional. São os particulares os interessados imediatos na preservação da empresa;

b) A cláusula de predeterminação dos haveres, por ser condicionada a evento futuro incerto – resolução parcial do vínculo –, presume-se tenha sido formulada pelos sócios em um momento no qual é difícil prever a situação em que será aplicada, o que amplia as condições favoráveis à igualdade na participação dos haveres;

---

[578] PONTES DE MIRANDA, 1965, v. 49, § 5.169, p. 19.

[579] Cf. Alpa: "Ma si tratta di regole o principi espressi sempre con grande cautela, dal momento che sussiste il pericolo che, attraverso di esse, il giudice si introduce nelle pattuizioni private e le manipoli secondo la propria logica". (ALPA, 2017, p. 634). Mais adiante: "L'azione di arricchimento non può tuttavia essere esperita ogni qualvolta si registri un vantaggio ottenuto senza corrispettivo". (Ibid., p. 635).

[580] Cf. Rivolta: "L'autonomia privata ha sempre goduto di ampi spazi anche nel modellare le partecipazioni nella società a responsabilità limitata. Spazi che la riforma – [...] – ha inteso ulteriormente allargare". (RIVOLTA, 2015, p. 153-154).

c) A resolução parcial do vínculo, além de usualmente ser traumática para a sociedade e seus sócios,[581] tem efeito econômico-financeiro sobre a estrutura de capital da sociedade, cuja alteração poderá prejudicar significativamente a execução da atividade empresarial. Tal aspecto tende a fazer com que a cláusula de apuração e pagamento dos haveres seja convencionada primeiro com o escopo de se apurar o valor real e atual dos haveres, com o que se terá a igualdade em sua participação, e depois de viabilizar o seu pagamento de maneira que a empresa seja preservada.

Desse modo, entende-se que as desigualdades estabelecidas pelos particulares na cláusula de predeterminação dos haveres sociais devem ter apoio no princípio da autonomia privada quanto ao seu fundamento, no princípio da preservação da empresa quanto à sua finalidade e no princípio que veda o enriquecimento injustificado ou sem causa quanto ao conteúdo. As discriminações que atenderem à eficácia integrada e harmônica dos três princípios referidos atenderão às exigências da diretriz de igualdade na cláusula de apuração de haveres sociais. De qualquer forma, salienta-se que é ônus de quem pretende afastar a cláusula comprovar porque a discriminação provocaria deslocamento patrimonial injustificado.

---

[581] Cf. Min. Aldir Passarinho Junior ao julgar o REsp n° 302.366: "E, por último, nem se pode afirmar, aqui, que o critério estatutário é inteiramente absurdo, lesivo, a justificar, excepcionalmente, uma interferência do Judiciário para coibir abuso manifesto. É que a dissolução parcial, é bastante elementar, causa trauma interno da empresa, a sua descapitalização, de modo que o pagamento parcelado atenua o impacto [...]". BRASIL. Superior Tribunal de Justiça. REsp n° 302.366/SP. 4ª Turma. Relator: Min. Aldir Passarinho Júnior. Julgamento: 05 jun. 2007. *DJ* 06 ago. 2007, fl. 12.

5. Diretriz de proporcionalidade

A diretriz de proporcionalidade só no primeiro momento parece de fácil percepção e compreensão. Ela se refere ao modo como o valor total do conjunto de haveres será fracionado, ou seja, à elaboração e interpretação da regra de equivalência, a qual, se entende, não deverá obrigatoriamente estar vinculada ao fator de proporcionalidade *valor da quota – valor do capital social*, pelo montante efetivamente integralizado. Assim, os particulares têm autonomia para estabelecer forma diversa de fracionar o valor total do conjunto de haveres, a exemplo do que ocorre com a participação nos lucros e nas perdas, *ut* artigo 1.007 do Código Civil, com o limite estabelecido no artigo 1.008 do Código Civil. No entanto, caso optem pela regra legal – e tradicional –, prevista no artigo 1.031, *caput*, do Código Civil (*valor da quota – valor do capital social*), atenção deve-se dar às diferentes situações relacionadas ao *montante efetivamente realizado*, como, por exemplo, no caso de haver capital a integralizar, na hipótese de a resolução ocorrer com um sócio remisso ou de existirem quotas em tesouraria.

5.1. A regra de equivalência na apuração dos haveres

A diretriz de proporcionalidade está relacionada à forma como se precisará a quantia equivalente à fração pertencente ao sócio retirante. Assim, sua atuação inicia-se com o término da etapa em que se aplicam os métodos e/ou critérios para se apurar o valor real e atual do conjunto de haveres sociais. Tem como função orientar a elaboração e a interpretação da regra de equivalência, que, quando aplicada, indicará o *quantum* que cabe ao ex-sócio ou a terceiro legitimado, como se depreende da decisão proferida pelo Superior Tribunal de Justiça no julgamento do Recurso Especial nº 958.116, relatado pelo Min. João Otávio de Noronha:[582]

> [...] operada a resolução da sociedade em relação a um sócio, ele deve exercer seu direito patrimonial inerente à condição de sócio, pleiteando o recebimento de sua parte do patrimônio da sociedade, pois, ao ter contribuído para o capital social e adquirido a qualidade de sócio, passou a ser titular de um direito potencial de crédito. Assim, ha-

---

[582] BRASIL. Superior Tribunal de Justiça. REsp nº 958.116/PR. 4ª Turma. Relator: Min. João Otávio de Noronha. Julgamento: 22 maio 2012. *DJ* 06 mar. 2013, fl. 9, material 107.

vendo a dissolução de seu vínculo com a sociedade, faz jus à liquidação da sua cota, que representa uma parte do patrimônio da sociedade.

O conteúdo da cláusula de predeterminação dos haveres, que regulamenta o processo de conversão da obrigação aleatória em líquida e certa, é composto de duas partes: o método e/ou critérios e a regra de equivalência. A aplicação de uma não está condicionada à aplicação da outra, até porque atuam em momentos bem distintos e cumprem diferentes funções. Enquanto a primeira visa à apuração do valor em pecúnia do conjunto de haveres, a segunda tem como objetivo fixar o percentual correspondente à fração de cada sócio naquele conjunto.

A expressão "salvo disposição contratual em contrário", constante no artigo 1.031, *caput*, do Código Civil, refere-se tanto à autonomia dos particulares de convencionarem o método e/ou critérios para a apuração dos haveres, quanto à regra de equivalência. Observa-se que o artigo 606 do Código de Processo Civil versa apenas sobre o método e o critério para a apuração dos haveres,[583] enquanto o artigo 1.031, *caput*, do Código Civil trata disso e fixa a regra de equivalência,[584] a exemplo do artigo 2.473, *comma* 3º, do Código Civil italiano.[585]

Previamente ao exame da jurisprudência do Supremo Tribunal Federal e do Superior Tribunal de Justiça, cabe realçar que a regra de equivalência tem caráter matemático e não exerce influência na apuração do valor total dos haveres. Ao final, ela sempre deverá indicar um percentual – fração em que o denominador é 100 –, que, aplicado sobre o valor apurado para o conjunto de haveres, indicará em pecúnia a quantia líquida e certa correspondente à fração que a sociedade deverá pagar ao ex-sócio ou a terceiro legitimado. A regra de equivalência tradicional, como se observa nas decisões dos Tribunais Superiores, e legal, *ut* artigo 1.031, *caput*, do Código Civil, é a que utiliza o fator de proporcionalidade *valor da quota – valor do capital social (quota-capital)* pelo montante efetivamente realizado.

A jurisprudência dos Tribunais Superiores se caracteriza pela uniformidade na aplicação desse fator de proporcionalidade. Cumpre exemplificar.

O Supremo Tribunal Federal, ao julgar, em 1973, o Recurso Extraordinário nº 74.886, relatado pelo Min. Bilac Pinto, determina que o valor dos haveres sociais do espólio seja fixado de acordo com "a proporção da quota do autor da herança [...]".[586]

No julgamento do Agravo Regimental no AI nº 78.478-1, o STF evidenciou a relação que há entre as diretrizes de realidade e de proporcionalidade quan-

---

[583] Artigo 606 do Código de Processo Civil: "Em caso de omissão do contrato social, o juiz definirá, como critério de apuração de haveres, o valor patrimonial apurado em balanço de determinação, tomando-se por referência a data da resolução e avaliando-se bens e direitos do ativo, tangíveis e intangíveis, a preço de saída, além do passivo também a ser apurado de igual forma".

[584] Art. 1.031: "[...] o valor da sua quota, considerada pelo montante efetivamente realizado [...]".

[585] Artigo 2473, *comma* 3º, do Código Civil italiano: "[...] partecipazione in proporzione del patrimonio sociale". (PETITTI; VINCENTI, 2017).

[586] BRASIL. Supremo Tribunal Federal. RE nº 74.886/SP. 2ª Turma. Relator: Min. Bilac Pinto. Julgamento: 27 mar. 1973. *DJ* 06 jun. 1973, fl. 2, do acórdão.

do o Min. Décio Miranda salientou que a apuração dos haveres deve refletir a realidade patrimonial da sociedade, e o percentual que precisará a fração do valor dos haveres que caberá ao ex-sócio ou a terceiro legitimado tem de ser equivalente ao capital efetivo. *In verbis*:[587]

> A apuração de haveres do sócio falecido há de ser, necessariamente, uma instância de fidelidade ao valor real da quota, não isoladamente considerada, mas como resultado da comparação de seu percentual abstrato com o todo que exprime o valor do capital efetivo.

A atuação da diretriz de proporcionalidade nos julgados do Superior Tribunal de Justiça constata-se no voto do Min. Ruy Rosado de Aguiar quando relatou o Recurso Especial nº 138.428, e reiterou o direito dos herdeiros do sócio falecido à fixação do valor de sua fração dentro do conjunto de haveres sociais na proporção de suas quotas: "[...] têm eles direito de virem a juízo pleitear a definição dos exatos valores e o pagamento da importância que corresponde à quota do sócio pré-morto".[588]

Das decisões proferidas até o momento pelo Superior Tribunal de Justiça não foi localizada nenhuma que tenha como objeto a análise da aplicação de cláusula de predeterminação do valor dos haveres em que os sócios tenham convencionado um fator de proporcionalidade distinto do legal (*quota-capital*) ou, então, onde a cláusula estabeleça um percentual fixo para cada sócio no que tange aos haveres, diferente daquele inerente às quotas sociais, como expressamente autoriza o artigo 1.007 do Código Civil.

Os precedentes jurisprudenciais dos Tribunais Superiores sempre determinaram a aplicação da regra de equivalência prevista na lei. A título de exemplo, cita-se do Superior Tribunal de Justiça o acórdão proferido no julgamento do Recurso Especial nº 43.395 – "[...] na medida da respectiva participação social" –, do Recurso Especial nº 114.708 – "[...] a dissolução parcial da sociedade, determinando, ainda, o pagamento dos haveres da autora, na proporção de sua participação societária"[589] – e do Recurso Especial nº 968.317: "[...] o direito de receberem seus haveres na proporção de suas cotas sociais, conforme balanço a ser apurado para tal fim".[590]

A uniformidade das decisões proferidas pelo Supremo Tribunal Federal e pelo Superior Tribunal de Justiça quanto ao fracionamento do valor dos haveres obedecer ao fator de proporcionalidade quota-capital social permite constatar a tradição inerente à sua aplicação na seara dos haveres sociais. E perceber que os debates judiciais se centram em questões relacionadas aos métodos ou critérios a serem aplicados para se apurar o valor dos haveres, atentando os julgadores para eventual ofensa ao princípio que veda o enriquecimento injus-

---

[587] BRASIL. Supremo Tribunal Federal. Ag nº 78.478-1 (AgRg)/DF. 2ª Turma. Relator: Min. Décio Miranda. Julgamento: 18 jun. 1980. *DJ* 20 jun. 1980, fl. 3 do acórdão.

[588] BRASIL. Superior Tribunal de Justiça. REsp nº 138.428/RJ. 4ª Turma. Relator: Min. Ruy Rosado de Aguiar. Julgamento: 18 dez. 1997. *DJ* 30 mar. 1998, fl. 2 do voto.

[589] BRASIL. Superior Tribunal de Justiça. REsp nº 114.708/MG. 3ª Turma. Relator: Min. Waldemar Zveiter. Julgamento: 19 fev. 2001. *DJ* 16 abr. 2001, fl. 3.

[590] BRASIL. Superior Tribunal de Justiça. REsp nº 968.317/RS. 4ª Turma. Relator: Min. João Otávio de Noronha. Julgamento: 14 abr. 2009. *DJ* 11 maio 2009, fl. 3.

tificado. As decisões proferidas pelo STF e pelo STJ, com acerto, não vinculam a regra de equivalência diretamente a esse princípio, ao contrário do que ocorre com a análise dos métodos e critérios, que comumente são submetidos às exigências inerentes às diretrizes de realidade, atualidade e igualdade, com o escopo de evitar o deslocamento patrimonial injustificado.

Por outro lado, a inexistência de decisões que versam diretamente sobre a aplicação de uma regra de equivalência que estabeleça outra forma de fracionamento do valor dos haveres permite concluir que *a priori* os sócios têm autonomia para convencioná-la. No entanto, por força do artigo 1.031, *caput*, do Código Civil e da tradição que caracteriza o fator de proporcionalidade quota-capital social, induz-se que a adoção de regra de fracionamento do valor dos haveres que altere tal fator deverá ser sempre expressa e apenas poderá ser alterada com a concordância – ao menos – dos sócios que terão suas frações atingidas.

Cumpre aqui ampliar a análise da regra de equivalência. Sua natureza é econômico-patrimonial, situa-se no núcleo do Direito Privado e sua configuração normativa do tipo regra exige que seja realizado aquilo que ordena, salvo por impossibilidade jurídica ou fática.[591] Sua aplicação ocorre apenas após a apuração do valor total dos haveres e de forma independente do método e/ou critérios que tenham sido aplicados para apurá-lo, tendo por isso força vinculativa obrigatória própria.

A regra de equivalência indicará, por fim, o número percentual correspondente à fração que cabe ao sócio retirante, ao qual se chegará por meio de um fator de proporcionalidade (variável) ou, então, a própria regra já o indicará diretamente, situação em que o fracionamento dos haveres terá sido feito com base em outro critério. A título de exemplo, imagina-se uma cláusula que fixasse as frações sobre o conjunto de haveres dizendo que ao sócio "x" caberá 10% do valor total dos haveres; ao sócio "y", 30%; e ao sócio "z", 60%, não obstante o sócio "x" ser titular de 60% das quotas sociais; o sócio "y", de 10%; e o sócio "z", de 30%. A lei prevê essa possibilidade de modo expresso quanto à participação nos lucros e nas perdas, *ut* artigo 1.008 do Código Civil.

O fator de proporcionalidade é definido pelo percentual que o sócio possui dentro de um todo – *relação fração-todo;* tal percentual, aplicado sobre o valor total dos haveres (todo),[592] indicará o valor equivalente à fração (parte) correspondente ao direito do sócio retirante. Assim, o percentual que definirá a quantia que cabe ao ex-sócio ou terceiro legitimado é informado por uma relação de proporcionalidade.

O fator de proporcionalidade previsto na lei para a apuração dos haveres se funda na relação entre *quota* – pelo montante efetivamente realizado – e *capital social*, *ut* artigo 1.031, *caput*, do Código Civil: "[...] o valor da sua quota,

---

[591] ALEXY, Robert. *Teoria da argumentação jurídica:* a teoria do discurso racional como teoria da justificação jurídica. Tradução Zilda Hutchinson Schild Silva. São Paulo: Landy, 2005, 104.

[592] Cf. Ferri Jr.: "In particolare, la quota rappresenta il rapporto, che pur può esprimersi in termini percentuali, intercorrente tra le diverse parti di un tutto: [...]." (FERRI JÚNIOR, 2001, p. 122.

considerada pelo montante efetivamente realizado, liquidar-se-á [...]".[593] O artigo 15 do Decreto nº 3.708, de 1919, determinava que o reembolso ao sócio dissidente na sociedade limitada se daria na "quantia correspondente ao seu capital". O artigo 2.473, *comma* 3º, do Código Civil italiano dispõe que o fracionamento se dará na proporção do patrimônio social: "I soci che recedono dalla società hanno diritto di ottenere il rimborso della propria partecipazione in proporzione del patrimonio sociale. [...]".[594]

Quanto à expressão *situação patrimonial*, contida no artigo 1.031, *caput*, do Código Civil, há quem entenda, como Gonçalves Neto, que seu alcance não "se limita ao levantamento do *valor patrimonial*", de modo que o Estado-juiz poderia adotar para a apuração dos haveres "o método de avaliação do fluxo de caixa descontado, que afere o valor econômico do empreendimento".[595]

Para outros, o artigo impõe que a apuração ocorra por meio de um balanço de determinação, contemplando a totalidade do ativo e passivo existentes na data da resolução (data-base), observando-se o preço de mercado ou, como preferiu o legislador brasileiro, o "preço de saída", *ut* artigo 606 do Código de Processo Civil.[596]

Entende-se que a apreensão da realidade econômico-patrimonial da sociedade por meio de métodos que se concentram na projeção de fluxos de caixa futuros não parece ser passível de ser imposta às partes, isso porque suas premissas se fundam mais em expectativas futuras do que na realidade patrimonial propriamente dita da sociedade no momento em que ocorreu a extinção do vínculo societário. Esse fato não se coaduna com a expressão "situação patrimonial da sociedade", contida no artigo 1.031, *caput*, do Código Civil.

Além disso, expectativas e projeções futuras, comumente utilizadas para avaliar o valor de participações societárias em negócios que tenham como objeto a transferência de quotas ou ações, espelham uma realidade almejada, não aquela existente no dia da extinção do vínculo, em regra correspondente à data-base. Por esse ângulo, a imposição judicial de métodos que projetam o futuro econômico da sociedade *a priori* viola a diretriz de igualdade, devendo apenas ocorrer quando as peculiaridades fáticas presentes no caso concreto

---

[593] Cf. Corrêa da Fonseca e Raquel Sztajn, o artigo 1.031, *caput*, do Código Civil "dispõe a respeito dessa devolução patrimonial, que cabe apenas aos que tenham quotas; leva-se em conta o montante efetivamente realizado, isto é, o que o sócio efetivamente transferiu para a sociedade". (FONSECA; SZTAJN, Raquel. 2008, v. 11: Direito de empresa, artigos 887 a 926 e 966 a 1.195, p. 356-357.

[594] Artigo 2473, *comma* 3º, do Código Civil italiano: "I soci che recedono dalla società hanno diritto di ottenere il rimborso della propria partecipazione in proporzione del patrimonio sociale. Esso a tal fine è determinato tenendo conto del suo valore di mercato al momento della dichiarazione di recesso." (PETITTI; VINCENTI, 2017).

[595] Nesse sentido, por exemplo: GONÇALVES NETO, 2016, p. 313.

[596] Cf. Marinoni, Arenhart e Mitidiero: "Em relação aos critérios para a definição dos haveres, estes devem ser os que são fixados pelo contrato social. Todavia, no caso de omissão deste, deve o juiz empregar o valor patrimonial apurado em balanço de determinação [...]". (MARINONI; ARENHART, 2017, v. 3, p. 200). Cf. Spinelli: "firmou-se o entendimento de que, para a apuração dos haveres, e com o intuito de evitar o enriquecimento indevido da sociedade (e, indiretamente, dos membros remanescentes), deve-se levantar, à data da extinção do vínculo social, o chamado "balanço de determinação", apurando-se os haveres da forma mais ampla possível, tendo em vista os valores de mercado do patrimônio (ativo e passivo) da sociedade [...]". (SPINELLI, 2015, p. 512).

tornam a aplicação de tais métodos imprescindível para atender, justamente, a diretriz de realidade. Desse modo, correto o entendimento de que na ausência de previsão no contrato social a sociedade deve providenciar a realização do balanço de determinação para apurar o valor do conjunto de haveres sociais.

Na perspectiva própria dos haveres, pode-se dizer que a proporcionalidade é representada pelo valor do capital social e da quota, cuja razão deve coincidir com aquela entre o valor real e atual do patrimônio social apurado como um dos efeitos da resolução parcial do vínculo e a fração a ser paga pela sociedade ao ex-sócio ou terceiro legitimado.[597]

Zanarone esclarece que, em se tratando de apuração de haveres, a palavra *proporzione* significa que a fração em pecúnia correspondente ao direito do sócio retirante dentro do conjunto de haveres deverá representar o resultado da operação matemática denominada proporção exata para: "quota di prestazione del recedente: capitale sociale = x : patrimonio sociale", dove x corrisponde al rimborso dovuto".[598]

Ao referir que a expressão *valore di mercato*, prevista no artigo 2.473, *comma* 3º, do Código Civil italiano, remete à necessidade de o valor dos haveres ser apurado com base em um critério econômico, observando-se o valor de cessão, e não de liquidação, Zanarone afasta a ideia de que a referida expressão esteja vinculada à palavra *partecipazione*, e mesmo à *patrimonio sociale*, embora, quanto à última, assinale que muitos a vinculam.[599] Entende-se que tanto *valore di mercato*, quanto *preço de saída* – utilizada no artigo 606 do Código de Processo Civil, referem-se, em primeiro lugar, ao critério para a apuração do valor do conjunto de haveres em harmonia com a diretriz de realidade e atualidade,[600] enquanto a palavra *proporzione* refere-se à ideia de medida, como leciona Ventoruzzo:[601]

> A rigore, infatti, "in proporzione" significa "in misura adeguata", "in confronto a", "rispetto a"; e solo nella sua accezione matematica una "proporzione" è una "relazione che intercorre tra quattro numeri, quando il quoziente dei primi due è uguale a quello degli ultimi due".

---

[597] Cf. Ventoruzzo: "La soluzione sopra richiamata presuppone quest'ultima accezione, intendendo che i quattro numeri siano rappresentati, rispettivamente, dal valore nominale del capitale sociale e della quota, il cui rapporto dovrebbe coincidere con quello tra il valore (effettivo, determinato in base al mercato) del patrimonio sociale e quello della quota da rimborsare al recedente, ossia l'incognita del problema." (VENTORUZZO, 2012, p. 237).

[598] ZANARONE, 2010a, v. 1: Della società a responsabilità limitata. Artt. 2462-2474, p. 828.

[599] Cf. Zanarone: "[...] 'valore di mercato': locuzione che, nell'incerta prosa della norma in commento, potrebbe intendersi riferita ora alla partecipazione, come parrebbe scaturire dal citato § 11 della Relazione min. al. d.lgs. 6/2003, ora allo stesso patrimonio sociale, come vorrebbero alcuni commentatori, ma che sembra comunque sottolineare l'esigenza di pervenire ad una valutazione di quest'ultimo, e dunque della partecipazione da rimborsare quale frazione del medesino, in base al criterio del capitale economico, cioè di una stima condotta a valori non di liquidazione ma di cessione, e dunque in base anche alle prospettive reddituali dell'impresa." (ZANARONE, 2010a, v. 1: Della società a responsabilità limitata. Artt. 2462-2474, p. 829).

[600] Cf. Baldissera: a participação é determinada na proporção do patrimônio social; e o patrimônio social é computado conforme o *"valore di mercato"*. (BALDISSERA, Annalisa. *L'economicità e la giuridicità del recesso nelle S.R.L.* Vicenza: CEDAM, 2012, p. 61).

[601] VENTORUZZO, 2012, p. 236-237.

Desse modo, entende-se que a diretriz de proporcionalidade orienta a formulação e interpretação da regra de equivalência, a qual visa precisar o *quantum* do valor total do conjunto de haveres que equivale ao direito do sócio retirante. A regra poderá indicar as frações de cada sócio por meio de um fator de proporcionalidade (*v.g.* quota-capital, *ut* artigo 1.031, *caput*, do Código Civil) ou por meio de percentuais em proporção diferente da que os sócios têm no capital social. A sua força vinculativa obrigatória é exclusiva em relação à convenção ou decisão judicial que estabelece o conteúdo para a apuração do valor total do conjunto de haveres, de modo que se observa na jurisprudência apenas a aplicação do princípio que veda o enriquecimento injustificado no controle dos métodos e/ou critérios, por meio das diretrizes de realidade, atualidade e igualdade.

A uniformidade da jurisprudência dos Tribunais Superiores quanto à aplicação do fator de proporcionalidade quota-capital social na apuração dos haveres permite induzir que o sistema jurídico brasileiro *a priori* não proíbe os sócios de convencionarem o fracionamento dos haveres de forma diversa. No entanto, o contrato social deverá prever de modo expresso a sua alteração, com a concordância – ao menos – de todos os que sofrerem qualquer tipo de alteração no seu direito quanto aos haveres. O exame da autonomia dos sócios é realizado no próximo item.

5.2. Autonomia privada: análise crítica e proposição

Ao mesmo tempo em que as decisões judiciais comprovam a existência da diretriz de proporcionalidade, manifestada na aplicação uniforme da regra de equivalência legal em todos os julgamentos pesquisados, permitem questionar a autonomia dos sócios para convencionar regras que estabeleçam fator de proporcionalidade diverso do estatuído no artigo 1.031, *caput*, do Código Civil, ou mesmo um fracionamento direto e fixo.[602] A ideia de que a fração do direito aos haveres deverá atender ao fator quota-capital para que se possa precisar a quantia que cabe ao sócio retirante nos haveres pode-se observar no julgamento pelo Superior Tribunal de Justiça do Recurso Especial nº 1.113.625, relatado pelo Min. Massami Uyeda:[603]

> É certo que, no que respeita à apuração dos haveres do sócio, faz-se necessário salientar que deve ser considerado o valor da universalidade do patrimônio, incluindo-se todos os bens corpóreos e incorpóreos, a fim de que o quinhão do sócio retirante represente, efetivamente, a participação que tinha na sociedade.

O fator de proporcionalidade quota-capital é regra tradicional na sociedade limitada, como evidencia a jurisprudência dos Tribunais Superiores, e legal, *ut* artigo 1.031, *caput*, do Código Civil, razão pela qual somente de modo

---

[602] Cf. Alpa: "Nel contempo è il giurista che crea le formule per l'impiego dei capitali, del credito e del risparmio, l'organizzazione societaria, i rapporti del comercio internazionale." (ALPA, 2017, p. 16).

[603] BRASIL. Superior Tribunal de Justiça. REsp nº 1.113.625/MG. 3ª Turma. Relator:Min. Massami Uyeda. Julgamento: 19 ago. 2010. *DJ* 03 set. 2010, fl. 8.

expresso poderá ser alterado pelos sócios. Isso não significa que o sistema jurídico proíba os sócios de estabelecerem regras de equivalência sem recorrer ao fator de proporcionalidade quota-capital. A liberdade do sujeito de dispor de seus próprios bens e de vincular-se aos outros é um valor básico do sistema legal, independentemente de uma fórmula normativa específica, que no campo das relações econômicas se manifesta no princípio da livre iniciativa, do qual a autonomia privada é instrumento necessário.[604]

O entendimento é de que os sócios têm autonomia para disciplinar suas participações nos haveres sociais sem que tenham de obrigatoriamente ater-se ao fator quota-capital. Dessa forma, poderiam, por exemplo, convencionar como fator de proporcionalidade para o fracionamento do valor total dos haveres a participação que cada sócio teve nos lucros ou nas perdas, considerando a média dos três últimos exercícios.

Rivolta sublinha que a sociedade limitada sempre desfrutou de amplo espaço na formação das participações na sociedade limitada, e que a reforma do Direito societário italiano de 2003 tratou de ampliá-lo para autorizar expressamente que as participações dos sócios sejam determinadas de forma não proporcional à integralização do capital e, ainda com mais destaque, a possibilidade de o contrato social prever direitos específicos a um só sócio relativos à administração da sociedade ou à distribuição de lucros e de perdas.[605] E conclui pela necessidade de se reconhecer que o novo regime societário, até por coerência com o objetivo de se ampliar a autonomia privada, autoriza os sócios a estabelecerem direitos administrativos e patrimoniais vinculados à pessoa do sócio ou a uma ou mais quotas sociais.[606] O aprimoramento normativo da sociedade limitada promovido pela reforma do Direito societário italiano tem como finalidade tutelar a relevância central do sócio e as relações contratuais entre os sócios.[607]

Ventoruzzo entende, com acerto, que os textos legais quando se referem ao conceito de proporcionalidade não o vinculam à obrigatoriedade de uma

---

[604] Cf. Bianca: "In realtà, il riconoscimento della libertà del soggetto di disporre dei propri beni e di impegnarsi verso gli altri secondo le sue scelte deve considerarsi – a prescindere da una specifica formula normativa – un valore basilare dell'ordinamento. Nel campo dei rapporti economici questo valore trova riconoscimento nel principio della libertà di iniziativa (41 Cost.), di cui l'autonomia privata è strumento necessario." (BIANCA, 2015. v. 3, p. 31). Cf. Branco: "[...] a liberdade de contratar é uma "competência" para criar preceitos com eficácia jurídica normativa". (BRANCO, 2014, p. 257-290, p. 266).

[605] Cf. Rivolta: "E lo ha fatto – forte dell'ambiguo *slogan* della "rilevanza centrale del socio e dei rapporti contrattuali tra i soci" (art. 3, comma 1º, lett. A), l. 3 ottobre 2001, n. 366) – consentendo espressamente che le partecipazioni dei soci siano determinate in misura non proporzionale al conferimento e soprattutto facendo "salva la possibilità che l'atto costitutivo preveda l'attribuzione a singoli soci di particolari diritti riguardanti l'amministrazione della società o la distribuzione degli utili" (art. 2468, commi 2º e 3º, c.c.)". (RIVOLTA, 2015, p. 153-154).

[606] Cf. Rivolta: " Nuovo regime che comunque deve ritenersi consentire, in coerenza col progetto di concedere il più ampio spazio all'autonomia privata, sia di configurare speciali diritti amministrativi e/o patrimoniali legati alla persona del socio e destinati ad estinguersi alla sua uscita dalla società; sia di far inerire quei diritti ad una o più quote, permettendo quindi il trasferimento dei diritti stessi secondo le regole circolatorie di queste". (Ibid., p. 154).

[607] Ibid., p. 153. Cf. Maria Paolucci, os traços distintivos entre a sociedade limitada e a sociedade anônima são "la rilevanza centrale del socio e l'amplissimo grado di autonomia riservata allo statuto". (PAOLUCCI, 2010, p. 1-11).

relação fixa entre percentual de participação no capital social e a quantia a ser paga como correspondente à fração que cabe ao sócio no valor total do conjunto de haveres que foi apurado, devendo-se à ela atribuir sentido menos rígido, inclusive para permitir que se considere na apuração prêmios e descontos de maioria e de minoria.[608] Na argumentação em sentido contrário, pontua o autor, há a necessidade de argumentos melhores do que a mera referência ao conceito de *proporzionalità*.[609]

Gian Carlo Rivolta aponta uma série de artigos legais do Código Civil italiano para comprovar que os sócios têm liberdade para estabelecer normas sem que tenham de ater-se à necessidade de igualar as vantagens e os ônus derivados do vínculo societário.[610] Com a reforma foi ampliada, para permitir quotas não proporcionais ao capital conferido e até a dispensa de algum sócio quanto à obrigação de formar o capital social. Assim diz Rivolta:[611]

> Libertà già esistente, prima della riforma, anche nelle società di capitali, sia pur temperata, nelle società per azioni, dalla regola seriale delle categorie. Ma poi stesa, con la riforma, fino a consentire di assegnare le azioni o le quote non proporzionalmente ai conferimenti e persino di dispensarne alcuni soci, purché "complessivamente" sia coperto per intero capitale della società (arg. dagli artt. 2346, commi 4º e 5º, 2464, comma 1º, e 2468, comma 2º, c.c.).

A autonomia dos sócios para determinar a forma como será fracionado o valor apurado pelo conjunto de haveres sociais mantém relação com a autonomia dos sócios de configurarem direitos particulares quanto à administração e à participação nos lucros, sem necessidade de qualquer vinculação à proporção quota-capital, expressamente ressaltada no artigo 2.468, *comma* 3º, do Código Civil italiano.[612]

A superação do fator de proporcionalidade quota-capital, exemplifica Fregonara, pode ser percebida nas novas normas legais introduzidas pela reforma do Direito societário italiano de 2003, com base nas quais se pode dizer que é possível os sócios estabelecerem o direito de preferência para adquirir as quotas sociais a apenas um deles, porquanto aí o instituto dos "direitos particulares" se sobreporia ao princípio da proporcionalidade.[613] O exemplo apoia-se no artigo 2.468, *comma* 2º, primeira parte, do Código Civil italiano, o

---

[608] Cf. Ventoruzzo: " Se si vuole enfatizzare il dato testuale, tuttavia, dal riferimento fato dalla legge al concetto di proporzionalità non discende inequivocabilmente la necessità di un rapporto fisso tra percentuale di partecipazione al capitale e somma da liquidarsi come frazione del valore del patrimonio sociale". (VENTORUZZO, 2012, p. 236).

[609] Cf. Ventoruzzo: "Il terzo comma dell'art. 2473 c.c. non contiene tuttavia un esplicito riferimento ai primi due termini, con la conseguenza che il tenore letterale della disposizione non risulta affatto determinante per escludere che l'espressione "in proporzione" possa essere intesa in senso meno rigido, tenendo conto di premi e sconti di maggioranza e minoranza. Se, allora, si vuole negare la possibilità o la necessità di dare rilievo a tali elementi, occore basarsi su argomenti più robusti del mero riferimento al concetto di proporzionalità". (Ibid., p. 237).

[610] RIVOLTA, 2015, p. 234.

[611] Ibid., p. 234.

[612] Artigo 2468, *comma* 3º, do Código Civil italiano: "Resta salva la possibilità che l'atto costitutivo preveda l'attribuzione a singoli soci di particolari diritti riguardanti l'amministrazione della società o la distribuzione degli utili." (PETITTI; VINCENTI, 2017).

[613] FREGONARA, 2008, p. 64-65.

qual versa sobre os direitos particulares dos sócios e prevê que as participações são determinadas em medida proporcional ao capital integralizado, exceto se o contrato social não estabelecer regra diversa. Com isso, a lei retira o dogma de que obrigatoriamente na sociedade limitada as participações sempre estão vinculadas ao fator de proporcionalidade quota-capital social, como evidencia o artigo 2.468, *comma* 2º, segunda parte, do Código Civil italiano.[614]

Fregonara ressalta que esse poder de configuração tem sido fortemente defendido pela doutrina italiana,[615] e recorda a posição do Consiglio Notariale di Milano, segundo a qual os sócios têm autonomia para regulamentar direitos diversos que não apenas os estritamente relacionados com a administração da sociedade ou com a distribuição de lucros, estes expressamente referidos na lei, inclusive a faculdade de determinar o conteúdo das participações sociais, nos limites impostos pela lei.[616]

Como se constata, a compreensão, fundada nas decisões proferidas pelos Tribunais Superiores e no artigo 1.031, *caput*, do Código Civil, de que inexiste uma relação direta e inderrogável entre o fator quota-capital e o fracionamento da participação dos sócios no conjunto de haveres sociais, encontra sólido apoio na doutrina italiana.

O entendimento de que os particulares têm autonomia para convencionar não apenas o método e/ou critérios para a apreensão do valor real e atual do conjunto de haveres, como também de estabelecer o modo de seu fracionamento, ainda encontra respaldo na manifestação explícita do legislador quanto à autonomia dos sócios para disciplinar a participação nos lucros e nas perdas de forma desvinculada do fator quota-capital social,[617] *ut* artigo 1.007 do Código Civil,[618] tendo como única limitação a impossibilidade de excluir qualquer sócio da participação nos resultados, *ut* artigo 1.008 do Código Civil.[619] Os dispositivos aplicam-se às sociedades limitadas por força do artigo 1.053 do Código Civil.[620]

---

[614] Artigo 2468, *comma* 2º, do Código Civil italiano: "Salvo quando disposto dal terzo (3) comma del presente articolo, i diritti sociali spettano ai soci in misura proporzionale alla partecipazione di ciascuno posseduta. Se l'atto costitutivo non prevede diversamente, le partecipazioni dei soci sono determinate in misura proporzionale al conferimento."

[615] Cf. Fregonara: "[...] il problema della configurabilità di diritti particolari "atipici", la cui ammissibilità, "pur con i dubbi che la delicatezza del quesito pone", è stata autorevolmente sostenuta in dottrina anche "al fine di valorizzare in pieno gli spazi di autonomia concessi ai soci". (FREGONARA, 2008, p. 65).

[616] Cita Fregonara:"[...] possono avere ad oggetto materie non strettamente riguardanti l'amministrazione della società o la distribuzione degli utili, cui espressamente si riferisce la norma, bensì ulteriori diritti diversi, dovendosi ritenere concessa all'autonomia negoziale, al pari di quanto dispone l'art. 2438 c.c. per la Spa, la facoltà di liberamente determinare il contenuto delle partecipazioni sociali, nei limiti imposti dalla legge". (Ibid., p. 65).

[617] Ver: SARLO JORGE, 2007, p. 229.

[618] Artigo 1007 do Código Civil: "Salvo estipulação em contrário, o sócio participa dos lucros e das perdas, na proporção das respectivas quotas, mas aquele, cuja contribuição consiste em serviços, somente participa dos lucros na proporção da média do valor das quotas".

[619] Art. 1.008 do Código Civil: "É nula a estipulação contratual que exclua qualquer sócio de participar dos lucros e das perdas".

[620] Art. 1.053, do Código Civil: "A sociedade limitada rege-se, nas omissões deste Capítulo, pelas normas da sociedade simples".

Ao examinar o artigo 2.473, *comma* 3º, do Código Civil italiano, Zanarone cita decisão proferida pelo Tribunal de Torino em 2004 segundo a qual o limite à autonomia privada na regulação dos haveres encontra-se no confronto com o artigo 2.265 daquele Código Civil,[621] o qual prevê regra idêntica à do artigo 1.008 do Código Civil brasileiro, lá nominada como *patto leonino*. Tendo o Tribunal sugerido como possíveis exemplos de ofensa ao limite legal uma cláusula que assegurasse um valor mínimo para o reembolso ou, então, que obrigasse um ou mais sócios a adquirirem a participação dos outros sócios, ambas por excluírem a exposição às eventuais perdas.[622]

Da mesma forma que a lei autoriza os sócios a convencionarem a participação nos lucros e nas perdas sem vinculação com o fator de proporcionalidade legal (valor das quotas – capital social), *ut* artigo 1.007 do Código Civil, entende-se que os sócios têm autonomia para convencionar a regra que define a extensão das frações que compõem o conjunto de haveres, podendo, inclusive, optar por já indicar diretamente o número percentual correspondente à fração de cada um deles, desvinculado da quantidade de quotas tituladas pelos sócios. Assim, poderiam prever que o sócio "x" teria 20% dos haveres sociais, não obstante as suas quotas corresponderem a 10% do capital social. Com isso, afasta-se a ideia de que a extensão do direito sobre os haveres sempre será definida pela proporcionalidade quota-capital.

Não procede o entendimento de que sem o capital social os sócios "não teriam o referencial de sua participação no patrimônio social".[623] O capital social pode manter todas as suas finalidades, inclusive o de organizar politicamente a sociedade,[624] sem que tenha de ser a única referência para o fracionamento do valor total dos haveres. Tanto assim é, que a participação nos lucros e nas perdas, como expressamente explicitado pelo legislador no artigo 1.007 do Código Civil, pode ser definida pelos sócios sem que se faça qualquer referência ao capital social.

O direito do sócio aos lucros funda-se diretamente no contrato social, que dessa forma cumpre sua finalidade típica,[625] o direito aos haveres também nele se funda e integra sua finalidade típica. A essa conclusão se chega pela verificação de dois aspectos, um de ordem jurídica (técnico), outro de ordem econômica (empírico). O primeiro se refere à natureza econômico-patrimonial comum de ambos os direitos – aos lucros e aos haveres –, portanto direitos pas-

---

[621] Artigo 2265, do Código Civil italiano: "È nullo il patto con il quale uno o più soci sono esclusi da ogni partecipazione agli utili o alle perdite [1419, 2263]".

[622] Cf. Zanarone: "L'unico limite potrebbe essere rappresentato dall'eventuale contrasto con il divieto de patto leonino di cui all'art. 2265, come potrebbe avvenire nel caso di una clausola che prevedesse un ammontare minimo garantito del rimborso, la quale avrebbe come potenziale esito quella di escludere il socio da ogni partecipazione alle perdite; – Stesso ragionamento varrebbe per l'eventuale clausola – [...] – che prevedese a favore di uno o più soci un obbligo di acquisto delle rispettive partecipazioni da parte di altri soci". (ZANARONE, 2010a, v. 1: Della società a responsabilità limitata. Artt. 2462-2474, p. 833, nota 139).

[623] GONÇALVES NETO, 2016, p. 378.

[624] Cf. Gonçalves Neto: "É, de fato, com base no capital social que se determinam os centros de poder, a tomada de deliberações e se estabelecem normalmente as participações dos sócios nos resultados da empresa". (Ibid., p. 379).

[625] ESTRELLA, 2010, p. 73.

síveis de serem objeto de negócio jurídico celebrado entre os sócios, sem qualquer prejuízo para a sociedade. Assim, quem ingressa em uma sociedade não objetiva apenas o lucro, mas também o aumento do patrimônio social, do qual retirará o sócio na despedida o valor correspondente a sua fração. O segundo se refere à constatação de que nem sempre o sócio que ingressa na sociedade empresária tem interesse imediato na distribuição dos lucros, pois sabe que o seu *lucro*, aí em sentido amplo, será efetivamente realizado quando ele vier a receber a sua fração do valor total dos haveres, cujo crescimento, não raro, é impulsionado pelo reinvestimento na própria atividade empresarial dos lucros obtidos ao longo dos sucessivos exercícios.

Dessarte, se o legislador explicitamente autoriza os sócios a estabelecerem a participação de cada um nos lucros e nas perdas sem considerar as participações no capital social, é certo que também os autoriza, nas mesmas condições, a regularem o fracionamento dos haveres sociais. O entendimento contrário violaria a função típica do contrato de sociedade em seu sentido amplo: proporcionar lucro durante e no término do vínculo social. Recorda-se que é o fenômeno econômico que estrutura a coordenação unitária do Direito comercial.[626]

Importante, porém, perceber que o direito na participação nos haveres não tem relação direta com o direito na participação nos lucros e nas perdas, são situações jurídicas inconfundíveis, que exigem regras próprias. Assim, caso os sócios tenham convencionado a participação nos lucros em proporção diversa da que têm no capital social e, quanto aos haveres, optado pelo silêncio, deverá sempre ser observada a proporção entre o valor da quota e o valor do capital social, pelo montante efetivamente integralizado, para se calcular o valor que cabe ao sócio retirante ou a terceiro legitimado. Isso porque, só de modo expresso seria possível alterar a regra prevista no artigo 1.031, *caput*, do Código Civil. Além disso, deve-se ter em conta a força da tradição na aplicação do referido fator de proporcionalidade tanto para disciplinar a participação nos lucros e nas perdas, quanto nos haveres sociais.

A expressão *montante efetivamente realizado*, como explicita Spinelli, refere-se à participação no capital social devidamente realizada pelo sócio, "de forma que deve ser desconsiderada a parcela do capital social subscrita e não paga para fins de cálculo do montante devido", independentemente de o sócio estar ou não em mora.[627] A mesma regra vale para os sócios remanescentes na sociedade.[628] Anota-se que a regra disposta no artigo 1.031, *caput*, do Código Civil também alcança o sócio remisso.[629]

---

[626] MARCONDES, 1977, p. 29.

[627] SPINELLI, 2015, p. 506. Da mesma forma: GONÇALVES NETO, , 2016, p. 311.

[628] Cf. Gonçalves Neto: "O raciocínio não será esse, porém, se todos os sócios tiverem contribuído com o mesmo percentual, porquanto, nessa hipótese, todos estarão em igualdade de condições na prestação de suas contribuições (todos realizaram 10%), não havendo o que diferenciar ou abater no cálculo do patrimônio social e, via de consequência, no valor do quinhão de cada qual". (Ibid., p. 311).

[629] Ibid., p. 311. Cf. Spinelli: "Por fim, é importante referir que nem sempre o sócio excluído possui haveres a receber. O maior exemplo é o caso do sócio remisso que pode ser excluído, uma vez que os haveres são calculados de acordo com o montante realizado (CC, art. 1.031)". (SPINELLI, op. cit., p. 504).

O fato de a lei prever expressamente a possibilidade de os sócios alterarem a participação nos lucros e nas perdas e apenas implicitamente quanto aos haveres, não altera a eficácia do princípio da autonomia privada. As duas situações têm natureza substancialmente econômica e são reguladas pelos princípios que regem o Direito Privado, seara na qual o limite à autonomia privada é que deve ser expresso.

Isso posto, entende-se que, como ocorre com a participação nos lucros e nas perdas, os particulares têm autonomia para estabelecer regra de equivalência para precisar a fração que cabe a cada um no valor final do conjunto de haveres, inexistindo a obrigação de fracioná-lo apenas com base no fator de proporcionalidade quota-capital social.

O limite está estatuído no artigo 1.008 do Código Civil, segundo o qual é nula a cláusula que excluir qualquer sócio da participação dos lucros e das perdas. É o mesmo que consta no artigo 2.265 do Código Civil italiano, denominado de *patto leonino*.[630] Logo, nula será a regra de equivalência para o fracionamento dos haveres sociais que excluir da participação qualquer um dos sócios. A intolerância do Direito com a cláusula leonina na seara dos haveres sociais foi explicitada pelo Superior Tribunal de Justiça no julgamento do Recurso Especial nº 1.444.790, relatado pelo Min. Luis Felipe Salomão:[631]

> De fato, o direito civil não tolera o abuso do direito incerto em dispositivo do contrato social – cláusula leonina – que venha a gerar o enriquecimento sem causa em detrimento de um dos sócios, seja por depor contra o preceito ideológico do justo equilíbrio, seja por refletir situação demasiadamente distante da apuração real dos bens.

A análise da relação entre os conceitos de quota,[632] capital social[633] e patrimônio social[634] também contribui para afastar o entendimento de que o fator

---

[630] Artigo 2265 do Código Civil italiano: "È nullo il patto con il quale uno o più soci sono esclusi da ogni partecipazione agli utili o alle perdite". Ver: RIVOLTA, 2015, p. 233-234.

[631] BRASIL. Superior Tribunal de Justiça. REsp nº 1.444.790/SP. 4ª Turma. Relator: Min. Luis Felipe Salomão. Julgamento: 26 ago. 2014. *DJ* 25 set. 2014, fl. 15.

[632] Cf. Tarsis Nametala: "A cota social representa uma fração do capital social e, em consequência, uma posição de direitos e deveres perante a sociedade [...]. As cotas, portanto, funcionam como objeto do direito de propriedade". (SARLO JORGE, 2007, p. 202). Cf. Waldo Fazzio Júnior: " A quota social, fração do capital da sociedade titularizada pelo quotista, encerra um direito patrimonial e um direito pessoal do sócio. O primeiro traduzido na percepção de lucros e na partilha da massa residual na liquidação. O direito pessoal é o de participação e fiscalização". (FAZZIO JÚNIOR, 1999, p. 68). Cf. Fábio Tokars: "[...] as quotas sociais são o efetivo instrumento para que uma pessoa assuma a condição jurídica de sócia de uma sociedade limitada, exercendo os direitos desta condição decorrentes". (TOKARS, 2007, p. 208). Cf. Marlon Tomazette: "Qualquer que seja o título de transferência, o sócio deixa de ter alguns ou todos os direitos sobre os bens transferidos, passando a ter direitos sobre uma cota-parte do capital social. Este direito recebido possui a natureza de um direito pessoal e patrimonial". (TOMAZETTE, 2011, v. 1, p. 202). Cf. Alfredo de Assis Gonçalves Neto: a expressão *quota*, no artigo 1.031, *caput*, do CC "tem sentido amplo e, no singular ou no plural, tanto pode consistir a parcela de participação que o sócio possui no capital social, como o conjunto de direitos do sócio em relação à sociedade". (GONÇALVES NETO, 2016, p. 311).

[633] Cf. Tarsis Nametala: "O capital social corresponde ao montante dos bens e demais objetos que podem ser conferidos ao mesmo, com os quais os cotistas integralizaram suas quotas. [...] O capital social é representado por quotas sociais, iguais ou desiguais (Art. 1.055, CC)". (SARLO JORGE, op. cit. , p. 202). Cf. Dylson Dória: "O capital das sociedades por quotas será expresso em dinheiro, denominando-se quota a parte deste que tocar a cada um dos sócios". (DÓRIA, 1995, p. 195). Cf. Pontes de Miranda: "O capital ou se divide em *quotas* ou se divide em *ações*". (PONTES DE MIRANDA, 1965, v. 49, § 5.191, p. 167). Cf. Antônio de Sá: "Título de conta que indica o valor do capital registrado na Junta Comercial. É um título de Passivo e figura no

quota-capital seria o único modo permitido pelo sistema jurídico brasileiro para se executar o fracionamento do valor total do conjunto de haveres.

É habitual o uso da palavra *quota* como sinônimo de participação,[635] quando, do ponto de vista econômico, a participação nos haveres é um fenômeno de investimento, acerca do qual a quota é a expressão jurídica.[636] Ferri Jr. sublinha que a relevância da quota, especificamente no Direito societário, encontra-se em sua dimensão organizativa.[637] Ademais, às quotas na sociedade limitada podem os sócios atribuir direitos diversos,[638] dentre eles, assim entende-se, o direito aos haveres com base em fracionamento distinto do tradicionalmente utilizado: quota-capital.

O Código Civil não faz distinção entre as palavras *quota* e *quotas*, e autoriza que cada sócio tenha uma ou diversas quotas representando a sua participação no capital social.[639] Gonçalves Neto esclarece que a rigor palavra *quota* no singular "quer significar o quinhão do sócio, o tanto de sua participação; no plural, indica seu fracionamento para facilitar a transmissão sem a criação de compropriedade",[640] no entanto, no singular ou no plural, tanto pode se referir

---

NÃO EXIGÍVEL". (SÁ, Antônio Lopes de; SÁ, Ana Maria Lopes de. *Dicionário de contabilidade*. 11. ed. São Paulo: Atlas, 2009, p. 60).

[634] Cf. Vivante: " In antitesi al patrimonio o capitale effetivo, essenzialmente mutevole, sta il capitale nominale della società, fissato stabilmente da una cifra contrattuale, che ha una funzione contabile e giuridica, un'esistenza di diritto e non di fatto. Tutti gli sforzi legislativi mirano a far coincidere il valore del patrimonio sociale all'ammontare del capitale nel momento in cui si costituisce la società." (VIVANTE, 1935, v. 2, p. 192). Cf. Waldecy Lucena, apoiado em Carvalho de Mendonça: "O capital social é o fundo originário e essencial da sociedade, fixado pela vontade dos sócios; é o monte constituído para a base das operações. O fundo social é o patrimônio da sociedade no sentido econômico, a dizer, a soma de todos os bens que podem ser objeto de troca, possuídos pela sociedade; compreende não somente o capital social, como tudo que a sociedade adquirir e possuir durante a sua existência. [...] Ambos, de conseguinte, somente são absolutamente idênticos quando da constituição da sociedade. A partir daí, enquanto o capital social permanece fixo, o patrimônio social entre em permanente mutação, variando constantemente, para mais ou para menos, consoante o sucesso ou insucesso da empresa." (LUCENA, 2003, p. 270). Cf. Tomazette: "[...] o capital social, que é constituído tão somente pela soma das contribuições dos sócios vinculadas ao objeto social, não se confunde com o patrimônio da sociedade, que representa o conjunto de relações jurídicas economicamente apreciáveis da sociedade, o qual está sujeito a oscilações a todo instante, compreendendo não apenas o capital social, mas tudo que a sociedade possui ou adquire na sua existência. Esses dois conceitos coincidem apenas no momento da constituição da sociedade". (TOMAZETTE, 2011, v. 1, p. 202). Cf. Vieira Barbi: "O fundo ou patrimônio social compreende todas as reservas, direitos e bens – tangíveis e intangíveis – da sociedade, identificando-se com o capital social apenas no momento exato de constituição da sociedade, em que seu único patrimônio consiste na contribuição do sócio. O sucesso do empreendimento tende a tornar distante no tempo aquela cifra inicial, suficiente à época da formação da sociedade, mas por vezes insignificante diante de seu crescimento patrimonial". (BARBI, Otávio Vieira. *Composição de interesse no aumento de capital das sociedades limitadas*. Rio de Janeiro: Forense, 2007, p. 8).

[635] Cf. Ferri Jr.: " [...] si è soliti ricostruire la partecipazione sociale nei termini, unitari e frazionari, di *quota*; il collegamento tra il concetto di partecipazione e quello di quota è, anzi, a tal punto stretto, che l'espressione di quota sociale viene utilizzata come sinonimo di quella di partecipazione sociale". (FERRI JÚNIOR, 2001, p. 121).

[636] Cf. Ferri Jr.: "La partecipazione sociale presenta dunque una struttura analoga a quella che caratterizza, da un punto di vista economico, il fenomeno dell'investimento, della quale essa rappresenta l'espressione giuridica: una struttura, cioè, da un lato quantitativa, e dall'altro dualistica". (Ibid., p. 212, nota 4).

[637] Cf. Ferri Jr.: "[...] per quanto in particolare riguarda la disciplina societaria, è chiaro che il rilievo della considerazione della quota si presta ad essere colto soltanto nella dimensione organizzativa". (Ibid., p. 123).

[638] PACCOIA, 2015, p. 57.

[639] GONÇALVES NETO, 2016, p. 381.

[640] Ibid., p. 382.

à parcela de participação no capital social, como ao "conjunto de direitos do sócio em relação à sociedade".[641] Os sócios, vale lembrar, têm autonomia para estabelecer valores diversos para as diversas quotas que compõem o capital social.[642]

Como se observa, a distinção entre as palavras *quota* ou *quotas* não apresenta, por si só, relevância jurídica quanto à definição da regra de equivalência, até porque aqui se defende que os sócios têm autonomia para estabelecer livremente as participações nos haveres sociais, sem se ater à proporção entre o valor de sua quota ou quotas e o valor do capital social, desde que, como já dito, nenhum sócio seja de tal participação excluído, pois aí a cláusula seria nula, *ut* artigo 1.008 do Código Civil.

A natureza da quota, como sublinha Gonçalves Neto, é a de um bem incorpóreo, que abrange direitos pessoais – direitos de deliberar, de fiscalizar, de votar e ser votado, de retirar-se da sociedade e de geri-la – e direitos patrimoniais – direito de receber dividendos e o de participar do acervo social em caso de dissolução da sociedade ou de apuração de haveres –,[643] assim, não existe a obrigatoriedade de a dimensão patrimonial da quota estar obrigatoriamente vinculada aos efeitos políticos a ela inerentes.

O capital social não expressa a totalidade do patrimônio da sociedade,[644] mas representa o valor com o qual os sócios se obrigaram a contribuir, no ato constitutivo ou posteriormente, para a formação inicial do patrimônio da sociedade.[645] Com relação ao capital social, cumpre anotar que a sociedade limitada foi introduzida no ordenamento jurídico italiano por meio do Código Civil de 1942, quando as participações sociais, segundo Zanarone, eram configuradas como frações do capital social, com a consequência de que os direitos sociais deveriam ser considerados proporcionais à parte do capital de cada sócio. O capital representava o parâmetro para dimensionar o tamanho da empresa, e era destinado a ser conservado por muito tempo e, sobretudo, ser reforçado. A partir de 1986, em face de alterações legislativas, o significado do capital social começa a entrar em declínio; dentre os motivos a ausência de correção monetária do capital mínimo, deixando de ser um parâmetro único para dimensionar o tamanho da empresa,[646] e evidenciando a transferência pelos sócios do risco da atividade empresarial para os credores da sociedade.[647]

Os debates acerca da função do capital social e da conveniência de suas regras têm estado muito em pauta ultimamente,[648] notando-se o abandono de interpretações sobre a pretensão de que funcione como garantia para os credores ou para o exercício da atividade produtiva, preservando-se, seguramente,

---

[641] GONÇALVES NETO, 2016, p. 311.

[642] Ibid., p. 382.

[643] Ibid, p. 380-381.

[644] TEIXEIRA; GUERREIRO, 1979, v. 1, p. 140.

[645] GONÇALVES NETO, op. cit., p. 377.

[646] ZANARONE, 2016, p. 93-96.

[647] Ibid., p. 103.

[648] CIVERRA, Enrico. *Il finanziamento delle società di capitali*. Milano: Giuffrè, 2013, p. 9.

o entendimento de que o capital social tem função organizativa, e, na Itália, de seleção quanto ao tipo societário no âmbito das sociedades de capitais.[649]

Mario Paccoia, ao analisar o impacto da reforma de 2003 sobre a disciplina da sociedade limitada, também destaca como mudança relevante a perda da importância do capital social.[650]

O entendimento de que o capital social representaria a garantia dos credores não parece ter influência sobre a regra de equivalência na apuração de haveres. De qualquer forma, a relação entre estes dois aspectos, como esclarece Civerra, não está na existência de determinado capital, mas sim na circunstância de que exista um sistema de regras capaz de advertir os credores, atuais e futuros, quanto à presença de situações potencialmente perigosas, permitindo-lhes tomar as medidas que visam limitar os danos provocados pelo estado de insolvência.[651]

Os haveres sociais, assim como não se confundem com o resultado do exercício (lucro ou perda), também são inconfundíveis com o capital social, o qual se constitui em uma dotação da sociedade.[652] Basta observar que o valor dos haveres poderá ser tanto positivo quanto negativo,[653] enquanto o valor do capital social sempre será positivo.[654] O valor dos haveres modifica-se na medida em que a atividade empresarial é exercida, já o valor do capital social é fixo, não sendo sequer corrigido monetariamente. A distinção não afasta a concepção de que o capital social é a pedra angular na formação do balanço patrimonial.[655] O ponto de convergência entre capital social, resultado do exercício, patrimônio social e haveres é caráter substancialmente econômico de todos.

Tampouco pode-se considerar como idênticos o patrimônio da sociedade e os haveres sociais.[656] A realidade econômico-patrimonial de uma sociedade

---

[649] Cf. Civerra: "Abbandonate, così, le interpretazioni sulle pretese funzioni di garanzia (per i creditori) o produttivistiche (intese nel senso della direta utilizzabilità delle risorse imputate a capitale per la conduzione dell'attività), resta, sicuramente, valida la tesi che assegna al capitale una funzione di organizzazione e di selezione del tipo nell'ambito delle società di capitali". (Ibid., p. 51).

[650] Cf. Mario Paccoia: "Altra rilevante considerazione in materia di Srl è la perdita di importanza del capitale sociale [...]".(PACCOIA, 2015, p. XXVIII).

[651] Cf. Civerra: "Il collegamento tra disciplina del capitale e i interesse dei creditori sta, quindi, non nell'essitenza di un certo capitale ma nella circostanza che esista un sistema di regole idoneo in teoria ad avvertire i creditori, attuali e futuri, della presenza di una situazione potenzialmente pericolosa, consentendo loro di attivare quei comportamenti che possono limitare i danni di un'eventuale insolvenza". (CIVERRA, 2013, p. 55).

[652] Cf. Vivante: "[...] mettendo in evidenza che i conferimenti dei soci non formano una comunione dei soci, ma un patrimonio, una dotazione della società". (VIVANTE, 1935, v. 2, p. 26).

[653] Cf. Valladão e Adamek: "[...] ainda quando o valor da quota for negativo, não pode o sócio de sociedade limitada ser compelido a verter a sua quota nas perdas; a fortiori, não poderá isso ocorrer em sociedade de responsabilidade limitada, se não houver título que legitime essa responsabilidade pelo passivo a descoberto". (FRANÇA; ADAMEK, 2016, p. 73).

[654] LUCENA, 2003, p. 270.

[655] Cf. Vivante: "Il capitale costituisce un caposaldo costante nella formazione del bilancio sociale; esso deve figurarvi nel passivo di ogni esercizio nella somma stabilita dall'atto costitutivo, affinchè, in contrapposizione al medesimo, si deva iscrivere nell'attivo un fondo equivalente di beni, di crediti o di perdite a garanzia o ad ammonimento dei creditori sociali". (VIVANTE, p. 192).

[656] Cf. Vivante: "Il patrimonio di una società è il complesso di tutti i rapporti giuridici di cui essa è il titolare, rapporti di proprietà, di godimento, di garanzia, su cose corporali e incorporali. Quel patrimonio è essenzialmente mutevole secondo le vicende della sua industria, ma serba costantemente i caratteri giuridici de

pode ser apreendida, como exposto nos capítulos segundo e quarto, por diversas variações de métodos e/ou critérios, cada qual conduzirá a um valor diferente. Quando essa apreensão tem como finalidade apurar o *quantum* corresponde à fração do ex-sócio ou de terceiro legitimado em face da resolução parcial do vínculo societário, então estar-se-á tratando de haveres sociais; quando o patrimônio da sociedade é calculado com finalidade diversa,[657] não se pode falar em apuração de haveres sociais.[658] Atenta-se à decisão proferida pelo Superior Tribunal de Justiça no julgamento do Recurso Especial nº 958.116, mais precisamente ao voto do Min. João Otávio de Noronha:[659]

> Conforme visto, a lei (referido art. 1.031) estabelece que seja feito balanço mediante o qual se apura a situação patrimonial da sociedade no momento da retirada com o fim específico de definir a cota de cada sócio. Determina-se, assim, a parte em dinheiro que caberia a cada um deles se a sociedade fosse extinta, o que é diferente de avaliação para alienação de cotas sociais, situação em que se atribui valor, inclusive, à expectativa de resultados futuros decorrentes da atividade empresarial.

O cálculo do patrimônio atenderá a normas e relevará peculiaridades e circunstâncias de acordo com a sua finalidade, cabendo, aqui, apenas anotar que em caso de dissolução total da sociedade, por exemplo, o patrimônio poderá não contemplar os ativos intangíveis – ou ao menos parte deles –,[660] enquanto o conjunto de haveres sempre deverá contemplá-los, como visto no estudo da diretriz de realidade.

A diferença entre o valor que poderá assumir uma única participação minoritária e aquele correspondente à sua fração no capital social, Paolucci esclarece, é reconhecida no âmbito da doutrina e da prática, como se o capital econômico da sociedade representasse o valor teórico de troca de todas as quotas que compõem o capital social e que este valor não coincide necessariamente com a soma dos valores ou preços atribuídos pró-quota em pacotes individuais.[661] De acordo com a conclusão de Baldissera, o valor de mercado da

---

una universalità di diritto, intestata e appartenente all'ente sociale. La sua unità si riflette nell'unico inventario, nell'unico bilancio che la società deve compilare benchè abbia più sedi e più succursali; si riflette nella unità di garanzia che tutti i suoi beni offrono ai creditori sociali". (VIVANTE, p. 192).

[657] Cf. Antônio Lopes de Sá: "O conceito jurídico de patrimônio tem oscilado entre os juristas mais famosos, quando se tenta objetivar o patrimônio em relação à azienda. Suas observações oscilam em face do seu aspecto sempre em consideração dos direitos e obrigações (dois objetos). [...] Do ponto de vista econômico, o patrimônio é observado de outra forma, ou seja, sob o prisma da ciência econômica, como riqueza ou como bem suscetível de cumprir a necessidade de uma coletividade". (SÁ; SÁ, 2009, p. 348).

[658] Vide: BRASIL. Superior Tribunal de Justiça. REsp nº 5.780/SP. 3ª Turma. Relator: Min. Eduardo Ribeiro (p/ Acórdão). Julgamento: 05 mar. 1991. *DJ* 15 abr. 1991.

[659] BRASIL. Superior Tribunal de Justiça. REsp nº 958.116/PR. 4ª Turma. Relator: Min. João Otávio de Noronha. Julgamento: 22 maio 2012. *DJ* 06 mar. 2013, fl. 9.

[660] Cf. Paolucci: "In sede di liquidazione, pertanto, il "sistema-aziendale", inteso come insieme di elementi in interazione dinamica destinato a durare nel tempo, viene meno e la valutazione in questo caso è di tipo "atomistico", in quanto prende in considerazione individualmente i singoli elementi patrimoniali suscettibili di valutazione e non l'azienda nel suo complesso. La quantificazione del capitale è finalizzata alla sua trasformazione in denaro liquido e, pertanto, gli elementi patrimoniali attivi sono valutati in base al presunto valore di realizzo netto e quelli passivi in base al presunto valore di estinzione". (PAOLUCCI, 2018, p. 19).

[661] Cf. Paolucci: "La differenza tra il valore che può assumere una singola partecipazione minoritaria e quello della corrispondente frazione del capitale d'impresa, poggia sul consolidato e generale riconoscimento, nell'ambito della Dottrina e della prassi, che il capitale economico aziendale rappresenta il valore teorico di

participação societária, mesmo que seja hipoteticamente reconstruível, geralmente não reflete a realidade, nem está em conformidade com um princípio de proporcionalidade em relação ao patrimônio da sociedade.[662]

O *quorum* para alterar a parte da cláusula de predeterminação dos haveres referente ao método e/ou critérios é de ¾, o mesmo para alterar o contrato social, *ut* artigo 1.071, inciso V, combinado com o artigo 1.076, inciso I, ambos do Código Civil. Contudo, para alterar a regra de equivalência durante a vida da sociedade entende-se que há a necessidade de concordância – ao menos – de todos os sócios que terão o seu direito potencial de crédito alterado. Aqui não se trata de aplicar o princípio majoritário, mas sim o direito de propriedade. Ambas as condições se constituem em limites à autonomia privada na seara dos haveres sociais. Sublinha-se que o *comma* 4º do artigo 2.468, do Código Civil italiano estabelece que, salvo disposição contrária prevista no contrato social, os direitos particulares dos sócios somente poderão ser alterados com o consentimento de todos.[663]

Ante o exposto, entende-se que no sistema jurídico brasileiro os sócios têm autonomia para regrar a apuração dos haveres na sociedade limitada em todos os seus aspectos, podendo, por exemplo, convencionar apenas o método e/ou critérios para a apuração, situação em que se aplicará o fator de proporcionalidade quota-capital. Ou, ainda, apenas a regra de equivalência, por meio da qual fixam os percentuais referentes à fração de cada um deles sobre o conjunto dos haveres, caso em que *a priori* deverá o juiz aplicar para a apuração do valor total o método e os critérios legais, *ut* artigo 1.031, *caput*, do Código de Processo Civil combinado com o artigo 606 do Código de Processo Civil.

5.3. Equivalência e direito patrimonial: análise crítica e proposição

As decisões do Supremo Tribunal Federal e do Superior Tribunal de Justiça não vinculam, com acerto, a regra de equivalência que define a extensão das frações de cada sócio no conjunto de haveres ao princípio que veda o enriquecimento injustificado. A existência da regra, por si só, é causa suficiente para justificar o deslocamento patrimonial. A regra de equivalência define a extensão do direito patrimonial dos sócios. Assim, não é adequado tentar afastá-la sobre o argumento de que ofende o princípio que veda o enriquecimento sem causa. Aplica-se aqui o Enunciado nº 188 da III Jornada de Direito Civil do

---

scambio dell'insieme delle quote che compongono il capitale sociale e che tale valore non coincide necessariamente con la sommatoria dei valori/prezzi pro-quota assegnati ai singoli pacchetti azionari". (PAOLUCCI, , 2018, p. 28).

[662] Cf. Baldissera: "In breve, il valore di mercato della partecipazione, anche laddove per ipotesi ricostruibile, generalmente non risponde, né è conformato a un principio di proporzionalità al patrimonio d'impresa". (BALDISSERA, 2012, p. 64).

[663] Artigo 2468, *comma* 4º, do Código Civil italiano: "Salvo diversa disposizione dell'atto costitutivo e salvo in ogni caso quanto previsto dal primo comma dell'articolo 2473, i diritti previsti dal precedente comma possono essere modificati solo con il consenso di tutti i soci".

Conselho de Justiça Federal: "A existência de negócio jurídico válido e eficaz é, em regra, uma justa causa para o enriquecimento".[664]

Por se tratar o direito aos haveres de direito patrimonial,[665] sendo a própria quota considerada um bem com existência autônoma e valor próprio, "suscetível, por isso, de ser objeto de relações jurídicas",[666] o direito aos haveres, de natureza substancialmente patrimonial, também poderá ser objeto de negócio jurídico entre os sócios, não tendo de necessariamente a participação dos sócios sobre os haveres obrigatoriamente ater-se ao fator de proporcionalidade *valor da quota – valor do capital social*.

Situação diversa ocorre com relação ao método e/ou critérios previstos no contrato social para a apuração dos haveres, os quais, para serem aplicados, demandam, conforme se depreende da jurisprudência do Supremo Tribunal Federal e do Superior Tribunal de Justiça, a análise de eventual ofensa ao princípio que veda o enriquecimento injustificado, razão pela qual se submetem às exigências das diretrizes de realidade, atualidade e igualdade. O Superior Tribunal de Justiça manifesta esse entendimento em diversas decisões, como, por exemplo, na proferida ao julgar o Recurso Especial nº 1.335.619, relatado pela Min. Nancy Andrighi:[667]

> Correta, portanto, a decisão das instâncias ordinárias, que diante do inconformismo manifestado pelos recorridos, desconsideram o critério eleito pelo contrato social para a apuração de haveres, partindo em busca de uma metodologia que assegure a efetiva indenização do sócio pelas suas quotas.

O raciocínio acima revela que o alcance das diretrizes de realidade, atualidade e igualdade – aplicáveis sobre o método e/ou critérios – extingue-se no momento em que é apurado o valor final do conjunto de haveres em pecúnia, instante em que a diretriz de proporcionalidade passa a atuar. Isso porque o direito aos haveres integra a dimensão patrimonial da quota,[668] a apuração de seu valor abrange a fase de aplicação do método e/ou critério e a fase de liquidação da quota, o direito aos haveres. Na primeira, almeja-se apurar o valor total do conjunto de haveres, na segunda o preciso valor correspondente ao direito do ex-sócio ou terceiro legitimado.[669] O fator de proporcionalidade

---

[664] AGUIAR JÚNIOR, Ruy Rosado (Org.). *Jornada de direito civil*. Brasília: CJF, 2007. Disponível em: <https://www.cjf.jus.br/cjf/corregedoria-da-justica-federal/centro-de-estudos-judiciarios-1/publicacoes-1/jornadas-cej/compilacaoenunciadosaprovados-jornadas-1-3-4.pdf>. Acesso em: 09 set. 2018.

[665] Cf. Estrella: "[...] do princípio que sugere a máxima conexão entre ação e direito material, já se fez sentida e notada a diversidade de procedimentos, isto é, ação tipicamente social (de conteúdo predominante obrigacional) para exigir e tornar efetiva a liquidação da quota de sócio; a ação de natureza essencialmente patrimonial (real ou mista), para a divisão do resíduo dos bens sociais, ou seja, para ultimar a liquidação da sociedade". (ESTRELLA, 2010, p. 81).

[666] GONÇALVES NETO, 2016, p. 379.

[667] BRASIL. Superior Tribunal de Justiça. REsp nº 1.335.619/SP. 3ª Turma. Relatora: Minª. Nancy Andrighi. Julgamento: 03 mar. 2015. *DJ* 27 mar. 2015, fl. 8.

[668] Cf. Calixto: "O legislador brasileiro não se contentou em permitir a separação entre propriedade e controle, esmerou-se em incentivá-la". (SALOMÃO FILHO, 2006).

[669] Cf. Estrella: "A determinação concreta da quota (ou apuração de haveres, como diz a lei) se resolve num *facere*, por força do qual a sociedade (sujeito passivo) tem de *fazer* quanto caiba, pelo contrato ou pela lei, a favor do sócio afastado (sujeito ativo), para que se chegue a determinar o exato montante de seus haveres. A liquidação, ou mais designadamente o pagamento, vem a ser a prestação posterior, que se traduz num *dare*,

aplica-se apenas na segunda fase, de modo que aqui impera os ditames gerais do direito de propriedade e não o princípio que veda o enriquecimento sem causa.

Anota-se que o conteúdo patrimonial dos lucros e dos haveres está evidenciado no *caput* do artigo 1.026 do Código Civil: "O credor particular de sócio pode, na insuficiência de outros bens do devedor, fazer recair a execução sobre o que a este couber nos lucros da sociedade, ou na parte que lhe tocar em liquidação". Para tanto, pode o credor requerer a liquidação da quota do devedor, apurado na forma do artigo 1.031, *caput*, do Código Civil, *ut* artigo 1.026, parágrafo único, do mesmo diploma legal.

A regra de equivalência funda-se exclusivamente na autonomia privada e refere-se à extensão do direito de crédito – direito patrimonial –, de modo que a sua existência é suficiente para assegurar sua força vinculativa obrigatória, independentemente da metodologia que vier a ser aplicada para apurar o valor total dos haveres. O controle sobre o exercício da autonomia privada na definição da regra de equivalência, reitera-se, se dá pelo *quorum* de ¾ para se alterar o contrato social,[670] pela exigência de concordância – ao menos – de todos os sócios que terão as suas frações de direito aos haveres alteradas e pela impossibilidade de a cláusula ser leonina, *ut* artigo 1.008 do Código Civil.

A regra de equivalência tem força vinculativa obrigatória própria, independente da força pertinente ao método e/ou critérios fixados nela pela parte ou em cláusula próxima.[671] A interferência judicial para alterar a regra de equivalência convencionada pelos sócios, de natureza substancialmente econômico-patrimonial, sob o pretexto de que provocaria deslocamento patrimonial injustificado, contraria gravemente o princípio da autonomia privada.[672]

No Direito societário, não se aplica o princípio do equilíbrio econômico das prestações,[673] e a aplicação do princípio de correspondência entre risco e

---

cuja exigibilidade não só se subordina ao que houver sido convencionado, senão ainda tem caráter potencial, já que bem pode suceder inexista crédito algum a favor do ex-sócio". (ESTRELLA, 2010, p. 82).

[670] Cf. Spinelli: "[...] nada impede que a forma de apuração dos haveres seja inserida mediante alteração contratual aprovada por, no mínimo, 75% do capital social (CC, art. 1.071, V, c/c art. 1.076, I)". (SPINELLI, 2015, p. 511). Cf. Vivante: "L'atto costitutivo della Società, insieme allo Statuto che ne è un elemento integrante, ha in sè la potenza di un continuo divenire. Tutto ciò che poteva essere disciplinato coll'originario atto costitutivo, può essersi modificato colla sua successiva riforma, salvo espresse esclusioni dell'atto costitutivo. Una volta costituita la Società, la maggioranza può fare tutto ciò ehe nell'atto costitutiva doveva raccogliere l'unanimità dei soci, perchè formando la Società il socio ha delegato alla maggioranza il potere di modificare l'atto costitutivo. Conseguentemente il diritto di recesso, che è un atto di resistenza alla volontà della maggioranza, organo normale della Società, è un diritto eccezionale". (VIVANTE, 1935, v. 2, p. 25).

[671] Cf. Pontes de Miranda: "Quantitativamente, os interesses podem ser desiguais (diferenciados pelos valores das quotas, ou da participação nos lucros e nas perdas)." (PONTES DE MIRANDA, 1965, v. 49, § 5.169, p. 19).

[672] Cf. Bianca: "La tutela della libertà negoziale rileva anche nei rapporti di diritto privato rendendo illecite le interferenze dei terzi volte ad alterare la libera autodeterminazione del soggetto e ponendo un limite di validità ai negozi mediante i quali il soggetto rinunzia alla propria libertà di disposizione". (BIANCA, 2015. v. 3, p. 27).

[673] Cf. Rivolta: "Ci si chiede peraltro ancora oggi "sin dove ci si può spingere in questa diversità di trattamento tra i soci, o tra categorie di soci, ... senza turbare il rispetto della causa e dei principi dei contratti"; e si ritiene "troppo poco riferirsi al divieto di patto leonino". Ma non è qui applicabile la disciplina dei contratti a prestazioni corrispettive, che presuppone, nei profili causali stessi dei diversi tipi contrattuali, un certo

poder é mera eventualidade, não uma necessidade.[674] É o fenômeno econômico que estrutura a coordenação unitária do Direito Comercial.[675]

A participação societária, com realce na apuração dos haveres, não apenas tem significado econômico de investimento, como é nesses termos considerada pelo ordenamento jurídico.[676] A saída do sócio, com a apuração de seus haveres, para ele tem o significado de um desinvestimento integral.[677] Em sentido semelhante, Civerra sublinha que é perfeitamente adequado considerar os sócios como titulares de capital de risco, o qual se encontra na possibilidade de vir a não receber sequer a restituição dos valores que conferiu no capital social.[678]

O risco do sócio na seara dos haveres encontra-se na possibilidade de, no momento de sua saída, ou da liquidação da sociedade, não ocorrer nem a restituição do valor que havia investido.[679] Tal risco não está no método e/ou critérios para a apuração dos haveres, tampouco na regra de equivalência, mas sim no investimento realizado em uma sociedade empresária, cuja atividade econômica se caracteriza pelo risco de perdas.

Ademais, a quem a sociedade tem de pagar o valor correspondente aos haveres é uma questão para ela irrelevante; seu interesse está, efetivamente, no *quantum* – métodos e/ou critérios – e na forma de pagamento. A personalidade jurídica da sociedade limitada torna também para os outros sócios irrelevante para quem a sociedade pagará a fração do valor correspondente ao direito do sócio retirante.[680] Também por isso a regra de equivalência não é alcançada por nenhuma das outras quatro diretrizes já apresentadas.

---

equilibrio tra le contrapposte prestazioni delle parti e l'equilibrio consente entro certi limiti di ristabilire, se per eventi sopravvenuti risulta alterato. Le norme specifiche sopra richiamate danno ampia conferma dell'inaplicabilità di tale disciplina." (RIVOLTA, 2015, p. 234). Cf. Branco: "A confirmar que o tema do "princípio do equilíbrio econômico do contrato" é posto geralmente no âmbito das relações de consumo, [...]". (BRANCO, 2014, p. 274).

[674] Cf. Rivolta: "Appartiene solo al mito, per finire, il principio di corrispondenza tra rischio e potere o tra responsabilità e potere. A parte l'evanescenza stessa della sua formulazione, tuttal la disciplina delle società sta a dimonstrare che quella corrispondenza è una mera eventualità, non una necessità". (RIVOLTA, op. cit., p. 238).

[675] MARCONDES, 1977, p. 29.

[676] Cf. Ferri Jr.: "Una vera e propria disciplina dell'investimento può invece rinvenirsi in quella societaria: la partecipazione ad una società, infatti, non solo assume, allora di fatto, il significato economico di investimento, ma proprio in tali termini essa viene presa in considerazione dall'ordinamento giuridico". (FERRI JÚNIOR, 2001, p. 73).

[677] Cf. Ferri Jr.: "[...] il recesso in realtà rappresenta, per il socio recedente, una vicenda di *disinvestimento integrale*: in occasione della quale si tratta di definire i rapporti con gli altri soci e, dunque, di determinare il risultato *finale*, ancorché individuale (relativo, cioè, al solo socio recedente), della operazione di investimento". (Ibid., p. 168-169).

[678] Cf. Civerra: "[...] perfettamente confacente alla descrita situazione quella di considerare i soci come titolari o apportatori nella società di capitale di rischio: il rischio, evidentemente, è quello che la residualità delle loro pretese al termine della liquidazione non si traduca nella restituzione delle somme originariamente versate alla società". (CIVERRA, 2013, p. 2).

[679] Cf. Civerra: "In questo senso è perfettamente confacente alla descrita situazione quella di considerare i soci come titolari o apportatori nella società di capitale di rischio: il rischio, evidentemente, è quello che la residualità delle loro pretese al termine della liquidazione non si traduca nella restituzione delle somme originariamente versate alla società". (Ibid., p. 2).

[680] Cf. Alpa: "Il privilegio consiste essenzialmente nell'assegnare all'ente riconosciuto, cioè alla persona giuridica, un *patrimonio separato* da quello dei singoli membri, e *capacità* separata rispetto a quella dei singoli

No entanto, atenção deve-se ter quando houver quotas em tesouraria. A Instrução Normativa nº 38, de 2 de março de 2017, do Departamento de Registro Empresarial e Integração – DREI –,[681] reconheceu no item 1.4, II, alínea *a*, do Manual de Registro de Sociedade Limitada a possibilidade de a sociedade limitada adquirir as suas próprias quotas para manter em tesouraria, quando se presume aplicação supletiva da lei da sociedade anônima torna-se presumida.

A questão, assim, passa a ser como deve ser calculado o percentual que cabe ao ex-sócio sobre os haveres quando houver quotas em tesouraria na sociedade limitada, e o fator de proporcionalidade a ser aplicado é o previsto no artigo 1.031, *caput*, do Código Civil: *valor da quota – valor do capital social*, pelo *montante efetivamente realizado*. Entende-se que no cálculo para se obter o percentual que caberá ao ex-sócio ou terceiro legitimado não deverá ser incluído o valor do capital social correspondente às quotas em tesouraria.

Isso porque a sociedade, ao adquirir as suas próprias quotas, o fez com recursos que, em última análise, pertenciam aos sócios, inclusive ao sócio retirante. Caso não fosse excluído do cálculo de liquidação o valor referente a tais quotas, estar-se-ia legitimando a diluição do patrimônio do ex-sócio ou do terceiro legitimado sem justa causa,[682] pois estar-se-ia computando no valor total do capital social um valor que, ao menos de modo secundário, lhe pertencia.

O percentual que cabe ao sócio retirante sobre o valor do conjunto de haveres seria reduzido pela inclusão no cálculo do fator de proporcionalidade de um direito patrimonial que de modo indireto lhe pertence. Esse entendimento ofenderia o princípio que veda o enriquecimento sem justa causa e o direito de propriedade, mesmo que suas regras não sejam diretamente aplicadas à situação.[683] Aplica-se ao caso, o Enunciado 487 da V Jornada de Direito Civil do Conselho de Justiça Federal, que reza: "Na apuração de haveres de sócio retirante (art. 1.031 do CC), devem ser afastados os efeitos da diluição injustificada e ilícita da participação deste na sociedade".

---

membri, sicché i terzi e i creditori per la soddisfazione delle loro pretese si possono rivolgere solo alla persona giuridica e non ai suoi membri o ai suoi organi". (ALPA, 2017, p. 205). Cf. Marcondes: "Finalmente, a sociedade, ao organizar-se, ela se forma de separações patrimoniais, realizadas pelos sócios, para as reunirem num patrimônio separado, que é o patrimônio social, mas de que são titulares os sócios, até que a sociedade se inscreva no registro próprio e por esta inscrição adquira personalidade jurídica. Então, este patrimônio separado, destacado dos patrimônios dos sócios, transfunde-se num patrimônio autônomo, porque tem um novo titular, um novo sujeito de direito, que é a pessoa jurídica. E a personificação da sociedade tem o efeito de separar, cortar as relações entre os sócios e os bens que constituem a quota de cada um, para constituição da massa social, até que com o desaparecimento da pessoa jurídica volte a situação inicial, retornando ao patrimônio de cada sócio aquilo que remanescer do patrimônio social". (MARCONDES, 1977, p. 14-15). Cf. Vivante: "Le società commerciali sono persone giuridiche, cioè organismi autonomi forniti di diritti patrimoniali. La personalità giuridica delle società commerciali è una conquista del diritto medievale italiano". (VIVANTE, 1935, v. 2, p. 5).

[681] DEPARTAMENTO DE REGISTRO EMPRESARIAL E INTEGRAÇÃO, 2017.

[682] Cf. Gonçalves Neto: "Como é suposto que o sócio não pode ter seu patrimônio pessoal diluído na apuração dos seus haveres, esta deve proporcionar-lhe aquilo que, na liquidação total do patrimônio social, ele receberia." (GONÇALVES NETO, 2016, p. 312).

[683] Cf. Gonçalves Neto: "Assim, a liquidação da quota faz-se com base no valor dos direitos patrimoniais que ao sócio são assegurados na sociedade." (Ibid., p. 311).

Dessa forma, entende-se que os Tribunais Superiores acertam quando não manifestam qualquer conexão direta entre a regra de equivalência e o princípio que veda o enriquecimento injustificado, evidenciando que o seu controle se dá pela diretriz de proporcionalidade, não lhe alcançando as diretrizes de realidade, atualidade e igualdade. Dentro da cláusula – ou cláusulas – de predeterminação dos haveres sociais, a regra de equivalência tem força vinculativa obrigatória independente da força inerente ao método e/ou critérios para a apuração dos haveres, de modo que afastar a metodologia convencionada pelos sócios não significa afastar a regra que fixa o fracionamento do conjunto de haveres quando os sócios utilizam outro critério que não o fator de proporcionalidade quota-capital.

Considerando, por fim, que o direito aos haveres se constitui em um direito potencial de crédito, substancialmente de caráter econômico-patrimonial, entende-se que os haveres sociais são passíveis de serem objeto de negócio jurídico entre os sócios, pois inexiste no sistema jurídico brasileiro, até o momento, uma norma que proíba os sócios de convencionarem regras para o fracionamento dos haveres sociais, desvinculando-o do fator de proporcionalidade quota-capital social.

Considerações finais

As cinco diretrizes apresentadas nessa tese estruturam e configuram os limites jurídicos da relação de liquidação que se inicia quando a sociedade se resolve em relação a um sócio, *ut* artigo 1.031, *caput*, do Código Civil. A rigor, não é a sociedade que se resolve, mas sim o contrato plurilateral de sociedade; a sociedade dissolve-se. Essa distinção é importante porque permite situar a cláusula de apuração dos haveres sociais na tradicional dogmática do Direito contratual, respeitando todas as características que tornam inconfundíveis o contrato plurilateral associativo, com escopo de organização coletiva para a consecução de um fim comum – no caso das sociedades o lucro, em sentido amplo (dividendos e haveres) –, com o contrato bilateral; características que justificam a inaplicabilidade de algumas das regras e teorias tradicionais na seara dos contratos bilaterais quando se tratar de contrato plurilateral. No entanto, e isso é importante, ambas as categorias sofrem a incidência do princípio *pacta sunt servanda*, corolário da autonomia privada.

As diretrizes foram identificadas como sendo juridicamente vigentes no sistema jurídico brasileiro, tendo em vista que apesar de a lei não dispor de modo expresso sobre as mesmas, a jurisprudência e a doutrina as consideram como Direito positivo. Nesse sentido, a tese aqui defendida sistematiza os fundamentos jurídicos dispersos na jurisprudência e na doutrina, que de modo estável e contínuo têm sido aplicados ao longo da história da sociedade limitada, constituindo-se por isso em material adequado para a formulação de um modelo dogmático que permite ao redator e ao intérprete da cláusula de predeterminação dos haveres verificar se o seu conteúdo corresponde ao *dever-ser* imposto pelo sistema jurídico antes da sua efetiva aplicação. A tese também oferece parâmetros minimamente concretos e seguros para que futuras decisões judiciais possam apoiar-se em diretrizes normativas claras para afastar ou aplicar as cláusulas de predeterminação dos haveres nos mais variados casos concretos.

Para a análise da cláusula de apuração de haveres sociais três características dos contratos plurilaterais são especialmente relevantes:

(I) A resolução desses contratos pode ocorrer de forma parcial ou total; sendo parcial, encerra-se apenas parte dos vínculos associativos, para os demais o contrato segue eficaz. A resolução do contrato tem efeito liberatório para as partes,[684] de modo que o êxito ou insucesso da sociedade tornar-se irrelevante após a perda do *status socci*;

(II) Constitui-se em um dos efeitos da resolução do contrato o estabelecimento de uma relação de liquidação entre as partes, que no caso dos contratos plurilaterais, por se tratar de obrigações duradouras, possui efeito *ex nunc*, quando a regra em se tratando de contrato bilateral é o efeito *ex tunc*;

(III) O contrato plurilateral é sinalagmático, a prestação do sócio ocorre com a integralização efetiva da sua parte no capital social, com o término da relação duradoura, nasce para o ex-sócio o direito de exigir uma contrapartida da sociedade, que será calculada tendo como base o valor do patrimônio social no dia que restar fixado como o da data-base, em regra, o dia do término do vínculo contratual. Essa quantia a ser apurada é a expressão pecuniária dos haveres sociais, e espelha a situação patrimonial da sociedade tendo como referência o conjunto completo de ativos e passivos no momento da resolução do contrato; e, ainda, o fato de que a atividade empresarial continuará sendo exercida pela sociedade. Esse aspecto é relevante porque a existência e o valor de muitos ativos intangíveis estão relacionados à continuidade da empresa, deixando de existir em caso de encerramento da atividade.

A cláusula de apuração dos haveres, assim, tem como função regrar a relação de liquidação decorrente da resolução parcial do contrato plurilateral. Essa relação, denominada de apuração de haveres, é constituída de duas etapas. Na primeira, chamada de apuração dos haveres propriamente dita, objetiva-se converter em pecúnia o valor correspondente ao total haveres sociais em um determinado dia (data-base). Cada sócio tem direito a uma fração desse valor, no entanto, a apuração tem como finalidade apenas liquidar a fração correspondente ao direito do ex-sócio ou de terceiro legitimado sobre aquele valor total. Esse aspecto é importante porque permite visualizar que a determinação do valor a ser pago pela sociedade provoca efeito indireto no direito patrimonial das demais partes do contrato plurilateral, que nele prosseguirão. Na segunda etapa, nominada de liquidação da quota, o escopo é expressar em pecúnia o valor correspondente ao direito do sócio retirante sobre aquele valor total, portanto, trata-se de quantificar o valor da fração que caberá à sociedade restituir ao ex-sócio que nela havia integralizado o seu capital, esse é o principal efeito patrimonial da resolução do contrato plurilateral, e permite observar como ocorre o efeito *ex nunc* da resolução, pois nos contratos bilaterais a regra é o retorno das partes ao estado anterior ao da resolução, efeito *ex tunc*.

A regulamentação das etapas acima descritas, constitui-se na finalidade da cláusula de apuração de haveres. Esse ponto é especialmente relevante porque permite identificar dois tipos de conteúdo inconfundíveis dentro da cláusula para a apuração dos haveres sociais, o que visa a regrar a etapa de apuração dos haveres, e o que se refere à liquidação da quota. O primeiro desses conteúdos se refere ao método e/ou critério a ser aplicado para se apurar o valor total dos haveres; o segundo, se refere à regra de equivalência que,

---

[684] AGUIAR Júnior, Ruy Rosado. *Extinção dos contratos por incumprimento do devedor*. Rio de Janeiro: Aide, 1991, p. 252.

aplicada sobre aquele valor, indicará a quantia exata que caberá à sociedade restituir ao ex-sócio ou a terceiro legitimado.

Em conjunto, as diretrizes visam a assegurar a inexistência de qualquer ofensa aos direitos patrimoniais do sócio que se despede, dos sócios remanescentes e da própria sociedade. No entanto, cada uma delas tem sua própria função: (I) a de especificidade visa a orientar as questões vinculadas às hipóteses de incidência passíveis de serem reguladas pelos particulares, e a forma de como formalizá-las no contrato social; (II) a de realidade tem como escopo orientar o modo de como o método e/ou critério deve apreender e expressar a realidade econômico-patrimonial da sociedade no momento da extinção parcial dos vínculos sociais; (III) a de atualidade objetiva orientar a recomposição dos efeitos decorrentes do transcurso do tempo sobre o valor do conjunto de ativos e passivos da sociedade; (IV) a de igualdade almeja orientar as discricionariedades referentes às variações de método e/ou critério que os sócios podem convencionar no contrato social; e (V) a de proporcionalidade visa a orientar aspectos inerentes à regra de equivalência, cuja finalidade é permitir o fracionamento do valor total dos haveres sociais.

A tese objetiva e sistematiza a estrutura normativa vigente acerca da apuração dos haveres no âmbito da sociedade empresária limitada. De modo que se possa dizer que atender as orientações fornecidas pelas cinco diretrizes significa atender as exigências que o sistema jurídico brasileiro impõe à relação de liquidação que sucede à resolução parcial do contrato plurilateral de sociedade. Por isso, considera-se que a cláusula de apuração de haveres, que *a priori* desfruta de plena força vinculativa obrigatória, deve ser aplicada, em regra, sempre que o seu conteúdo respeitar as diretrizes.

A diretriz de especificidade, de natureza formal, determina que as regras inerentes à relação de liquidação devem ser expressas, claras e precisas. Não só, diz também que não se aplicam as regras referentes a uma determinada hipótese de incidência a nenhuma outra hipótese possível, devendo a cláusula prevê-las individualmente, que é o recomendado, ou, então, ser expressa em afirmar que a sua incidência ocorrerá em toda e qualquer hipótese que acarrete a resolução parcial do contrato. A apuração dos haveres, por se tratar de uma relação de liquidação, não aceita dúvidas.

Os sócios têm autonomia para disciplinar o método e/ou critério de apuração dos haveres para cada uma ou todas as situações fático-jurídicas geradoras da relação de liquidação. No entanto, não podem exigir que o valor a ser restituído seja apurado por meio da aplicação de método e/ou critério que não tenha sido expressamente convencionado e previsto no contrato social. Na hipótese de inexistir a convenção, aplica-se obrigatoriamente o método e o critério previstos na lei, ou seja, a apreensão da situação patrimonial da sociedade por meio de um balanço especialmente levantado, denominado de balanço de determinação, e a avaliação do conjunto integral de ativos e passivos a preço de saída, *ut* artigo 1.031, *caput*, do Código Civil, combinado com o artigo 606 do Código de Processo Civil. A esses dispositivos também o Estado-juiz está vinculado, de modo que para afastá-los é necessário que a fundamentação manifeste as peculiaridades juridicamente relevantes no caso concreto que recomendam a substituição da regra legal.

Nas hipóteses em que as regras para a apuração dos haveres exigir condições ou requisitos para sua incidência – como, por exemplo, a adoção de balanço patrimonial assinado pelo sócio ou aprovado em reunião de sócios; ou o cálculo dos ativos intangíveis com base em balanços anteriores aprovados pelo Conselho de Administração; – a *especificidade* exige que tais condições ou requisitos intrínsecos à cláusula tenham sido atendidos. Do contrário, a relação de liquidação se daria sobre base diversa daquela que os sócios convencionaram. Além disso, o não atendimento dos requisitos intrínsecos às regras de apuração pode ser interpretado como fator de liberação das partes em relação à cláusula, em face do comportamento divergente das partes ao longo da fase de execução do contrato. É a sociedade a responsável por assegurar que o substrato material necessário para a apuração dos haveres ocorra em consonância com a cláusula prevista no contrato social.

As eventuais dúvidas relativas ao método e/ou critério convencionado pelos sócios também podem ser esclarecidas a partir da *especificidade*. Nesse caso, a diretriz alcança outros documentos elaborados pelos sócios referentes à apuração dos haveres sociais, não se limitando ao texto da cláusula contratual. Ela transcende os limites materiais da cláusula para integrar no processo interpretativo outros elementos juridicamente relevantes que proporcionam clareza e precisão quanto às regras da relação de liquidação. Nesse sentido, pode-se dizer que a diretriz de especificidade é um fator de promoção da autonomia privada na seara dos haveres sociais, pois quanto mais específica for a cláusula para a apuração dos haveres, menor razão haverá para o Judiciário deixar de aplicá-la no caso concreto.

A diretriz de realidade, de natureza material, é responsável pela vinculação do direito aos haveres à situação patrimonial da sociedade no momento em que o término do vínculo societário. Assim, exige que o conteúdo e/ou critério eleito pelos sócios possa apreender a realidade patrimonial da sociedade em qualquer momento. O valor a ser restituído ao ex-sócio ou terceiro legitimado como efeito patrimonial da resolução parcial do contrato plurilateral não é acordado pelas partes, muito menos dito pela sociedade. O valor é apurado com base na situação patrimonial da sociedade, *ut* artigo 1.031, *caput*, do Código Civil.

Os sócios têm plena autonomia para convencionar a forma como essa apuração ocorrerá, porém não têm liberdade para impedir que a apuração ocorra com base na situação patrimonial e/ou econômica da sociedade no momento, em regra, da resolução parcial do contrato. Isso porque, nenhum deles tem conhecimento de quando a cláusula de predeterminação dos haveres incidirá, tampouco de como estará a situação patrimonial da sociedade naquele momento futuro. Vale lembrar que o contrato plurilateral é considerado sinalagmático, não obstante as prestações não serem dadas uma pela outra, mas unificadas e dirigidas a um fim comum, firmando o vínculo sinalagmático entre a prestação de cada um frente à de todos os outros.[685]

Ocorre que a apreensão da realidade econômico-patrimonial de uma sociedade pode ser realizada por diversos meios, de modo que não se pode afirmar que há um só método e/ou critério para se apurar os haveres sociais. Diante dessa diversidade, a diretriz de realidade é aplicada pelo Superior Tribunal de Justiça, a exemplo do que fizera o Supremo Tribunal Federal na época que lhe competia julgar a matéria, com relativo rigor. No entanto, por não impor de forma rígida uma única forma de calcular o conjunto de ativos e passivos da sociedade, a diretriz permite que os sócios convencionem método e/ou critério que, na prática, se revelará mais benéfico ou não quando comparado com a regra legal, prevista no artigo 1.031, *caput*, do Código Civil, combinado com o artigo 606 do Código de Processo Civil.

Contudo, as escolhas realizadas pelos sócios não podem negar, contrariar ou distorcer substancialmente a situação patrimonial da sociedade no momento da resolução parcial do contrato. É nessa realidade que se funda o valor a ser restituído ao ex-sócio ou terceiro legitimado, de forma que desconsiderá-la na apuração dos haveres repercutirá diretamente no direito patrimonial de todas as partes (plurilateralidade) vinculadas ao contrato parcialmente resolvido, inclusive no direito dos sócios remanescentes, embora a esses nada têm a se restituir. Por esse ângulo, consegue se observar a razão pela qual a jurisprudência dos Tribunais Superiores exige que a relação de liquidação encontre suporte fático-jurídico na realidade econômico-patrimonial da sociedade no momento da despedida do sócio, e não apenas na autonomia privada, consubstanciada na cláusula de apuração dos haveres. Em síntese, a diretriz de realidade exige que o valor a ser restituído expresse a situação patrimonial real da sociedade, em suas duas dimensões – existencial e valorativa –, impondo, assim, um nítido limite à autonomia privada.

É com base no limite imposto pela *realidade*, por exemplo, que se entende inadmissível aplicar uma cláusula de predeterminação dos haveres que estabeleça um valor fixo para os haveres anos depois da sua convenção. Da mesma forma, inaplicável será a cláusula que limitar a apuração dos haveres ao conjunto de ativos e passivos constantes no balanço do exercício, ou estabelecer a adoção de seus valores históricos.

Os exemplos acima, no entanto, são de fácil solução. A dificuldade está, por exemplo, quando o método e/ou critério convencionado não se mostrar adequado para apreender e expressar em pecúnia a real situação patrimonial da sociedade no momento da resolução parcial do vínculo societário, podendo isso ocorrer, também como exemplo, por razões inerentes ao próprio método e suas premissas ou por circunstâncias temporárias adversas enfrentadas pela sociedade que impactam significativamente a sua situação patrimonial naquele momento.

---

[685] AGUIAR JÚNIOR, Ruy Rosado. *Extinção dos contratos por incumprimento do devedor*. Rio de Janeiro: Aide, 1991, p. 86.

Nesses casos difíceis, o Judiciário poderá entender que a cláusula deve ser aplicada por força do princípio da autonomia privada; ou, então, que o seu afastamento se impõe, porquanto sua aplicação, diante da inadequação do método e/ou critério para apreender e expressar a real situação patrimonial da sociedade, ofenderia o princípio que veda o enriquecimento sem causa. Recorda-se que os Tribunais Superiores não consideram a cláusula de predeterminação dos haveres causa suficiente para justificar o deslocamento patrimonial decorrente da resolução parcial dos vínculos sociais.

Os casos difíceis, como se vê, são solucionados mediante ponderação, atentando-se para os elementos fático-jurídicos relacionados a cada caso concreto. Contudo, isso não significa que a força vinculativa obrigatória inerente à cláusula de apuração dos haveres possa singelamente ser afastada sob o argumento de que viola um ou outro princípio ou instituto jurídico. Vale lembrar que o exercício da atividade empresarial, por sua própria natureza, requer estabilidade e previsibilidade dentro das relações contratuais, isso também vale para as relações societárias, sobretudo quando as convenções se referem a direitos patrimoniais, como se dá com a cláusula de apuração dos haveres sociais.

A diretriz de realidade não fixa uma linha estática, definitiva ou rígida. Ela atua como um farol, que ilumina o espelhamento da situação patrimonial da sociedade na apuração dos haveres, quando aquela se apresentar de forma substancialmente distorcida ou ofuscada, só então, é que a cláusula poderá vir a ser judicialmente afastada. Do contrário, a prevalência deve ser conferida à eficácia do princípio da autonomia privada, que exerce papel central no Direito Privado e, por consequência, no Direito das sociedades, sobretudo na sociedade limitada. Sublinha-se que o entendimento dos Tribunais Superiores de que a apuração deve ser a mais ampla possível não significa que irá ocorrer exatamente como se daria em caso de dissolução (total) da sociedade, mas sim que a apuração tem de refletir com nitidez a real situação patrimonial da sociedade no momento da resolução parcial do contrato.

A diretriz de atualidade, de natureza material, atua para garantir que o efeito do tempo sobre o valor dos ativos e passivos constitutivos do conjunto de haveres sociais seja considerado na apuração de seus valores. A *atualidade* não tolera que o direito potencial de crédito – direito aos haveres sociais – possa ter a sua extensão reduzida pelo transcurso do tempo. Tempo esse imprescindível, em regra, para a consecução do contrato de sociedade. Por isso, entende-se que tal contrato também se enquadra, a exemplo de alguns contratos bilaterais, ao conceito do contrato de duração, cujo fator caracterizador é a preservação, contínua e ininterrupta, do vínculo contratual e das obrigações ao longo do tempo.

A sua atuação tem em conta que o contrato de sociedade tem como escopo a realização de um interesse coletivo por prazo, em regra, indeterminado, contendo, por isso, obrigações duradouras. Por outro lado, a cláusula de predeterminação dos haveres apenas incidirá após a resolução parcial do contrato, situação que se caracteriza pela imprevisibilidade, podendo ocorrer, como é sabido, muitos anos após a elaboração da cláusula.

A diretriz atua em duas etapas, antes e após a constituição do título judicial em favor do ex-sócio ou de terceiro legitimado. Na primeira, exige que o valor dos haveres seja apurado no dia que restar fixado como o da data-base. Essa exigência também está relacionada ao entendimento de que a apuração decorrente da extinção parcial do vínculo contratual deve ocorrer como ocorreria em caso de dissolução total. A comparação, na perspectiva da *atualidade*, visa a informar que a apuração tem de considerar o valor dos direitos e obrigações como se efetivamente a participação societária ou a própria empresa fosse transferida a terceiros. O ponto aqui não é comparar o valor dos haveres ao preço das quotas ou da empresa, até porque são inconfundíveis os dois conceitos, mas sim, evidenciar que no caso de transferência o preço pago é o preço atual, o preço do dia; em se tratando de haveres, a diretriz de atualidade orienta para que se apure o valor atual dos haveres, ou seja, aquele corresponde ao dia da resolução do contrato. Esse raciocínio encontra amparo no significado da expressão "preço de saída", prevista no artigo 606 do Código de Processo Civil, cujo sentido é semelhante ao da expressão "valore di mercato" prevista no artigo 2.473, *comma* 3º, do Código Civil italiano.

Na segunda etapa, após a constituição do título em favor do ex-sócio ou de terceiro legitimado, a diretriz funciona como fundamento para a aplicação da correção monetária, evidenciado a sua relação com o transcurso do tempo, não obstante o entendimento atual de que a correção monetária apenas recompõe as perdas inflacionárias.

Ao fazer com que o valor de todos os ativos e passivos, individualmente ou em conjunto, sejam apurados na mesma data, a diretriz fixa um parâmetro de equalização que acaba por refletir com maior nitidez a real situação patrimonial da sociedade, pois confere tratamento igualitário a todos os itens que a constituem. Com isso, assegura que não ocorrerá deslocamentos patrimoniais provocados pelo transcurso do tempo, e, ainda, a igualdade dos sócios na participação dos haveres.

Embora não diretamente relacionado à apuração dos haveres, e sim ao seu pagamento, questão relevante é o marco a partir do qual incidem os juros moratórios sobre a quantia correspondente ao direito aos haveres do sócio retirante. O atual posicionamento do Superior Tribunal de Justiça é no sentido de que começa a incidir juros moratórios, salvo convenção contrária, após transcorrido o prazo de 90 dias a contar da liquidação, se a sociedade não efetuar o pagamento, *ut* artigo 1.031, § 2º, do Código Civil. A tese sustenta que nos casos em que a resolução do contrato ocorrer por razão imputável à sociedade, como, por exemplo, no de exclusão injustificada e irreversível, os juros moratórios devem ser acrescidos a partir da data da citação, seja por força do instituto da responsabilidade civil contratual, seja pela aplicação do princípio que veda o enriquecimento sem justa causa.

A diretriz de igualdade, que exerce papel formador do entendimento de que a apuração deve ocorrer da forma mais ampla possível, tem no controle da cláusula de apuração de haver a função de evitar que discricionariedades convencionadas pelos sócios quanto ao método e/ou critério a ser aplicado nas mais diversas hipóteses de incidência seja causa de deslocamentos patrimoniais injustificados. Enquanto as diretrizes de realidade e atualidade controlam a aplicação de qualquer método e/ou critério eleito pelos sócios, a de igualdade controla as variações entre dois ou mais método e/ou critério previstas no contrato social. Nesse sentido, adequado dizer que a diretriz de igualdade também possui natureza material.

O sistema jurídico brasileiro permite que os sócios convencionem diversos métodos e/ou critério – e suas variações ou temperamentos – para se apurar os haveres em diferentes situações fático-jurídicas, de forma que nem sempre a apuração seguirá as mesmas regras, o que, por consequência, fará com que o valor final dos haveres também apresente diferença decorrente do método e/ou critério aplicado no caso concreto. Tais variações poderão significar quantias expressivas. Considerando a aplicação direta do princípio que veda o enriquecimento sem causa no controle de qualquer método e/ou critério convencionado pelos sócios – diretrizes de realidade e atualidade –, e, ainda, o fundamento consagrado na jurisprudência dos Tribunais Superiores de que a apuração deverá conservar a igualdade dos sócios na apuração dos haveres, entende-se que as variações substanciais previstas no contrato social quanto ao método e/ou critério a ser aplicado nas distintas hipóteses de incidência deverão ter lastro jurídico no vínculo entre a função econômica do contrato de sociedade e na promoção integrada dos princípios da autonomia privada, da preservação da empresa e que veda o enriquecimento injustificado.

A diretriz de igualdade também orienta a escolha do método e/ou critério a ser realizada pelo Estado-juiz, vinculando-o *a priori* à escolha feita pelo legislador, *ut* artigo 1031, *caput*, do Código Civil combinado com o artigo 606 do Código de Processo Civil. Apenas em casos excepcionais é que o juiz poderá inovar e surpreender os sócios e a sociedade com um método e/ou critério até então deles desconhecido. E, nestes casos, a justificativa deverá indicar a razão pela qual se deixa de aplicar a regra legal, na qual a igualdade entre todos os sócios na participação nos haveres sociais se presume.

O parâmetro de igualdade firmado pelos Tribunais Superiores é o de que a apuração dos haveres deve ocorrer da forma mais ampla possível. O raciocínio subjacente à elaboração desta referência máxima construída pelo Supremo Tribunal Federal e pelo Superior Tribunal de Justiça é o de que a completa consideração da situação patrimonial da sociedade na apuração dos haveres garante a igualdade entre todos os sócios na participação dos haveres por ocorrer no extremo do que seria possível. No outro extremo, encontrar-se-ia a apuração mais reduzida possível.

A diretriz de proporcionalidade está relacionada à regra de equivalência, que estabelece o fracionamento do direito aos haveres sociais quando aplicada sobre o valor total apurado, e, assim, permitirá encontrar a quantia líquida e certa correspondente à fração daquele direito titulada pelo ex-sócio ou terceiro legitimado. Trata-se de regra atinente a direito patrimonial, ou, como dito por Estrella, direito potencial de crédito.

A diretriz de proporcionalidade se diferencia das outras quatro diretrizes em dois aspectos que merecem destaque. O primeiro refere-se ao momento de sua incidência, enquanto as anteriores visavam a definir a aplicação do método e/ou critério para apurar o valor dos haveres sociais, a diretriz de proporcionalidade incide no momento em que se realiza a liquidação da quota, ou seja, o cálculo por meio do qual se apurará a quantia líquida e certa que corresponde ao direito aos haveres do ex-sócio ou terceiro legitimado. Tais fases são inconfundíveis. A fase anterior, de apuração do valor dos haveres, oferece o campo de incidência da regra de equivalência. Aquela é efeito da resolução parcial do contrato, essa encontra seu fundamento derradeiro no direito de propriedade. A finalidade de cada uma das duas etapas acaba por determinar as normas que as regulam. Por exemplo, o princípio que veda o enriquecimento sem causa subjaz apenas nas diretrizes de realidade, atualidade e igualdade.

A jurisprudência dos Tribunais Superiores e a legislação desde sempre adotam para a regra de equivalência o fator de proporcionalidade *valor da quota – valor do capital social*, pelo montante efetivamente realizado, *ut* artigo 1.031, *caput*, do Código Civil, no entanto, isso não significa que os sócios estão proibidos de convencionar outra forma de fracionar o direito aos haveres sociais ou, mesmo, de fracioná-lo de modo fixo. Esse raciocínio encontra suporte nas normas referentes à participação dos sócios nos lucros e nas perdas, que expressamente realçam a autonomia dos sócios para convencionar forma de participação diversa da proporcionalidade *valor da quota – valor do capital social*, *ut* artigo 1.007 do Código Civil. A lei apenas veda a exclusão de qualquer sócio da participação nos lucros e nas perdas, e o faz sob pena de nulidade da cláusula, *ut* artigo 1.008 do Código Civil. Entende-se que os sócios têm autonomia para dispor do direito aos haveres sociais, da mesma forma que têm para dispor do direito aos lucros. Ambos os direitos são eminentemente patrimoniais. Esse entendimento não reduz em nada as funções política e organizacional desempenhas pelo capital social. Por outro lado, coaduna-se com o princípio da autonomia privada e com a função econômica típica do contrato de sociedade, que ainda é a de possibilitar a geração de lucro e riqueza para os seus sócios, isso inclui lucros ou dividendos do exercício e o direito de participação nos haveres sociais.

Justa – *Suum Cuique Tribuere* – será a decisão judicial quanto à aplicação da cláusula reguladora da apuração dos haveres decorrente da resolução parcial do contrato plurilateral de sociedade empresária limitada que em seus fundamentos aplicar as cinco diretrizes apresentadas nessa tese.

Referências

ACQUAS, Brunello; LECIS, Corrado. *Il recesso del socio nella S.P.A. e nella S.R.L.*. Milano: Giuffrè, 2010.
ADAMEK, Marcelo Vieira von. *Abuso de minoria em direito societário*. São Paulo: Malheiros, 2014.
——. Anotações sobre a exclusão de sócios por falta grave no regime do Código Civil. In: ADAMEK, Marcelo Vieira von. (Coord.). *Temas de direito societário e empresarial contemporâneos*. São Paulo: Malheiros, 2011.
AGUIAR JÚNIOR, Ruy Rosado de. Contratos relacionais, existenciais e de lucro. *Revista Trimestral de Direito Civil*, Rio de Janeiro, v. 12, n. 45, p. 91-110, jan./mar. 2011.
——. Extinção dos contratos. In: FERNANDES, Wanderley (Coord.). *Contratos empresariais*: fundamentos e princípios dos contratos empresariais. 2. ed. São Paulo: Saraiva, 2012. p. 475-518.
——. Extinção dos contratos por incumprimento do devedor. Rio de Janeiro: Aide, 1991.
——. (Org.). *Jornada de direito civil*. Brasília: CJF, 2007. Disponível em: <https://www.cjf.jus.br/cjf/corregedoria-da-justica-federal/centro-de-estudos-judiciarios-1/publicacoes-1/jornadas-cej/compilacaoenunciadosaprovados-jornadas-1-3-4.pdf>. Acesso em: 09 set. 2018.
ALBÁN, Jorge Oviedo. Los usos y costumbres en el derecho privado contemporaneo. *Revista Electrónica de Derecho Comercial*. Disponível em: <http://www.derecho-comercial.com/Doctrina/oviedo01.pdf>. Acesso em: 26 set. 2016.
ALBUQUERQUE, Luciano Campos de. *Dissolução de sociedades*. 2. ed. São Paulo: Malheiros, 2015.
ALEXY, Robert. *Teoria da argumentação jurídica*: a teoria do discurso racional como teoria da justificação jurídica. Tradução de Zilda Hutchinson Schild Silva. São Paulo: Landy, 2005.
——. *Teoría de la argumentación jurídica*: la teoria del discurso racional como teoria de la fundamentación jurídica. Lima: [s.n.], 2007.
——. *Teoria dos direitos fundamentais*. Tradução de Virgílio Afonso da Silva. São Paulo: Malheiros, 2008.
ALMEIDA, Carlos Ferreira de. Interpretação do Contrato. *Revista de Direito do Consumidor*, v. 17, p. 5-19, jan./mar.1996.
ALMEIDA COSTA, Mário Júlio de. *Direito das obrigações*. 9. ed. rev. e aum. Coimbra: Almedina, 2003.
ALPA, Guido. Il contratto in generale: Fonti, teorie, metodi. In: *Trattato di diritto civile e commerciale*. Milano: Giuffrè, 2014. v. 1.
——. *L'interpretazione del contratto: orientamenti e tecniche della giurisprudenza*. Milano: Giuffrè, 1983.
——. *Manuale di diritto privato*. 4. ed. Padova: CEDAM, 2005.
——. *Manuale di diritto privato*. 10. ed. Vicenza: CEDAM, 2017.
ÁLVARES, Walter T. *Direito comercial*. 4. ed. São Paulo: Sugestões Literárias, 1976.
ANGELICI, Carlo. *La reforma delle società di capitali*: lezioni di diritto commerciale. Padova: CEDAM, 2003.
AQUINI, Alberto. *Scritti giuridici*. Padova: CEDAM, 1961. v. 3.
ASCARELLI, Tullio. *Appunti di diritto commerciale:* società e associazioni commerciali. Roma: Società Editrice del "Foro Romano", 1936.
——. Contratto plurilaterale e totalizzatore. *Rivista del Diritto Commerciale*, v. 47, parte prima, p. 169-173, 1949.
——. *Corso di diritto commerciale:* introduzione e teoria dell'impresa. 3. ed. Milano: Giuffrè, 1962.
——. *Iniciación al estudio del derecho mercantil*. Barcelona: Bosch, 1964.
——. *Introduccion al derecho comercial y parte general de las obligaciones comerciales*. Buenos Aires: EDIAR, 1947a.
——. La riduzione del capitale a zero. *Rivista delle Società*, n. 4, p. 748-753, 1959b.
——. Le società a responsabilità limitata e la loro introduzione in Italia. *Rivista del Diritto Commerciale*, v. 22, parte prima, p. 419-466, 1924.
——. O desenvolvimento histórico do direito comercial e o significado do direito privado. *Revista de Direito Mercantil, Industrial, Econômico e Financeiro*, São Paulo, n. 114, p. 237-251, 1999.
——. *Panorama do direito comercial*. São Paulo: Saraiva, 1947b.
——. *Panorama do direito comercial*. Sorocaba-SP: Minelli, 2007.

——. *Problemas das sociedades anônimas e direito comparado*. São Paulo: Saraiva, 1945.
——. *Problemi giuridici*. Milano: Giuffrè, 1959a. v. 1.
——. *Saggi di diritto commerciale*. Milano: Giuffrè, 1955.
——. *Studi di diritto comparato e in tema di interpretazione*. Milano: Giuffrè, 1952a.
——. *Studi in tema di contratti*. Milano: Giuffrè, 1952b.
ASQUINI, Alberto. L'unità del diritto commerciale e i moderni orientamenti corporativi. In: *Studi di diritto commerciale*: in onore di Cesare Vivante. Roma: Foro Italiano, 1931. v. 2.
AULETTA, Giuseppe. I dividendi quali frutti delle quote sociali. In: *Studi in memoria di Tullio Ascarelli*. Milano: Giuffrè, 1969. v. 1.
——. *Scritti giuridici*. Milano: Giuffrè, 2001. v. 1.
AULETTA, Giuseppe; SALANTIRO, Niccolò. *Diritto commerciale*. 11. ed. Milano: Giuffrè, 1998.
ÁVILA, Humberto. *Teoria dos princípios:* da definição à aplicação dos princípios jurídicos. São Paulo: Malheiros, 2010.
AZEVEDO, Antônio Junqueira de. Interpretação do contrato pelo exame da vontade contratual. O comportamento das partes posterior à celebração. Interpretação e efeitos do contrato conforme o princípio da boa-fé objetiva. Impossibilidade de *venire contra factum proprium* e de utilização de dois pesos e duas medidas (*tu quoque*). Efeitos do contrato e sinalagma. A assunção pelos contratantes de riscos específicos e a impossibilidade de fugir do "programa contratual" estabelecido. *Revista Forense*, v. 351, p. 275-283, jul./set. 2000.
——. *Negócio jurídico:* existência, validade e eficácia. 4. ed. São Paulo: Saraiva, 2002.
BALDISSERA, Annalisa. *L'economicità e la giuridicità del recesso nelle S.R.L.* Vicenza: CEDAM, 2012.
BARBI, Otávio Vieira. *Composição de interesse no aumento de capital das sociedades limitadas*. Rio de Janeiro: Forense, 2007.
BARUFALDI, Wilson Alexandre. *Recuperação judicial:* estrutura e aplicação de seus princípios. Porto Alegre: Livraria do Advogado, 2017.
BELLISARIO, Elena. *La responsabilità sociale delle imprese fra autonomia e autorità privata*. Torino: Giappichelli, 2012.
BENACCHIO, Marcelo. Interpretação dos contratos. In: LOTUFO, Renan; NANNI, Giovanni Ettore (Coord.). *Teoria geral dos contratos*. São Paulo: Atlas, 2011. p. 361-393.
BENEDETTI, Giuseppe. *Il diritto comune dei contratti e degli atti unilaterali:* tra vivi a contenuto patrimoniale. 2. ed. Napoli: Jovene, 1997.
BERTOLDI, Marcelo M.; RIBEIRO, Marcia Carla Pereira. *Curso avançado de direito comercial*. 5. ed. São Paulo: Revista dos Tribunais, 2009.
BESSONE, Mario. *Adempimento e rischio contrattuale*. Milano: Giuffrè, 1969.
BETTI, Emilio. *Interpretação da lei e dos atos jurídicos*. São Paulo: Martins Fontes, 2007.
——. *Teoria geral do negócio jurídico*. Campinas: Servanda, 2008.
BEVILAQUA, Clóvis. *Direito das obrigações*. Rio de Janeiro: RIO, 1977.
BIANCA, Massimo C. *Il contrato:* diritto civile. 2 ed. Milano: Giuffrè, 2015. v. 3.
BIANCHI, Luigi A. *Società a responsabilità limitata:* artt. 2462 – 2483 c.c. Commentario alla riforma delle società. Milano: Giuffrè, 2008.
BORBA, José Edwaldo Tavares. *Direito societário*. 5. ed. Rio de Janeiro: Renovar, 1998.
BORGES, João Eunápio. *Curso de direito comercial terrestre*. 5. ed. Rio de Janeiro: Forense, 1971.
BRANCO, Gerson Luiz Carlos. Elementos para interpretação da liberdade contratual e função social: o problema do equilíbrio econômico e da solidariedade social como princípios da Teoria Geral dos Contratos. In: MARTINS-COSTA, Judith. *Modelos de direito privado*. São Paulo: Marcial Pons, 2014. p. 257-290.
——. *Função social dos contratos:* interpretação à luz do Código Civil. São Paulo: Saraiva, 2009.
BRASIL. Câmara dos Deputados. *Projeto de Lei nº 1.572 de 2011*. Institui o Código Comercial. Disponível em: <http://www.camara.gov.br/proposicoesWeb/prop_mostrarintegra?codteor=888462>. Acesso em: 12 set. 2017.
——. Senado. *Projeto de Lei 487, de 2013*. Disponível em: <https://legis.senado.leg.br/sdleg-getter/documento?dm=4713964&ts=1546525281985&disposition=inline. Acesso em: 12 set. 2017>.
BRUNETTI, Antonio. *Lezioni sulle società commerciali*. Padova: CEDAM, 1936.
BULGARELLI, Waldirio. *Direito comercial*. 12 ed. São Paulo: Atlas, 1995.
——. *O novo direito empresarial*. Rio de Janeiro: Renovar, 1999.
BUONOCORE, Vicenzo. *Manuale di diritto commerciale*. 12. ed. Torino: Giappichelli, 2015.
——; BESSONE, Mario. *Istituzioni di diritto privato*. 17 ed. Torino: Giappichelli, 2010.
CAGNASSO, Oreste. La società a responsabilità limitata. In: *Trattato di diritto commerciale*. Padova: CEDAM, 2007. v. 5, t. 1.
CAMARGO, Margarida Maria Lacombe. *Hermenêutica e argumentação:* uma contribuição ao estudo do direito. 2. ed. São Paulo: Renovar, 2001.

CAMPINHO, Sérgio. *O direito de empresa à luz do novo Código Civil.* Rio de Janeiro: Renovar, 2003.

——. *Sociedade por quotas de responsabilidade limitada.* Rio de Janeiro: Renovar, 2000.

CAMPOBASSO, Gian Franco. *Diritto commerciale.* Torino: UTET, 1986. v. 1. Diritto dell'impresa.

——. *Diritto commerciale.* Torino: UTET, 1988. v. 2: Diritto delle società.

CANARIS, Claus-Wilhelm; GRIGOLEIT, Hans Christoph. *Interpretation of contracts.* 15 jan. 2010. Disponível em: <https://papers.ssrn.com/sol3/papers.cfm?abstract_id=1537169>. Acesso em: 14 set. 2016.

CARESTIA, Antonietta et al. *Società a Responsabilità limitata* (artt. 2462-2483 c.c.): la riforma del diritto societario. Milano: GIUFFRÈ, 2003. v. 8.

CARLO, Antonio. *Il contratto plurilaterale associativo.* Napoli: Eugenio Jovene, 1967.

CARNELUTTI, Francesco. *Teoria geral do direito.* 2. ed. São Paulo: LEJUS, 1999.

CARUSI, Donato. Principio di eguaglianza, immunità e privilegio: il punto di vista del privatista. In: *Studi in onore di Pietro Rescigno.* Milano: Giuffrè, 1998. v. 1.

CIVERRA, Enrico. *Il finanziamento delle società di capitali.* Milano: Giuffrè, 2013.

COELHO, Fábio Ulhoa. *A sociedade limitada no novo Código Civil.* São Paulo: Saraiva, 2003.

CORDEIRO, António Manuel da Rocha e Menezes. *Da boa fé no direito civil.* Coimbra: Almedina, 2011.

——. *Manual de direito das sociedades*: das sociedades em geral. Coimbra: Almedina, 2004. v. 1.

CORRÊA-LIMA, Osmar Brina. *Sociedade anônima.* 3. ed. Belo Horizonte: Del Rey, 2005.

COTTINO, Gastone. Considerazioni sulla forma del contratto di società. In: *StudI in memoria di Tullio Ascarelli.* Milano: Giuffrè, 1969. v. 1.

——. *Diritto commerciale:* le società e le altre associazioni economiche. 2. ed. Padova: CEDAM, 1987. v. 1, t. 2.

——. *Le società: diritto commerciale.* 4. ed. Padova: CEDAM, 1999. v. 1, t. 2.

COUTO E SILVA, Clóvis do. O conceito de empresa no Direito brasileiro. *Revista dos Tribunais,* São Paulo, v. 75, n. 613, nov. 1986.

——. *A obrigação como processo.* São Paulo: José Buschatsky, 1976.

CRAVEIRO, Mariana Conti. *Contratos entre sócios*: interpretação e direito societário. São Paulo: Quartier Latin, 2013.

D'ALESSANDRO, Floriano. Persone giuridiche e analisi del linguaggio. In: *Studi in memoria di Tullio Ascarelli.* Milano: Giuffrè, 1969. v. 1.

D'ATTORRE, Giacomo. *Il principio di eguaglianza tra soci nelle società per azioni.* Milano: Giuffrè, 2007.

DALMARTELLO, Arturo. *I rapporti giuridici interni nelle società commerciali.* Milano: Giuffrè, 1937.

DAMODARAN, Aswath. *Avaliação de empresas.* 2. ed. São Paulo: Pearson Prentice Hall, 2007.

DEPARTAMENTO DE REGISTRO EMPRESARIAL E INTEGRAÇÃO. *Instrução Normativa nº 38, de 2 de março de 2017.* Disponível em: <http://www.mdic.gov.br/images/REPOSITORIO/SEMPE/DREI/INs_EM_VIGOR/IN-DREI-38-2017-retificao.pdf>. Acesso em: 04 out. 2018.

DI AMATO, Astolfo. *L' interpretazione dei contratti di imprensa.* Camerino: Edizione Scientifiche Italiane, 1999.

DI CATALDO, Vincenzo; SANFILIPPO, Pierpaolo M. *Le fonti private del diritto commerciale.* Milano: Giuffrè, 2008.

DIENER, Maria Cristina. *Il contratto in generale.* Milano: Giuffrè, 2015.

DIEZ-PICAZO, Luis. *Fundamentos del derecho civil patrimonial.* 5. ed. Madrid: Civitas, 1996. v. 1: Introduccion teoria del contrato.

——. *Fundamentos del derecho civil patrimonial:* introducción teoría del contrato. 6. ed. Cizur Menor (Navarra): Aranzadi, 2007.

DONADIO, Giuseppe. *Il recesso del socio per modifiche statutarie.* Milano: Giuffrè, 1940.

DÓRIA, Dylson. *Curso de direito comercial.* 10. ed. São Paulo: Saraiva, 1995.

ESTRELLA, Hernani. *Apuração dos haveres de sócio.* 2. ed. Rio de Janeiro: Forense, 1992.

——. *Apuração dos haveres de sócio.* Atual. por Roberto Papini. 3. ed. Rio de Janeiro: Forense, 2001.

——. *Apuração dos haveres de sócio.* Atual. por Roberto Papini. 5. ed. Rio de Janeiro: Forense, 2010.

——. *Curso de direito comercial.* Rio de Janeiro: José Konfino, 1973.

——. Dell'azienda commerciale nel diritto. In: *Studi in memoria di Tullio Ascarelli.* Milano: Giuffrè, 1969. v. 1.

——. *Despedida de sócio e apuração dos haveres.* Porto Alegre: José Konfino, 1948.

FAZZIO JÚNIOR, Waldo. *Fundamentos de direito comercial.* São Paulo: Atlas, 1999.

FERRARI, Aldo. *L'abuso del diritto nelle società.* Padova: CEDAM, 1998.

FERRAZ JUNIOR, Tercio Sampaio. *Introdução ao estudo do direito*: técnica, decisão, dominação. 6. ed. São Paulo: Atlas, 2012.

FERREIRA, Waldemar. *Tratado de direito comercial.* São Paulo: Saraiva, 1961.

FERRI, Giuseppe. Creazioni intellettuali e beni immateriali. In: *Studi in memoria di Tullio Ascarelli.* Milano: Giuffrè, 1969. v. 2.

——. Diritto agli utili e diritto al dividendo. In: *Studi in onore di Alberto Asquini.* Padova: CEDAM, 1965.v. 1.

——. *Manuale di diritto commerciale.* Torino: Editrice Torinese, 1950.

FERRI, Giovanni B.; ANGELICI, Carlo. *Studi sull'autonomia dei privati*. Torino: UTET, 1997.
FERRI, Luigi. *La autonomía privada*. Granada: Comares, 2001.
——. *Leciones sobre el contrato*. Lima: Editorial Grijley, 2004.
FERRI JÚNIOR, Giuseppe. *Investimento e conferimento*. Milano: Giuffrè, 2001.
FICO, Daniele. *Lo scioglimento del rapporto societario: recesso, esclusione e morte del socio*. Milano: Giuffrè, 2012.
FLUME, Werner. *El negocio jurídico*. Madrid: Fundación Cultural del Notariado, 1998.
FOIS, Candido. L'autonomia statutaria e i suoi limiti (intervento introduttivo). In: CIAN, Giorgio. *Le grandi opzioni della reforma del diritto e del processo societario*. Padova: CEDAM, 2004.
FONSECA, Priscila M. P. Corrêa da; SZTAJN, Raquel. *Código Civil comentado*. São Paulo: Atlas, 2008. v. 11: Direito de empresa, artigos 887 a 926 e 966 a 1.195.
FORGIONI, Paula Andrea. *A evolução do direito comercial brasileiro*: da mercancia ao mercado. Prefácio de Eros Roberto Grau. 3. ed. São Paulo: Revista dos Tribunais, 2016.
——. A interpretação dos negócios empresariais no novo Código Civil Brasileiro. *Revista de Direito Mercantil Industrial, Econômico e Financeiro*, São Paulo, v. 42, n. 130, p. 7-38, abr./jun.2003.
FRANÇA, Erasmo Valladão Azevedo e Moraes; ADAMEK, Marcelo Vieira von. *Da ação de dissolução parcial da sociedade:* comentários breves ao CPC/2015. São Paulo: Malheiros, 2016.
——. Dos juros de mora na ação de dissolução parcial para retirada judicial, em que o sócio pretendia receber ações de sociedades controladas em pagamento dos haveres. In: *Direito empresarial:* estudos em homenagem ao Professor Haroldo Malheiros Duclerc Verçosa. São Paulo: IASP, 2015.
——. Empresa, empresário e estabelecimento. A Nova Disciplina das Sociedades. In: *Temas de direito societário, falimentar e teoria da empresa*. São Paulo: Malheiro, 2009.
FRANZONI, Massimo. *Il Codice Civile:* commentario, Dell'annullabilità del contratto. Artt. 1425-1426. 2. ed. Milano: Giuffrè, 2005.
FREGONARA, Elena. *Recesso e procedimento per la liquidazione delle azioni e delle quote*. Milano: Giuffrè, 2008.
FUCCILLO, Guido. *Autonomia negoziale tra libertà e controlli*. Napoli: Edizioni Scientifiche Italiane, 2002.
GALGANO, Francesco. *Diritto civile e commerciale*. 4. ed. Padova: CEDAM, 2004. v. 1.
——. *Instituzioni di diritto privato*. 8. ed. Vicenza: CEDAM, 2017.
——. *Lex Mercatoria*. 5. ed. Bologna: Il Mulino, 2010.
GALGANO, Francesco; GENGHINI, Riccardo. Il nuovo diritto societario. 2 ed. In *Trattato di diritto commerciale e di diritto pubblico dell'economia*. Padova: CEDAM, 2004. V. 20, t. 2: Le nuove società di capitali e cooperative.
GAMBINO, Agostino. Impreditore e mercato: iniziativa privata e regole giuridiche. In: *Studi in onore di Pietro Rescigno: diritto privato, impresa, società e lavoro*. Milano: Giuffrè, 1998. v. 4.
——. *Società di capitali*. 4. ed. Torino: Giappichelli, 2014.
GARRIGUES, Joaquín. *Curso de derecho mercantil*. Bogotá: Temis, 1987. v. 5.
GENNARI, Francesco. *La società a responsabilità limitata*. Milano: Giuffrè, 1999.
GERI, Lina Bigliazzi. *Il Codice Civile:* commentario, L'interpretazione del contrato. Artt. 1362-1371. Milano: Giuffrè, 2013.
GOMES, Orlando. *Contratos*. Rio de Janeiro: Forense, 1971.
GONÇALVES, Carlos Roberto. *Responsabilidade civil*. 7. ed. São Paulo: Saraiva, 2002.
GONÇALVES NETO, Alfredo de Assis. *Direito de empresa:* comentários aos artigos 966 a 1.195 do Código Civil. 6. ed. São Paulo: Revista dos Tribunais, 2016.
GOWER, Laurence Cecil Bartlett. *The principles of modern company law*. 3. ed. London: Stevens, 1969.
GRISI, Giuseppe. *L'autonomia privata:* diritto dei contratti e disciplina constituzionale dell'economia. Milano: Giuffrè, 1999.
HOUPIN, C. *Traité général des sociétés*. Paris: L. Larose, 1901.
ITALIA, Vittorio. *Il bilanciamento nelle leggi*. Milano: Giuffrè, 2016.
JORGE, Tarsis Nametala Sarlo. *Manual das sociedades limitadas*. Rio de Janeiro: Lumen Juris, 2007.
KOLLER, Tim; GOEDHART, Marc; WESSELS, David. *Valuation*. Hoboken, New Jersey: John Wiley, 2005.
LA PORTA, Ubaldo. *Lezioni diritto societario*. Milano: Giuffrè, 2016.
LAMY FILHO, Alfredo. A função social da empresa e o imperativo de sua reumanização. *Revista de Direito Administrativo*, Rio de Janeiro, v. 190, out./dez. 1992.
——; PEDREIRA, José Luiz Bulhões (Coord.). *Direito das companhias*. Rio de Janeiro: Forense, 2009.
LARENZ, Karl. *Metodologia da ciência do direito*. Tradução de José Lamego. 3. ed. Lisboa: Calouste Gulbenkian, 1997.
LIBONATI, Berardino. *L'impresa e le società:* lezioni di diritto commerciale. Milano: Giuffrè, 2004.
LICHERI, E. *Società a responsabilità limitata*. Torino: UTET, 1994.
LUCCA, Newton de. Normas de interpretação contratual no Brasil. *Revista da Faculdade de Direito da Universidade de São Paulo*, v. 101, p. 181-227, jan./dez. 2006.
LUCENA, José Waldecy. *Das sociedades limitadas*. 5. ed. Rio de Janeiro: Renovar, 2003.

MARCONDES, Sylvio. Exposição de Motivos Complementar. In: *Código Civil*: anteprojetos. Senado Federal, v. 5, t. 2, p. 65.
——. *Questões de direito mercantil*. São Paulo: Saraiva, 1977.
MARINO, Francisco Paulo de Crescenzo. *Interpretação do negócio jurídico*. São Paulo: Saraiva, 2011.
MARINONI, Luiz Guilherme; ARENHART, Sérgio Cruz; MITIDIERO, Daniel. *Novo curso de processo civil*: tutela dos direitos mediante procedimentos diferenciados. 3. ed. São Paulo: Revista dos Tribunais, 2017. v. 3.
MARTINS, Fran. *Curso de direito comercial*. 35. ed. rev., atual. e ampl. por Carlos Henrique Abrão. Rio de Janeiro: Forense, 2012.
MARTINS-COSTA, Judith. *A boa-fé no direito privado*: critérios para a sua aplicação. São Paulo: Marcial Pons, 2015.
——. Contratos: conceito e evolução. In: LOTUFO, Renan; NANNI, Giovanni Ettore (Coord.). *Teoria geral dos contratos*. São Paulo: Atlas, 2011. p. 23-66.
——. O método da concreção e a interpretação dos contratos: primeiras notas de uma leitura suscitada pelo Código Civil. In: DELGADO, Mário Luiz; ALVES, Jones Figueirêdo (Coord.). *Novo Código Civil*: questões controvertidas. São Paulo: Método, 2005. v. 4.
MARTINS-COSTA, Judith. *Modelos de direito privado*. São Paulo: Marcial Pons, 2014.
——; BRANCO, Gerson. *Diretrizes teóricas do novo Código Civil brasileiro*. São Paulo: Saraiva, 2002.
MENDES, Rodrigo Octávio Broglia. Apuração de haveres na retirada do sócio e fundo de comércio (Aviamento). In: YARSHELL, Flávio Luiz; PEREIRA, Guilherme Setoguti J. (Coord.). *Processo societário*. São Paulo: Quartier Latin, 2012.
MENDONÇA, Manuel Inácio Carvalho de. *Contratos no direito civil brasileiro*. 4. ed. Rio de Janeiro: Forense, 1957. v. 2.
MESSINEO, Francesco. *Dottrina generale del contratto*. Milano: Giuffrè, 1948.
MICHELON JÚNIOR, Cláudio. *Direito restituitório*: enriquecimento sem causa, pagamento indevido, gestão de negócios. São Paulo: Revista dos Tribunais, 2007.
MIRAGEM, Bruno Nubens Barbosa. *Direito civil*: responsabilidade civil. São Paulo: Saraiva, 2015.
MITIDIERO, Daniel. *Precedentes*: da persuasão à vinculação. São Paulo: Revista dos Tribunais, 2016.
MOSCATI, Enrico. *Fonti legali e fonti "private" delle obbligazioni*. Padova: CEDAM, 1999.
MURINO, Filippo. *Circolazione della quota, legittimazioni e autonomia privata nella S.R.L.*. Milano: Giuffrè, 2017.
NANNI, Giovanni Ettore. *Enriquecimento sem causa*. São Paulo: Saraiva, 2004.
NEGRÃO, Ricardo. *Manual de direito comercial e de empresa*. 3. ed. São Paulo: Saraiva, 2003. v. 1.
NIVARRA, Luca; RICCIUTO, Vicenzo; SCOGNAMIGLIO, Claudio. *Instituzioni di diritto privato*. Torino: Giappichelli, 2008.
OLIVIERI, Gustavo. *Investimenti e finanziamenti nelle società di capitali*. Torino: Giappichelli, 2008.
OPPO, Giorgio. I contratti di durata. *Revista di Diritto Commerciale*, p. 143-250, 1943.
——. Le grandi opzioni della riforma e la società per azioni. In: CIAN, Giorgio. *Le grandi opzioni della riforma del diritto e del processo societario*. Padova: CEDAM, 2004.
ORESTANO, Andrea. *Lezioni sul contratto*. Torino: Giappichelli, 2009.
PACCOIA, Mario. *Società a responsabilità limitata*. Torino: Giappichelli, 2015.
PAOLUCCI, Guido. *La valutazione d'azienda*. 7. ed. Milano: FrancoAngeli, 2018.
PAOLUCCI, Maria Ginevra. *La tutela del socio nella società a responsabilità limitata*. Milano: Giuffrè, 2010.
PARGENDLER, Mariana. Evolução do direito societário: lições do Brasil. In: MARTINS-COSTA, Judith. *Modelos de direito privado*. São Paulo: Marcial Pons, 2014.
PASETTI, Giulio. *Parità di trattamento e autonomia privata*. Padova: CEDAM, 1970.
PECORARO, Clemente. *Amministrazione e responsabilità dei soci nella S.R.L.* Milano: Giuffrè, 2015.
PERFETTI, Ubaldo. Il contratto in generale: La conclusione del contratto. In: *Trattato di diritto civile e commerciale*. Milano: Giuffrè, 2016. v. 2.
PESCATORE, Salvatore. *Attività e comunione nelle strutture societarie*. Milano: Giuffrè, 1974.
PETTITI, Domenico. Considerazioni in tema di transferimento d'azienda. In: *Studi in memoria di Tullio Ascarelli*. Milano: Giuffrè, 1969. v. 3.
PETITTI, Stefano; VINCENTI, Enzo (a cura di). *Codice Civile e leggi complementari*. Milano: Giuffrè, 2017.
PONTES DE MIRANDA, Francisco Cavalcanti. *Tratado de direito privado*. Rio de Janeiro: Borsoi, 1972. v. 38.
——. *Tratado de direito privado*. 4. ed. São Paulo: Revista dos Tribunais, 1977. v. 1.
——. *Tratado de direito privado*. 2. ed. Rio de Janeiro: Borsoi, 1965. v. 49.
——. *Tratado de direito privado*. 3. ed. São Paulo: Revista dos Tribunais, 1984. v. 23.
REALE, Miguel. Diretrizes de hermenêutica contratual. In: *Questões de direito privado*. São Paulo: Saraiva, 1997.
REBELLO, E. de Castro. A sociedade de responsabilidade limitada no Direito Brasileiro e no Direito Italiano. In: *Studi in memoria di Tullio Ascarelli*. Milano: Giuffrè, 1969. v. 1.

RESTIFFE, Paulo Sérgio. *Dissolução de sociedades*. São Paulo: Saraiva, 2011.
REVIGLIONO, Paolo. *Il recesso nella società a responsabilità limitata*. Milano: Giuffrè, 2008.
——. Il Trasferimento Della Quota Di Società A Responsabilità Limitata. Milano: Giuffrè, 1998.
RIVOLTA, Gian Carlo M. Diritto delle società: profili generali. In: *Trattato di Diritto Commerciale*. Torino: Giappichelli, 2015.
ROCCO, Alfredo. *Studi di diritto commerciale ed altri scritti giuridici*. Roma: Società editrice del "Foro Italiano", 1933. v. 1.
RODOTÀ, Stefano. Le clausole generali nel tempo del diritto flessibile. In: ORESTANO, Andrea (raccolte da). Lezioni sul contratto. Torino: G. Giappichelli, 2009.
RODRIGUEZ, Joaquin Rodriguez. *Tratado de sociedades mercantiles*. México, D.F.: Porrua, 1947. 2 v.
ROPPO, Enzo. *O contrato*. Coimbra: Almedina, 2011.
——. *Istituzioni di diritto privato*. 5. ed. Bologna: Monduzzi, 2005.
ROTONDI, Mario. *Studi di diritto commerciale e di diritto generale delle obbligazioni*. Padova: CEDAM, 1961. v. 3.
RUSCELLO, Francesco. *Istituzioni di diritto privato*. Milano: Giuffrè, 2011. v. 2: Le Obbligazioni. I Contratti. L'impresa.
SÁ, Antônio Lopes de; SÁ, Ana Maria Lopes de. *Dicionário de contabilidade*. 11. ed. São Paulo: Atlas, 2009.
SALANDRA, Vittorio. *Società commerciali*. Torino: UTET, 1938.
SALANITRO, Niccolò. *Profili sistematici della società a responsabilità limitata*. Milano: Giuffrè, 2005.
SALOMÃO FILHO, Calixto. *O novo direito societário*. São Paulo: Malheiros, 1998.
——. *O novo direito societário*. 3.ed. São Paulo: Malheiros, 2006.
SÁNCHES RUIZ, Mercedes. *Facultad de exclusión de socios en la teoría general de sociedades*. Cizur Menor (Navarra): Thomson Civita, 2006.
SANSEVERINO, Paulo de Tarso Vieira. *Princípio da reparação integral*: indenização no Código Civil. São Paulo: Saraiva, 2010.
SARLO JORGE, Tarsis Nametala. *Manual das sociedades limitadas*. Rio de Janeiro: Lumen Juris, 2007.
SCALESE, Vincenzo. *Codice delle società*. 4. ed. Milano: Giuffrè, 2003/2004.
SCIALOJA, Antonio. *Studi di diritto privato*. Roma: Bernardo Luz, 1906.
SCONAMIGLIO, Cláudio. *Interpretazione del contratto e interessi dei contraenti*. Milano: CEDAM, 1992.
SILVA, Jorge Cesa Ferreira da. *A antidiscriminação no direito contratual brasileiro*: possibilidades e limites do acolhimento de um princípio. 2018 259 f. Tese (Doutorado em Direito) – Programa de Pós-Graduação em Direito Civil, Faculdade de Direito, Universidade de São Paulo, São Paulo, 2018.
SILVA, Luis Renato Ferreira da. Prefácio. In: VICENZI, Marcelo. *Intepretação do contrato*: ponderação de interesses e solução de conflitos. São Paulo: Revista dos Tribunais, 2011.
——. *Reciprocidade e contrato*: a teoria da causa e sua aplicação nos contratos e nas relações "paracontratuais". Porto Alegre: Livraria do Advogado, 2013.
SPADA, Paolo. *Diritto commerciale*. Padova: CEDAM, 2006. v. 2: Elementi.
——. *La tipicità delle società*. Padova: CEDAM, 1974.
SPINELLI, Luis Felipe. *Exclusão de sócio por falta grave na sociedade limitada*, São Paulo: Quartier Latin, 2015.
SZTAJN, Raquel. *Contrato de sociedade e formas societárias*. São Paulo: Saraiva, 1989.
——; AZEVEDO, Álvaro Villaça (Coord.). *Código civil comentado*. São Paulo: Atlas, 2008, v. 11: Direito de empresa, artigos 887 a 926 e 966 a 1.195.
STOLFI, Mario. *La liquidazione dele società commerciali*. Milano: Giuffrè, 1938.
TEIXEIRA, Egberto Lacerda; GUERREIRO, José Alexandre Tavares. *Das sociedades anônimas no direito brasileiro*. São Paulo: Bushatsky, 1979. v. 1 e v. 2.
TEPEDINO, Gustavo; BARBOZA, Heloisa Helena; MORAES, Maria Celina Bodin de. *Código civil interpretado conforme a Constituição da República*. Rio de Janeiro: Renovar, 2011.
THEODORO JÚNIOR, Humberto. *Curso de direito processual civil:* procedimentos especiais. 51. ed. Rio de Janeiro: Forense, 2017. v. 2.
TOKARS, Fábio. *Sociedades limitadas*. São Paulo: LTr, 2007.
TOMAZETTE, Marlon. *Curso de direito empresarial:* teoria geral e direito societário. 3. ed. São Paulo: Atlas, 2011. v. 1.
VALERI, Giuseppe. Autonomia e limiti del nuovo diritto commerciale. *Rivista del Diritto Commerciale e del Diritto Generale delle Obbligazioni*, Milano, v. 41, parte prima, 1943.
VENTORUZZO, Marco. *Recesso e valore della partecipazione nelle società di capitali*. Milano: Giuffrè, 2012.
VILLEY, Michel. *Filosofia do direito:* definições e fins do direito: os meios do direito. São Paulo: Martins Fontes, 2003.
VITALONE, Vincenzo; GIOVANNELLA, Fausto Del Bianco. *Gli effetti della nullità del contratto*. Milano: Giuffrè, 2016.
VIVANTE, Cesare. *Trattato di diritto commerciale*. 2. ed. Torino: Fratelli Bocca, 1902. v. 1.
——. *Trattato di diritto commerciale*. 2. ed. Torino: Fratelli Bocca, 1903. v. 2

―――. *Trattato di diritto commerciale.* 5. ed. Milano: Francesco Vallardi, 1934. v. 1.

―――. *Trattato di diritto commerciale.* 5. ed. Milano: Francesco Vallardi, 1935. v. 2.

WIEDEMANN, Herbert. Excerto do "direito societário I: fundamentos". In: AZEVEDO E NOVAES FRANÇA, Erasmo Valladão (Coord.). Direito societário contemporâneo I. Tradução de Erasmo Valladão Azevedo e Novaes França. São Paulo: Quartier Latin, 2009. p. 11-23.

ZANARONE, Giuseppe. Il capitale sociale nella s.r.l.: il nuovo capitale sociale. *Quaderni di Banca, Borsa, e Titoli di Credito,* Milano, n. 39, 2016.

―――. *Il Codice Civile:* commentario. Milano: Giuffrè, 2010a. v.1: Della società a responsabilità limitata. Artt. 2462-2474.

―――. *Il Codice Civile*: commentario. Milano: Giuffrè, 2010b. v. 2: Della società a responsabilità limitata. Artt. 2475-2483.

―――. Il "tipo" S.R.L. e l'autonomia delle parti. In: *Trattato di diritto commerciale e di diritto pubblico dell'economia.* Padova: CEDAM, 1978. v. 8: L'azienda e il mercato.

ZANETTI, Cristiano de Sousa. *Direito contratual contemporâneo.* Rio de Janeiro: Forense, 2008. v. 5: a liberdade contratual e sua fragmentação.

ZANINI, Carlos Klein. *A dissolução judicial da sociedade anônima.* Rio de Janeiro: Forense, 2005.

Julgados

BRASIL. Supremo Tribunal Federal. RE 18.381/DF. 1ª T. Rel.: Min. Nelson Hungria. Julgamento: 11 maio 1953. DJ 02 fev. 1953.

―――. Ag 16.606/DF. 2ª T. Rel.: Min. Hahnemann Guimarães. Julgamento: 20 abr. 1954.

―――. RE 23.612/MG. 2ª T. Rel.: Min. Hahnemann Guimarães. Julgamento: 14 out. 1955.

―――. RE 28.544/DF. 2ª T. Rel.: Min. Lafayette de Andrada. Julgamento: 20 set. 1955. DJ 23 nov. 1955.

―――. RE 29.331/PR. 1ª T. Rel.: Min. Ribeiro da Costa. Julgamento: 22 set. 1955.

―――. RE 29.713/DF. 2ª T. Rel.: Min. Orosimbo Nonato. Julgamento: 11out. 1955. DJ 07 jan. 1959.

―――. RE 28.544/DF. Sessão Plena. Rel.: Min. Lafayette de Andrada. Julgamento: 24 jul. 1956.

―――. RE 36.500/SP. 2ª T. Rel.: Min. Ribeiro da Costa. Julgamento: 16 ago. 1957. DJ 03 out. 1957.

―――. RE 35.187/SP. 2ª T. Rel.: Min. Lafayette de Andrada. Julgamento: 17 set. 1957. DJ 20 nov. 1957.

―――. RE 33.316/RJ. Sessão Plena. Rel.: Min. Hahnemann Guimarães. Julgamento: 22 maio 1959. DJ 13 ago. 1959.

―――. Embargos/RE 29.713/DF. Sessão Plena. Rel.: Min. Cândido Motta Filho. Julgamento: 06 jul. 1959. DJ 20 ago. 1959.

―――. RE 33.443/CE. 2ª T. Rel.: Min. Hahnemann Guimarães. Julgamento: 29 nov. 1960. DJ 11 jan. 1961.

―――. Embargos/RE 29.331/PR. Sessão Plena. Rel.: Min. Victor Nunes. Julgamento: 19 jun. 1961. DJ 27 jul. 1961.

―――. RE 48.580/Guanabara. 1ª T. Rel.: Min. Luiz Gallotti. Julgamento: 28 jun. 1962.

―――. Ag 27.343/Guanabara. Sessão Plena. Rel.: Min. Gonçalves de Oliveira. Julgamento: 09 ago. 1962.

―――. RE 50.659/RJ. 2ª T. Rel.: Min. Villas Boas. Julgamento: 11 nov. 1962. DJ 17 out. 1962.

―――. RE 52.569/PR. 2ª T. Rel.: Min. Victor Nunes. Julgamento: 14 maio 1963. DJ 14 jun.1963.

―――. RE 47.275/BA. Sessão Plena. Rel.: Min. Villas Boas. Julgamento: 09 mar. 1964. DJ 01 abr. 1964.

―――. RE 56.115/MG. 2ª T. Rel.: Min. Hermes Lima. Julgamento: 07 jul. 1964. DJ 05 ago. 1964.

―――. RE 59.101/MG. 1ª T. Rel.: Min. Evandro Lins e Silva. Julgamento: 19 out. 1965. DJ 01 dez. 1965.

―――. RE 59.723/Guanabara. 1ª T. Rel.: Min. Oswaldo Trigueiro. Julgamento: 08 jun. 1966. DJ 14 dez. 1966.

―――. RE 52.819/Guanabara. 3ª T. Rel.: Min. Min. Gonçalves de Oliveira. Julgamento: 21 out. 1966. DJ 29 mar. 1967.

―――. RE 65.719/RJ. 1ª T. Rel.: Min. Victor Nunes. Julgamento: 11 nov. 1968. DJ 05 mar. 1969.

―――. RE 67.415/PE. 1ª T. Rel.: Min. Djaci Falcão. Julgamento: 26 ago. 1969. DJ 22 out. 1969.

―――. RE 70.050/SP. 2ª T. Rel.: Min. Adaucto Cardoso. Julgamento: 30 out. 1970. DJ 16 dez. 1970.

―――. RE 74.886/SP. 2ª T. Rel.: Min. Bilac Pinto. Julgamento: 27 mar. 1973. DJ 06 jun. 1973.

―――. RE 76.710/AM. 1ª T. Rel.: Min. Aliomar Baleeiro. Julgamento: DJ 11 dez. 1973.

―――. RE 82.273/RJ. 2ª T. Rel.: Min. Carlos Thompson Flores. Julgamento: 16 mar. 1976. DJ 16 jun. 1976.

―――. RE 73.077/RJ. 1ª T. Rel.: Min. Soarez Muñoz (p/ Acórdão). Julgamento: 25 out. 1978. DJ 27 out. 1978.

―――. RE 90.237-6/PR. 1ª T. Rel.: Min. Soarez Muñoz. Julgamento: 21 mar. 1979. DJ 23 mar. 1979.

―――. RE 89.464-1/SP. 2ª T. Rel.: Min. Cordeiro Guerra. Julgamento: 02 maio 1979. DJ 04 maio 1979.

―――. RE 89.256-7/RJ. 1ª T. Rel.: Min. Carlos Thompson Flores. Julgamento: 28 maio 1980. DJ 30 maio 1980.

―――. Ag 78.478-1 (AgRg)/DF. 2ª T. Rel.: Min. Décio Miranda. Julgamento: 18 jun. 1980. DJ 20 jun. 1980.

―――. RE 86.791-1/RJ. 1ª T. Rel.: Min. Soarez Muñoz. Julgamento: 08 out. 1980. DJ 10 out. 1980.

―――. Embargos/RE 86.791-1/RJ. Sessão Plena. Rel.: Min. Décio Miranda. Julgamento: 19 dez. 1980. DJ 27 fev. 1981.

―――. RE 90.913-3/MG. 2ª T. Rel.: Min. Leitão de Abreu. Julgamento: 28 abr. 1981. DJ 29 maio 1981.

―――. RE 99.897-7/SC. 2ª T. Rel.: Min. Moreira Alves. Julgamento: 02 mar. 1984. DJ 15 jun. 1984.

―――. RE 94.925-9/RJ. 2ª T. Rel.: Min. Aldir Passarinho. Julgamento: 27 abr. 1984. DJ 22 jun. 1984.

―――. RE 104.596-5/PA. 2ª T. Rel.: Min. Cordeiro Guerra.Julgamento: 23 abr. 1985. DJ 21 jun. 1985.

―――. Rcl 204-7/PA. Sessão Plena. Rel.: Min. Célio Borja. Julgamento: 01 ago. 1986. DJ 10 out. 1986.
―――. RE 109.096-1/CE. 2ª T. Rel.: Min. Djaci Falcão. Julgamento: 05 maio 1987. DJ 29 maio 1987.
―――. RE 108.188-1/SP. 2ª T. Rel.: Min. Célio Borja. Julgamento: 30 jun. 1987. DJ 25 set. 1987.
―――. Ag 123.673-6 (AgRg)/RJ. 2ª T. Rel.: Min. Célio Borja. Julgamento: 05 ago. 1988. DJ 02 set. 1988.
―――. RE 113.100-4/RJ. 1ª T. Rel.: Min. Néri da Silveira. Julgamento: 04 out. 1988. DJ 20 out. 1989.
―――. RE 115.408-0/PR. 2ª T. Rel.: Min. Célio Borja. Julgamento: 07 abr. 1989. DJ 23 jun. 1989.
―――. RE 149.095-5. 2ª T. Rel.: Min. Marco Aurélio. DJ 3 abr. 1998.
―――. RE 221966-5. 2ª T. Rel.: Min. Marco Aurélio. DJ 10 set. 1999.
―――. MS 23.452. Tribunal Pleno. Rel.: Min. Celso de Mello. DJ 12 maio 2000.
―――. Superior Tribunal de Justiça. REsp 387/MG. 3ª T. Rel.: Min. Waldemar Zveiter. Julgamento: 12 dez. 1989. DJ 19 fev. 1990.
―――. RMS 150/DF. 3ª T. Rel.: Min. Gueiros Leite. Julgamento: 03 abr. 1990.
―――. REsp 5.780/SP. 3ª T. Rel.: Min. Eduardo Ribeiro (p/ Acórdão). Julgamento: 05 mar. 1991. DJ 15 abr. 1991.
―――. REsp 10.545/RJ. 3ª T. Rel.: Min. Dias Trindade. Julgamento: 18 jun. 1991. DJ 19 ago. 1991.
―――. REsp 23.052-8/SP. 3ª T. Rel.: Min. Dias Trindade. Julgamento: 04 ago. 1992. DJ 14 set. 1992.
―――. AgRg no Ag 22.352-2/SP. 3ª T. Rel.: Min. Waldemar Zveiter. Julgamento: 13 out. 1992. DJ 16 nov. 1992.
―――. REsp 29.897-4/RJ. 3ª T. Rel.: Min. Dias Trindade. Julgamento: 14 dez. 1992. DJ 01 mar. 1993.
―――. AgRg no Ag 34.120-8/SP. 3ª T. Rel.: Min. Dias Trindade. Julgamento: 26 abr. 1993. DJ 14 jun. 1993.
―――. REsp 35.702-0/SP. 3ª T. Rel.: Min. Waldemar Zveiter. Julgamento: 27 set. 1993. DJ 13 dez. 1993.
―――. REsp 38.160-6/SP. 3ª T. Rel.: Min. Waldemar Zveiter. Julgamento: 09 nov. 1993. DJ 13 dez. 1993.
―――. REsp 35.285-1/RS. 4ª T. Rel.: Min. Antônio Torreão Braz. Julgamento: 14 dez. 1993. DJ 28 fev. 1994.
―――. REsp 40.426-6/SP. 3ª T. Rel.: Min. Costa Leite. Julgamento: 03 maio 1994. DJ 22 maio 1995.
―――. REsp 46.531-1/MG. 3ª T. Rel.: Min. Costa Leite. Julgamento: 07 jun. 1994. DJ 20 mar. 1995.
―――. REsp 33.458-9/SP. 3ª T. Rel.: Min. Eduardo Ribeiro. Julgamento: 13 jun. 1994. DJ 22 ago. 1994.
―――. REsp 49.336-6/SP. 3ª T. Rel.: Min. Waldemar Zveiter. Julgamento: 29 ago. 1994. DJ 17 out. 1994.
―――. REsp 48.205-4/RJ. 3ª T. Rel.: Min. Eduardo Ribeiro. Julgamento: 09 ago. 1994. DJ 19 set. 1994.
―――. REsp 45.343-7/SP. 3ª T. Rel.: Min. Nilson Naves. Julgamento: 16 ago. 1994. DJ 10 out. 1994.
―――. REsp 19.264-0/RJ. 4ª T. Rel.: Min. Barros Monteiro.Julgamento: 11 out. 1994. DJ 14 nov. 1994.
―――. REsp 60.513-0/SP. 3ª T. Rel.: Min. Costa Leite. Julgamento: 06 jun. 1995. DJ 04 set. 1995.
―――. REsp 60.823-6/SP. 3ª T. Rel.: Min. Waldemar Zveiter. Julgamento: 20 jun. 1995. DJ 16 out. 1995.
―――. REsp 43.896-9/SP. 3ª T. Rel.: Min. Cláudio Santos. Julgamento: 28 ago. 1995. DJ 26 fev. 1996.
―――. REsp 40.820-2/SP. 4ª T. Rel.: Min. Sálvio de Figueiredo Teixeira. Julgamento: 24 out. 1995. DJ 27 nov. 1995.
―――. REsp 44.132/SP. 3ª T. Rel.: Min. Eduardo Ribeiro. Julgamento: 11 dez. 1995. DJ 01 abr. 1996.
―――. REsp 77.122/PR. 4ª T. Rel.: Min. Ruy Rosado de Aguiar.Julgamento: 13 fev. 1996. DJ 08 abr. 1996.
―――. REsp 50.885/SP. 3ª T. Rel.: Min. Carlos Alberto Menezes Direito. Julgamento: 03 set. 1996. DJ 30 set. 1996.
―――. REsp 78.972/RJ. 3ª T. Rel.: Min. Eduardo Ribeiro.Julgamento: 24 fev. 1997. DJ 14 abr. 1997.
―――. AgRg no Ag 108.930/SP. 3ª T. Rel.: Min. Eduardo Ribeiro. Julgamento: 25 mar. 1997. DJ 05 maio 1997.
―――. REsp 110.303/MG. 3ª T. Rel.: Min. Eduardo Ribeiro. Julgamento: 15 abr. 1997. DJ 19 maio 1997.
―――. REsp 89.519/ES. 3ª T. Rel.: Min. Nilson Naves Julgamento: 03 jun. 1997. DJ 04 ago. 1997.
―――. REsp 87.731/SP. 3ª T. Rel.: Min. Carlos Alberto Menezes Direito. Julgamento: 26 jun. 1997. DJ 13 out. 1997.
―――. REsp 65.439/MG. 4ª T. Rel.: Min. Sálvio de Figueiredo Teixeira. Julgamento: 13 out. 1997. DJ 24 nov. 1997.
―――. REsp 138.428/RJ. 4ª T. Rel.: Min. Ruy Rosado de Aguiar. Julgamento: 18 dez. 1997. DJ 30 mar. 1998.
―――. REsp 127.555/SP. 3ª T. Rel.: Min. Carlos Alberto Menezes Direito. Julgamento: 12 maio 1998. DJ 15 jun. 1998.
―――. REsp 61.890/SP. 4ª T. Rel.: Min. Sálvio de Figueiredo Teixeira. Julgamento:18 jun. 1998. DJ 22 mar. 1999.
―――. REsp 108.933/SC. 4ª T. Rel.: Min. Cesar Asfor Rocha. Julgamento: 20 out. 1998. DJ 30 nov. 1998.
―――. REsp 43.395/SP. 3ª T. Rel.: Min. Ari Pargendler. Julgamento: 25 maio 1999. DJ 28 jun. 1999.
―――. REsp 83.031/RS. 3ª T. Rel.: Min. Ari Pargendler. Julgamento: 19 nov. 1999. DJ 13 dez. 1999.
―――. REsp 178.612/PE. 4ª T. Rel.: Min. Cesar Asfor Rocha. Julgamento: 09 maio 2000. DJ 07 ago. 2000.
―――. REsp 52.094/SP. 3ª T. Rel.: Min. Nilson Naves. Julgamento: 13 jun. 2000. DJ 21 ago. 2000.
―――. REsp 111.294/PR. 4ª T. Rel.: Min. Cesar Asfor Rocha (p/Acórdão). Julgamento: 19 set. 2000. DJ 28 maio 2001.
―――. REsp 127.312/SP. 3ª T. Rel.: Min. Ari Pargendler. Julgamento: 25 set. 2000. DJ 30 out. 2000.
―――. REsp 105.667/SC. 4ª T. Rel.: Min. Barros Monteiro. Julgamento: 26 set. 2000. DJ 06 nov. 2000.
―――. REsp 171.354/SP. 3ª T. Rel.: Min. Waldemar Zveiter. Julgamento: 16 nov. 2000. DJ 05 fev. 2001.
―――. REsp 61.321/SP. 3ª T. Rel.: Min. Waldemar Zveiter. Julgamento: 13 fev. 2001. DJ 02 abr. 2001.
―――. REsp 114.708/MG. 3ª T. Rel.: Min. Waldemar Zveiter. Julgamento: 19 fev. 2001. DJ 16 abr. 2001.
―――. REsp 271.930/SP. 4ª T. Rel.: Min. Sálvio de Figueiredo Teixeira. Julgamento: 19 abr. 2001. DJ 25 mar. 2002.
―――. REsp 111.294. 4ª T. Rel.: Min. Barros Monteiro. Rel. para o acórdão Min. Cesar Asfor Rocha. DJ 28 maio 2001.
―――. REsp 38.259/SC. 4ª T. Rel.: Min. Aldir Passarinho Júnior. Julgamento: 17 maio 2001. DJ 24 set. 2001.
―――. EREsp 240.237/PR. 2ª Seção. Rel.: Min. Ruy Rosado de Aguiar. Julgamento: 22 ago. 2001. DJ 15 abr. 2002.

——. REsp 282.300/RJ. 3ª T. Rel.: Min. Antônio de Pádua Ribeiro. Julgamento: 04 set. 2001. DJ 08 out. 2001.
——. REsp 143.057/SP. 3ª T. Rel.: Min. Ari Pargendler. Julgamento: 06 set. 2001. DJ 12 nov. 2001.
——. REsp 315.915/SP. 3ª T. Rel.: Min. Carlos Alberto Menezes Direito. Julgamento: 08 out. 2001. DJ 04 fev. 2002.
——. EREsp 111.294. 4ª T. Rel.: Min. Barros Monteiro. DJ 22 abr. 2002.
——. REsp 234279/SP. 3ª T. Rel.: Min. Ari Pargendler. Julgamento: 29 nov. 2002.
——. REsp 197.303/SP. 4ª T. Rel.:Min. Sálvio de Figueiredo Teixeira. Julgamento: 07 fev. 2002. DJ 15 abr. 2002.
——. REsp 247.002/RJ. 3ª T. Rel.: Minª. Nancy Andrighi. Julgamento: 04 dez. 2001. DJ 25 mar. 2002.
——. REsp 242.093/RS. 4ª T. Rel.: Min. Aldir Passarinho Júnior. Julgamento: 02 abr. 2002. DJ 10 jun. 2002.
——. REsp 327.952/RJ. 3ª T. Rel.: Min. Castro Filho. Julgamento: 09 abr. 2002. DJ 27 maio 2002.
——. REsp 332.650/RJ. 4ª T. Rel.:Min. Barros Monteiro. Julgamento: 09 abr. 2002. DJ 05 ago. 2002.
——. REsp 419.174/SP. 3ª T. Rel.: Min. Carlos Alberto Menezes Direito. Julgamento: 15 ago. 2002. DJ 28 out. 2002.
——. REsp 450.129/MG. 3ª T. Rel.: Min. Carlos Alberto Menezes Direito. Julgamento: 08 out. 2002. DJ 16 dez. 2002.
——. REsp 180.695/RN. 3ª T. Rel.: Min. Ari Pargendler Julgamento: 17 set. 2002. DJ 02 dez. 2002.
——. REsp 473.967/SP. 3ª T. Rel.: Min. Carlos Alberto Menezes Direito. Julgamento: 06 mar. 2003. DJ 07 abr. 2003.
——. REsp 443.129/SP. 3ª T. Rel.: Min. Ari Pargendler. Julgamento: 12 nov. 2002. DJ 10 mar. 2003.
——. REsp 515.681/PR. 4ª T. Rel.: Min. Ruy Rosado de Aguiar Julgamento: 10 jun. 2003. DJ22 set. 2003.
——. REsp 115.880/RS. 4ª T. Rel.: Min. Barros Monteiro. Julgamento: 01 abr. 2003. DJ 23 jun. 2003.
——. REsp 594.927. 2ª T. Rel.: Min. Franciulli Netto. DJ 30 jun. 2004.
——. REsp 488.872/DF. 3ª T. 3ª T. Julgamento: 05 ago. 2003. DJ 23 ago. 2004.
——. REsp 623.367/RJ. 2ª T. Rel.: Min. João Otávio de Noronha. Julgamento: 15 jun. 2004. DJ 09 ago. 2004.
——. REsp nº 532.570-RS. 2ª T. Rel.: Min. João Otávio de Noronha. DJ 13 dez. 2004.
——. REsp 274.607/SP. 3ª T. Rel.: Min. Humberto Gomes de Barros. Julgamento: 22 fev. 2005. DJ 14 mar. 2005.
——. REsp 646.221/PR. 3ª T. Rel.: Min. Humberto Gomes de Barros. Julgamento: 19 abr. 2005. DJ 08 ago. 2005.
——. REsp 612.886/MT. 3ª T. Rel.: Min. Carlos Alberto Menezes Direito. Julgamento: 02 jun. 2005. DJ 22 ago. 2005.
——. REsp 406.775/SP. 4ª T. Rel.: Min. Fernando Gonçalves. Julgamento: 21 jun. 2005. DJ 01 jul. 2005.
——. REsp 327.407/RJ. 4ª T. Rel.: Min. Barros Monteiro. Julgamento: 02 ago. 2005. DJ 19 set. 2005.
——. REsp 453.476/GO. 3ª T. Rel.: Min. Antônio de Pádua Ribeiro. Julgamento: 01 set. 2005. DJ 12 dez. 2005.
——. REsp 744.349/PR. 3ª T. Rel.: Min. Ari Pargendler. Julgamento: 27 set. 2005. DJ 24 out. 2005.
——. REsp 130.617/AM. 4ª T. Rel.: Min. Aldir Passarinho Júnior. Julgamento: 08 out. 2005. DJ 14 nov. 2005.
——. REsp 564.711/RS. 4ª T. Rel.:Min. César Asfor Rocha Julgamento: 13 dez. 2005. DJ 30 mar. 2006.
——. REsp 198.125/SP. 4ª T. Rel.: Min. Aldir Passarinho Júnior. Julgamento: 13 dez. 2005. DJ 06 mar. 2006.
——. REsp 453.423/AL. 3ª T. Rel.: Antôno de Pádua Ribeiro. Julgamento: 01 set. 2005. DJ 12 dez. 2005.
——. AgRg em REsp 474.168/MG. 3ª T. Rel.: Min. Humberto Gomes de Barros. Julgamento: 06 abr. 2006. DJ 15 maio 2006.
——. REsp 725.765/DF. 3ª T. Rel.: Min. Carlos Alberto Menezes Direito. Julgamento: 25 abr. 2006. DJ 25 abr. 2006.
——.REsp 725.765/ DF. 3ª T. Min. Carlos Alberto Menezes Direito. Julgamento: 25 abr. 2006. DJ 14 ago. 2006.
——. AgRg em REsp 474.168/MG. 3ª T. Rel.: Min. Humberto Gomes de Barros. Julgamento: 01 jun. 2006. DJ 19 jun. 2006.
——. REsp 408.122/PR. 3ª T. Relª.: Minª. Nancy Andrighi. Julgamento:20 jun. 2006. DJ 27 nov. 2006.
——. EREsp 111.294/PR. 2ª Seção. Rel.: Min. Castro Filho. Julgamento: 28 jun. 2006. DJ 10 set. 2007.
——. REsp 815.693/MG. 3ª T. Rel.: Min. Carlos Alberto Menezes Direito. Julgamento: 22 ago. 2006. DJ 23 out. 2006.
——. REsp 507.490/RJ. 3ª T. Rel.: Min. Humberto Gomes de Barros. Julgamento:19 set. 2006. DJ 13 nov. 2006.
——. REsp 651.722/PR. 3ª T. Rel.: Min. Carlos Alberto Menezes Direito. Julgamento: 25 set. 2006. DJ 26 mar. 2007.
——. REsp 613.629/RJ. 3ª T. Relª.: Minª. Nancy Andrighi. Julgamento: 26 set. 2006. DJ 16 out. 2006.
——. REsp 654.288/SP. 3ª T. Rel.: Min. Carlos Alberto Menezes Direito. Julgamento: 22 mar. 2007. DJ 18 jun. 2007.
——. AgRg na MC 12.341/SP. 3ª T. Rel.: Min. Ari Pargendler. Julgamento: 22 mar. 2007. DJ 23 abr. 2007.
——. REsp 302.366/SP. 4ª T. Rel.: Min. Aldir Passarinho Júnior. Julgamento: 05 jun. 2007. DJ 06 ago. 2007.
——. EREsp 564.711/RS. 2ª Seção. Rel.: Min. Ari Pargendler. Julgamento: 27 jun. 2007. DJ 27 ago. 2007.
——. REsp 620.642/SP. 4ª T. Rel.: Min. Fernando Gonçalves. Julgamento: 06 nov. 2007. DJ 03 dez. 2007.
——. REsp 782.901. 3ª T. Relª.: Minª. Nancy Andrighi. DJe 20 jun. 2008.
——. EREsp 419.174/SP. 2ª Seção. Rel.: Min. Aldir Passarinho Júnior. Julgamento: 28 maio 2008. DJ 04 ago. 2008.
——. REsp 242.603/SC. 4ª T. Rel.: Min. Luis Felipe Salomão. Julgamento: 04 dez. 2008. DJ 18 dez. 2008.
——. REsp 844.279. 2ª S. Rel.: Min. Luis Fux. DJ 19 fev. 2009.
——. AgRg no Ag 1.079.418/SP. 3ª T. Rel.: Min. Massami Uyeda. Julgamento: 05 mar. 2009. DJ 30 mar. 2009.
——. AgRg no REsp 995.475/SP. 3ª T. Relª.: Minª. Nancy Andrighi. Julgamento: 17 mar. 2009. DJ 25 mar. 2009.
——. AgRg no REsp 1089092. 3ª T. Rel.: Min. Massami Uyeda. DJe 29 abr. 2009.
——. REsp 968.317/RS. 4ª T. Rel.:Min. João Otávio de Noronha. Julgamento: 14 abr. 2009. DJ 11 maio 2009.
——. REsp nº 1.085.903/RS. 3ª T. Relª.: Ministra Nancy Andrighi. Julgado em: 20 ago. 2009.
——. AgRg no REsp 1.079.763/SP. 4ª T. Rel.: Min. Aldir Passarinho Júnior. Julgamento: 25 ago. 2009. DJ 05 out. 2009.
——. REsp 741.053. 4ª T. Rel.: Min. Luis Felipe Salomão. DJe 9 nov. 2009.

——. REsp 1.035.103/RJ. 3ª T. Relª.: Minª. Nancy Andrighi Julgamento: 03 nov. 2009. DJ 01 jul. 2010.
——. REsp 788.886/SP. 3ª T. Rel.: Min. Sidnei Beneti. Julgamento: 15 dez. 2009. DJ 18 dez. 2009.
——. AgRg no REsp nº 1004398/SP. 4ª T. Rel.: Min. Aldir Passarinho Junior. Julgamento: 02 fev. 2010.
——. AgRg no Ag 1.203.778/RJ. 4ª T. Rel.: Min. Luis Felipe Salomão. Julgamento: 09 mar. 2010. DJ 19 mar. 2010.
——. REsp 867.101/DF. 3ª T. Rel.: Min. Massami Uyeda. Julgamento: 20 maio 2010. DJ 24 jun. 2010.
——. AgRg no Ag 1.013.095/RJ. 4ª T. Rel.: Min. Raul Araújo Filho. Julgamento: 22 jun. 2010. DJ 02 ago. 2010.
——. REsp 1.113.625/MG. 3ª T. Rel.:Min. Massami Uyeda. Julgamento: 19 ago. 2010. DJ 03 set. 2010.
——. AgRg no REsp 947.545/MG. 3ª T. Rel.: Min. Sidnei Beneti. Julgamento: 08 fev. 2011. DJ 22 fev. 2011.
——. REsp 907.014/MG. 4ª T. Rel.: Min. Antônio Carlos Ferreira. Julgamento:11 out. 2011. DJ 19 out. 2011.
——. REsp 1.128.431/SP. 3ª T. Relª.: Minª. Nancy Andrighi. Julgamento: 11 out. 2011. DJ 25 out. 2011.
——. REsp 917.531/RS. 4ª T. Rel.: Min. Luis Felipe Salomão. Julgamento: 17 nov. 2011. DJ 01 fev. 2012.
——. REsp 1040606/ES. 4ª T. Rel.: Min. Luis Felipe Salomão. Julgado em: 24 abr. 2012. DJe 16 maio 2012.
——. REsp 1.239.754/RS. 4ª T. Rel.: Min. Luis Felipe Salomão. Julgamento: 15 maio 2012. DJ 22 maio 2012.
——. REsp 958.116/PR. 4ª T. Rel.: Min. João Otávio de Noronha. Julgamento: 22 maio 2012. DJ 06 mar. 2013.
——. AgRg no REsp 1.147.733/BA. 3ª T. Relª.: Minª. Nancy Andrighi. Julgamento: 18 set. 2012. DJ 21 set. 2012.
——. AgRg no Ag em REsp 149.330/SP. 3ª T. Rel.: Min. Massami Uyeda. Julgamento: 20 nov. 2012. DJ 04 dez. 2012.
——. REsp nº 1.286.144-MG. 3ª T. Rel.: Min. Paulo de Tarso Sanseverino. Julgado em: 7 mar. 2013.
——. REsp 1.072.511/RS. 4ª T. Rel.: Min. Marco Buzzi. Julgamento: 12 mar. 2013. DJ 30 abr. 2013.
——. REsp 1.162.985/RS. 3ª T. Relª.: Ministra Nancy Andrighi. Julgado em: 18 jul. 2013.
——. REsp nº 866.414-GO. 3ª T. Relª.: Min. Nancy Andrighi. Julgamento: 20 jul. 2013.
——. REsp 1.371.843/SP. 3ª T. Rel.: Min. Paulo de Tarso Sanseverino. Julgamento: 20 mar. 2014. DJ 26 mar. 2014.
——. REsp 1.369.270/SP. 3ª T. Relª.: Minª. Nancy Andrighi. Julgamento: 25 mar. 2014. DJ 05 jun. 2014.
——. AgRg no Ag em REsp 476.103/RS. 4ª T. Rel.: Min. Luis Felipe Salomão. Julgamento: 25 mar. 2014. DJ 01 abr. 2014.
——. REsp 1.360.221/SP. 3ª T. Relª.: Minª. Nancy Andrighi. Julgamento: 25 mar. 2014. DJ 03 jun. 2014.
——. AgRg no Ag 1.416.710/RJ. 4ª T. Rel.: Min. Luis Felipe Salomão. Julgamento: 03 abr. 2014. DJ 25 abr. 2014.
——. REsp 1.139.593/SC. 3ª T. Relª.: Minª. Nancy Andrighi. Julgamento: 22 abr. 2014. DJ 02 maio 2014.
——. REsp 1.286.708/PR. 3ª T. Relª.: Minª. Nancy Andrighi. Julgamento: 27 maio 2014. DJ 05 jun. 2014.
——. REsp 1.304.068/PR. 3ª T. Relª.: Minª. Nancy Andrighi. Julgamento: 27 maio 2014. DJ 05 jun. 2014.
——. REsp 1.179.342/GO. 4ª T. Rel.: Min. Luis Felipe Salomão. Julgamento: 27 maio 2014. DJ 01 ago. 2014.
——. REsp 1.280.341/PR. 3ª T. Relª.: Minª. Nancy Andrighi. Julgamento: 27 maio 2014. DJ 09 jun. 2014.
——. REsp 494.565/RJ. 4ª T. Rel.: Min. Luis Felipe Salomão. Julgamento: 27 maio 2014. DJ 03 jun. 2014.
——. REsp 1.304.069/PR. 3ª T. Relª.: Minª. Nancy Andrighi. Julgamento: 27 maio 2014. DJ 09 jul. 2014.
——. REsp 1.444.790/SP. 4ª T. Rel.: Min. Luis Felipe Salomão. Julgamento: 26 ago. 2014. DJ 25 set. 2014.
——. AgRg no Ag em REsp 499.408/RJ. 4ª T. Relª.: Minª. Maria Isabel Gallotti. Julgamento: 05 fev. 2015. DJ 13 mar. 2015.
——. REsp 1.335.619/SP. 3ª T. Relª.: Minª. Nancy Andrighi. Julgamento: 03 mar. 2015. DJ 27 mar. 2015.
——. REsp n. 1227240/SP. 2ª T. Rel.: Min. Luis Felipe Salomão. Julgamento: 26 maio 2015. DJe 18 jun. 2015.
——. REsp nº 127.918-8-SP. 4ª T. Rel.: Min. Luis Felipe Salomão. DJe 18 jun. 2015.
——. AgRg nos EDcl no REsp nº. 1.380.311/RS. 3ª T. Rel.: Min. Paulo de Tarso Sanseverino. Julgamento: 25 ago. 2015.
——. AgRg no Ag em REsp 78.175/MG. 4ª T. Rel.: Min. Raul Araújo Filho. Julgamento: 01 set. 2015. DJ 24 set. 2015.
——. EDcl no REsp 1.230.981/RJ. 3ª T. Rel.: Min. Marco Aurélio Bellizze. Julgamento: 22 set. 2015. DJ 09 out. 2015.
——. REsp 1.314.084/RJ. 3ª T. Rel.: Min. Ricardo Villas Bôas Cueva. Julgamento: 17 nov. 2015. DJ 23 nov. 2015.
——. AgRg no Ag em REsp 776.059/RJ. 3ª T. Rel.: Min. Marco Aurélio Bellizze. Julgamento: 17 dez. 2015. DJ 03 fev. 2016.
——. REsp nº 1.412.658-SP. 4ª T. Rel.: Min. Luis Felipe Salomão. DJe 01 fev. 2016.
——. REsp nº 1.522.356-RS. Rel.: Min. Marco Buzzi. Decisão monocrática. Julgamento: 1º fev. 2016.
——. EDcl no AgRg no Ag 1.421.289/RJ. 4ª T. Rel.: Min. Raul Araújo Filho. Julgamento: 04 fev. 2016. DJ 22 fev. 2016.
——. AgRg no REsp 1.474.873/PR. 3ª T. Rel.: Min. Marco Aurélio Bellizze. Julgamento: 16 fev. 2016. DJ 19 fev. 2016.
——. REsp 1.557.989/MG. 3ª T. Rel.: Min. Ricardo Villas Bôas Cueva. Julgamento: 17 mar. 2016. DJ 31 mar. 2016.
——. REsp 1.413.237/SP. 3ª T. Rel.: Min. João Otávio de Noronha. Julgamento: 03 maio 2016. DJ 09 maio 2016.
——. REsp nº 1.447.082/TO. 3ª T. Rel.: Min. Paulo de Tarso Sanseverino. Julgado em: 10 maio 2016. DJe 13 maio 2016.
——. EREsp 1.286.708/PR. 2ª Seção. Relª.: Minª. Maria Isabel Gallotti. Julgamento: 11 maio 2016. DJ 03 jun. 2016.
——. AgInt no AREsp 426320/CE. 4ª T. Relª.: Minª. Maria Isabel Gallotti. Julgamento: 07 jun. 2016.
——. REsp 1.505.428/RS. 3ª T. Rel.: Min. Ricardo Villas Bôas Cueva. Julgamento: 21 jun. 2016. DJ 27 jun. 2016.
——. AgInt no Ag em REsp 663.358/RJ. 3ª T. Rel.: Min. Ricardo Villas Bôas Cueva. Julgamento: 18 out. 2016. DJ 20 out. 2016.
——. AgRg no Ag no Resp 1533540/DF. 3ª T. Rel.: Min. Moura Ribeiro. Julgamento: 10 nov. 2016.
——. AgInt no Ag em REsp 963.719/PR. 3ª T. Rel.: Min. Ricardo Villas Bôas Cueva. Julgamento: 01 dez. 2016. DJ 15 dez. 2016.
——. REsp 1.015.547/AM. 4ª T. Rel.: Min. Raul Araújo Filho. Julgamento: 01 dez. 2016. DJ 14 dez. 2016.
——. REsp 1.602.240/MG. 3ª T. Rel.: Min. Marco Aurélio Bellizze. Julgamento: 06 dez. 2016. DJ 15 dez. 2016.
——. REsp 1.321.263/PR. 3ª T. Rel.: Min. Moura Ribeiro. Julgamento: 06 dez. 2016. DJ 15 dez. 2016.

——. AgRg no Ag 1.056.975/RJ. 4ª T. Relª.: Minª. Maria Isabel Gallotti. Julgamento: 15 dez. 2016. DJ 02 fev. 2017.
——. REsp 1.537.922/DF. 3ª T. Relª.: Minª. Nancy Andrighi. Julgamento: 28 mar. 2017. DJ 30 mar. 2017.
——. AgInt no REsp 1.651.901/MT. 3ª T. Rel.: Min. Marco Aurélio Bellizze. Julgamento: 25 abr. 2017. DJ 08 maio 2017.
——. AgInt no Ag em REsp 927.084/MG. 3ª T. Rel.: Min. Paulo de Tarso Sanseverino. Julgamento: 16 maio 2017. DJ 25 maio 2017.
——. AgInt no Ag em REsp 860.690/SP. 3ª T. Rel.: Min. Moura Ribeiro. Julgamento: 15 ago. 2017. DJ 28 ago. 2017.
——. REsp nº 1.611.415-PR. 3ª T. Rel.: Min. Marco Aurélio Bellizze. Julgado em: 21 fev. 2017.
——. Recurso Especial nº 1.645.672/SP. Rel.: Min. Marco Aurélio Bellizze. Julgamento: 22 ago. 2017. DJ 29 ago. 2017.
——. REsp 1.572.648/RJ. 3ª T. Rel.: Min. Ricardo Villas Bôas Cueva. Julgamento: 12 set. 2017. DJ 20 set. 2017.
——. Recurso Especial nº 1.400.264/RS. Relª.: Minª. Nancy Andrighi. Julgamento: 24 out. 2017. DJ 30 out. 2017.
——. EDcl no Recurso Especial nº 1.602.240/MG. Rel.: Min. Marco Aurélio Bellizze. Julgamento: 22 fev. 2018. DJ 08 mar. 2018.
——. AgInt no Recurso Especial nº 1.514.774/RN. Rel.: Min. Lázaro Guimarães (TRF5). Julgamento: 15 mar. 2018. DJ 26 mar. 2018.
——. Recurso Especial nº 1.403.947/MG. Rel.: Min. Ricardo Villas Boâs Cueva. Julgamento: 24 abr. 2018. DJ 30 abr. 2018.
RIO GRANDE DO SUL. Tribunal de Justiça. AC nº 70051968410. 6ª CC. Rel.: Des. Artur Arnildo Ludwig.
——. AC nº 700.242.719.26. 5ª CC. Rel.: Des. Leo Lima. Julgamento: 13 maio 2009.
——. Agravo de Instrumento 70059261958. 6ª CC. Rel.: Des. Ney Wiedemann Neto. Julgamento: 26 jun. 2014. DJ 07 jul. 2014.
——. Apelação Cível 70059324145. 5ª CC. Rel.: Des. Jorge Luiz Lopes do Canto. Julgamento: 06 ago. 2014. DJ 12 ago. 2014.
——. Apelação Cível 70053889382. 6ª CC. Rel.: Des. Ney Wiedemann Neto. Julgamento: 28 ago. 2014. DJ 15 set. 2014.
——. Apelação Cível 70059846436. 6ª CC. Rel.: Des. Ney Wiedemann Neto. Julgamento: 28 ago. 2014. DJ 17 set. 2014.
——. Apelação Cível 70060017589. 6ª CC. Rel.: Des. Ney Wiedemann Neto. Julgamento: 28 ago. 2014. DJ 17 set. 2014.
——. Apelação Cível 70055343446. 6ª CC. Rel.: Des. Luís Augusto Coelho Braga. Julgamento: 18 set. 2014. DJ 29 set. 2014.
——. Apelação Cível 70055343446. 6ª CC. Rel.: Des. Luís Augusto Coelho Braga. Julgamento: 18 set. 2014. DJ 29 set. 2014.
——. Apelação Cível 70057460529. 5ª CC. Rel.: Des. Jorge Luiz Lopes do Canto. Julgamento: 24 set. 2014. DJ 01 out. 2014.
——. Apelação Cível 70060946167. 5ª CC. Rel.: Des. Jorge Luiz Lopes do Canto. Julgamento: 24 set. 2014. DJ 02 out. 2014.
——. Apelação Cível 70057696916. 5ª CC. Rel.: Des. Jorge Luiz Lopes do Canto. Julgamento: 24 set. 2014. DJ 06 out. 2014.
——. Agravo de Instrumento 70053009601. 6ª CC. Rel.: Des. Sylvio José Costa da Silva Tavares. Julgamento: 10 dez. 2014. DJ 15 dez. 2014.
——. Apelação Cível 70047202130. 6ª CC. Rel.: Des. Luís Augusto Coelho Braga. Julgamento: 11 dez. 2014. DJ 18 dez. 2014.
——. Apelação Cível 70061030599. 6ª CC. Relª.: Desª. Elisa Carpim Corrêa. Julgamento: 18 dez. 2014. DJ 27 fev. 2015.
——. Agravo de Instrumento 70063518856. 9ª CC. Rel.: Des. Miguel Ângelo da Silva. Julgamento: 20 fev. 2015.
——. Apelação Cível 70054083514. 5ª CC. Relª.: Desª. Maria Claudia Cachapuz. Julgamento: 08 abr. 2015. DJ 14 abr. 2015.
——. Apelação Cível 70064850043. 5ª CC. Rel.: Des. Jorge Luiz Lopes do Canto. Julgamento: 24 jun. 2015. DJ 26 jun. 2015.
——. Embargos de Declaração 70065087256. 6ª CC. Rel.: Des. Sylvio José Costa da Silva Tavares. Julgamento: 20 ago. 2015. DJ 25 ago. 2015.
——. Apelação Cível 70063343529. 6ª CC. Rel.: Des. Ney Wiedemann Neto. Julgamento: 27 ago. 2015. DJ 18 set. 2015.
——. Agravo de Instrumento 70066035619. 5ª CC. Rel.: Des. Jorge Luiz Lopes do Canto. Julgamento: 02 set. 2015. DJ 08 set. 2015.
——. Agravo Instrumento 70066545237. 5ª CC. Rel.: Des. Jorge Luiz Lopes do Canto. Julgamento: 30 set. 2015. DJ 02 out. 2015.
——. Agravo de Instrumento 70067017251. 5ª CC. Rel.: Des. Jorge Luiz Lopes do Canto. Julgamento: 16 nov. 2015. DJ 20 nov. 2015.
——. Apelação Cível 70047508031. 6ª CC. Rel.: Des. Sylvio José Costa da Silva Tavares. Julgamento: 17 dez. 2015. DJ 27 jan. 2016.
——. Agravo de Instrumento 70068231018. 5ª CC. Rel.: Des. Jorge André Pereira Galhardo. Julgamento: 18 fev. 2016. DJ 25 fev. 2016.
——. Apelação Cível 70053156584. 6ª CC. Rel.: Des. Sylvio José Costa da Silva Tavares. Julgamento: 31 mar. 2016. DJ 06 abr. 2016.
——. Apelação Cível 70065249005. 6ª CC. Rel.: Des. Jorge André Pereira Galhardo. Julgamento: 27 abr. 2016. DJ 03 maio 2016.
——. Apelação Cível 70060173804. 6ª CC. Rel.: Des. Alex Gonzalez Custodio. Julgamento: 19 maio 2016. DJ 25 maio 2016.
——. Apelação Cível 70063213391. 6ª CC. Rel.: Des. Sylvio José Costa da Silva Tavares. Julgamento: 09 jun. 2016. DJ 13 jun. 2016.
——. Embargos de Declaração 70069245538. 5ª CC. Rel.: Des. Jorge André Pereira Gailhard. Julgamento: 20 jun. 2016. DJ 28 jun. 2016.
——. Apelação Cível 70044503688. 5ª CC. Relª.: Desª. Maria Cláudia Cachapuz. Julgamento: 28 set. 2016. DJ 30 set. 2016.
——. Apelação Cível 70069327260. 17ª CC. Relª.: Desª. Liege Puricelli Pires. Julgamento: 29 set. 2016.
——. Agravo de Instrumento 70070706049. 5ª CC. Rel.: Des. Jorge André Pereira Galhardo. Julgamento: 26 out. 2016. DJ 28 out. 2016.
——. Agravo de Instrumento 70070825104. 6ª CC. Rel.: Des. Rinez da Trindade. Julgamento: 27 out. 2016. DJ 31 out. 2016.
——. Apelação Cível 70070887435. 5ª CC. Rel.: Des. Léo Romi Pilau Júnior. Julgamento: 30 nov. 2016. DJ 07 dez. 2016.
——. Apelação Cível 70070885124. 5ª CC. Rel.: Des. Léo Romi Pilau Júnior. Julgamento: 30 nov. 2016. DJ 07 dez. 2016.
——. Apelação Cível 70062266705. 6ª CC. Rel.: Des. Sylvio José Costa da Silva Tavares. Julgamento: 01 dez. 2016. DJ 07 dez. 2016.
——. Apelação Cível 70063842058. 6ª CC. Rel.: Des. Sylvio José Costa da Silva Tavares. Julgamento: 01 dez. 2016. DJ 09 dez. 2016.

——. Apelação Cível 70060712262. 6ª CC. Rel.: Des. Alex Gonzalez Custodio. Julgamento: 15 dez. 2016.
——. Apelação Cível 70071459721. 5ª CC. Rel.: Des. Jorge Luiz Lopes do Canto. Julgamento: 29 mar. 2017. DJ 04 abr. 2017.
——. Agravo de Instrumento 70072671209. 6ª CC. Rel.: Des. Luís Augusto Coelho Braga. Julgamento: 11 maio 2017. DJ 15 maio 2017.
——. Apelação Cível 70073574600. 5ª CC. Rel.: Des. Jorge André Pereira Galhardo. Julgamento: 30 ago. 2017. DJ 01 set. 2017.
——. Apelação Cível 70069080901. 6ª CC. Rel.: Des. Alex Gonzalez Custodio. Julgamento: 26 out. 2017. DJ 31 out. 2017.
——. Apelação Cível 70066996463. 6ª CC. Rel.: Des. Alex Gonzalez Custodio. Julgamento: 26 out. 2017. DJ 01 nov. 2017.
——. Apelação Cível 70070810858. 6ª CC. Rel.: Des. Alex Gonzalez Custodio. Julgamento: 23 nov. 2017. DJ 27 nov. 2017.
——. Apelação Cível 70075336883. 5ª CC. Rel.: Des. Jorge André Pereira Gailhard. Julgamento: 29 nov. 2017. DJ 05 dez. 2017.
——. Agravo de Instrumento 70075314427. 5ª CC. Rel.: Des. Jorge André Pereira Galhardo. Julgamento: 18 dez. 2017.
——. Agravo de Instrumento 70075421966. 5ª CC. Rel.: Des. Jorge André Pereira Galhardo. Julgamento: 18 dez. 2017.
——. Apelação Cível 70070739065. 6ª CC. Rel.: Des. Luís Augusto Coelho Braga. Julgamento: 22 fev. 2018. DJ 28 fev. 2018.
——. Apelação Cível 70075254060. 17ª CC. Relª.: Desª. Liege Puricelli Pires. Julgamento: 17 abr. 2018.
——. Apelação Cível 70077102341. 5ª CC. Relª.: Desª. Isabel Dias Almeida. Julgamento: 25 abr. 2018. DJ 02 maio 2018.
——. Apelação Cível 70076608124. 6ª CC. Rel.: Des. Niwton Carpes da Silva. Julgamento: 26 abr. 2018. DJ 07 maio 2018.
——. Embargos de Declaração 70077425072. 5ª CC Relª.: Desª. Isabel Dias Almeida. Julgamento: 03 maio 2018. DJ 07 maio 2018.
SÃO PAULO. Tribunal de Justiça. AI nº 0174717-74.2012.8.26.0000. 31ª CC. Rel.: Des. Antonio Rigolin. Julgamento: 4 set. 2012.
——. Agravo de Instrumento 2201040-09.2017.8.26.0000. 1ª CRDE. Rel.: Des. Alexandre Lazzarini . Julgamento: 20 fev. 2018. DJ 20 fev. 2018.
——. Agravo de Instrumento 2258082-84.2015.8.26.0000. 6ª CDP. Rel.: Des. Eduardo Sá Pinto Sandeville. Julgamento: 20 fev. 2018. DJ 20 fev. 2018.
——. Apelação Cível 1119350-97.2016.8.26.0100. 1ª CRDE. Rel.: Des. Hamid Bdine. Julgamento: 20 fev. 2018. DJ 20 fev. 2018.
——. Apelação Cível 0006412-72.2010.8.26.0526. 10ª CDP. Rel.: Des. J.B. Paula Lima. Julgamento: 20 fev. 2018. DJ 21 fev. 2018.
——. Apelação Cível 1000647-36.2017.8.26.0081. 2ª CRDE. Rel.: Des. Maurício Pessoa. Julgamento: 21 fev. 2018. DJ 21 fev. 2018.
——. Apelação Cível 1004307-89.2014.8.26.0001. 2ª CRDE. Rel.: Des. Maurício Pessoa. Julgamento: 21 fev. 2018. DJ 21 fev. 2018.
——. Agravo de Instrumento 2120295-13.2015.8.26.0000. 6ª CDP. Rel.: Des. Eduardo Sá Pinto Sandeville. Julgamento: 21 fev. 2018. DJ 21 fev. 2018.
——. Agravo de Instrumento 2114262-36.2017.8.26.0000. 1ª CRDE. Rel.: Des. Alexandre Lazzarini. Julgamento: 21 fev. 2018. DJ 22 fev. 2018.
——. Agravo de Instrumento 2212691-38.2017.8.26.0000. 1ª CRDE. Rel.: Des. Fortes Barbosa. Julgamento: 22 fev. 2018. DJ 22 fev. 2018.
——. Agravo de Instrumento 2218264-57.2017.8.26.0000. 1ª CRDE. Rel.: Des. Carlos Dias Motta. Julgamento: 27 fev. 2018. DJ 27 fev. 2018.
——. Agravo de Instrumento 2113494-47.2016.8.26.0000. 9ª CDP. Rel.: Des. Costa Netto. Julgamento: 20 fev. 2018. DJ 22 mar. 2018.
——. Agravo de Instrumento 2245374-31.2017.8.26.0000. 1ª CRDE. Rel.: Des. Alexandre Lazzarini. Julgamento: 28 fev. 2018. DJ 01 mar. 2018.
——. Agravo de Instrumento 2231970-10.2017.8.26.0000. 2ª CRDE. Rel.: Des. Maurício Pessoa. Julgamento: 02 mar. 2018. DJ 02 mar. 2018.
——. Apelação Cível 0005713-55.1996.8.26.0079. 7ª CDP. Rel.: Des. Luis Mario Galbetti. Julgamento: 07 mar. 2018. DJ 09 mar. 2018.
——. Agravo de Instrumento 2235216-14.2017.8.26.0000. 1ª CRDE. Rel.: Des. Fortes Barbosa. Julgamento: 07 mar. 2018. DJ 07 mar. 2018.
——. Apelação Cível 1004493-09.2015.8.26.0606. 2ª CRDE. Rel.: Des. Ricardo Negrão. Julgamento: 12 mar. 2018. DJ 12 mar. 2018.
——. Apelação Cível 1008409-79.2016..8.26.0068. 2ª CRDE. Rel.: Des. Ricardo Negrão. Julgamento: 12 mar. 2018. DJ 12 mar. 2018.
——. Apelação Cível 0035856-76.2010.8.26.0001. 2ª CRDE. Rel.: Des. Ricardo Negrão. Julgamento: 12 mar. 2018. DJ 12 mar. 2018.
——. Agravo de Instrumento 2231124-90.2017.8.26.0000. 2ª CRDE. Rel.: Des. Alexandre Marcondes. Julgamento: 13 mar. 2018. DJ 13 mar. 2018.
——. Apelação Cível 0068065-76.2002.8.26.0002. 7ª CDP. Rel.: Des. Rômulo Russo. Julgamento: 21 mar. 2018. DJ 26 abr. 2018.
——. Apelação Cível 1064618-69.2016.8.26.0100. 2ª CRDE. Rel.: Des. Claudio Godoy. Julgamento: 26 mar. 2018. DJ 27 mar. 2018.
——. Apelação Cível 0002555-41.2015.8.26.0300. 2ª CRDE. Rel.: Des. Claudio Godoy. Julgamento: 27 mar. 2018. DJ 27 mar. 2018.

——. Apelação Cível 1034134-98.2016.8.26.0576. 2ª CRDE. Rel.: Des. Claudio Godoy. Julgamento: 27 mar. 2018. DJ 27 mar. 2018.

——. Apelação Cível 9000794-05.2010.8.26.0037. 5ª CDP. Rel.: Des. Erickson Gavazza Marques. Julgamento: 28 mar. 2018. DJ 10 abr. 2018.

——. Apelação Cível 1001502-02.2016.8.26.0614. 2ª CRDE. Rel.: Des. Ricardo Negrão. Julgamento: 02 abr. 2018. DJ 02 abr. 2018.

——. Agravo de Instrumento 2238539-27.2017.8.26.0000. 1ª CRDE. Rel.: Des. Hamid Bdine. Julgamento: 03 abr. 2018. DJ 03 abr. 2018.

——. Embargos de Declaração 0026570-63.2013.8.26.0003. 2ª CRDE. Rel.: Des. Maurício Pessoa. Julgamento: 09 abr. 2018. DJ 09 abr. 2018.

——. Agravo de Instrumento 2057355-41.2017.8.26.0000. 1ª CRDE. Rel.: Des. Alexandre Lazzarini. Julgamento: 11 abr. 2018. DJ 11 abr. 2018.

——. Agravo de Instrumento 2086481-39.2017.8.26.0000. 1ª CRDE. Rel.: Des. Alexandre Lazzarini. Julgamento: 11 abr. 2018. DJ 12 abr. 2018.

——. Agravo de Instrumento 2098950-20.2017.8.26.0000. 1ª CRDE. Rel.: Des. Alexandre Lazzarini. Julgamento: 11 abr. 2018. DJ 12 abr. 2018.

——. Agravo de Instrumento 2224033-46.2017.8.26.0000. 1ª CRDE. Rel.: Des. Fortes Barbosa. Julgamento: 11 abr. 2018. DJ 12 abr. 2018.

——. Agravo de Instrumento 2114943-06.2017.8.26.0000. 10ª CDP. Rel.: Des. João Carlos Saletti. Julgamento: 11 abr. 2018. DJ 11 maio 2018.

——. Apelação Cível 1011902-64.2016.8.26.0068. 1ª CRDE. Rel.: Des. Cesar Ciampolini. Julgamento: 12 abr. 2018. DJ 12 abr. 2018.

——. Apelação Cível 0022897-62.2013.8.26.0003. 2ª CRDE. Rel.: Des. Maurício Pessoa. Julgamento: 18 abr. 2018. DJ 18 abr. 2018.

——. Agravo de Instrumento 2009638-96.2018.8.26.0000. 2ª CRDE. Rel.: Des. Maurício Pessoa. Julgamento: 18 abr. 2018. DJ 18 abr. 2018.

——. Agravo de Instrumento 2209921-72.2017.8.26.0000. 1ª CRDE. Rel.: Des. Fortes Barbosa. Julgamento: 18 abr. 2018. DJ 19 abr. 2018.

——. Apelação Cível 0006074-72.2012.8.26.0609. 1ª CRDE. Rel.: Des. Alexandre Lazzarini. Julgamento: 18 abr. 2018. DJ 19 abr. 2018.

——. Agravo de Instrumento 2055146-65.2018.8.26.0000. 1ª CRDE. Rel.: Des. Hamid Bdine. Julgamento: 20 abr. 2018. DJ 20 abr. 2018.

——. Apelação Cível 1048939-92.2017.8.26.0100. 2ª CRDE. Rel.: Des. Grava Brazil. Julgamento: 23 abr. 2018. DJ 23 abr. 2018.

——. Apelação Cível 1026622-33.2016.8.26.0554. 2ª CRDE. Rel.: Des. Maurício Pessoa. Julgamento: 23 abr. 2018. DJ 24 abr. 2018.

——. Agravo de Instrumento 2182496-70.2017.8.26.0000. 2ª CRDE. Des. Ricardo Negrão. Julgamento: 23 abr. 2018. DJ 25 abr. 2018.

——. Agravo de Instrumento 2019454-05.2018.8.26.0000. 2ª CRDE. Rel.: Des. Ricardo Negrão. Julgamento: 25 abr. 2018. DJ 25 abr. 2018.

——. Agravo de Instrumento 2062511-73.2018.8.26.0000. 1ª CRDE. Rel.: Des. Azuma Nishi. Julgamento: 25 abr. 2018. DJ 26 abr. 2018.

——. Apelação Cível 0003581-55.2014.8.26.0156. 1º CRDE. Rel.: Des. Hamid Bdine. Julgamento: 25 abr. 2018. DJ 02 maio 2018.

——. Agravo de Instrumento 2021612-33.2018.8.26.0000. 1ª CRDE. Rel.: Des. Hamid Bdine. Julgamento: 02 maio 2018. DJ 02 maio 2018.

——. Apelação Cível 1003446-52.2016.8.26.0157. 1ª CRDE. Rel.: Des. Hamid Bdine. Julgamento: 02 maio 2018. DJ 02 maio 2018.

——. Agravo de Instrumento 2038165-58.2018.8.26.0000. 1ª CRDE. Rel.: Des. Azuma Nishi. Julgamento: 09 maio 2018. DJ 10 maio 2018.

——. Agravo de Instrumento 2033098-15.2018.8.26.0000. 1ª CRDE. Rel.: Des. Fortes Barbosa. Julgamento: 09 maio 2018. DJ 10 maio 2018.

——. Agravo de Instrumento 2066825-62.2018.8.26.0000. 1ª CRDE. Rel.: Des. Azuma Nishi. Julgamento: 09 maio 2018. DJ 11 maio 2018.

——. Agravo de Instrumento 2130688-26.2017.8.26.0000. 2ª CRDE. Rel.: Des. Araldo Telles. Julgamento: 15 maio 2018. DJ 14 maio 2018.